Emma Bragdon

Spirituelle Krisen – Wendepunkte im Leben

Verlag Hermann Bauer
Freiburg im Breisgau

Die Deutsche Bibliothek - CIP-Einheitsaufnahme

Bragdon, Emma:
Spirituelle Krisen : Wendepunkte im Leben /
Emma Bragdon. [Dt. von Roland Irmer]. -
1.-5. Tsd. - Freiburg im Breisgau : Bauer, 1991
Einheitssacht.: The call of spiritual emergency ⟨dt.⟩
ISBN 3-7626-0429-0

Die amerikanische Originalausgabe erschien 1990
bei Harper & Row, Publishers, San Francisco,
unter dem Titel
The Call Of Spiritual Emergency.

Deutsch von Roland Irmer, Ismaning.

1991
ISBN 3-7626-0429-0

Umschlag: Atelier Seliger, Freiburg im Breisgau.
Satz: CSF ComputerSatz GmbH, Freiburg im Breisgau.
Druck und Bindung: Ebner Ulm.
Printed in Germany.

All jenen, die sich bemühen,
der Liebe, die allem Geschehen zugrunde liegt,
zum Licht zu verhelfen.

Inhalt

Danksagung

Viele Menschen haben zur Entstehung dieses Buches beigetragen. Christina Grofs freundliche Unterstützung hat mir den Mut gegeben, mich zu dem Thema der spirituellen Notlagen zu äußern, mit dem sie und ihr Mann, Stanislav, sich als erste beschäftigt haben. Ich bin mir bewußt, wie intensiv die Grofs selbst bemüht sind, Informationen darüber zu verbreiten und weiß es daher um so mehr zu schätzen, daß sie auch neue Stimmen fördern, die den Chor verstärken.

Die Anregung, die Gedanken aus meinem Buch *A Sourcebook for Helping People in Spiritual Emergency* weiterzuentwickeln, verdanke ich Shoshana T. Alexander vom Verlag Harper & Row, während Tom Grady mir beim ersten Entwurf zu diesem Buch geholfen hat. Beiden danke ich dafür, daß sie mich von Anfang an ermutigt haben und mir im rechten Moment mit ihren Anregungen beigestanden haben. Shoshana hat mich auch weiter als Lektorin betreut und mit ihrem klaren Verstand und ihrem großen Herzen dafür gesorgt, daß ich mit meinen Gedanken immer auf dem Boden geblieben bin, statt mich in unrealistische Gefilde zu versteigen. Mark Salzwedel vom Verlag Harper & Row war ein rücksichtsvoller und behutsamer Gefährte auf dem Weg durch die verschlungenen Pfade des Verlagswesens.

Dieses Buch beschäftigt sich mit vielen Lebensgebieten, und ich war bei der Durchsicht verschiedener Kapitel auf die Unterstützung durch Kollegen angewiesen. Dr. John White hat in seiner freundlichen, taktvollen Art ein Auge auf das Detail geworfen. Dr. Arthur Hastings hat meinen Blick für neue Sichtweisen geschärft. Sein fundiertes Wissen und seine erfrischende Art waren immer anregend. Auf Dr. Mary Culberson war immer Verlaß, wenn ich einen Gedankenaustausch über den klinischen Aspekt der Arbeit mit Menschen in spirituellen Notlagen suchte. Dr. Aminah Raheem hat in ihrer bestimmten Art und mit ihrem klaren Blick für das Wesentliche dafür gesorgt, daß ich immer meinen eigenen Erfahrungen treu geblieben bin. Laura Sosnowskis persönliche Erfahrung in transpersonalen Bereichen war mir ein ständiger Spiegel, an dem ich die Kraft und das Heilungspotential ermessen konnte, die aus den Welten jenseits des Egos strömen.

Schließlich ist es mir ein Bedürfnis, jenen Freunden und Klienten meinen tiefempfundenen Dank auszusprechen, die bereit waren, ihre Geschichte beizusteuern, damit andere sie lesen und daraus lernen können. Es war für mich immer faszinierend, mit anderen Menschen in ein vertrauliches Gespräch über ihre spirituellen Krisenpunkte zu kommen, und ich hoffe, daß es mir gelingt, dem Leser die Liebe und das Vertrauen, die mir entgegengebracht wurden, durch den Text hindurch zu vermitteln. Diese Geschichten und die einmaligen Persönlichkeiten, die dahinter stehen, sind ein wertvolles Geschenk an unsere Welt in ihrem Kampf um geistige Wachheit.

Die meisten Menschen, die ich im Hinblick auf dieses Buch befragt habe, haben mich gebeten, ihre Identität unkenntlich zu machen. Ich habe mich bemüht, diesem Wunsch nachzukommen, ohne dabei auf Angaben über Alter, Geschlecht und Beruf zu verzichten. Alle spirituellen Erfahrungen berühren persönliche Gebiete und reichen tief an die Wurzeln dessen, was das Leben mit Sinn erfüllt. Wenn hier Informationen und Lebensgeschichten mitgeteilt werden, so deshalb, um auf andere Menschen zuzugehen, die auf dem Weg der Führung bedürfen, den zu beschreiten unser angestammtes Recht als Menschen ist – dem Weg des spirituellen Aufbruchs.

> Die mittelalterlichen Legenden sprechen von einer »unter dem Wasser verborgenen Brücke« und von einer Säbelbrükke, welche der Held (Lanzelot) mit bloßen Füßen und Händen überschreiten muß. Diese Brücke »schneidet schärfer als eine Sichel«, und der Übergang geschieht »mit Leiden und Todesqual«. Der Initiationscharakter des Überschreitens der Säbelbrücke wird noch durch etwas anderes bekräftigt: Bevor er die Brücke betritt, bemerkt Lanzelot am andern Ufer zwei Löwen; dort angekommen sieht er nur mehr eine Eidechse. Die »Gefahr« verschwindet schon damit, daß die Initiationsprobe bestanden ist.[1*]

* Hochstehende Ziffern beziehen sich auf die Anmerkungen ab Seite 337.

Erstes Kapitel

Die Schwertbrücke

Der spirituelle Aufbruch ist ein natürlicher Prozeß in der Entwicklung des Menschen, bei dem das Individuum seine normalen persönlichen Gefühle und Wünsche – sein Ego – überschreitet und im Eintreten in die transpersonale Sphäre engere Beziehungen zu einer Höheren Macht – Gott – anknüpft. Während dieses Prozesses treten gewöhnlich kritische Phasen auf, in denen man sich verloren fühlt und eine Zeitlang, während man sich in subtilere Bewußtseinsebenen einlebt, unfähig ist, seinen Aufgaben im täglichen Leben, bei der Arbeit, im Haushalt und im zwischenmenschlichen Bereich nachzukommen. Am Ende steht eine positive Wandlung, die sich in größerer Fähigkeit zum Mitgefühl, gesteigerter Kreativität und in dem Wunsch äußert, allem Lebendigen zu dienen. Wie beim Überqueren einer Schwertbrücke muß während dieser Übergangszeit die innere Aufmerksamkeit stärker gebündelt und alles mit besonderer Sorgfalt betrachtet werden, so daß die Dinge als das gesehen werden, was sie wirklich sind. In dieser angespannten Verfassung kann nämlich sonst manches bedrohlicher erscheinen als es ist. Wie bei Lancelot mag es so aussehen, als näherte man sich zwei feindlichen Löwen, wo doch nur eine harmlose kleine Eidechse am anderen Ende der Schwertbrücke wartet.

Wenn das spirituelle Erwachen mit tiefen Gefühlen einhergeht, mit Visionen, psychosomatischen Krankheiten oder dem drängenden Zwang zu ungewöhnlichem Verhalten (bis hin zu Selbstmordgedanken), dann wird aus dem spirituellen Aufbruch eine Krise, ein *spiritueller Zusammenbruch*. Obwohl das Hineinwachsen in höhere Formen des Handelns und des Lebensverständnisses in seinem Verlauf einem vorhersehbaren Muster folgt, läßt sich ein spiritueller Zusammenbruch im allgemeinen nicht voraussagen; er geschieht plötzlich, eruptiv, chaotisch und fördert Inhalte der Psyche ans Tageslicht, die unsere sofortige Aufmerksamkeit erzwingen.

Spirituelle Zusammenbrüche kommen auf verschiedenste Weise zustande. Spirituelle Übungen und die Erforschung des Innenraums der Seele können ganz plötzlich zu intensiven spirituellen Erfahrungen führen. Wiederbelebungstechniken und viele Arten von Drogen, Medikamenten und Narkotika können intensive spirituelle Phänomene hervorrufen. Ein spiritueller Zusammenbruch kann auch als Folge von emotionalem oder körperlichem Streß, altersspezifischem Erleben oder besonderen sexuellen Erfahrungen auftreten. In diesem Buch wird ausführlich dargestellt, wie und wann spirituelle Zusammenbrüche eintreten. Im letzten Kapitel findet sich ein Überblick über die Techniken, mit denen man einem Menschen helfen kann, der einen spirituellen Zusammenbruch durchmacht. Das Buch setzt sich zum Ziel, denen, die sich mitten in einer solchen Erfahrung befinden, und denen, die sie begleiten – persönlichen Freunden und professionellen Helfern – Wege zu einem positiven Austausch zu weisen.

Um viele verschiedene Menschen ansprechen zu können, habe ich mich um eine klare, verständliche Ausdrucksweise bemüht und versucht, die Anweisungen zum Umgang mit dem spirituellen Erwachen möglichst einfach zu halten. Die Wege in die transpersonalen Bewußtseinsschichten sind verschlungen, und an jeder Wegbiegung stehen wir neuen Prüfungen gegenüber. In jedem Fall muß die Hilfe, nach der wir suchen, sich danach richten, wie weit wir in unserem spirituellen Erwachen fortgeschritten sind.

Spirituelle Zusammenbrüche: Wie alles anfing

Der Begriff des spirituellen Zusammenbruchs *(spiritual emergency)* wurde von Christina und Dr. med. Stanislav Grof geprägt. Er erwuchs aus Dr. Grofs klinischer Forschungsarbeit über außergewöhnliche Bewußtseinszustände und Christinas persönlicher, auch in der Arbeit mit anderen Menschen gewonnener Erfahrung.

Die Grofs haben gemeinsam an der Erforschung der Geheimnisse des spirituellen Wachstums gearbeitet, haben die Muster erkundet und dargestellt, nach denen es sich entfaltet und psychotherapeutische Wege entwickelt, die Öffnung zum

Spirituellen hin zu fördern. Dabei wurde ihre Aufmerksamkeit besonders auf die Bedürfnisse jener Menschen gerichtet, die eine spontane, unerwartete spirituelle Öffnung in einer verständnislosen und gleichgültigen Umgebung erlebten. Viele dieser Menschen kannten niemanden, der sie anleiten, ermutigen oder begleiten konnte, und verfügten auch nicht über einen begrifflichen Rahmen, der ihnen bei dem Versuch geholfen hätte, ihre Erfahrungen auf gesunde Art zu integrieren. Daher gründete Christina Grof 1980 am Esalen Institute in Big Sur, California, das *Spiritual Emergency Network* als Kontaktstelle, die solchen Menschen hilft, Berater und Freunde zu finden, die bereit sind, ihnen bei der Integration der Phänomene des spirituellen Erwachens beizustehen. In der Gründungsphase kamen jeden Monat einige Praktikanten zur Ausbildung zu den Grofs. Gemeinsam stellten sie eine Kartei von Fachleuten und Helfern zusammen, verfaßten Lehrmaterial, gründeten eine Bibliothek und veröffentlichten ein Mitteilungsblatt.

1985 wurde das Spiritual Emergency Network an das Institute of Transpersonal Psychology in Menlo Park, California, verlegt, und kurze Zeit später wurde der Name in *Spiritual Emergence Network (SEN)*[2] abgeändert, um zu betonen, daß hier der gesamte Prozeß des spirituellen Aufbruchs gefördert wurde und es nicht nur um die dramatischen Übergangskrisen ging. Seit 1985 hat das Spiritual Emergence Network seinen Aufgabenbereich weiter ausgedehnt. Es veranstaltet jetzt Ausbildungs-Workshops, Vorträge und öffentliche Tagungen und gibt ein Mitteilungsblatt, eine Zeitschrift und Lehrmaterial heraus; das Netz der Außenstellen wird ständig erweitert. Gegenwärtig gibt es weltweit mehr als vierzig Regionalzentren, die Hilfesuchende mit Lehrmaterial und weiterführenden Adressen versorgen. Auf Reisen durch die ganze Welt leiten die Grofs Kurse über die Phänomene des spirituellen Erwachens und über das Spiritual Emergence Network; außerdem setzen sie ihre schriftstellerische Arbeit fort und leiten einen Ausbildungsgang mit Abschlußprüfung für Helfer bei spirituellen Zusammenbrüchen.

Ich selbst bin an der Arbeit des Spiritual Emergency Network als Autorin von Lehrmaterial und als Herausgeberin des *Spiritual Emergence Network Journal* beteiligt. Ich leite auch Workshops über das Gebiet des spirituellen Aufbruchs/Zusammenbruchs, in denen ich mein erstes Buch, *A Sourcebook for Helping People in Spiritual Emergence*, zugrunde lege. Das *Sourcebook* verknüpft richtungweisende Arbeiten von Stanislav und Christina Grof und anderen maßgebenden Vertretern der transpersonalen Psychologie mit meinen eigenen Vorstellungen. Ich beschäftige mich seit fünfundzwanzig Jahren mit östlichen Yogaformen, Schamanismus und transpersonaler Psychologie. In dieser Zeit habe ich in verschiedenen spirituellen Gemeinschaften gelebt und auch als neoreichianische Therapeutin gearbeitet. Dadurch, daß ich selbst solche spirituelle Erfahrungen gemacht habe und bei anderen in engen Kontakt mit den verschlungenen Pfaden der spirituellen Entwicklung gekommen bin, wurde ich besonders für die Art sensibilisiert, wie spirituelles und psychisches Wachstum ineinandergreifen.

Diese enge Verzahnung von spirituellem und psychischem Wachstum hat zur Folge, daß wir auf spirituellem Gebiet nicht vorankommen können, wenn wir nicht bereit sind, uns auch um unsere psychische Verfassung zu kümmern, insbesondere um Entwicklungsstränge aus der frühen Kindheit, die unsere Wahrnehmungs- und Reaktionsmuster bis in die Gegenwart hinein strukturieren. Diese Theorie entspricht auch dem, was in der ersten Hälfte unseres Jahrhunderts Wilhelm Reich in seinen Untersuchungen zur Körperpsychologie und C. G. Jung in seiner Betonung der Ganzheit und der Suche nach Sinn vertreten haben. Auf der gleichen Voraussetzung basieren auch verschiedene alte esoterische Traditionen aus allen Teilen der Welt. In jüngster Zeit haben Stanislav Grof, Ken Wilber und andere Autoren von hier aus eine Brücke zur Psychologie der Wandlung und der Dynamik der menschlichen Evolution geschlagen.

Dieses Buch verbindet diese Theorien mit alltäglichen Erlebnissen, die wir alle kennen, und trägt so dazu bei, einen Erfahrungsbereich, der oft als exotisch oder akademisch angesehen wird, zu entmystifizieren. Die Berichte, die meine Klienten und Mitglieder spiritueller Gemeinschaften – lauter Menschen wie du und ich – beigesteuert haben, verhelfen uns zu einem umfassenderen Verständnis der Belastungssituationen, durch die immer mehr Menschen in der modernen Welt in den spirituellen Aufbruch hineingezogen werden. In transpersonale Erfahrungen kann jeder hineingeraten, Kinder ebenso wie Jugendliche oder Erwachsene, jung und alt. Sie können sich spontan einstellen oder willentlich angestrebt werden. Und sie können überall auftreten, an einem Berghang, im Zimmer des Therapeuten, in der Kirche, im Bett. Sie können Gefühle tiefsten Friedens oder der Ekstase auslösen. Manchen von uns mögen derartige Erlebnisse ganz vertraut sein, aber solange wir sie nicht benennen können, gehen sie unbeachtet vorüber.

Im Grunde ist es die Aufgabe unserer öffentlichen Institutionen, besonders der kirchlichen und medizinischen Einrichtungen, sich um die Nöte der Menschen zu kümmern. Unsere Sozialhilfeeinrichtungen befinden sich im Augenblick im Umbruch, um durch veränderte Strukturen auf neue Bedürfnisse zu reagieren. So ist man zum Beispiel in letzter Zeit dazu übergegangen, in Krankenhäusern besondere Stationen für Sterbende und Abteilungen für natürliche Geburt einzurichten. Es ist an der Zeit, durch angemessene organisatorische Veränderungen auch für die kritischen Phasen des spirituellen Aufbruchs, die uns in Bereiche jenseits des üblichen Rahmens menschlicher Entwicklung führen, hilfreiche Bedingungen zu schaffen. Entsprechende Vorschläge finden sich in diesem Buch. Die Verwirklichung dieser institutionellen Veränderungen ist für viele von uns, die wir uns der Hilfe für Menschen in spirituellen Notlagen widmen, gegenwärtig die dringlichste Aufgabe.

Die transpersonalen Ebenen

Transpersonale Erfahrungsebenen reichen über die individuelle Persönlichkeit und die persönlichen Belange hinaus. Woran merkt man es, wenn man in eine solche Ebene eintritt? Welche Erlebnisse und Gefühle hat man bei einer transpersonalen Erfahrung?

Ken Wilber hat in seinem Buch *Das Atman-Projekt* drei Ebenen der transpersonalen Erfahrung beschrieben – die subtile, die kausale und die Atman-Ebene (in aufsteigender Reihenfolge). Auf diesen Ebenen öffnet sich der Zugang zu einem Kreativitätsfluß, der seine Inspirationen aus höheren, jenseits der Persönlichkeit angesiedelten Schichten nimmt. Hier finden wir die Art von Intelligenz, wie sie Genies vom Range eines

Mozart angeboren ist. Die transpersonalen Ebenen eröffnen auch die Möglichkeit, mit Erscheinungsformen höherer Intelligenz in Kontakt zu treten, die Weisheit, Liebe und Mitleid personifizieren. Echte parapsychische Kanäle führen zum Beispiel zur subtilen Ebene hin, wenn aus ihnen eine Führung aus höheren Bewußtseinsebenen erwächst. Die transpersonalen Welten vermitteln oft ein Gefühl der Grenzenlosigkeit, der Überschreitung der Bindung an Raum und Zeit. Da können sich ungewöhnliche Erfahrungen einstellen, die entweder als visionäre innere Erlebnisse oder als konkrete äußere Erscheinungen erlebt werden. Telepathie, Geistheilung und parapsychische Phänomene wurzeln in diesen Welten, wie auch letztlich das vollständige Verschmelzen mit der Höheren Macht, mit Gott. Im folgenden wird jede Ebene genauer beschrieben.

Die subtile Ebene

Die subtile Ebene ist eine Ebene bewußten Gewahrseins, zu der sowohl Fälle von körpergebundener außersinnlicher Wahrnehmung gehören als auch Erlebnisse, die offenbar vom Körper unabhängig sind, wie zum Beispiel Out-of-Body Experiences (OOBE; die Erfahrung, sich außerhalb des Körpers zu befinden) und psychokinetische Phänomene (Bewegung von Gegenständen ohne physische Ursache). Das Erleben der subtilen Ebene, das in vielfältigsten Variationen auftritt, steht in direkter Beziehung mit einem System von Energiezentren im Körper, den Chakras (nach dem Sanskritwort chakra), welche einer höheren Schicht angehören als die physiologischen Organsysteme. Die Chakras aktivieren eine höhere Art der Wahrnehmung als unsere fünf Sinne. Die folgenden Beispiele zeigen einige transpersonale Erlebnisse auf der subtilen Ebene. Mindestens ein derartiges Erlebnis haben die meisten Amerikaner schon einmal gehabt.

> Eine Frau sitzt in einer Kirche/Synagoge/Tempel und hört, wie Bittgebete für einen Kranken gesprochen werden. Ein inneres Gefühl sagt ihr, daß sie den Kranken kennt; vielleicht empfindet sie auch seine Gefühle mit, obwohl sie ihm nie begegnet ist.
>
> Eine junge Mutter wacht mitten in der Nacht auf und fühlt

ein besonders enges Mitschwingen mit dem Erleben ihres Babys, das in einem eigenen Zimmer schläft. Sie eilt an sein Bett: der Kleine hat plötzlich hohes Fieber bekommen und braucht ihre Hilfe. Sie hat sich, wenn auch unbewußt, von ihrem »Sechsten Sinn«, oder von ASW, leiten lassen.
Eine Frau schaut im Gebirge einem Sonnenuntergang zu. Die Schönheit des wechselnden Lichts überwältigt sie. Sie versinkt in seligen Empfindungen der Liebe und Dankbarkeit für das Leben.
Ein junger Mann sitzt am Bett eines kranken Freundes und meditiert. Er spürt die Präsenz einer Höheren Kraft, vielleicht eines Engels, der den leidenden Freund voller Liebe und göttlichen Erbarmens behütet.
Ein Mann sucht einen Reinkarnationstherapeuten auf und erlebt in einer tiefen emotionalen Erfahrung, wie er in einer anderen Raum/Zeit-Orientierung vor fünfhundert Jahren gelebt hat. durch dieses Erlebnis kommt er zu einem besseren Verständnis und zur Heilung für mehrere seiner gegenwärtigen Beziehungen.
Ein Kind hat jahrelang eine Fee mit Flügeln als Spielkameraden. Gemeinsam erkunden sie die Welt; sie spielen mit Blättern und Eicheln und tanzen im Gras.

Die subtile Ebene ist eine Dimension des bewußten Gewahrseins – ein Bewußtsein, das die materielle Welt einschließt, aber doch darüber hinausgeht. Der Mensch nimmt jetzt die mythischen Schichten der Welt wahr. Er kommt in eine direktere und bewußtere Beziehung zu seiner eigenen Lebenskraft (dem Prana des Sanskrit). Es kann sein, daß er im Körper ein Vibrieren und Strömen von Energie verspürt oder daß er solche Manifestationen der Lebensenergie sogar bei anderen Menschen oder in der unbelebten Natur wahrnimmt. Wer der Energie seines eigenen Menschseins gewahr geworden ist, fühlt sich der menschlichen Rasse auf eine Weise zugehörig, die ihm mit ihrem mächtigen inneren Sinngehalt früher versagt gewesen wäre. Dieses neue Bewußtsein von Dimensionen jenseits der physischen, objektivierten Wirklichkeit bildet oft die Grundlage für künstlerische Inspiration. Dante hat seine direkte Erfahrung subtiler Bereiche so ausgedrückt:

O Gnadenfülle, die mich ließ erkühnen,
Den Blick ins ewige Licht hineinzutauchen,
So daß ich meine Sehkraft drin verzehrte!

In seiner Tiefe sah ich, daß zusammen
In einem Band mit Liebe eingebunden
All das, was sonst im Weltall sich entfaltet . . .

In jenem klaren, tiefen Wiesengrunde
Des hohen Lichts erschienen mir drei Kreise
Mit einem Umfang, drei verschiednen Farben.

Und zweie sah ich wie zwei Regenbogen
Einander spiegeln, Feuer schien der dritte,
Von beiden Seiten gleichermaßen lebend.[3]

Die kausale Ebene

Nur wenige Menschen erfahren über längere Zeit hinweg das Bewußtsein der kausalen Ebene. Es kann sich in tiefer Meditation als Frucht spiritueller Übung einstellen oder für kurze Zeit in tiefer Entspannung, beim Musikhören, beim Anblick der Natur oder in der Beziehung zu einem geliebten Menschen. Wir haben das, was in diesen kurzen Momenten geschieht, »Gipfelerfahrungen« genannt. Erfahrungen auf der kausalen Ebene können auch durch einige bewußtseinsverändernde Drogen ausgelöst werden. Es ist ein Zustand vollkommener Ekstase, eine Seligkeit, die von keinem störenden Gedanken, von keinem Wunsch, von keiner Stimmung getrübt wird. Die kausale Ebene schließt das bewußte Erleben der subtilen und der materiellen Ebene ein, geht aber darüber hinaus zur vollen Verwirklichung der Gotteinheit. Es ist der Zustand des Einsseins mit der Höheren Macht – mit Gott, die Verschmelzung in der Liebe. Auf der kausalen Ebene gibt es kein Zeitgefühl mehr, hier weht nur der Atem der Ewigkeit.

Der dreiunddreißigjährige Michael hat eine leitende Stellung in einer Werbeagentur in Los Angeles. Ihm lag sehr an seinem spirituellen Wachstum, und er suchte nach Methoden, um in seiner Entwicklung schneller voranzukommen. Er wollte in seinem Inneren zum Bewußtsein Gottes vorstoßen und war bereit, hart dafür zu arbeiten. 1987 besuchte er eine Meditationsfreizeit. Was er dabei erlebte, beschreibt er so:

> Nach drei Tagen mit Meditation und Fokussieren von sechs Uhr morgens bis abends um zehn spürte ich, wie ich innerlich ganz aufmachte. Alles in mir fühlte sich an wie Licht. Wenn ich die Augen schloß, war in meinem Körper nur noch Licht zu spüren. Fast vierundzwanzig Stunden lang vergaß ich die Rollen, mit denen ich mich normalerweise identifiziere, und warf alles über den Haufen, was ich und andere gewöhnlich von mir erwarten. Beim Essen mußte ich sogar die anderen beobachten, um mich daran zu erinnern, wie man mit einer Gabel umgeht. Die Welt war ganz frisch und neu. Es spielte keine Rolle mehr, wer ich war oder wer die anderen waren. Persönliche Unterschiede waren bedeutungslos geworden. Ich wußte mit apodiktischer Gewißheit, daß wir alle zusammen einen Körper bilden. Ich habe mich noch nie so gänzlich erfüllt, so völlig ekstatisch gefühlt.

Michaels Frau war ganz verstört, als sie ihn nach der Freizeit wiedersah, denn er war so sehr in der kausalen Ebene versunken, daß er vierundzwanzig Stunden lang außerstande war, persönliche Beziehungen zu ihr aufzunehmen.

Viele religiöse Traditionen sind der Ansicht, daß die Unterstützung durch einen Lehrer an diesem Wendepunkt des spirituellen Wachstums besonders wichtig sei. Wie Michaels Erlebnis zeigt, braucht ein Mensch, der sich als Schüler auf dem spirituellen Weg tiefer in die Bereiche des Transpersonalen hineinbegibt, Sicherheit und Anleitung, wenn er sich von dem Bisherigen zu lösen beginnt: vom Leben, wie er es bisher betrachtet hat, von den Grenzen von Raum und Zeit und von sich selbst als dem Zeugen, dem das Leben widerfährt. Der Schüler ist auf die Versicherung angewiesen, daß die Auflösung dieser Grenzen nicht zu Tod oder Wahnsinn führt, sondern das Leben zu größerer Fülle hin öffnet. Er braucht Anleitung bei der Integration der Erfahrungen auf der kausalen Ebene in sein normales Leben, so daß die Beziehungen zu seinem Partner, zu Kindern und Arbeit sich fortsetzen und auf natürliche Weise weiter wachsen. In der Meditation mag die Welt versinken. Aber wenn wir nicht meditieren, müssen wir mit beiden Beinen fest auf dem Boden stehen – müssen sicher am Steuer sein, unseren Kindern moralische Werte vermitteln, »rechtzeitig« zur Arbeit kommen und den für unsere Zivilisation gültigen Werte- und Sittenkodex respektieren.

Die Atman-Ebene

Die Atman-Ebene liegt jenseits der kausalen Ebene, schließt aber alle niederen Dimensionen ein – die materielle, subtile und kausale. Atman ist eine Bewußtseinsdimension, die so vollkommen in die Höchste Macht eingebettet ist, daß das Gewahrsein alles andere ausschließt. So bringt dieser Zustand vollkommene Ekstase mit sich – und doch ist er auf geheimnisvolle Weise jenseits aller Empfindung. Viele mystisch-religiöse Texte erwähnen die Atman-Ebene, aber immer weisen sie darauf hin, daß hier jede Beschreibung unzulänglich ist. Es ist die Erfahrung letzter, schlechthinniger Einheit, bei der der Zeuge des Lebens und das, was er erlebt, ein und dasselbe sind. Wilber schreibt: »[Der] ganze Weltprozeß taucht dann, Augenblick für Augenblick, als das eigene Wesen auf, außerhalb dessen, und vor dem, nichts anderes existiert.«[4] Nichts existiert außer dem ewigen Jetzt.

Wenn ein Mensch eine der höheren Ebenen erfährt, bedeutet das nicht notwendigerweise, daß er eine Krise durchlebt. Aber selbst wenn er offen, vertrauensvoll und anpassungsfähig ist, ist es in jedem Fall eine Belastungsprobe, die gewohnten Vorstellungen von der Welt fahren zu lassen und eine Welt der parapsychischen Phänomene, der Zeit- und Grenzenlosigkeit, der unbegrenzten Energie und Inspiration zu betreten. Wer sich solchen Bereichen naht, kann, selbst wenn diese Ekstase und Liebe verheißen, in einen Strudel von Verwirrung und Angst stürzen.

Gewöhnlich tun wir kurze Besuche in höheren Bewußtseinssphären ab, indem wir uns sagen: »Was mir da passiert ist, hat mich ganz verzaubert. Ich fühle mich so voller Glück. Es war ein richtiges Wunder.« Aber wir sehen in solchen Wundern normalerweise keine Wegweiser, die uns in eine ganz neue Welt führen könnten, wo wir über die Fähigkeit des Hellsehens und Hellfühlens verfügen, mit Archetypen und Engeln verkehren und ekstatische Wonnen und Gotteinheit erfahren. Aber genau das kann geschehen; ja, ich bin überzeugt, daß unsere natürliche Entwicklung zu all dem hinführt.

Wer braucht Hilfe?

Immer mehr Menschen schildern heute ihre Erfahrungen mit transpersonalen Ebenen auf Grund von spirituellen Praktiken, globalen Veränderungen oder Wiederbelebungstechniken. Diese Menschen fühlen sich oft isoliert und verwirrt. Sie brauchen begriffliche Vorstellungen, in die sie ihre Erfahrungen einordnen können, und sie brauchen das Zusammengehörigkeitsgefühl mit anderen, denen diese Dimension des Lebens vertrauter ist, und die ihnen deshalb Führung und Orientierung geben können.

Mein eigener Prozeß des spirituellen Aufbruchs ist bisher außerordentlich glücklich verlaufen. Ich habe, seit ich vor fünfundzwanzig Jahren in die Meditation eingeführt wurde, Lehrer für Meditation, Schamanismus, Intuitionstraining, Körpertherapien – und analytische Psychologie gehabt, die in ihrer eigenen Entwicklung weit fortgeschritten waren. Ich hatte auch das Glück, eine Gemeinschaft »spiritueller Freunde« zu finden, Menschen, die mit mir das Interesse und die Anteilnahme an den Höhen und Tiefen des spirituellen Erwachens teilen. Dadurch habe ich sowohl bei meinem eigenen spirituellen Aufbruch als auch bei dem Hineinwachsen in die Rolle des Helfers für andere sachverständige Unterstützung erfahren. Meine Ratgeber waren hervorragende Rollenvorbilder; die ärztliche Hilfe, die ich genoß, bezog ihre spirituellen Werte aus der Ehrfurcht vor dem Leben; meine akademische Ausbildung vermittelte mir ein solides begriffliches Fundament für das Verständnis der menschlichen Entwicklung, und ich war in einer Gemeinschaft zu Hause, der das spirituelle Wachstum zentrales Anliegen war.

Ich bin sehr in Sorge um jene, die nicht so glückliche Bedingungen angetroffen haben. Ich weiß von Menschen, die sich wegen ihrer spirituellen Erfahrungen so isoliert gefühlt haben und davon so überwältigt wurden, daß sie sich das Leben genommen haben. Meiner Mutter ist es so gegangen. Ich habe auch Klienten gehabt, die sich intensiv um die Erkundung ihres inneren Lebens bemühten, von ihren Angehörigen aber für verrückt gehalten wurden, so daß man sie zur Einnahme von Psychopharmaka bewegen wollte, bloß, damit die spirituellen Erfahrungen aufhörten. Diese Geschichten zeigen, daß der Prozeß des spirituellen Aufbruchs manchmal in so schwierigen Bahnen verlaufen kann, daß die Betroffenen von dem Geschehen wie im Sturm überwältigt werden, ohne einen Menschen, der sie führen, ohne Freunde oder eine Familie, die sie stützen oder ermutigen, und ohne eine Gemeinschaft, die sie aufnehmen könnte. Die meisten dieser Menschen verfügen nicht über einen begrifflichen Rahmen, der ihnen helfen würde, ihre Erlebnisse zu verstehen. Schlimmstenfalls haben sie ein Begriffssystem, das ihnen nur die Möglichkeit läßt, ihre Erlebnisse als Symptome einer Geisteskrankheit einzuordnen. Ihre Ängste und ihre Orientierungslosigkeit können dann so weit verstärkt werden, daß sie bis zur Arbeitsunfähigkeit gelähmt sind und die Inhalte des Unbewußten sie so stark überfluten, daß sie keine Möglichkeit mehr haben, ihre Erlebnisse zu verarbeiten. Oft bleibt dann nur noch die Klinik. Solche Geschichten illustrieren den spirituellen Zusammenbruch. Einige davon erzähle ich in diesem Buch.

Ebenso wie andere Mitarbeiter des Spiritual Emergence Network habe auch ich Hunderte von Geschichten angehört über Menschen, die auf Grund einer falschen Beurteilung ihrer Lage in Kliniken eingewiesen wurden. Immer wieder habe ich in meiner Praxis mit Menschen zu tun, die mich fragen: »Bin ich verrückt, daß ich solche Erlebnisse habe? Wie passen sie in mein Leben?«

Die Frage, wie transpersonale Erfahrungen sich mit der persönlichen Entwicklung vertragen, kann man auf eine Weise beantworten, durch die der Fragende, der gerade einen spirituellen Zusammenbruch hat, beruhigt wird: »Es gibt beim Prozeß des spirituellen Wachstums Zeiten, in denen regressives Verhalten und schwere Verwirrtheit ganz natürlich auftreten. Holen Sie sich Hilfe, so weit Sie sie brauchen, und bleiben Sie im übrigen im Strom Ihrer Entwicklung.« Die Freunde, die Familie und die Helfer von Menschen in spirituellen Notlagen können ihrerseits die nötigen Informationen beschaffen, können beruhigend wirken und bei der Suche nach fachmännischem Beistand helfen.

Es ist zu hoffen, daß es für alle Menschen nützlich ist, sich mit dem Wortschatz vertraut zu machen, der spirituelle Erlebnisse beschreibt und die Unterschiede zwischen den Religionen überbrückt. Viele Nuancen der Phänomene, die im Verlauf des spirituellen Aufbruchs auftauchen, lassen sich im Englischen[5] nicht adäquat wiedergeben, weil die Sprache keine Ausdrücke dafür entwickelt hat. Viele der hier eingeführten Wörter sind daher dem Sanskrit entnommen, der klassischen Sprache Indiens, die reich an Ausdrücken zur Beschreibung verschiedener Bewußtseinszustände ist. Es wäre sinnvoll, diesen Wortschatz als solchen zu vereinheitlichen, um die Kommunikation zwischen den Beschäftigten im Gesundheitswesen, Geistlichen, Krankenhausverwaltungen, Lehrern und der Öffentlichkeit zu erleichtern. Am Schluß dieses Buches findet sich ein Verzeichnis von Fachausdrücken zum Nachschlagen.

Die folgenden Kapitel können Ihnen helfen, wenn Sie Anleitung und Rückhalt suchen, um Ihre eigenen spirituellen Erlebnisse zu verstehen oder wenn Sie versuchen, einen Mitmenschen zu verstehen, der starke spirituelle Erlebnisse durchmacht. Sollten Sie selbst an einem kritischen Punkt in einem spirituellen Zusammenbruch angekommen sein und dringend einen Helfer brauchen, der Sie in angemessener Weise unterstützen kann, oder suchen Sie nach Wegen, eine soziale Hilfsorganisation so zu verändern, daß sie in der Lage ist, auf Phänomene des spirituellen Zusammenbruchs angemessen zu reagieren, so finden Sie hier Beistand.

Das Bild von der Schwertbrücke veranschaulicht auf dramatische Weise die Schwierigkeiten, die sich beim Aufbruch in spirituelle Bereiche ergeben: die Konfrontation mit der eigenen Person und dem gewohnten Glaubenssystem, das Verlassen des vertrauten, sicheren Geländes, die Verletzlichkeit und das Verlassenheitsgefühl, das dringende Verlangen nach spirituellen Verbündeten, das Unbehagen beim Zugehen auf die andere Seite, die als übermächtig empfunden wird. In diesem Buch soll untersucht werden, welche Formen dieses Bild, das die Reise des Lancelot beschreibt, im modernen Leben annimmt. Im folgenden Kapitel erzähle ich den Anfang meiner eigenen Geschichte.

Zweites Kapitel

Spiritueller Aufbruch ist kein Wahnsinn!

Eines Tages – ich war sieben Jahre alt – schwamm ich mit meiner Cousine Anna in einem See unter einem Dock. Wir spielten zwischen den Brettern herum, die die eisernen Tonnen stützten, auf denen der Boden des Docks auflag. Wir versteckten uns voreinander, schwammen nach unten und tauchten plötzlich an einer anderen Stelle prustend wieder auf. Einmal tauchte ich tief hinunter, damit Anna mich nicht mehr sehen konnte. Ich hielt nach einer Stelle Ausschau, an der ich wieder auftauchen könnte. Aber diesmal sah ich nur ein Gewirr von kreuz und quer verlaufenden Brettern; der Boden des Docks schien von dem Gewebe der Stützbretter bedeckt zu sein. Ich sah keine Stelle zum Auftauchen. Einige Sekunden verstrichen. Ich hatte keine Luft mehr; panische Angst ergriff mich . . . ich wurde ohnmächtig. An der Schwelle des Todes tauchte mein Bewußtsein tief in mein Inneres hinab an einen Ort, wo keine Angst mehr war, nur Friede und Schicksalsergebenheit. Die Angst war hier nur noch eine nebelhafte Erinnerung. So erfuhr ich in einem tiefgreifenden Erlebnis die heilige Energie, das Reich der Höheren Macht, das ich nie mehr vergessen konnte und das nun für alle Zeiten mein «Zuhause« sein würde. Ich wollte mich schon ganz in die Arme dieser Welt hineinfallen lassen, da kam ich plötzlich an die Wasseroberfläche, an einer Stelle, wo zwischen zwei Brettern gerade soviel Platz war, daß ich mit dem Kopf hindurchpaßte.

Von diesem Moment an war meine ganze Welt verändert. Ich hatte keine Angst mehr vor dem Tod, denn ich wußte, daß er nur ein Tor sein würde, durch das ich zu jenem höchsten Frieden gelangen würde, den ich verspürt hatte, als ich dem Ertrinken nahe war. Von jenem Tag an spielte sich mein Leben ganz deutlich in zwei verschiedenen Dimensionen ab: äußerlich war ich ein körperliches Wesen, ein ganz normaler Mensch mit einem ganz normalen Körper, der Freunde hatte, gerne Eis aß und überleben wollte, um die Freuden des Lebens zu genießen;

aber innerlich, als spirituelles Wesen, war ich ein Teil jener heiligen Energie, die völliger Friede und bedingungslose Liebe ist – und die nach dem Tod meines körperlichen Wesens weiterleben wird.

Ich hatte schon seit meiner Kindheit immer wieder intensive Erlebnisse gehabt, die ich heute »spirituell« nennen würde. Wenn ich die Sonnenstrahlen beobachtete, wie sie durch das Fenster auf mein Bettchen fielen, geriet ich in Verzückung. Nicht weit von unserem Haus war ein Wald, und die Naturgeister, die ich dort traf, waren meine liebsten Freunde. Aber seit dem Augenblick, wo ich fast ertrunken wäre, bin ich in ständiger Verbindung mit einer Kraft, die ich als den tiefen, stetigen Strom der Höheren Macht in meinem Inneren erkenne; mein Alltagsverstand ist dagegen wie ein sprudelnder Bach, der nur die Oberfläche des Bewußtseins belebt. Als ich heranwuchs, setzten sich diese Erlebnisse fort. Parapsychische Phänomene, mentale Telepathie, ASW, Hellsehen, Hellfühlen wurden zu einem normalen Bestandteil meines Lebens. Früher dachte ich, das sei außergewöhnlich – ja, ich fürchtete, man würde mich wie eine Verrückte behandeln, wenn ich von meinen Erlebnissen erzählte. Heute weiß ich, daß es kaum einen Menschen gibt, der nicht mindestens einmal ein solches Erlebnis gehabt hat. Dennoch finden wir kaum Worte, um sie zu beschreiben, und die meisten von uns haben Hemmungen, darüber zu sprechen.

Aber wie »normal« spirituelle Erlebnisse eigentlich sind, war mir erst klar, als ich die Forschungsarbeiten für meine Doktorarbeit in Psychologie abgeschlossen hatte. Während ich bei den Vorarbeiten zum *Sourcebook for Helping People in Spiritual Emergency* (Lightening Up Press, 1988) eine Person nach der anderen befragte, stellte ich fest, daß diese Erfahrungen nicht nur weit verbreitet sind, sondern daß sie ihren Platz in der natürlichen Entwicklung des Menschen haben. In meiner psychotherapeutischen stellte ich fest, daß spirituelle Erfahrungen einen wertvollen Beitrag zur Festigung der seelischen Gesundheit leisten. Ich sah immer wieder, wie solche Erfahrungen als Stufen dienten, auf denen die Menschen in ihren Fähigkeiten zu höheren Ebenen aufstiegen, zu kreativerem Handeln, zu Gefühlen des Gleichmuts und Friedens, zur Dienstbereitschaft und zur Entwicklung parapsychischer Fähigkeiten – bis hin zur Gabe der Heilung durch Handauflegen.

In unserem Kulturkreis scheut man sich davor, offen über spirituelle Erfahrungen zu sprechen, weil parapsychische Phänomene – wie das Wiedererinnern vergangener Lebenszyklen, das Aufnehmen von Eindrücken durch Hellsehen, Hellhören oder Hellfühlen oder das Sprechen mit körperlosen Geistern – allgemein als typische Begleiterscheinungen von Psychose aufgefaßt werden. Die meisten Psychiater und Psychologen, ja sogar die meisten Geistlichen sind bisher der Ansicht, daß die meisten spirituellen Erfahrungen entweder auf eine Verzögerung der Entwicklung oder eine seelische Erkrankung zurückzuführen sind. Diese Auffassung hat auch in die Literatur zur psychischen Gesundheit Eingang gefunden und ist auf diese Weise auch auf andere übergegangen, die im Gesundheitswesen tätig sind, auf Krankenschwestern, Gesundheitsberater, Krankenhausverwalter und so weiter.

Eine meiner Klientinnen, eine Biochemikerin, die in der Forschung tätig ist, hatte bei der Geburt ihres ersten Kindes ein intensives spirituelles Erlebnis gehabt. Sie lag auf dem Gang des Krankenhauses auf einem Rollbett in den Wehen und wartete darauf, daß man sie in den Kreißsaal schob. Sie hatte keine Medikamente bekommen. Ihr Mann und eine Krankenschwester waren bei ihr. Plötzlich fing sie am ganzen Körper zu zittern an. Sie war von oben bis unten von Strömen des Lichts durchflutet. Das dauerte über eine Stunde. Keiner von den Verantwortlichen im Krankenhaus begriff, was mit ihr geschah, und so gaben sie ihr Medikamente, um die Symptome zu unterdrücken, und behandelten sie so, als ob etwas mit ihrem Geist nicht stimmte; und weil sie das selbst auch glaubte, machte sie dieses Urteil zu einem Teil des Bildes, das sie von sich selbst hatte, so daß sie ständig in Furcht vor einem neuen »Anfall« lebte und sich nicht klarmachte, daß das helle Licht und die gewaltige Energie, die durch ihren Körper geströmt waren, ein legitimes spirituelles Erlebnis gewesen waren und mit dem Erwachen der Kundalini zusammenhingen – einer Form des spirituellen Erwachens, die an anderer Stelle in diesem Buch beschrieben wird. Erst in unserer gemeinsamen Arbeit konnte sie das Geschehen als eine Erfahrung der Einigung mit einer Höheren Macht begreifen.

Werden wir zu einem Volk von Mystikern?

Obwohl Erlebnisse wie das, welches meine Freundin bei der Geburt ihres Kindes hatte, im allgemeinen nicht ernstgenommen oder unterdrückt werden, geschieht es immer häufiger, daß die Menschen ganz offen über ihre spirituellen Erfahrungen sprechen. Andrew Greeley hat zusammen mit Meinungsforschern an der University of Chicago über die Ergebnisse ihrer jüngsten Untersuchungen im Jahre 1987 berichtet.[6] In den Vereinigten Staaten erklärten 42 Prozent der Erwachsenen, sie hätten »Kontakt mit den Toten« gehabt; 67 Prozent der Witwen haben »Kontakt mit den Toten« gehabt; 73 Prozent glaubten an ein Leben nach dem Tode; 74 Prozent glauben, daß sie nach dem Tod »mit ihren Lieben wiedervereint« sein werden. Was parapsychische Phänomene betrifft, so berichteten 67 Prozent, sie hätten außersinnliche Wahrnehmung erlebt; 67 Prozent hatten *déjà-vu-Erlebnisse* gehabt, und 31 Prozent hatten Erfahrungen mit Hellsehen.

Diese Zahlen finden ihren Widerhall in den landesweiten Umfragen der Gallup-Organisation.[7] Die Berichte verzeichneten für die Jahre von 1980 bis 1985, daß 15 Prozent der Amerikaner ein Nahtod-Erlebnis hatten; 43 Prozent haben eine ungewöhnliche spirituelle Erfahrung durchgemacht; 71 Prozent glauben an ein Leben nach dem Tod; 95 Prozent glauben an einen allumfassenden Geist oder Gott. 1986 berichteten 67 Prozent der Teenager, daß sie an Engel glauben. Die Untersuchungen, die Greeley und seine Mitarbeiter in den 1970er Jahren angestellt hatten, zeigten dagegen um 15 bis 30 Prozent niedrigere statistische Werte für spirituelle Erlebnisse: nur 27 Prozent der Erwachsenen berichteten über Kontakte mit Verstorbenen; 59 Prozent meldeten *déjà-vu-Erlebnisse*; 58 Prozent hatten Erfahrungen mit ASW und 24 Prozent mit Hellsehen.

Entweder ist die Anzahl der Menschen, die spirituelle Erfahrungen machen, im Steigen begriffen, oder die Menschen haben heute mehr Mut, zuzugeben, daß sie solche Dinge erleben. Sollen wir daraus schließen, daß wir heute mehr Verrückte unter uns haben als früher? Sind wir ein Volk von Psychotikern? Oder sind wir einfach heute eher bereit, unser Leben auch auf einer Ebene spiritueller Erfahrung miteinander zu teilen, über die wir früher nie gesprochen haben?

Die positiven Auswirkungen spiritueller Erfahrung

Meiner Überzeugung nach beweisen diese Zahlen, daß spirituelle Erfahrungen ein ganz natürlicher Bestandteil der menschlichen Entwicklung sind. Es läßt sich nicht übersehen, daß diese Erfahrungen positive Nebenwirkungen haben: sie steigern unsere Kreativität und unser Mitgefühl, fördern unsere Fähigkeit, uns zu entspannen und mit uns selbst im Einklang zu leben und erhöhen unsere Bereitwilligkeit zum Dienst am Mitmenschen – lauter Eigenschaften, die für die Erhaltung und Verbesserung der Lebensqualität des einzelnen und der Gemeinschaft auf der Erde förderlich sind. So ist es denkbar, daß die Entwicklung dieser Eigenschaften ein Indiz für unseren Fortschritt im Ablauf der Evolution ist.

Belege für diese positiven Auswirkungen finden sich in Forschungsberichten über Menschen, die eine Zeitlang klinisch tot waren und dann ins Leben zurückgekommen sind – eine *Nahtod-Erfahrung*, über Menschen, die in ihrem Körper spirituelle Energiekräfte, die *Kundalini*, erweckt haben, in kulturübergreifenden Untersuchungen über Schamanismus und in Berichten über einzelne Personen von außergewöhnlicher Kreativität.[8] Dr. Kenneth Ring hat bei den meisten Menschen, die ein Nahtod-Erlebnis gehabt haben, typische Änderungen der Verhaltensmuster bemerkt. Zu ähnlichen Ergebnissen kommen auch Menschen, die spontan oder auf Grund spiritueller Praktiken wie Meditation intensive Kundalini-Erfahrungen gehabt haben. Er hat festgestellt, daß solche Menschen gewöhnlich keine übersteigerte Todesangst haben; sie glauben an die Existenz einer höheren Macht oder höherer Mächte, die uns bedingungslose Liebe und Mitgefühl entgegenbringen; sie entdecken die Universalität aller Religionen, werden spiritueller und identifizieren sich weniger mit einer bestimmten Religion, erlangen oft die Gabe des Heilens und andere parapsychische Fähigkeiten und suchen, weil ihr Mitgefühl mit anderen Menschen gewachsen ist, die Lebensqualität der anderen zu verbessern.

Die Kreativität, die aus spirituellen Erfahrungen strömt, ist in den Biographien unserer Erfinder, Musiker, Komponisten und bildenden Künstler reich dokumentiert.

Puccini hat die Inspiration für *Madame Butterfly* so beschrieben:

> Die Musik für diese Oper ist mir von Gott diktiert worden; ich war nur das Instrument, das sie zu Papier gebracht hat, um sie an das Publikum weiterzugeben.[9]

Brahms hat das so beschrieben:

> Wenn ich den Drang in mir spüre, dann wende ich mich zuerst in bittender Haltung an meinen Schöpfer ... Sogleich fühle ich, wie mein ganzes Sein von Vibrationen durchströmt wird ... In diesem erhabenen Zustand sehe ich deutlich, was in meinen gewöhnlichen Stimmungen verdunkelt ist; dann fühle ich mich fähig, wie Beethoven Eingebungen von oben zu empfangen ... Diese Vibrationen zeigen sich in der Form von deutlichen geistigen Bildern.[10]

George Sand spricht von ihrer Schriftstellerei so:

> Der Wind spielt auf meiner alten Harfe, wie er eben mag ... Es ist der andere, der singt, wie er will, gut oder schlecht, und wenn ich darüber nachdenke, fürchte ich mich und sage mir, daß ich nichts bin, gar nichts.[11]

Erfinder sprechen oft davon, daß sie ihre Inspiration aus Träumen oder aus dem hypnagogischen Zustand beziehen, einem Bewußtseinszustand zwischen Träumen und Wachen. Die Quelle ihrer Inspiration wird also aus dem Reservoir des höheren Unbewußten gespeist. Albert Einstein empfing in einem Wachtraum wertvolle Informationen. Eines Tages, als er am Gipfel eines Hügels ausruhte, sah er sich zur Sonne und zurück reisen. Das Erlebnis »fühlte sich an«, als habe er sich auf einer gekrümmten Linie fortbewegt. Diese Einsicht führte zur Entwicklung seiner berühmten Gleichung »Energie ist gleich Masse multipliziert mit dem Quadrat der Geschwindigkeit«. Sir Frederick Grant Banting fand das Verfahren zur laboratoriumsmäßigen Massenherstellung von Insulin im Traum.

Wie kommt es denn, daß wir so lange gemeint haben, spirituelle Erfahrungen seien ein Zeichen von Verrücktheit, und

Botschaften des Unbewußten kämen in erster Linie durch die Unterdrückung von Gefühlen zustande? Wie ist es möglich, daß unsere Ärzte und Psychologen so falsch informiert waren? Nun, eigentlich geht es dabei gar nicht um falsche Informationen, sondern darum, ob ein Mensch die *Fähigkeit hat, seine Erfahrungen in sein tägliches Leben zu integrieren.* Wer nicht seiner Anlage nach selbst über die Mittel verfügt oder von außen nicht die Anleitung bekommt, die er braucht, um mit intensiven spirituellen Erfahrungen fertig zu werden, bei dem kann ein solches Erlebnis den Zerfall der geistigen Gesundheit beschleunigen und ähnlich überwältigende Wirkungen haben wie irgendeine andere intensive körperliche oder emotionale Erfahrung. Und genau diese Verrücktheit fürchtet die Gesellschaft. Aber wenn ein Mensch die Fähigkeit besitzt, seine spirituellen Erfahrungen in das normale Alltagsleben zu integrieren, dann bereichern sie sein Leben, indem sie ihm den Zugang zu höheren Ebenen der menschlichen Entwickung jenseits des Egos eröffnen. Dann können wir von spirituellem Aufbruch sprechen.

Spiritueller Zusammenbruch und Psychose

Spiritueller Zusammenbruch ist ein Begriff, der kritische Phasen im Prozeß des spirituellen Aufbruchs beschreibt. Der spirituelle Zusammenbruch ist typisch für eine überwältigende Zeit der spirituellen Erfahrungen, in der das Individuum darum kämpft, die Gefühle, Gedanken, Wahrnehmungen und Energien zu verarbeiten, die das Erlebnis mit sich bringt. Es kann vorkommen, daß die Krise vorübergehend zur völligen Lähmung der normalen Aktivitäten führt, so daß der Betreffende nicht in der Lage ist, sein tägliches Leben in der Arbeit oder der Kindererziehung zu bewältigen. Dann ist er auf die Unterstützung eines Menschen angewiesen, der die inneren Erfahrungen als sinnvoll erkennt. Dieser Helfer sollte ihm möglichst während der ganzen Zeit der Krise zur Seite stehen und ihm helfen, einen begrifflichen Rahmen zu finden, innerhalb dessen die Erfahrung eine sinnvolle Erklärung findet.

Intensive spirituelle Erfahrungen und geistige Inspirationszustände können oft das gleiche äußere Erscheinungsbild haben wie Psychosen. In einer rein spirituellen Erfahrung kann ein Mensch so sehr von seinem inneren Erleben erfüllt sein, daß er auf den Umgang mit anderen keinen Wert legt und sich statt dessen ganz auf die Kommunikation mit inneren Führern oder höheren Mächten beschränkt. Wenn diese Erfahrungen erklärt und sachkundige Anleitungen gegeben werden, kann ein Mensch, der solche Dinge erlebt, höhere Stufen menschlichen Lebensvollzugs erreichen und die Gesellschaft durch wertvolle spirituelle Beiträge bereichern. Andererseits sind visuelle und akustische Halluzinationen, Sinnestäuschungen und Kommunikationsstörungen Symptome psychotischen Verhaltens und können ein Hinweis darauf sein, daß der Betreffende im Begriff ist, von seinem normalen Funktionsniveau in einen krankhaften Zustand abzugleiten. Wenn psychotische Zustände pathologisch sind, also nicht den Zugang zu höheren Handlungsebenen markieren, dann liegt eine reale psychische Gefährdung vor, die der fachmännischen Behandlung bedarf.

Spiritueller Aufbruch: Was mir geschah

Wegen der ausgezeichneten Anleitung, die mir zuteil geworden ist, habe ich mein eigenes spirituelles Erwachen zu keinem Zeitpunkt mit einer Geisteskrankheit verwechselt. Der Prozeß der Integration meiner spirituellen Erfahrungen illustriert viele Arten der transpersonalen Erfahrung. Er ist ein Beispiel für einen spirituellen Aufbruch, der nicht von einem lähmenden spirituellen Zusammenbruch begleitet war. Wenn ich je von einer Krise blockiert wurde, dann nie länger als für wenige Augenblicke. Und dennoch habe ich mich nach einem intensiven Erwachen jedesmal bei dem Versuch, die Erfahrungen zu integrieren, desorientiert, einsam und oft ängstlich gefühlt.

Als ich noch sehr jung war – mit achtzehn Jahren –, lernte ich Graf Dürckheim kennen, der mir ein lebendiges Beispiel dafür war, wie ein Mensch in sich das Bewußtsein der gewöhnlichen Realität mit dem der ungewöhnlichen spirituellen Dimensionen verbinden kann, so daß beide zusammen ein integrales Ganzes bilden. Er war nicht nur Psychoanalytiker, sondern darüber hinaus ein Mann der Intuition, der Meditation, ein Mann Gottes und ein Schriftsteller (*Hara – die Erdmitte des*

Menschen). Zu ihm kamen Menschen, die die Orientierung verloren hatten oder Unterstützung in ihrer persönlichen Entwicklung suchten. Bei ihm bekamen sie ihre Therapie und wurden zur Meditation angeleitet. So half er ihnen, ihre spirituellen Erfahrungen in ihr Leben zu integrieren.

Innerhalb von zwei Jahren begegnete ich noch mehreren Lehrern vom gleichen Typus, mit der Folge, daß ich mit zwanzig Jahren mein Leben vollständig umkrempelte: Ich gab mein Kunststudium auf und trat als Nonne in einen Zen-buddhistischen Orden ein in der Hoffnung, hier in engeren Kontakt mit Lehrern zu kommen, die mir helfen würden, eine harmonische Verbindung zwischen meinem gewöhnlichen Alltagsbewußtsein und meinem erwachenden Bewußtsein der spirituellen Schichten herzustellen. Ich war fest entschlossen,diese Verbindung zu erreichen.

Als ich damals den Regeln des monastischen Lebens folgte, fühlte ich mich zum ersten Mal in dieser Welt zu Hause. Zum ersten Mal hatte ich das Gefühl, daß ich mein eigenes persönliches Leben und meine innerste Sehnsucht ausleben konnte. Im Tassajara Zen-Bergkloster, das hinter Big Sur in Kalifornien eingebettet in die Berge daliegt, traf ich auch zum ersten Mal Altersgenossen, die so waren wie ich. Bei ihnen fühlte ich die Sehnsucht, die auch ich hatte: wir wollten zu dem Wesen zurückkehren, das wir im Kern waren, wollten uns von den Haltungen und Vorstellungen der kollektiven Gesellschaft um uns herum befreien. Wir alle versuchten, den tiefen Schmerz hinter uns zu lassen, den wir bei unseren Eltern und anderen Verwandten gesehen hatten, und den wir in ihren Erzählungen vom Zweiten Weltkrieg oder von ihrem Leben voll Depression und Alkoholismus spürten.

Morgens um halb fünf standen wir auf, um zu meditieren. Wir begaben uns in das Meditationshaus, ein ungeheiztes Steingebäude, wo morgens meistens Temperaturen unter dem Gefrierpunkt herrschten. Wir setzten uns in langen Reihen mit dem Gesicht zur Wand auf unsere Meditationskissen. Dort saßen wir vierzig Minuten lang und versuchten, uns vollkommen ruhig zu halten, um unsere Konzentrationsfähigkeit zu verbessern und uns mit unserem Wunsch, alles Leiden zu beenden, in Einklang zu bringen. Mehrmals täglich sprachen wir dieses Gelöbnis:

Zahllos sind die fühlenden Wesen –
Alle gelobe ich zu retten.
Ungezählt sind die quälenden Leidenschaften –
Alle gelobe ich zu entwurzeln.
Vielfältig sind die Tore des Dharma[12]
Alle gelobe ich zu durchschreiten.
Unvergleichlich ist der Pfad des Buddha –
Ihn gelobe ich zu gehen.

Wir übten eine östliche Meditationsform auf der Grundlage der Lehren Buddhas. Die meisten von uns dort in Tassajara waren in christlichen oder jüdischen Familien aufgewachsen, aber wir alle hatten in der Kirche oder Synagoge keinen Weg gefunden, der einen direkten Zugang zur Erfahrung der Wahrheit eröffnet hätte.

Nach vierzig Minuten meditierten wir fünf Minuten im Gehen, dann folgten wieder vierzig Minuten im Sitzen. Danach folgte eine Zeit des Studiums im Refektorium, dann kehrten wir in das Meditationshaus zurück, wo wir zwanzig Minuten lang psalmodierten und dann schweigend frühstückten. Der Tag vollzog sich als Ritual, indem sich Arbeit, Meditation vor dem Mittagessen, gemeinsamer Gesang, Mittagessen als ritualisierte Meditation, eine kurze Pause, Arbeit, das Bad, Singen vor dem Abendessen, ritualisiertes Abendessen, eine Pause und dann ein Vortrag oder eine Meditation ablösten. So durchmaßen wir unsere Tage. Ich war einundzwanzig Jahre alt.

Um die Berechtigung zu erlangen, an diesem Leben teilzunehmen, mußte ich in der üblichen Weise zeigen, daß es mir ernst war. Ich sollte fünf Tage lang ununterbrochen sitzen und durfte mich von der Meditation nur zum Singen und zu den Mahlzeiten, zum Baden oder nachts zu den vorgeschriebenen Zeiten zum Schlafen erheben. Während dieser fünf Tage durchquerte ich im Frost der Morgenfrühe und in der 32-Grad-Hitze des Nachmittags, gequält von den Fliegen, die mir über die Lippen krochen, und von brüllenden Schmerzen in den Knien, die tiefsten Tiefen der Verzweiflung und die höchsten Höhen der Ekstase. Alle Gefühle schöpfte ich aus: Ich empfand rasende Wut, war traurig und hilflos, fühlte Macht und Freude, Hysterie und Frieden, Liebe und Dankbarkeit, Sehnsucht und Erfüllung, Angst und Mut, Eigensinn und Hingabe, Erregung und Langeweile, Duldung und Wohlgefühl. Niemals könnte ich jemand anders als mich selbst für diese Empfindungen verantwortlich machen – sie waren alle in meinem Inneren, bereit, in einem rätselhaften Rhythmus auszubrechen.

Diese Berg-und-Talbahn-Fahrt der Gefühle war von körperlichen Empfindungen begleitet, die gänzlich neu für mich waren. Während ich mich entspannte und mich immer tiefer in die Erfahrung meines eigenen Selbst hineinbegab, begannen die Spannungen nachzulassen, die mich bei dem Versuch gefangen gehalten hatten, mich in die Form zu zwängen, welche die Anpassung an die Erwartungen der kollektiven Welt mir vorgeschrieben hatte. Es kam vor, daß mein Körper sich plötzlich schüttelte, als wäre meine Wirbelsäule eine Peitsche in der Hand einer unsichtbaren Macht. Dann hüpfte und rüttelte ich hin und her, als ritte ich auf einem wildgewordenen Stier. Danach fühlte ich Ruhe und hatte die Empfindung, der Ganzheit und meinem Wesen näher zu sein. Irgendwoher wußte mein Körper, wie er mich durchschütteln mußte, um mich wieder zu der zu machen, die ich eigentlich war, um mich von den Fesseln zu befreien, die eine starre Konditionierung nicht nur meinem Körper, sondern auch meinem Denken und Fühlen angelegt hatte.

So wurde die fünftägige Meditation zu einem der wertvollsten Geschenke, die ich je bekommen habe. Durch sie lernte ich, daß mein eigener Körper mich zu meinem Wesen, meinem Selbst, führen konnte. Ich lernte, daß ich nicht bloß ein empfindliches Empfangsgerät bin, sondern ein Organismus, der nach Wegen sucht, sich auszudrücken. Die Meditation half mir, den Ablauf meines inneren Lebens zu beobachten, während dieses sich vom Hochdramatischen hin zur ungestörten Ruhe zu wandeln schien, selbst wenn mir dabei gar nichts Konkretes »passierte«; ich saß nur einfach da.

Unter dem, was mir während meiner Zeit in Tassajara geschenkt wurde, war auch die Gelegenheit zur Begegnung mit einem weisen alten Mann. Als Lama Govinda zu Besuch zu uns kam, fühlte ich gleich, daß er eine Personifikation der Weisheit und Barmherzigkeit war. Als er aus dem Auto stieg, setzte er seine kastanienbraune Lama-Mitra auf. Dazu trug er eine lange kastanienfarbene Robe. Sein weißer wallender Bart reichte bis auf die Brust herab. Sein Gesicht war von den tiefen Furchen des Alters gezeichnet. Seine Augen verliehen ihm eine Tiefe, die ich noch nie bei einem Menschen gesehen hatte. Sie kündeten von den Welten, nach denen ich mich sehnte und mit denen ich mich eins fühlte; sie sprachen von seinen Reisen nach Tibet, seiner Ausbildung zum Lama, seinen wissenschaftlichen Forschungen, seinen einsamen Stunden als Schriftsteller. Zu meiner Freude durfte ich ihn und seine Frau während ihres Aufenthaltes betreuen.

Durch Lama Govinda, Roshi Suzuki und die anderen Lehrer, die sich als Besucher in Tassajara aufhielten, erfuhr ich, daß Weisheit und Barmherzigkeit sich in der heutigen Welt manifestieren können, in dieser technologischen Wüste, in der kaum je ein Mensch dem anderen begegnet und von Kommunikation noch weniger die Rede sein kann. Ich bemühte mich nun nicht mehr, mir Fragen auszudenken, die ich meinen Lehrern stellen könnte, um zu zeigen, daß ich nicht verrückt war oder meine Gescheitheit unter Beweis zu stellen. Ich wußte, daß es von jetzt ab meine Aufgabe war, zu sitzen, mich zu konzentrieren und meine Arbeit zu tun, und daß ich die Erleuchtung getrost dem Prozeß in meinem Inneren überlassen konnte.

Wieder war ich vom Glück begünstigt gewesen. Ich befand mich in der Gesellschaft von Menschen, die mir ihre Freundschaft und ihre Unterstützung schenkten. Die Gemeinschaft bewahrte uns vor der vernichtenden Einsamkeit, von der der Weg zur Ganzheit oft begleitet ist. Die buddhistischen Texte, die wir lasen, gaben uns den Begriffsrahmen, in den wir unsere Erlebnisse einordnen konnten. Die einfachen Aufgaben – das Heizen und Kochen, die Gartenarbeit und das Bauen in natürlicher Umgebung – sorgten dafür, daß wir den Kontakt zur physischen Wirklichkeit nicht verloren.

Dennoch war es nicht immer leicht, die normale mit der außergewöhnlichen Welt zu einem Muster zu verknüpfen. Manchmal griff das Klosterleben zu erstaunlichen Mitteln, um mich über das Wesen der Existenz aufzuklären. Eines Morgens in aller Frühe stand einer der gesprächigeren Mönche, als wir beim Studium saßen, auf, um zu uns zu sprechen. Ich sah zu ihm auf, und plötzlich ging mein Blick glatt durch ihn hindurch, einfach so, als hätten seine Zellen sich in Luft aufgelöst. Ich sah den Tisch und den Stuhl und die Wand hinter ihm. Von ihm war keine Spur mehr zu sehen. Nach ein paar Sekunden tauchte er wieder in meinem Blickfeld auf, und ich konnte nichts mehr von dem sehen, was hinter ihm war. Durch dieses Erlebnis wurde mir klar, daß der Geist die Macht hat, eine für alle gültige Wirklichkeit zu erschaffen und darüber hinauszugehen! Plato hatte also recht gehabt. Mit unserem Alltagsbewußtsein leben wir in Dunkelheit. Wenn wir überhaupt das Glück haben, etwas vom wahren Licht zu erhaschen, dann sehen wir – aber nur für einen Moment – einen Abglanz der wahren Wirklichkeit.

Manchmal waren meine Erlebnisse erschreckend. Eines Abends ging ich nach der Spätmeditation in dem Tal bei meiner Hütte noch ein wenig spazieren. Plötzlich spürte ich etwas, was ich nur das Tosen des Universums nennen kann. Ich hörte es nicht mit dem normalen Gehör, sondern im Innern des Kopfes, so stark, daß ich mich bis in jede einzelne Körperzelle hinein betäubt fühlte. Auf mich drangen Klänge von gewaltiger Stärke ein, wie ich sie nie zuvor gehört hatte, und mein ganzer Körper schien zum Trommelfell geworden zu sein. Ich war zu Tode erschrocken. Ich fühlte mich sehr klein und verlassen. Mit Worten läßt sich das Erlebnis nicht beschreiben. Es gab keinen Ort, an den ich mich um Hilfe wenden konnte, nur die freundliche Berührung eines Menschen beruhigte mich ein wenig. Und doch wußte ich, daß die menschliche Gemeinschaft gegen die auf mich eindrängende überwältigende Erfahrung nichts ausrichten konnte. Ich wußte, daß ich mich diesem Ungeheuer selbst stellen mußte. Damals konnte ich mir nicht vorstellen, in was ich mich verwandeln müßte, um es zu besiegen, aber ich war mir sicher, daß ich Hilfe brauchen würde, um die nötige Kraft zu bekommen.

In meiner Entschlossenheit, meine innere Welt, die in mir wie in der Büchse der Pandora lauerte, zu bewältigen, sah ich mich auch nach brisanten Techniken zur Bewußtseinserweiterung um. Nach neun Monaten Klosterleben – ich lebte damals in San Francisco in einer Zen-Gemeinschaft – bat ich meinen lieben Freund Allan, mich in die Welt des LSD einzuführen. Am Anfang des Trips fühlte ich mich wundersam ekstatisch. Ich tauchte in die inneren Welten ein, die sich so heimatlich anfühlten. Ich stellte die Verbindung mit der inneren Quelle der Weisheit wieder her, die ich bei der Geburt gehabt hatte. Ich war ein indianischer Schamane, der sich angesichts der hilflosen Versuche von Männern und Frauen, die Wahrheit zu finden, ins Fäustchen lachte. Die Wahrheit lag doch so offen zutage! Was brauchten sie denn noch, um aufzuwachen? Vielleicht einen Schlag vor den Kopf mit dem Holzhammer? Die Rückkehr in das normale Alltagsbewußtsein war traumatisch. Ich spürte die Decke der Angst, die alles umhüllte, den Selbstzweifel, die täglichen Sorgen ums Überleben. Es schien, als müsse die innere Weisheit wieder zugedeckt werden, als müsse sie im Verborgenen bleiben, damit ich meine Aufgaben beim Geldverdienen, Einkaufen, Lernen und so weiter erfüllen könnte. Ich wandte mich an Allen, damit er mich tröstete, mich hielt und mir versicherte, daß all das, was ich gesehen hatte, real war. Er mußte mir bestätigen, daß ich das Recht hatte, bei der Rückkehr in die gewöhnliche Alltagswelt voller Ambivalenz zu sein, das Recht, mit dem Ausbalancieren der beiden Welten Probleme zu haben.

Ich las damals die Bücher von Carlos Castaneda. Darin ist von zwei Welten die Rede, die er *nagual* und *tonal* nennt – die alltägliche und die nicht-alltägliche Welt. Die Welt von Raum und Zeit, und die Welt jenseits von Raum und Zeit. Die rationale, logische Welt und die Welt jenseits des Verstandes, die Dimensionen der Einheit und der Ganzheit. Meine eigenen inneren Erfahrungen, die einschlägige Literatur, meine fortgesetzten spirituellen Übungen, die Vorlesungen von Suzuki, die Besuche der buddhistischen Mönche, die Gemeinschaft mit den Freunden im Zen-Zentrum – all dies schuf eine Umgebung, durch die es mir immer besser gelang, zwischen den beiden Welten einen Ausgleich zu schaffen.

Mein Leben war in einer radikalen Umwandlung begriffen. Ich sah die Welten, aber ich kämpfte um die Fähigkeit, sie in mein eigenes Leben zu integrieren. Es schien mir, als sei ich in der einen oder der anderen Welt nur zu Gast. Aber wohin gehörte ich wirklich? War ich eine Frau, eine Nonne, war ich Kellnerin, ein Mädchen von der Ostküste, ein Hippie, eine Suzuki-Anhängerin? Konnte auch ich mich unsichtbar machen? Woraus bestand ich? Was wollte mein Körper mir durch das unkontrollierbare Schütteln während der Meditation mitteilen? War das nur ein Loslassen? War es das Erwachen der Kundalini? Auf was hatte ich mich da eingelassen?

Ich beschloß, eine Psychoanalytikerin aufzusuchen, die sowohl an dem körperlichen Schütteln als auch an meinem geistigen Orientierungsprozeß arbeiten konnte. Ich entschied mich für eine neoreichianische Therapeutin. In der ersten Sitzung forderte sie mich auf, vollständig in die Brust hinein einzuatmen, und sie massierte die Stellen, wo ich verspannt war. Ich schluchzte unaufhörlich. Es war erstaunlich, wieviele Gefühle sich Luft machten. Meine Emotionen hatten mit den spirituellen Erlebnissen nicht Schritt gehalten. Viele von meinen Gefühlen waren noch an meinen sehr menschlichen Wunsch nach Nähe, nach Kontinuität, nach Berechenbarkeit gebunden. So bereitete mir die Tatsache, daß ich den Kontakt mit meiner leiblichen Familie verloren und das frühere Leben aufgegeben hatte, tiefen Kummer. Auch hatte ich ungeheure Angst, mich ganz auf die neue Lebensweise mit allen ihren Unbekannten einzulassen. Ich hatte das tiefe Bedürfnis, mich geliebt zu wissen und zu lieben und war besorgt, ob ich die Fähigkeit hätte, gleichermaßen zu geben wie zu nehmen. Die Frage, wer ich in dieser Welt war, machte mich zutiefst unsicher. Wie konnte ich mein Gelöbnis, alle fühlenden Wesen zu retten, aufrechterhalten, wenn ich so in meinem eigenen Leiden befangen war?

Während ich weiter ein Leben führte, das der Meditation gewidmet war, setzte ich die Therapie fort. Beides half mir, mich selbst zu verstehen und ich selbst zu sein und mit der Beantwortung der Fragen zu beginnen, die ich in bezug auf den Sinn meines Lebens hatte. Ich fing an zu begreifen, daß ich sowohl auf der physischen wie auf der emotionalen Ebene auf Intimität angewiesen war, auf Geben und Nehmen, auf eine tiefe Gemeinschaft. Intellektuell brauchte ich möglichst viele Informationen darüber, wie ich mein Leben so einrichten könnte, daß ich bequem zwischen den beiden Welten hin und her wechseln konnte. Spirituell mußte ich fortfahren, mich zu entfalten, mich der ungewöhnlichen Wahrheit zu öffnen, die ich in meiner eigenen Psyche beschlossen hielt, mußte fortfahren zu kapitulieren, um anderen Menschen helfen zu können, den Weg aus ihrem eigenen Leiden zu finden.

Zahllos sind die fühlenden Wesen –
Alle gelobe ich zu retten.
Ungezählt sind die quälenden Leidenschaften –
Alle gelobe ich zu entwurzeln.
Vielfältig sind die Tore des Dharma –
Alle gelobe ich zu durchschreiten.
Unvergleichlich ist der Pfad des Buddha –
Ihn gelobe ich zu gehen.

Damals lernte ich Harry Roberts kennen. Er war ein Weißer von Ende sechzig, der im Alter von vier Jahren von einem Schamanen der Yurok-Indianer in Nordkalifornien adoptiert worden war, der ihn zum spirituellen Führer der Yuroker ausgebildet hatte. Harry war ein Mann vieler Welten: Er war Weißer, war Indianer und war Schamane. Er unterrichtete Gartenbau an einem College in der Gegend. Im Zweiten Weltkrieg hatte er für die amerikanische Armee Überlebenstrainingskurse abgehalten. Er war auch als Boxchampion und Meister im Gesellschaftstanz berühmt.

Bis zu seinem Tod zwölf Jahre später übte Harry einen bedeutenden physischen Einfluß auf mein Leben aus: Er war es, der mich lehrte, mir diese Welt zu eigen zu machen; von ihm lernte ich, wie ich in den Wäldern, am Meer und an den heiligen Stätten der Kraft überleben konnte, lernte, mich auf Wesen aus anderen Dimensionen einzustellen, lernte einen Garten anzulegen und zu ernten und lernte, auf den Übergang vom Gewöhnlichen zum Ungewöhnlichen zu achten. Er war mir ein Lehrer und ein Freund. Wenn ich Erlebnisse mit Tieren, Geistern und Göttern hatte – an ihn konnte ich mich wenden. Wenn mein Herz blutete oder ich dieser Welt überdrüssig war – an seiner Brust konnte ich weinen wie ein Kind.

Als ich zweiundzwanzig war, beschloß ich, Tim zu heiraten, der auch Zen-Schüler war. Harry legte Tim und mir seinen heiligen Stein in die Hand und vermählte uns in einer privaten Seelenfeier. Am gleichen Tag heirateten Tim und ich in einer öffentlichen buddhistischen Zeremonie. Die Hochzeit fand an einem Steilufer mit Blick auf die Mündung des Russian River in den Pazifik statt, und wir empfingen die Hochzeitsgäste am Fuß des Hügels im Garten eines Töpfers. Auf den Töpfertischen lagen Brote aus Tassajara und die erlesensten Speisen vom Zen-Zentrum aus San Francisco bereit. Eine Bluegrass-Band machte Musik. Zwischen den Tänzern liefen Hühner, Enten, Katzen und Hunde umher. Meine Familie war da, und auch meine Freunde aus dem Zen-Zentrum waren gekommen. Harry hatte Erlenscheite gesammelt und räucherte über dem Feuer frischen Lachs. Es war eine Mischung aus Brueghel, Landleben, Zen-Zeremonie, aristokratischer Ostküsten-Familie und Nordkalifornien. Es war ein glücklicher Tag für mich. Alle meine Welten waren an diesem Tag versammelt.

Zwei Monate später zeugten Tim und ich unseren Sohn, Jesse. Ein neues Leben fing an. Wir lebten in einer bescheidenen Wohnung in San Francisco im Stadtteil Noe Valley. Er arbeitete als Tischler, ich als Buchhalterin in der Alaya-Näherei, die Meditationskissen verkaufte. Wir fuhren mit der Meditation fort und hielten uns an die Lehren von Suzuki. Oft besuchten wir Harry Roberts. Ich übte Hatha-Yoga und bereitete mich auf eine natürliche Geburt vor. Es waren meine letzten Monate kindlicher Unschuld und Behaglichkeit.

Als ich im achten Monat war, erfuhr ich, daß meine Mutter sich das Leben genommen hatte. Keine zwei Monate später gebar ich einen prächtigen Sohn. Innerhalb der nächsten zwölf Monate starben Roshi Suzuki (Leukämie), mein Arbeitgeber (Selbstmord) und meine Schwägerin und ihr Mann (von einem Betrunkenen angefahren). Dann hatte ich eine Fehlgeburt; die Partnerin meines Vaters starb (Überdosis von Herzmitteln), und dann starb mein Vater (Folgeerscheinungen von Alkoholismus). Mein Mann und ich wurden mit den Belastungen dieser Zeit gemeinsam nicht fertig, also trennten wir uns. Kurz darauf wurden wir geschieden.

Ich glaube, was mir die Kraft gegeben hat, diese emotionale Feuerprobe zu bestehen, war meine Beziehung zu meinem Sohn Jesse, mein Wille, ihn zu nähren und zu beschützen, und meine Beziehung zu Harry Roberts und meinem damaligen Therapeuten. Diese sehr menschlichen Beziehungen hielten in mir den Wunsch wach, meinen Körper gesundzuerhalten und die bedrückenden emotionalen Erfahrungen zu nutzen, um spirituell zu wachsen. Wenn nicht die tröstliche Gemeinschaft mit Harry und meinem Therapeuten gewesen wäre, wenn sie die Erlebnisse nicht mit mir geteilt, mir nicht ihre Weisheit und ihre Kraft gegeben hätten, ich glaube, ich wäre daran zerbrochen. Aber auch das Geld, das ich nach dem Tod meiner Eltern erbte, half mir buchstäblich, Körper und Seele zusammenzuhalten. Auf Grund dieser Erbschaft blieb es mir erspart, unseren Lebensunterhalt zu verdienen, und so konnte ich es mir erlauben, Zeiten der Stille einzuhalten, bei meinem Baby zu sein und zur Psychotherapie zu gehen.

Es ist paradox, daß ich zu der Zeit, als ich ein Kind bekam und Mutter wurde, so viele Erfahrungen mit dem Tod machen mußte. Es war ein Zusammentreffen von Gegensätzen, und darin lag der goldene Schlüssel, der mir die Türen zu einem neuen Verständnis öffnete. Der Schmerz war zu groß, als daß ich mich in ihn hätte hineingeben können. Zu groß war das Unglück, mit dem ich fertig werden mußte. Die Bedürfnisse meines Babys dagegen verlangten, daß ich mich sofort darum kümmerte. Vom tauben Rückzug stolperte ich unvermittelt in die Empfindung köstlicher Freude über jeden geschenkten Augenblick, denn ich empfand, daß ein weiteres geliebtes Wesen mir jeden Moment entrissen werden könnte. Ich wurde gezwungen, den gegenwärtigen Moment zu leben, weil die Vergangenheit keine Verheißungen mehr enthielt und die Zukunft bestenfalls unvorhersehbar war. Leben und Tod, jene archetypischen Gegensätze, hatten auf meiner Schwelle Hochzeit gehalten. Das einzig Bleibende war fortan der Wechsel – außer Windeln und Stillen, denn die waren durchaus vorhersehbar. Diese Pflichten sorgten dafür, daß ich auf dem Boden blieb.

Mitten in diesem schweren Jahr erwachte durch kleine Wunder in mir die Gewißheit, daß mein Leben nach einem Plan verlief und daß dieser Plan gut war. An einem Tag im Sommer machte ich mit meinem Sohn eine Radtour. Wir hatten beide Shorts und leichte T-Shirts an. Mein Sohn war hinten auf dem Kindersitz festgeschnallt. Wir fuhren gemütlich herum. Da lief uns plötzlich ein Hund vors Rad, wir stürzten, und Jesse wurde aus dem Sitz geschleudert. Er fiel auf die Fahrbahn und rollte über den Asphalt. In dem Bruchteil einer Sekunde, bevor er den Boden berührte, betete ich mit aller Kraft, er möge beschützt werden. Mein Gebet war ein Pfeil in das Herz Gottes, zielstrebig und ohne die Spur eines Zweifels. Dann fiel ich (und holte mir dabei schwere Schürfwunden an Händen und Beinen), stand auf und ging mit bangem Herzen zu meinem Sohn hinüber, der sich nicht bewegte und keinen Laut von sich gab. Er blickte lächelnd zu mir hoch, als hätte er eine gemächliche Fahrt auf einer Wolke hinter sich. Er weinte nicht einmal. Er hatte keinen Kratzer abbekommen, und ich fand keinen einzigen blauen Fleck.

Ebenso prompt wurden meine Gebete erhört, als ich mich entschloß, in Sebastopol in Kalifornien ein Haus zu kaufen. Eines Morgens konzentrierte ich meine Gedanken darauf, was ich mir eigentlich genau wünschte – ein rotes Haus auf einem Berg mit einem schönen Blick, mit einem Hinterhaus zum Vermieten, mit mindestens einem Hektar Grund, nicht zu weit vom Sonoma State College entfernt, wo ich meinen B. A. machen wollte. Ich wandte mich an einen Makler. Noch am gleichen Nachmittag wurde genau so ein Haus, wie ich es mir vorgestellt hatte, zum Verkauf angeboten, und zwar genau zu dem Preis, den ich bezahlen konnte. Seit Monaten war nichts Ähnliches mehr auf dem Markt gewesen. Es war die Verwirklichung eines Traumes.

Seit diesen Anfängen vor zwanzig Jahren habe ich mich auf dem Gebiet der spirituellen und psychologischen Arbeit weiter fortgebildet, so daß auch ich jetzt in der Lage bin, Menschen zu helfen, ihre spirituellen Erfahrungen in ihre normale Lebenswirklichkeit einzubauen und zu den Ebenen jenseits des Egos durchzustoßen. Ich verfüge über die Mittel, mich in meinem fortlaufenden spirituellen Aufbruch weiterzuentwickeln. Und zu allem Überfluß gehöre ich einer Gemeinschaft von Freunden und Kollegen an, die von dem Wunsch beseelt sind, sich gegenseitig zu helfen und sich helfen zu lassen, während wir versuchen, bei uns und unseren Klienten den Prozeß des Erwachens fortzusetzen.

Viele Leute machen eine menschliche Entwicklung durch, die sie in transpersonale Schichten führt. Meine Geschichte ist nur ein Beispiel für einen solchen Weg. Das nächste Kapitel zeichnet die Umrisse einer allgemeinen Landkarte, die sich auf alle Menschen anwenden läßt. Sie gibt ein genaueres Schaubild des Geländes, wo sich psychologische Lösungen herausschälen und wo sich in der einen oder anderen Form ein spiritueller Aufbruch ereignet. Bildlich gesprochen lassen wir uns auf eine Wüstenerfahrung ein – wir stellen uns den nackten Elementen des Lebens und verlassen uns darauf, daß wir alles besitzen, was wir zum Erhalt des Lebens und zu unserem Schutz brauchen. Eine Reise in die Wüste sollte man besser nicht ohne Begleitung unternehmen. Ebenso ratsam ist es, eine Fahrt in die transpersonalen Reiche gemeinsam mit einem spirituellen Freund zu unternehmen. Bei einem spirituellen Zusammenbruch ist das sogar von entscheidender Bedeutung.

Drittes Kapitel

Die Arten des spirituellen Zusammenbruchs

Louise ist Sozialarbeiterin in der Psychiatrie. Ihr Mann Wes arbeitet in der Psychiatrie als Pfleger. Sie sind seit über zwanzig Jahren verheiratet und haben drei Kinder.

Louises dramatische Einführung in transpersonale Bereiche geschah plötzlich, aber nicht überraschend. Louise war bereit, sich für neue Bereiche in ihrem Innern zu öffnen. Sie hatte sich mit archetypischer Psychologie beschäftigt. Vor allem ihr christlicher Glaube hatte es mit sich gebracht, daß sie sich ernsthaft auf ihre spirituelle Fortentwicklung eingelassen hatte. Sie hatte einen ungewöhnlichen Grad des Selbstgewahrseins erreicht.

Dann, eines Tages, war Louise soweit, daß sie einen Versuch mit MDMA machen wollte, einem psychoaktiven Medikament, das damals noch legal zu bekommen war. Vor diesem Experiment hatten Louise und Wes keine persönlichen Erfahrungen mit Entspannungsdrogen gehabt. Aber da Drogenmißbrauch unter ihren Patienten häufig vorkam, wollte Louise selbst auch einmal einen »Trip« mit Drogen erleben, weil sie glaubte, ihre Patienten dann besser verstehen zu können. Sie und Wes bereiteten sich gründlich auf diese erste Erfahrung vor. Sie waren sicher, daß das Medikament, das sie sich beschafft hatten, rein war. Beide waren bei guter Gesundheit. Sie beschlossen, den Versuch zu Hause zu unternehmen, weil sie sich dort am sichersten fühlten. Für Louise wurde es zu einer starken und positiven Erfahrung:

> Ich spürte eine Wärme im Herzen – als ob ein Feuer angezündet worden wäre. Die Energie der Liebe strömte aus mir hervor. Ich fühlte mich anderen Menschen so nah! Ich konnte sogar auf Leute, die Hunderte von Kilometern entfernt waren, Liebe übertragen; ich hatte das Gefühl, daß sie wirklich bei ihnen ankam.
> Ich hatte jetzt nicht mehr das Gefühl wie sonst, daß ich sehr

darauf angewiesen war, Liebe zu bekommen. Jetzt war es andersherum. Jetzt wollte ich nur Liebe geben, weil mein Herz so voll war!

Unmittelbar nach dem Trip war Louise ein bißchen müde, fühlte sich aber gut, eine typische Reaktion auf Drogen. Aber drei Tage später – im Fernsehen lief gerade ein Bericht mit Bildern von einer Atomexplosion – explodierten auch die Inhalte ihres Unbewußten und überfluteten ihren Verstand, ohne daß sie einen Einfluß darauf hätte nehmen können. Das dauerte vierzehn Tage an.

Ich fühlte mich wie ein kleines Kind. Mein Mann durfte mich nicht alleine lassen. Wir blieben stundenlang zusammen im Bett, und er hielt mich einfach im Arm. Er war wie ein Anker für mich. Durch diese enge Verbindung mit ihm gelang es mir, im Körper zu bleiben – sonst wäre ich in meinen Kopf geflogen und vollständig von dem verschlungen worden, was ich innerlich erlebte . . . so als sei ich Teil eines uralten Mythos. Ich tauchte tief in das metaphorische Denken der rechten Gehirnhälfte, das magische Denken eines kleinen Kindes.

Ich erzählte Wes von dem, was ich da erlebte. Ich war mir besonders der Mächte des Guten und Bösen bewußt. Es war, als könnte ich sie sehen. Ich war von dem Gedanken wie besessen, ich müßte meine Kinder vor dem Bösen beschützen und versuchte ihnen sogar Sachen zum Anziehen zu machen, die diese Kräfte abwehren sollten.

Ich war überzeugt, daß wir die Explosion einer äußeren Atombombe, die uns alle zerstören würde, nur dann vermeiden könnten, wenn ich eine Atomexplosion in meinem Verstand zuließe und auch andere dazu bereit wären, in ihrem Verstand eine solche Explosion geschehen zu lassen.

Louise war voller Energie und brauchte nachts nur wenige Stunden Schlaf. Ihr fiel besonders auf, daß ihre linke Seite, ganz in der Nähe der Wirbelsäule, von Energie durchpulst war. Sie versuchte oft, dem Fluß dieser Energie in ihrem Körper besser Raum zu geben, indem sie sich streckte. Ihre Sinne waren besonders geschärft, und alles bekam eine besondere Bedeutung. Louises Familie und ihre Freunde waren mit ihrem Verständnis eine große Hilfe.

Mein Mann war großartig. Er hat verstanden, daß ich hier eine Art Reinigungsvorgang durchmachte, der mein Leben bereichern würde. Wenn ich ins Krankenhaus käme, das wußte er, dann würde man mir Medikamente gegen Psychose geben, um den Prozeß zu stoppen, also beschloß er, bei mir zu Hause zu bleiben und mir auf jede erdenkliche Art beizustehen.

Er erklärte unseren drei Kindern – die alle im Teenageralter waren –, was mit uns los war. Sie konnten es gut annehmen und setzten ihr normales Leben daheim fort, so gut es eben ging.

Wir hatten auch ein paar Freunde, die sehr viel Verständnis zeigten. Sie brachten uns Lebensmittel und machten Besorgungen. Wir waren aber auch auf ihre Hilfe angewiesen. Ebenso wichtig war es für uns aber auch, daß sie uns allein ließen und uns in dieser kritischen Zeit nicht ihre Gesellschaft aufdrängten. Auch dazu waren sie bereit.

Nach einigen Wochen nahm Louise ihre Arbeit allmählich wieder auf. In der ersten Woche empfing sie nur einige wenige Klienten, aber schon nach einem Monat arbeitete sie wieder normal. Im Lauf der Zeit veränderte sich ihre Praxis radikal. Zu den Paaren, die Beziehungsschwierigkeiten hatten und den Einzelpersonen mit emotionalen Problemen gesellten sich nun immer mehr Leute, die Kontakt mit verstorbenen Verwandten aufnehmen wollten. Das war neu für Louise. Sie merkte, daß sie schon dadurch helfen konnte, daß sie mit dem Klienten zusammen ruhig dasaß, während die Verbindung fühlbar wurde, und daß sie so dem Klienten half, »unerledigte Geschäfte« durchzuarbeiten und die Bedeutung des Todes in seinem Leben zu entdecken.

Louise hat in allen Lebensbereichen eine neue Tiefe entdeckt.

Ich verstehe mich als eine Magd der Göttlichen Mutter, des weiblichen Aspekts Gottes. Ich möchte anderen göttliche Liebe vermitteln, um ihnen zu helfen, zu ihrer Ganzheit zu finden. Ich tue, was mir aufgetragen ist zu tun. Ich bin sehr glücklich und zugleich voller Frieden. Meine gesteigerte Fähigkeit zur Liebe und zum Mitgefühl kommt meinen Klienten zugute. Meine Praxis ist völlig ausgebucht.

Auch mein Familienleben ist wunderbar. Die Beziehung zu meinen Kindern ist gut. Das Erlebnis hat auch die Bindung zwischen meinem Mann und mir vertieft.

Wenn ich zurückblicke, weiß ich, daß dieses intensive Erlebnis eine Erneuerung war, die mir neue Einsichten über meine Fähigkeiten als Heilerin vermittelt und mir geholfen hat, die alten Muster der Angst und des Mißtrauens aufzulösen, die meine Entwicklung hemmten.

Dieser Fall eines spirituellen Zusammenbruchs illustriert viele Aspekte des Phänomens des spirituellen Wachstums. Zunächst einmal spielte sich Louises Erfahrung im Rahmen der natürlichen Entwicklung ab. Vor dieser Episode hatte sie keine ernsthaften emotionalen Probleme, und in ihrer sozialen Umgebung und bei der Arbeit funktionierte sie ganz glatt. Sie war verheiratet, unterhielt einen Freundeskreis und war berufstätig. In dem begrifflichen Rahmen, den sie sich für den Ablauf ihres Lebens zurechtgelegt hatte, war auch Raum für spirituelles Wachstum, selbst wenn ihre Glaubensvorstellungen nicht an ein bestimmtes religiöses Bekenntnis gebunden waren.

In ihrer Krise wurde sie ganz von ihrer subjektiven Realität aufgesogen, und sie bekam Zugang zu neuen Einsichten. Sie tauchte tief hinab in die unmittelbare Erfahrung grundlegender Themenkomplexe wie Gut und Böse, Anspannung und Kapitulation, Männlich und Weiblich. Sie machte eine Phase durch, in der sie die Kontrolle über ihre Gefühle verlor und zeitweilig von der neuen Art, wie sie die Welt sah, überwältigt wurde. Während und nach ihrer Krise war sie überaus intuitiv und liebesfähig, und es ergab sich, daß sie diese Eigenschaften immer mehr dazu verwandte, anderen Menschen auf dem Weg zur Ganzheit beizustehen.

Zusammenbruch oder Durchbruch?

In der westlichen Welt sind Erfahrungen von der Art, wie sie Louise nach ihrem Drogenexperiment gemacht hat, nicht immer als ein wertvoller Teil der menschlichen Entwicklung, als *Durchbruch*, aufgefaßt worden. Wir würden, von organischen Problemen einmal ganz abgesehen, wohl eher von einem *Zusammenbruch* sprechen. Da wir es gewohnt sind, unsere Definition der menschlichen Reife an den starren konventionellen Vorstellungen auszurichten und sie dementsprechend am Grad der emotionalen Stabilität und der Fähigkeit, reibungslos zu funktionieren, orientieren, betrachten wir jede radikale Veränderung dieses Musters im allgemeinen als einen Zusammenbruch. Gewiß sind Stabilität und Verläßlichkeit von grundlegender Bedeutung für eine Kultur, deren Werte Tüchtigkeit, Produktivität, Industrie und Materialismus heißen. Aber vielleicht gehört zum Leben ja noch mehr als diese Definition der Reife ahnen läßt.

Auf der ganzen Welt hat es Kulturen gegeben, in denen Weisheit mehr galt als Tüchtigkeit. Infolgedessen sah man die persönliche Entwicklung nicht als beendet an, wenn ein bestimmtes Alter, emotionale Stabilität und materieller Wohlstand erreicht waren. Entwicklung wurde vielmehr in einem weiteren Sinne verstanden und schloß auch die Erreichung höherer Stufen des Mitgefühls, der Furchtlosigkeit, Empfindsamkeit und Weisheit ein.[13] Das spiegelt sich in Wilbers Entwicklungsebenen jenseits des Egos wider – der subtilen, der kausalen und der Atman-Ebene –, die im ersten Kapitel besprochen wurden. Wenn wir dieses Modell benutzen, das die Möglichkeit des Wachstums jenseits der Fixierung an materiellen Wohlstand zeigt, lassen wir die Möglichkeit offen, daß Episoden wie die, die Louise erlebte, Durchbrüche zu höheren Ebenen des Lebensvollzugs sind. Es ist gut möglich, daß mit einem solchen Zerfall der alten Muster auch eine überholte Weltsicht weggebrannt wird, so daß Raum entsteht für mehr Klarheit, eine tiefer verankerte Selbstgewißheit, größere Weisheit und eine erweiterte Fähigkeit zu schöpferischem Ausdruck. Louise hatte jedenfalls nach ihrem Prozeß eine größere Palette des Lebensvollzugs zur Verfügung.

Die Fähigkeit, über die konventionelle Reife hinaus in höhere Vollzugsebenen hineinzuwachsen, steckt als Anlage in jedem von uns. Ein solches Wachstum entspricht dem natürlichen Ablauf der menschlichen Entwicklung. Tatsächlich werden die meisten von uns diese höheren Reiche eines Tages betreten, werden Gottes Nähe und Inspiration erfahren, werden ergriffen sein vom Taumel der Liebe und die Nähe der Transzendenz spüren.

Arten des spirituellen Zusammenbruchs

In einer Periode intensiver transpersonaler Erfahrungen folgt das innere Leben gewöhnlich einem unter mehreren möglichen typischen Mustern. Der Psychiater Dr. Stanislav Grof und seine Frau Christina Grof haben ursprünglich sechs derartige Muster definiert.[14] Alle diese Arten können entweder allein oder gemeinsam und gleichzeitig mit anderen Mustern, oder nacheinander auftreten. Louise erlebte in der Intensität ihres Prozesses gleichzeitig Elemente von drei dieser Muster. Das Chaos, in das sie hineingezogen wurde, entstand dadurch, daß sich Erfahrungen auf der subtilen Ebene mit Regressionszuständen vermischten. Die Lösung, die sich schließlich herausschälte, bestand darin, daß sie sich mehr auf den eigentlichen Zweck ihres Lebens einstellte. Ihre Geschichte soll neben anderen in diesem Buch herangezogen werden, um die sechs klassischen Muster zu erläutern.

Die Öffnung gegenüber dem Mythos des Lebens

Louise war während ihres spirituellen Zusammenbruchs vierzehn Tage lang in die Beschäftigung mit den Reichen archetypischer Mythen vertieft. Das Eintauchen in diese Ebene erweiterte ihren Blick und trug dazu bei, daß sie sich für neue Dimensionen öffnete, die ihr Familienleben ebenso bereicherten wie ihre berufliche Tätigkeit. Die Energie, die sie für den Dienst an der Menschheit zur Verfügung hatte, erfuhr eine Erneuerung. Solche Ergebnisse sind typisch für die *Öffnung gegenüber dem Mythos des Lebens*. Was sind das für mythische Bereiche? Was ist ein *Archetyp?* Was ist ein Lebensmythos?

Als archetypische Bereiche bezeichnet man die mit den

grundlegenden menschlichen Instinkten (wie dem Streben nach Macht und Sinn, dem Überlebens- und Fortpflanzungstrieb) zusammenhängenden Schichten des Lebens, insofern sie den Sinnen zugänglich sind und/oder sich in Phantasien und Träumen manifestieren.[15] Sie offenbaren ihre Gegenwart oft nur durch symbolische Bilder. So betrifft ein Traum, in dem ein König vorkommt, fast immer den Archetyp der zentralen Macht. Er kann anzeigen, daß der Träumer sich mit dem Thema der persönlichen Macht, mit der Übernahme einer entscheidenden Verantwortung beschäftigt. Wer sich dem Mythos des Lebens öffnet, erlebt fast alles als Symbol des übergeordneten Reiches der Archetypen. Dann ist ein Baum nicht einfach ein Baum; er ist der Baum des Lebens. Ein Bild von einer Atombombe ist nicht einfach ein Bild, es ist eine Manifestation des Bösen. So rückt die eigene Auseinandersetzung mit dem Reich der Archetypen an vorderste Stelle, während der materielle Bereich nur insofern von Bedeutung ist, als die Archetypen sich auf ihn auswirken. So war Louise zum Beispiel besessen vom Konflikt zwischen Gut und Böse und wollte ihre Kinder vor dem Bösen bewahren. Zu den ganz irdischen Aufgaben, mit denen Mütter sonst oft beschäftigt sind, wie Broteschmieren, Aufräumen und Autofahren, war sie vollkommen unfähig.

Die Innenwelt eines Menschen, der dabei ist, sich dem Mythos des Lebens zu öffnen, ist voll von dramatischen archetypischen Bildern, die dem Betreffenden zutiefst bedeutungsvolle Themen vorführen. Es ist, als wiederholte er in seinem Innern die Schöpfung der Welt und ihrer sozialen Strukturen. Häufig tauchen da Bilder von Königen und Königinnen auf, Zeremonien und versunkene Rituale, Weltgerichte und Katastrophen. Gewöhnlich ist es für einen Menschen, der sich dem Lebensmythos öffnet, wichtig, selbst Rituale auszuführen und an den Mythen lebendigen Anteil zu nehmen. Louise war zutiefst in den Mythos von Psyche versponnen, die sich auf den Weg machte, um Amor, den Gott der Liebe, zu suchen:

> Dann bat ich, zu bestimmten Zeiten Kerzen anzuzünden, um zum Ausdruck zu bringen, daß ich auf meiner Reise wieder ein Ziel erreicht hatte. Als es mir schien, als sei ich auf der Schwelle zum Hades, der Unterwelt, um die letzte Aufgabe

zu lösen, bat ich Wes, Gersten-Reis-Kuchen zu besorgen, die ich in der Hand hielt, wie es Psyche auf ihrer Fahrt getan hatte. Ich gab niemandem davon, wie man auch Psyche zu tun geheißen hatte. Als ich merkte, daß »es Zeit war«, aß ich sie.

Wes ließ mich mit meinen Ritualen gewähren. Er hatte den Eindruck, daß ich meine Reise glücklich beenden und meinen veränderten Zustand verlassen könnte, wenn ich die Rituale durchführte. Er ahnte auch, daß ich, wenn ich die rituellen Handlungen nicht zu Ende brächte, in dem veränderten Zustand steckenbleiben würde.

Während ihrer spirituellen Krise gewann Louise ein neues Verständnis für den Ablauf der Weltgeschichte von ihren Ursprüngen bis heute sowie für den Verlauf ihrer eigenen Lebensgeschichte, von den Anfängen bis heute. Der archetypische Bereich bezog sich in gleicher Weise auf persönliche wie auf kollektive Erfahrungen.

Ein Mensch, der in eine solche Öffnung eingetaucht ist, kann unberechenbar und stark von Gefühlen bestimmt sein, und es ist möglich, daß er an den Tätigkeiten, die zum normalen Lebensablauf gehören wie Schlafen, Waschen, Essen, Anziehen, kein Interesse zeigt oder völlig unfähig ist, sie zu bewältigen. Er oder sie möchte vielleicht den ganzen Tag im Gespräch mit der Natur draußen herumstreifen, weil er eine »heilige« Mission in seinem oder ihrem Lebensmythos zu erfüllen hat, oder er liegt tagelang zusammengerollt wie ein Fötus im Bett und wagt sich nicht zu rühren. So zwingend ist der Drang, eine aktive Rolle in der Begegnung mit der archetypischen Welt zu spielen!

Allerdings hält der menschliche Körper Vorgänge von einer solchen Intensität nicht unbegrenzt aus. Louise hat in den drei Wochen ihres intensiven Erlebnisses fünfundzwanzig Pfund abgenommen. Im Fall der Öffnung für den Lebensmythos dauert die Episode gewöhnlich nie länger als vierzig Tage. Interessanterweise sind es wirklich oft genau vierzig Tage. (Vielleicht gehörten die vierzig Tage Jesu in der Wüste zu seiner Öffnung für den Lebensmythos.) Dann kommt eine Zeit, in der die neuen Einsichten in das Alltagsleben integriert werden und die Episode rückblickend verarbeitet wird. Das kann sich über mehrere Jahre erstrecken, und manche Menschen denken ihr Leben lang immer wieder an das Erlebnis zurück und gewinnen ihm neue Seiten ab.

Wir haben gesehen, daß die Öffnung für den Lebensmythos Louise eine größere Bereitschaft zum Dienst am Mitmenschen beschert und dazu geführt hat, daß ihre therapeutischen Fähigkeiten erweitert und ihr Familienleben bereichert wurden. Sie wurde sich nicht nur ihres eigenen Wesens stärker bewußt, sondern ging auch mit größerer Sensibilität auf ihre Mitmenschen und ihre Umwelt ein. Solche Ergebnisse sind typisch für die Öffnung gegenüber dem Lebensmythos.

Es kann manchmal sehr schwer sein, diesen Typ des spirituellen Zusammenbruchs von einem psychotischen Schub aufgrund einer organischen Erkrankung oder einem Nervenzusammenbruch zu unterscheiden. Wenn es im geringsten zweifelhaft erscheint, ob es sich um einen spirituellen Zusammenbruch handelt, sollte besonderer Wert auf die Beratung durch einen Fachmann gelegt werden, der eine gründliche Diagnose stellen kann.

Die schamanische Reise

Ähnlich wie die Öffnung für den Lebensmythos bringt auch die *schamanische Reise* den Menschen tief in die archetypischen Bereiche hinab. Beide Muster können nach einer psychisch belastenden Situation auftreten. Die schamanische Reise läßt sich durch schamanistische Praktiken auch absichtlich einleiten.

Worin unterscheidet sich die schamanische Reise von der Öffnung für den Lebensmythos? Bei der schamanischen Reise geht es thematisch mehr um Geburt, Leben, Wiedergeburt und die Gemeinschaft mit den Naturelementen (Felsen, Bäume, Vögel, Tiere, die Erde selbst und so weiter). Typisch ist das Gefühl, daß die Fahrt in die »oberen« Bereiche des Geistes oder aber in die «niederen« Bereiche führt, die ihrer Natur nach elementarisch oder diabolisch sind. Das Ende der Reise wird erreicht, wenn der Reisende das Gefühl hat, in sein wirkliches Selbst hineingeboren zu werden, in sein wahres Wesen in menschlicher Form, das in bewußten Austausch mit der Welt tritt. Das alte Ich, die Persona, die ihr wahres Selbst für einen weltlichen Schatz verraten würde, ist symbolhaft gestorben.

Die Elemente der Natur werden zu *Verbündeten* (besonderen geistigen Freunden), die dafür sorgen, daß das Gelernte nicht wieder vergessen wird.

Ein Schamane ist ein Mensch, der die Fähigkeit zur unmittelbaren Gemeinschaft mit den Naturelementen und zum Austausch mit den Reichen der Geister besitzt – mit den Geistern der Verstorbenen oder mit körperlosen Wesen, die nie in einer menschlichen Form gewohnt haben. Schamanen dienen ihren Stämmen oft als Heiler oder politische Autoritätspersonen. Um die inneren Kräfte des Schamanen zu wecken oder auszuüben, werden eigene schamanistische Praktiken angewandt.

Das entsprechende Muster des spirituellen Aufbruchs wird traditionell ausschließlich mit alten Kulturen auf der ganzen Welt in Verbindung gebracht. So standen bedeutende schamanistische Praktiken auch im Zentrum der Kultur unserer amerikanischen Indianer. Die Namensgebung für die Neugeborenen und die Initiation der meisten Knaben in die Welt der Männer geschah in traditionellen schamanistischen Zeremonien. Ein pubertierender Knabe begab sich zum Beispiel auf eine *Suche nach dem Gesicht*, die ihn für mehrere Tage und Nächte, nackt, nur mit einer Decke und ohne Nahrung, in die Wildnis führte. So allein, jeglichen emotionalen Zuspruchs und jeder körperlichen Bequemlichkeit beraubt, auf Schlaf und Nahrung verzichtend, konnte er leichter in einen veränderten Bewußtseinszustand eintreten, sich mit seinem Lebensmythos verbinden und ein Gesicht erlangen, eine Vision, die ihm innere Sicherheit verleihen und seinem Leben die Richtung geben würde. Zu den schamanistischen Praktiken gehören auch Heilungsrituale, Reinigungszeremonien, Trommeln und Tanz. All diese Verfahren führen zu veränderten Bewußtseinszuständen, die den Zugang zum wahren Wesen des Menschen erleichtern.

Da die Rituale der alten Kulturen uns heute besser zugänglich sind als früher, erleben heute mehr Anglo-Amerikaner schamanische Reisen. Dabei können verschiedene Umstände die Rolle des Auslösers spielen: Musik, die Reminiszenzen an alte Kulturen enthält, persönlicher Kontakt mit amerikanischen Indianern oder der Streß des modernen Lebens. So kann eine moderne schamanische Reise dadurch ausgelöst werden, daß einem Menschen der Kontakt mit denen, die er liebt, entzogen wird oder er das Gefühl bekommt, für sein bisheriges

Leben gestorben zu sein. Bilderfolgen im Kino, in Lightshows, im Fernsehen oder durch Entspannungsdrogen ausgelöste Halluzinationen können an die Stelle der Visionen aus der alten Suche nach dem Gesicht treten. Die Geschichte von Richard im neunten Kapitel mag beispielhaft für diese Art der Erfahrung stehen.

Die Schamanen wurden von den anderen Mitgliedern ihres Stammes ursprünglich oft gerade wegen eines besonderen Traumes oder Gesichts (an)erkannt. Das gleiche kann auch in unserer Kultur geschehen.

Jennifer, eine verheiratete Frau von neunundvierzig Jahren und Mutter von drei erwachsenen Kindern, die in der Verwaltung einer großen Firma arbeitet, hatte als Kind eine schamanische Reise erlebt. Eines Tages, als sie, ganz allein, in ihr Spiel vertieft war, erlebte sie ein Gesicht und traf ihren Verbündeten.

> Als ich ungefähr sechs Jahre alt war, spielte ich einmal allein im Keller unseres Hauses. Da wurde ich plötzlich »in eine andere Welt entrückt«. Ich sah in meiner Vorstellung einen großen Adler, der Liebe und Mitgefühl ausstrahlte. Er flog mit mir hoch hinauf an einen Ort voll Licht, wo sich Menschen befanden, die körperlich längst gestorben waren. Dort sagte man mir, ich würde zu einer Heilerin werden, die vielen Menschen helfen würde. Diese innere Vision hat mein geistiges Leben verändert. Von diesem Tag an wußte ich, wofür ich lebte. Allerdings zeigte man mir dort nicht, auf welche Weise ich zur Heilerin und Lehrerin werden würde.

Bei der traditionellen Suche nach dem Gesicht gehören Fasten und die Reinigung in einer Schwitzhütte zu den üblichen Vorbereitungen. Jennifer hatte als kleines Kind oft hohes Fieber und dramatisch verlaufende unerklärte Krankheiten. Oft war sie an der Schwelle des Todes. Das war ihre Vorbereitung, ihr Fasten und ihre Reinigung. Diese »spirituellen Krankheiten« sind oft auch ein Anzeichen dafür, daß ein junger Mensch als Erwachsener schamanische Fähigkeiten entwickeln wird. Wie sich diese Fähigkeiten manifestieren, ist dann von Fall zu Fall verschieden.

Jennifer begegnete in ihrem Gesicht auch ihrem Verbündeten. Es war der Adler. Von diesem Tag an war für sie jede Spur von einem Adler, entweder in der Realität oder in einem Traum oder einer Phantasie, ein Zeichen dafür, daß ihr geistiger Freund bei ihr war und ihr half, innerlich stark zu werden. Einige Familienmitglieder schenkten ihr Adlerfedern, um sie an ihre Stärke zu erinnern.

> Jahre vergingen. Ich ging auf die High-School, war sehr beliebt, wurde Ballkönigin und Cheerleader. Nach dem Schulabschluß heiratete ich. Das Leben ging seinen gewohnten Gang. Die Kinder kamen. Ich engagierte mich in der Politik und arbeitete für einen Kongreßabgeordneten in Washington.
> Als ich fünfundvierzig war, wurde mein Gesicht wieder lebendig. Als mein Sohn John im Teenageralter war, kam er eines Abends spät nach Hause. Plötzlich kippte er um und war ganz apathisch. Er hatte eine Überdosis Drogen genommen. Mir war klar, daß er sterben würde, bevor ein Krankenwagen eintraf, denn sein Herz schlug immer schwächer, und er atmete immer unregelmäßiger. Ich wußte, daß ich nur eine Chance hatte, ihn ins Leben zurückzubringen, wenn ich meine Kenntnis der anderen Welt (der subtilen Energien) anwendete.
> Ich betete zu meinem Verbündeten, dem Adler. Ich betete die ganze Nacht durch und vollführte Heilungsrituale mit meinen heiligen Adlerfedern. Ich betete um seine Rettung. Ich versprach, daß ich meine Mission als Heilerin und Lehrerin erfüllen würde, wenn er nur weiterleben dürfte. Am frühen Morgen kehrte das Leben in John zurück. Meine Gebete waren erhört worden.

Jennifers Reise war eine Berufung. Für sie wie für andere Menschen, die diese Art des spirituellen Erwachens erleben, war es eine Aufforderung, der sie Folge leisten mußte. Das Leben führte sie immer wieder an ihre Berufung heran, bis sie sich ihr ganz stellte. Heute hält Jennifer überall in den Vereinigten Staaten Kurse für Krankenschwestern, Ärzte und Laien über die Verwendung der Heilmethoden der amerikanischen Eingeborenen ab. Durch ihre Heilzeremonien erleben manche Menschen die Heilung von Krebs und anderen »unheilbaren« Krankheiten. Ihre schamanische Reise im Alter von sechs Jahren weckte in ihr das Bewußtsein für ihre besondere Begabung auf diesem Gebiet. Ihre Bereitschaft, sich ihrer Berufung zu stellen, hat Tausenden von Menschen geholfen, ihr Wohlbefinden zu steigern.

Das Erwachen der Kundalini

Das Sanskritwort *Kundalini* bezeichnet eine im Körper wohnende starke Energie. Sie ist ein Teil der universellen göttlichen Energie, die den Körper reinigt und kräftigt. Die meisten Menschen sind sich ihrer nicht bewußt. Sie soll wie eine schlafende Schlange am Fuß der Wirbelsäule aufgerollt ruhen. Beim Erwachen ruft sie merkwürdige Körpergefühle hervor – typisch dafür sind Hitze- und Kältewallungen, Muskelkrämpfe und pulsierende elektrische Strömungsempfindungen. Das trägt schließlich dazu bei, daß chronische Muskel- und Organspannungen aufgelöst werden. Als Ergebnis davon stellen sich ein entspannterer Körper, ein für die transpersonalen Bereiche erwachtes Bewußtsein und der starke Wunsch ein, anderen Menschen zu dienen. Die Energiestöße, die Louise in der Wirbelsäule spürte, gehörten zu diesem Prozeß des Erwachens der Kundalini. Zum Erwachen der Kundalini gehört auch das, was wir gewöhnlich eine spirituelle Erfahrung nennen – ein plötzliches, überwältigendes Bewußtsein der Gegenwart einer Höheren Macht oder Gottes.

In diesem Abschnitt will ich die Geschichte von Jill erzählen, einer neununddreißigjährigen Mutter von vier kleinen Kindern, die eine Episode des Kundalini-Erwachens erlebt hat. Es fing an, als eine enge Freundin von Jill, Kathy, starb. Kathys Tochter und Jill hatten Kathy in den Monaten bis zu ihrem Tod gepflegt. Die drei kamen sich dabei sehr nahe, und Kathy regte Jill dazu an, sich auf Gott als Liebe zu konzentrieren.

> Während Kathy vom Krebs geschwächt wurde, schien sie sich gleichzeitig zu verwandeln; wir wurden Zeugen einer Metamorphose. Immer wenn sie sah, daß ich beunruhigt war, sagte sie »Loslassen und Gott überlassen.« Die Liebe, die zwischen Kathy und ihrer Tochter strömte, flößte mir tiefe Achtung ein. Ihr ganzes Heim war voll Liebe. Ich war zutiefst berührt von der Wandlung, die Kathy durchgemacht

hatte. Aus einer betont unabhängigen Frau ohne Zugang zu ihren Gefühlen war ein liebender, glücklicher, rückhaltlos vertrauensvoller Mensch geworden, dessen Geist fast vollständig in Liebe verwandelt schien.

Dem Erwachen der Kundalini geht oft die intensive Konzentration auf eine Aufgabe voraus, die über die Sorge für die eigenen Bedürfnisse hinausgeht. Bei Jill war das so: kurz nachdem Kathy gestorben war, fing Jill an, Energie auf neue Art zu erleben:

> Es kam mir so vor, als sei mein Herz zwei Meter groß. Ich hatte so viel Liebe im Herzen, daß ich gar nicht wußte, wohin damit. Ich fühlte mich eigentlich sehr unwohl. Ich schlief schlecht, war unruhig, hatte kein Interesse am Essen; und das Schlimmste war, daß ich in Gegenwart meiner Kinder ausflippte. Ich war mit meinen Leistungen als Mutter nicht mehr zufrieden. Ich war nicht mehr richtig bei meinen Kindern.
> Ich versuchte, auf die gewohnte Weise mit diesen Schwierigkeiten fertig zu werden. Ich betete, aber ich war zu unruhig, die Antwort abzuwarten. Ich brauchte intensivere Hilfe, denn ich wurde immer ängstlicher und flippte immer mehr aus.

Jill fing eine Therapie an. Hier lernte sie, mit ihren Gefühlen umzugehen: sie anzunehmen und zu versuchen, sie zu verstehen. Ihr Körper versuchte schon, den Ansturm neuer Energien zu verarbeiten und zu lernen, wie er ihm Ausdruck verleihen könnte. Aber ihre früheren Verhaltensmuster, die sich mehr auf Furcht als auf Liebe gründeten, hielten sie in einem ständigen Zustand der Angst fest. Es mußte etwas geschehen. Jeder, der einmal an der Schwelle zum Erwachen der Kundalini gestanden hat, kennt diese Spannung. Nach sieben Monaten Therapie geschah etwas sehr Merkwürdiges:

> Ich sagte gerade einer Freundin gute Nacht, als meine Beine anfingen zu zucken. Ich schlug auf den Boden; meine Arme und Beine gerieten völlig außer Kontrolle und schlugen wild in der Gegend umher. Mir war furchtbar schlecht. Von mei-

nem Herzen zum Sonnengeflecht bildete sich ein Bogen von Schmerz. Ich konnte nicht aufstehen. Ich konnte überhaupt nichts machen. Also ließ ich das Zucken, das mich alle paar Sekunden durchfuhr, einfach geschehen. Der Anfall dauerte in dieser Stärke zwei Stunden an. Inzwischen war ich erschöpft, ängstlich und verwirrt. Das Zucken kam die ganze Nacht über von Zeit zu Zeit wieder. Am nächsten Morgen war ich völlig verängstigt.

Der intensive körperliche Ausbruch, den Jill durchmachte, ist ein gutes Beispiel für das, was beim Erwachen der Kundalini geschieht. Oft gerät der Körper für eine Weile außer Kontrolle. Manche Menschen nehmen spontan bestimmte Yogastellungen – *Mudras* – ein. Die meisten Menschen fühlen, wie Ströme von Energie wiederholt in einem Schwall in der Wirbelsäule nach oben steigen. In der Zeit des Erwachens können Angst, Depression, Appetitlosigkeit, Schlaflosigkeit, ja sogar Amnesie auftreten. Oft werden Sinneseindrücke besonders intensiv wahrgenommen, so daß das Bedürfnis nach einer ruhigen Umgebung besteht. Vorübergehend können auch psychosomatische Symptome wie eine Veränderung der optischen Wahrnehmung auftreten. Diese energetischen und physiologischen Veränderungen und Stimmungsschwankungen können sehr anstrengend sein.

Nach dieser Nacht brauchte Jill wochenlang einen stillen, erholsamen Ort, an dem sie sich von einem Freund umgeben wußte, der für sie sorgte und sie gewähren ließ. Ihre Eltern glaubten, sie hätte einen Nervenzusammenbruch oder sei am Überschnappen. Jill selbst wußte intuitiv, daß alles seine Ordnung hatte. Sie wußte auch: wenn sie ins Krankenhaus oder zu einem ganz normalen Arzt ginge, dann würde man ihr Medikamente geben, um die Symptome zum Stillstand zu bringen. Dann wäre sie wirklich in Schwierigkeiten und würde noch viel verwirrter – und, dachte sie, vielleicht würde sie dann wirklich verrückt! Tief im Inneren wußte sie, was sie brauchte – daß ihre Heilung oder ihr »Einrasten« Zeit brauchen würde. Sie durfte sich nicht an Orte begeben, wo viele Menschen waren, wie Einkaufszentren. Die Lichter, die durcheinanderwirbelnden Geräusche, die unpersönliche Architektur – all diese Sinneseindrücke – überwältigten sie vollständig. In solchen Situationen war sie zu keinem Gedanken mehr fähig. Sie wurde vollkommen verängstigt und orientierungslos.

Zum Glück war Jills Mann in dieser Lage sehr hilfreich. Er kümmerte sich um die Kinder und übernahm die meisten Arbeiten im Haushalt. Er hatte auch Verständnis, als Jill bei einer Freundin wohnen wollte, wo sie ihre Ruhe hatte, denn bei ihr zu Hause war es alles andere als ruhig! Für Jill war es wichtig, daß sie sich ausruhen konnte. Sie mußte all die Rollen loslassen, die sie als Frau und Mutter gespielt hatte und eine Zeitlang nur sie selbst sein. Damals war die kleinste Entscheidung oft schon zuviel für sie.

> In diesem hypersensiblen Zustand gelang es mir offenbar leichter, den Geist meines Himmlischen Vaters wahrzunehmen und mich so von ihm führen zu lassen. Ich wurde auch telepathischer und nahm die Gefühle der anderen besser wahr. Wenn jemand in der Nähe war, der starke Gefühle hatte, dann übernahm ich diese mit dem eigenen Körper. Die Gefühle waren dann manchmal so stark, daß ich nicht mehr wußte, ob sie zu mir oder zu jemand anders gehörten. Dadurch, daß ich die Gefühle der anderen empfand, wurde meine Sympathiefähigkeit gesteigert und mein Wunsch verstärkt, anderen Menschen wirklich sinnvoll zu helfen.

Es dauerte ein paar Monate, bis sie wieder voll in der Lage war, ihren häuslichen Pflichten nachzukommen. Sie wußte, daß sie ihr Leben nicht in der bisherigen Form fortsetzen wollte. Sie wollte die Beziehung ändern, die sie zu sich selbst hatte, die Beziehung zu ihren Freunden, ihrer Familie; und endlich wollte sie auch herausfinden, wie sie ihr Leben so einrichten könnte, daß sie anderen Menschen helfen könnte. Zeitweilig war sie damit beschäftigt, endlich die Beziehung zu ihren Eltern in Ordnung zu bringen, die seit langem im argen lagen. Auch in ihrer Rolle als Hausfrau und Mutter wollte sie Fortschritte machen. Sie wußte, daß solche Veränderungen nur mit viel Zeit und Geduld zu erreichen waren. Sie brauchte Zeit, um mit sich allein zu sein, Zeit für Übungen, um ihre körperliche Kondition zu verbessern, und Zeit, um heilige Stätten aufzusuchen, wo die Höhere Macht ihr Einsichten in ihr Leben vermittelte.

Jills Erwachen hatte tiefgreifende Auswirkungen auf ihre

Lebensqualität. Sie ist sich ihrer selbst bewußter geworden und hat gelernt, ihren Gefühlen und ihrer Sexualität besser Ausdruck zu verleihen. Auch hat sie das Gefühl, der Höheren Macht nähergekommen zu sein und ist bereit, all das anzunehmen, was die Höhere Macht durch sie ausdrücken will. Ein Jahr nach ihrem Erlebnis sagte Jill zu mir:

> Der Wandlungsprozeß, den ich durchgemacht habe, war für mich wunderbar und erschreckend zugleich. Es war nicht angenehm für mich, die Herrschaft über mich zu verlieren, aber ich wußte, daß ich auf dem richtigen Weg war. Schließlich habe ich gelernt, mich dem Geschehen hinzugeben, weniger selbstkritisch und geduldiger zu sein. Ich habe oft darunter gelitten, daß ich nicht mehr für meine Familie da war, wenn sie mich brauchte.

Heute ist Jill im großen und ganzen glücklich. Ihr Leben ist weitgehend mit Frieden erfüllt, und sie läßt sich nicht mehr so sehr von ihren Ängsten bestimmen. Ihr Mann sagt: »Vor ihrem Zusammenbruch war Jill dauernd wütend; jetzt ist sie liebevoll, läßt die anderen gelten und ist zu einer neuen Art von Präsenz fähig.«

Manchmal, wenn die Anforderungen der Außenwelt zu überwältigend sind, kommt es noch vor, daß Jill sich nicht genug Zeit zur Pflege ihres inneren Wachstumsprozesses nimmt. Sie versteht jetzt, warum so viele Propheten in der Bibel in die Wüste gegangen sind, um Zwiesprache mit dem Heiligen Geist zu halten und so ihr eigenes Wachstum zu fördern. Vielleicht war der spirituelle Zusammenbruch für Jill so etwas wie eine Zwangseinkehr. Es war eine Zeit, in der sie die Ängste, die längst keinen Zweck mehr erfüllten, loslassen und mehr über sich selbst erfahren, eine Zeit, in der sie sich selbst lieben lernen konnte, um dann frei zu sein, andere zu lieben.

Schon dreizehn Monate nach ihrem Zusammenbruch hat eine Schule Jill für einen einmonatigen Vision-Quest-Übungskurs (Suche nach dem Gesicht) für Fortgeschrittene angenommen. Sie sagt, daß sie sich noch vor zwei Jahren nie auf so etwas eingelassen hätte, daß sie jetzt aber ein gutes Gefühl dabei hat.

An Jills Fall läßt sich ablesen, wie ein tiefgreifender Wandlungsprozeß die Chance eröffnen kann, das Leben ganz neu anzupacken. Auf dem Weg in die Fülle der Welt ist Jill jetzt bemüht, ihre Position gegenüber der Kirche, ihrer Familie und der Rolle, die sie im Leben spielt, neu zu bestimmen. Die dramatische Öffnung gegenüber der Intuition und dem direkten Wissen, die ein weiterer Aspekt des Erwachens der Kundalini ist, läßt sich durch einen Blick auf die Geschichte einer anderen Frau veranschaulichen. Cynthias Geschichte zeigt, daß das Erwachen sehr schnell geschehen kann.

> Plötzlich spürte ich das Auftreten einer ungeheuren Energie. Manchmal genügte es, daß ich ein bestimmtes Wort sah, und schon schossen Stöße von Energie die Wirbelsäule hinauf. Dann war mir, als sei in meinem Kopf eine Tür aufgegangen, und ich merkte, daß ich auf jede Frage, die ich stellen mochte, eine Antwort bekam.
>
> Ich bat darum, das Verhältnis zwischen Gut und Böse sehen zu dürfen und sah sie im Geiste zusammenkommen. Ich sah ihren Tanz und wie sie tatsächlich zueinander standen. Ich kann es immer noch nicht in Worte fassen, aber ich weiß es ohne den Schimmer eines Zweifels. Ich sah, daß alle Dinge im Wesen miteinander im Einklang sind. Ich sah das wieder und wieder.
>
> Einmal ließ ich der Erfahrung freien Lauf und löste mich von meiner Angst. Ich fühlte mich ekstatisch. Es war allerdings nicht einfach, mit anderen Menschen zusammenzusein. Ich zitterte am ganzen Körper. Ich konnte kaum gehen. Das Erlebnis ergriff mich buchstäblich ganz – auf der körperlichen, der geistigen und der spirituellen Ebene – und schüttelte mich durch.
>
> Sobald ich wieder konnte, ging ich unter den Bäumen in einem Park spazieren. Dadurch kam ich wieder zu mir, so daß ich wieder Auto fahren, Gespräche führen und ganz allgemein meinen Alltag bewältigen konnte.

Der Akt des Erwachens der Kundalini kann sich über wenige Minuten, über Stunden oder Wochen erstrecken. Cynthia fühlte sich nicht so lange durcheinander wie Jill. Für sie dauerte das Erlebnis nicht Wochen, sondern nur ein paar Stunden. Dennoch sprechen beide davon, daß sie durch ihre Erfahrungen verwandelt wurden –, daß sie zur Verwirklichung[16] der größeren Einheit aller Dinge und eines tieferen Gefühls von innerem Frieden durchgestoßen sind.

Das Auftauchen eines karmischen Musters

Ist es Ihnen schon einmal passiert, daß Sie an einen Ort kamen, der Ihnen völlig unbekannt war und Sie sofort das Gefühl hatten, sie seien schon einmal dort gewesen, ohne zu wissen wann? Oder haben Sie schon einmal Menschen gegenüber, die Sie sicher nicht kannten, den Eindruck gehabt, Sie hätten sie früher schon einmal getroffen? Je genauer Sie den Ort oder die Person zu kennen glauben, um so unheimlicher ist das Erlebnis. Wie ist das nur möglich? Sie zermartern Ihr Hirn, um sich zu erinnern, aber ohne Ergebnis. Es ist ganz ähnlich wie bei *déjà-vu-Erlebnissen*, bei denen man das Gefühl hat, eine Szene früher schon einmal erlebt zu haben, obwohl sie sich eben erst ereignet. Solche Erfahrungen sind unerklärlich und verwirrend.

Wenn solche Erlebnisse so stark sind, daß sie als überwältigend und zutiefst verwirrend empfunden werden, kann man von einer spirituellen Krise, einem spirituellen Zusammenbruch, sprechen. Die Öffnung für das *karmische Muster* ist selten der einzige Auslöser eines spirituellen Zusammenbruchs. Die Öffnung geschieht ganz so, wie ein bedeutungsvoller Traum abläuft, ist überraschend und führt zum Nachdenken und zu neuen Einsichten. Sie kann ein bestimmtes Lebensmuster sichtbar werden lassen, das so tief eingewurzelt im Wesen ist, als sei es schon seit Inkarnationen mitgeführt worden.

Vor dem Erwachen ihrer Kundalini erlebte Cynthia die Öffnung für ein karmisches Muster: Es war während einer Urlaubsreise zusammen mit ihrem Mann Jack. Sie war seit langem ein aktives Mitglied der Kirche – seit ihrer Teenagerzeit hatte sie Bibelstunden geleitet – und wollte in Europa viele Kirchen besichtigen. In Bingen hatte sie ein Erlebnis, das sie bis ins Mark erschütterte.

> Wir waren in einem Museum und sahen uns die Kleider an, die die Menschen im Mittelalter getragen haben. Ich fühlte mich wohl, war ganz entspannt und zufrieden. Da fiel mein

Blick ganz beiläufig auf das Bild einer Nonne, und mit einem Schlag entfalteten sich vor meinen Augen die Erfahrungen eines ganzen Lebens. Mir fiel ein, daß ich einmal eine Nonne gewesen war, wie die Frau auf dem Gemälde. Ich wußte genau, welche Kleidungsstücke ich unter meinem Habit zu tragen hatte und wie ich sie anziehen mußte, damit es richtig saß. Mir fielen die Pflichten ein, die ich im Kloster zu erfüllen hatte, unsere Art, miteinander zu sprechen; ich erinnerte mich an die Speisen und daran, wie lange wir schliefen. Sogar der typische Geruch des Klosters stieg mir in die Nase! So real war alles für mich.

Ein solches plötzlich auftretendes inneres Wiedererkennen, an dem in einem zusammenhängenden Bild alle Sinne und alle Gefühle gleichzeitig beteiligt sind, ist typisch für das Auftauchen eines karmischen Musters. Es zeigt nicht immer Erfahrungen aus früheren Leben an, die sich historisch identifizieren ließen. Es kann auch mit einem inneren Wissen zusammenhängen – als hätten die Zellen selbst als Teile eines anderen Wesens ein anderes Leben gelebt. Dann kann man das deutliche Gefühl haben, man stecke in der Haut einer fremden Person oder Sache, und man erlebt sich als ägyptischer Sklave, als Königin, als Felsen oder als Bär. Von einer solchen Erfahrung her kann auch die Art, wie ein Mensch sein Leben in die Hand nimmt, besser verständlich sein. Unmittelbar nach der Öffnung für ein karmisches Muster besteht oft der Wunsch, herauszubekommen, ob das Erlebnis »wahr« sein kann. Cynthia besorgte sich Bücher über das Leben in mittelalterlichen Klöstern und fand das, was sie »gesehen« hatte, vollkommen bestätigt.

Obwohl sie auf Grund ihrer christlichen Erziehung vorher nicht an die Reinkarnation geglaubt hatte, sah sie jetzt keine andere Erklärung für die in ihr erwachten Erinnerungen. Weder in der Schule noch aus Büchern hatte sie je etwas über dieses Kloster gehört. Die Erinnerung erklärte, warum sie sich in diesem Leben so für kirchliche Dinge interessiert hatte. Es war eine Wiederholung gewisser Aspekte eines früheren Lebens und gehörte einem Muster an, das sie anzog.

Welche Bedeutung hat ein karmisches Muster? *Karma* ist ein Wort aus dem Sanskrit, das sich auf das Gesetz von Ursache und Wirkung bezieht. Jede Handlung hinterläßt eine Wirkung.

Jede Wirkung hat eine Ursache. Das persönliche Karma eines Menschen besteht aus den Verdiensten, die er durch positive Handlungen angesammelt hat, oder aus der Masse von Nichtwissen, die der Erleuchtung harrt. In der Gesamtwirkung kann man das persönliche Karma als Plus- oder Minuspunkte verstehen, die darüber befinden, welche Lektionen im Leben zu lernen sind. Wie die Punkte beim Skatspielen von einem Spiel auf das nächste übertragen werden, wird das Karma von einem Leben auf das nächste übertragen. So häuft sich Karma durch die Inkarnationen hindurch an. Wie stellte sich für Cynthia ihre Erfahrung im Zusammenhang mit einem karmischen Muster dar?

> Ich glaube, in Bingen war meine Absicht, zur Einheit mit Gott zu finden, noch unvollkommen, so daß mir mein jetziges Leben geschenkt wurde, damit ich auf meinem Weg vorankommen kann. Durch meine früheren guten Taten habe ich gutes Karma erworben, so daß ich jetzt eine Familie und wunderbare Freunde habe sowie finanzielle und emotionale Unterstützung für meine spirituelle Reise. Ich bin sicher, mein Leben wäre unvollständig, wenn ich diese Reise nicht zusammen mit meinem Mann unternähme. Als ich im Kloster war, war das nicht möglich.

Das Wissen, daß man in vielen verschiedenen Inkarnationen viele Rollen innegehabt hat, verleiht dem Bewußtsein, das man von sich selbst, von seinen Fähigkeiten und Motiven hat, eine ungeahnte Tiefe. Cynthia nutzte ihr Wissen, um ihre Affinität zum religiösen Leben bewußt zu ergreifen und zu akzeptieren. Da ihr Mann und ihre sonstigen Verwandten dieser Tendenz bei ihr grundsätzlich positiv gegenüberstanden, war ihre erneute Ausrichtung auf die Religion hin für sie keine Bedrohung.

Wenn ein karmisches Muster dagegen in einer Familie auftaucht, die auf die sich daraus ergebenden neuen Informationen mit Befremden reagiert, kann diese Art des spirituellen Aufbruchs eine große Belastung sein. Stellen Sie sich zum Beispiel einen siebenjährigen Jungen vor, der sich wie seine Altersgenossen hauptsächlich für Dinge wie Fußball, Radfahren und Pizza interessiert. Seine Mutter teilt ihm ganz aufgeregt mit, was sie in einer Reinkarnationssitzung erlebt hat (das ist eine psychotherapeutische Sitzung, die sich zum Ziel setzt, ein karmisches Muster aufzudecken). In diesem Fall hatte die Mutter gesehen, daß sie in einem früheren Leben die Geliebte des Jungen gewesen war, er sie aber abgewiesen hatte. Sie erkennt darin den Grund für die Schwierigkeiten, die sie im Moment im Umgang miteinander haben. Es wäre sehr ungewöhnlich, wenn ein Kind eine solche Mitteilung ohne weiteres verkraftete, ohne in Verwirrung zu geraten.

Kinder sind auf die Gewißheit angewiesen, daß die Generationen klar voneinander getrennt sind und die Familie eine eindeutige Struktur hat. Irgendwie wird der Junge des Inzests bezichtigt, auch wenn die sexuelle Beziehung einem anderen Leben angehört. Er wird wahrscheinlich überlegen: Ist das wahr? Was wird Papa sagen? Soll ich mich bei Mama entschuldigen? Wozu? Man sollte ein normales Kind in unserem Kulturkreis nicht mit derartigen Komplikationen belasten, für deren Verarbeitung es nicht gerüstet ist.

Das Auftauchen eines karmischen Musters kann sich unter den verschiedensten Umständen abspielen: nachts im Traum; während der Meditation; plötzlich, am hellichten Tage in einem Phantasiebild, besonders bei der Begegnung mit fremden Menschen oder beim Besuch unbekannter Orte; bei einer Sitzung mit einem Medium, das die vergangenen Leben seiner Klienten hellseherisch vor sich ausgebreitet sieht; in einer durch Hypnotherapie absichtlich herbeigeführten Reinkarnationsreise; durch Erfahrungstherapien wie holotropes Atmen; unter der Wirkung von Lachgas beim Zahnarzt oder der Vollnarkose bei einer Operation; beim Experimentieren mit Entspannungsdrogen; beim Lesen einer Geschichte oder einer historischen Beschreibung. Aber wie auch immer sie zustandekommen mögen – solche Erlebnisse bescheren uns fast immer heilsame Einsichten in die Gründe für die Schwierigkeiten, in die wir uns in diesem Leben bringen. Manchmal führen sie zu spontanen Heilungen von körperlichen und emotionalen Beschwerden.

Muß man an die Reinkarnation glauben, um die heilsamen Wirkungen der Öffnung für ein karmisches Muster zu erfahren? Wenn auch viele der Ansicht sind, daß diese Erfahrungen aus früheren oder sogar aus zukünftigen Leben stammen, braucht man doch kein Anhänger der Reinkarnationslehre zu sein, um in den Genuß der starken Heilwirkungen zu kommen, die diese Öffnung mit sich bringt. Auch wenn die Öffnung wie ein sinnvoller Traum behandelt wird, können sich dieselben Einsichten und Heilwirkungen einstellen.

Parapsychische Öffnung

Dieses Muster ist insofern oft mit dem Auftauchen eines karmischen Musters verbunden, als die Öffnung des Tors zu früheren Leben oft auch gleichzeitig den Weg zu einer tieferliegenden Sensitivität, dem »sechsten Sinn«, freimacht.

Parapsychische Öffnung bedeutet, daß die Fähigkeit auftritt, hellzusehen, hellzufühlen oder hellzuhören, wodurch es möglich wird, in Bildern, Körperempfindungen oder inneren Klängen Informationen über die Umgebung oder andere Menschen zu erhalten, die objektiv nicht zur Verfügung stehen. Eine solche Fähigkeit kann besonders in Heilberufen bei der Diagnose von gesundheitlichen Problemen hilfreich sein. Die parapsychische Öffnung als echte Erfahrung der subtilen Ebenen darf nicht mit dem Auftreten akustischer, optischer oder kinästhetischer Halluzinationen als Symptom psychischer Probleme oder organischer Erkrankungen verwechselt werden.

Die Öffnung für parapsychische Fähigkeiten kann plötzlich oder allmählich auftreten. Manche Menschen werden mit parapsychischen Fähigkeiten geboren und behalten sie ihr Leben lang. Menschen, die erst später im Leben parapsychische Fähigkeiten bei sich entdecken, berichten oft, daß diese schon in der frühen Kindheit vorhanden waren, dann aber jahrelang unterdrückt wurden, als das Kind versuchte, sich einer Kultur anzupassen, die kein Verständnis für medial veranlagte »Spinner« hat.

Aber gleichgültig, ob diese Fähigkeiten neu erwachen oder nur erinnert werden – in jedem Fall stellen sie sich am leichtesten in einer sozialen Umgebung ein, die sie als etwas Wertvolles akzeptiert. Es kann zum Beispiel in einer besonderen Krisensituation geschehen, in der die Gabe eines sechsten Sinnes lebensrettend sein kann. Es kann auch in einem Workshop über Intuitions- oder Sensitivity-Training geschehen, in der Sprechstunde eines Mediums oder in der Therapie.

Claudia, eine siebenundvierzigjährige Krankenschwester in

der Psychiatrie, ging in eine Therapie, um sich selbst besser kennenzulernen. Sie hatte noch nie etwas mit Körperarbeit zu tun gehabt und wollte es einmal ausprobieren. Die Therapie lief schon ein paar Monate, und sie war gerade in einer Therapiestunde beim tiefen Atmen, um in der Entspannung in sich selbst hinabzutauchen.

> Plötzlich erlebte ich mich selbst als weise alte Frau. Ich empfand meine Augen als tiefe Teiche, die ins Universum führten. Ich war eine Heilerin mit der Fähigkeit zur Liebe, mit der Gabe des echten Sehers, ein Mensch, der seinen Zorn fahren lassen konnte, wie man einen Vogel mit den Winden ziehen läßt. Meine Hände bebten vor Energie.
> Das war der Lebensabschnitt, in dem ich anfing, mit dem Heilen durch Handauflegen herumzuexperimentieren. Alle, die ich behandelte, sagten, ich schiene, ohne daß sie es mir gesagt hätten, genau zu wissen, wo es ihnen weh tat, und wie ich sie berühren mußte, um die Schmerzen zu stillen. Zuerst war ich darüber erschrocken. Ich wußte nicht, woher ich das wußte! Aber dann sagte ich mir, da ich ja den Menschen half: »Ach, warum soll ich eigentlich keinen Gebrauch davon machen?« Also praktiziere ich es jetzt immer öfter. Und ich weiß immer noch nicht, wie es funktioniert.

Parapsychische Fähigkeiten haben sich auch beim Wiederauffinden verlorener Gegenstände bewährt. So setzt zum Beispiel die Polizei Medien ein, um verlorene Gegenstände, Kinder oder Verbrecher aufzuspüren. Im militärischen Bereich hat man Versuche mit dem Einsatz von Medien gemacht, die die Geheimnisse des Feindes »sehen« sollen – die genaue Position von Raketenbasen und so weiter.

Es gibt auch weniger ernsthafte Anwendungsgebiete, auf denen parapsychische Fähigkeiten für höchst irdische Zwecke eingesetzt werden können. Ich kenne zum Beispiel jemanden, der weder regelmäßig die Zeitung liest noch mit besonderer Raffinesse ans Einkaufen herangeht, aber ganz genau »spürt«, wo ein bestimmtes Kleidungsstück gerade besonders günstig zu haben ist. Ein anderer, der von Autoreparaturen nicht die geringste Ahnung hat, »weiß« ganz einfach, wenn er die Augen schließt und sich auf seine Intuition verläßt, was an einem Auto nicht in Ordnung ist. Viele erfolgreiche Angler verlassen sich auf ihren sechsten Sinn, um herauszubekommen, wo die Fische stehen; und sie »wissen« genau, welchen Köder die Fische annehmen.

Harry Roberts, den ich schon im zweiten Kapitel erwähnt habe, ist in Nordkalifornien beim Stamm der Yurok-Indianer aufgewachsen. Als Jugendlicher spielte er mit seinen Freunden am Klamath-Fluß. Als er älter wurde, wurde ihm bewußt, daß er die Gabe des »Fischzaubers« hatte. Er brauchte nur auf einem Hügel zu stehen und auf den Fluß zu schauen, dann sah er in seiner Vorstellung, wo sich die Fische aufhielten. Wenn er am Fluß war, brauchte er nur mit der Hand in den Fluß zu greifen und die Fische herauszuziehen.

In östlichen psychologischen Systemen (besonders im Hinduismus und in der Psychologie des Yoga) wird die Öffnung für parapsychische Fähigkeiten als ein Zeichen angesehen, daß der Mensch im Begriff ist, sich der Höheren Macht, den heiligsten und stärksten Energien des Universums, zu öffnen. Die parapsychischen Fähigkeiten – im Sanskrit *Siddhis* – hängen nach dieser Lehre mit dem fünften und sechsten Chakra zusammen, also mit den Energiezentren, die in der Gegend der Kehle und in der Mitte zwischen den Augenbrauen angesiedelt sind. Wenn diese Energiezentren geöffnet sind, sind nicht nur Informationen zugänglich, die objektiv nicht ohne weiteres wahrnehmbar sind; dann erschließt sich auch die Kommunikation mit Wesen, die, weil sie in einer Dimension leben, zu der wir gewöhnlich keinen Zugang haben, normalerweise für uns unsichtbar bleiben.

Die kleine Gruppe, die die Gemeinschaft von Findhorn in den Sanddünen an der Küste im Norden von Schottland ins Leben gerufen hat, hat gezeigt, wie nützlich es ist, wenn man so in Austausch mit anderen Dimensionen treten kann. Eileen und Peter Caddy haben gemeinsam mit ihrer Freundin Dorothy McLean direkt mit den Geistern verschiedener Gemüse- und Obstsorten bei der Anlage und Pflege ihres Gartens zusammengearbeitet.

Am 28. Juli 1964 erhielt Dorothy vom Engel der Landschaft die folgende Mitteilung:

In dem enormen Wachstum des Gartens siehst du den greifbaren Beweis vor dir, wie die Kraft offenbart wird, wenn man sie anerkennt. Ihr habt uns, die wir der Deva-Sphäre angehören, angesprochen, habt uns anerkannt und uns so «Hände und Füße« gegeben, die wir sonst nicht besäßen. Sowie die Kraft in euch selbst erst erweckt wird, wenn ihr sie anerkennt und wachruft, so müßt ihr auch unsere Kräfte wachrufen.[17]

Als Ergebnis der täglichen Anweisungen, die Dorothy und Eileen von den *Devas* – oder Geistern – jeder Pflanze erhielten, züchteten sie Blumen und Gemüse von nie gekannter Größe und Qualität. »In einem Boden, der für Rosen denkbar ungünstig war, gediehen unsere ausnehmend gut ... Fingerhut, der normalerweise in gutem Boden nicht höher wird als 1,20 m, erreicht in unserem sandigen Garten eine Höhe von 2,40 m bis 2,70 m.«

Die Erfolge, die sie im Gartenbau hatten, wurden gleichermaßen zu einer Quelle der Inspiration für Gartenbauexperten und geistige Sucher. Die Gemeinschaft von Finchorn ist heute zu einer Heimstatt für Menschen geworden, die parapsychische Fähigkeiten besitzen und/oder in engeren Austausch mit den positiven Dimensionen der Naturreiche treten wollen. Das Wachstum der Gemeinschaft in den letzten fünfundzwanzig Jahren hat es mit sich gebracht, daß sie zu einem international angesehenen Ausbildungszentrum geworden ist, das über den engeren Bereich des Gartenbaus hinaus – der aber immer noch dazugehört – den spirituellen Aufbruch fördert. Die parapsychische Öffnung einiger weniger Menschen ist so für den spirituellen Aufbruch von vielen wichtig geworden.

Besessenheit

Was licht ist, wiegt immer auf, was finster ist. Was gut ist, wiegt immer auf, was schlecht ist, was Liebe ist, wiegt auf, was Haß ist. Was rein ist, wiegt auf, was böse ist. Und so lag in der Erschaffung der Wesen des Lichts gleichzeitig auch die Erschaffung der Wesen der Finsternis, denn dies [die Dualität] ist die Natur und der Bau dieser Ebene . . Wenn der Wunsch, zur Ganzheit zurückzukehren, abgetrennt wird, treten die finsteren Mächte auf. Ein Wesen, das nur für einen Augenblick sagt: »Ich gebe es auf, ich wüßte nicht, wie ich meine Ganzheit wiederfinden sollte.« – dieses stößt eine Tür auf, und der dunkle Schatten tritt ein.

Lynn Breedlove: Channeling über das Wesen der Besessenheit. Februar 1989.

Mit »Besessenheit« meinen wir gewöhnlich, daß eine böse Macht oder die Seele eines Verstorbenen von einem Menschen Besitz ergreift und ihn kontrolliert. Wir sind überzeugt, daß – wenn die Besessenheit nicht eingebildet ist – nur ein Priester oder eine Priesterin oder sonst ein der Magie Kundiger das Opfer retten kann. Diese Art von Besessenheit, bei der der Betroffene vollständig in die Rolle eines Opfers gedrängt wird, das der Überwältigung durch räuberische Geister hilflos ausgeliefert ist, ist sicherlich die erschreckendste. Es ist leicht einzusehen, daß ein solches Erlebnis einen spirituellen Zusammenbruch auslösen kann.

Neben dieser Art, an der der subtile Bereich beteiligt ist, gibt es noch andere Arten von Besessenheit, deren Ursachen eher im psychischen Bereich zu suchen sind. Nehmen wir zum Beispiel einen kleinen Jungen, dessen Eltern ausgesprochen still und zurückhaltend sind und der ein brennendes Interesse an gewalttätigen, aggressiven Sportarten entwickelt. Auch er ist von seiner Neigung »besessen«. Es kann auch sein, daß er vom *Schatten* seiner Eltern »besessen« ist, in dem Sinne, daß er unter dem Zwang steht, den Schatten seiner Eltern auszuleben. Der Schatten verkörpert jene Anteile unseres Wesens, die wir uns scheuen, als zu uns gehörig anzuerkennen. Kinder agieren oft den Schatten ihrer Eltern aus. So schafft die Natur auf ihre Weise Ganzheit. Könnten die Eltern mehr zu ihrer Ganzheit finden, indem sie ihre Schattenseiten annähmen, so wäre der Junge nicht gezwungen, ihren Schatten auszuagieren und wäre freier für die Suche nach seiner eigenen Ganzheit.

Meiner Überzeugung nach stehen die meisten Besessenen unter dem Einfluß eines Schattens – mag es sich dabei um ihren eigenen oder um den eines Fremden handeln. Diese dunklen Mächte gilt es zu identifizieren und psychologisch zu bearbeiten, um dem, was als »Invasion« oder »Überwältigung« erlebt wird, ein Ende zu setzen. Die Besessenheit durch den Schatten ist am ausgeprägtesten bei Menschen, die unter einer *multiplen Persönlichkeitsstörung* leiden. Hier haben die Betreffenden die

Verbindung mit ihrem Schatten so vollständig abgebrochen, daß dieser sich verselbständigt und eine unabhängige Persönlichkeitsstruktur annimmt. In weniger extremen Fällen kommt es lediglich zu der schon erwähnten *Dissoziierung*, bei der ein Aspekt der eigenen Persönlichkeit abgelehnt wird. Aber wenn auch die Dissoziierung weniger problematisch erscheint als eine multiple Persönlichkeitsstörung, so kann ihre Wirkung doch durch dogmatische religiöse Vorstellungen so verstärkt werden, daß es zu verheerenden Auswirkungen kommt.

Denken wir nur an einen strenggläubigen fundamentalistischen Eiferer, der sein Kind bei einem Wutausbruch erlebt und sofort meint, es sei »vom Teufel besessen«. Er wird die Prügel, die er dem Kind verabreicht, als Exorzismus verstehen. Manches Kind ist bei einer solchen Behandlung schon zu Tode gekommen. Hätte dieser Vater oder diese Mutter den Schatten ihrer eigenen Wut erkannt und angenommen, so wäre das Kind nicht zum Opfer der elterlichen Projektion geworden.

Die dritte Definition der Besessenheit hängt mit verstärktem Kontakt mit Wesen höherer Intelligenz zusammen. Man spricht hier von *Channeling*. Dabei stellt der Betreffende freiwillig seinen Körper einem höheren Wesen zur Verfügung, um die Möglichkeit zu schaffen, die von diesem Wesen kommende Weisheit an die zu übermitteln, die mit jener Quelle keinen Kontakt haben. Zu verstehen, was Besessenheit ist, woher die Wesen kommen, wie man sich gegen negative Besessenheit schützen und einen Platz zum Channeling finden kann, was man tun kann, um seinen eigenen Schatten anzunehmen, all das kann schon in sich ein zeitraubender und angstauslösender Vorgang sein. An wen soll man sich wenden, wenn man Hilfe braucht? Welche Art von Exorzismus ist wirklich wirksam? Welche psychologische Therapieform ist angebracht? Wem kann man trauen?

Lynn Breedlove aus Santa Cruz in Kalifornien ist ein begabtes Medium. In den letzten zwanzig Jahren hat Lynn viele Erfahrungen auf der subtilen Ebene gemacht. Seit mehr als sieben Jahren steht sie in direktem Kontakt mit allen möglichen körperlosen Wesen, mit negativen wie mit positiven. Bei der Behandlung von Menschen, die von einem bösen Geist besessen sind, spricht Lynn in der inständigen, konzentrierten Haltung, in der man ein Gebet spricht, mit den Wesen, die in den

Betreffenden eingedrungen sind. Sie fragt nach ihrer Botschaft und betet für sie, damit sie Heilung und Segen empfangen und mit ihrer Ganzheit vereint werden. Als Channeling-Kanal empfängt Lynn auch positive, ermutigende Informationen von körperlosen Wesen, die ihr bei ihrer Heilertätigkeit helfen.

Oft wenden sich Menschen an Lynn, weil sie fürchten, sie könnten besessen sein. Dann besteht Lynns Aufgabe darin, ihnen bei der Integration der an die Schattenelemente gebundenen Energie zu helfen. Sie zeigt ihnen auch, wie sie aufhören können, sich dem schwächenden Gefühl hinzugeben, hilflos fremden Mächten ausgeliefert zu sein; und hilft ihnen, statt dessen Kraft aus dem Bewußtsein zu beziehen, daß sie über eine besondere Sensibilität in der Wahrnehmung ihres eigenen Wesens verfügen.

Vertrau darauf, daß deine Erfahrung stimmt. Zweifle nicht daran, daß das, was du siehst, fühlst oder hörst, wahr sein kann. Teile dein Erlebnis mit einem Menschen, dem du vertraust und der die Besessenheit als etwas Reales akzeptieren kann. Es kann sein, daß du, noch während du mit ihm sprichst, in dir alles findest, was du brauchst, um dich von der eindringenden Energie zu befreien. Vielleicht hat dein Vertrauter eine Idee, die dir plausibel erscheint. Sie muß nicht unbedingt vernünftig oder logisch sein, und du brauchst nicht daran zu glauben. Wirksam kann fast alles sein. Das Wichtigste ist, daran zu glauben, daß es wirksam sein *kann*. Vielleicht ist es ein Exorzismus durch einen katholischen Priester oder ein Bad in Salzwasser, ein Gebet an Mutter Erde und/oder Psychotherapie und Übungen wie Meditation oder asiatische Kampfsportarten, die helfen, die eigene Mitte zu finden.

Jeder, dem es wirklich gelingt, die Erfahrung des Besessenen zu bestätigen und ihn zu ermutigen, sich direkt in sie hineinzubegeben, statt vor ihr davonzulaufen, wird ihm gleichzeitig helfen, das Wissen wachzurufen, das benötigt wird, um die geeigneten Gegenmaßnahmen zu treffen. »Das Heilmittel ist in der Erfahrung selbst verborgen.« Allerdings muß der Helfer zu dem Prozeß, um den es geht, Zutrauen haben und sich auf dem Gebiet gut auskennen, wozu auch gehört, daß er in der Lage ist, die Symptome organischer und psychischer Krankheiten zu erkennen. Es kann nämlich sein, daß die »Besessenheit« nur eine romantische Verbrämung ist, unter der der Betreffende seine Unfähigkeit versteckt, mit dissoziierten Persönlichkeitsanteilen fertig zu werden.

Es kommt vor, daß ein Mensch, der von einem körperlosen Wesen oder einem Schatten besessen ist, jedes Bewußtsein von sich selbst verliert, und daß Stimme und Gestik sich vollständig verändern. So war es bei Galen, einem sechzehnjährigen Mädchen, das sich hilfesuchend an mich wandte. Sie war eines Tages, als sie nach der Schule noch mit ein paar Freundinnen zusammensaß, ins Träumen gekommen und war ohnmächtig geworden. Dabei waren weder Drogen noch irgendwelche organischen Krankheitssymptome im Spiel. Irgend etwas muß geschehen sein, an das sie sich nicht erinnern kann. Eine Viertelstunde verstrich. Als Galen »aufwachte«, fühlte sie sich ganz zerschlagen. Jetzt erst merkte sie, daß ihre Freundinnen versuchten, sie durch Schreien und Schütteln aufzuwecken. Die Mädchen waren zu Tode erschrocken. Sie erzählten ihr, sie hätte mit einer tiefen Männerstimme gesprochen, ihr Gesicht hätte einen dämonischen Ausdruck angenommen, und sogar die Augen hätten sich verfärbt. Sie gingen mit ihr nach draußen und zwangen sie, an der frischen Luft ein paar gymnastische Übungen zu machen. Sie beteten auch mit ihr, damit die dämonische Macht sie in Ruhe ließe. Das half. Sie hat seitdem keine derartigen Anfälle von »Besessenheit« mehr erlebt, ist sich aber auf andere Art stärker ihres eigenen Wesens bewußt geworden.

Galen weiß jetzt, daß sie parapsychische Fähigkeiten besitzt, über Heilkräfte verfügt und eine besondere Beziehung zu spirituellen Bereichen hat. Die Auseinandersetzung mit ihrer Besessenheit – die Angst vor dem Wahnsinn, die Suche nach Unterstützung durch kompetente Ratgeber, das Hinterfragen ihrer bisherigen Vorstellungen von der Natur der Wirklichkeit und die erfolgreiche Suche nach der richtigen Art, mit ihrer parapsychischen Begabung umzugehen – all das hat ihr zu einem stärkeren Selbstwertgefühl verholfen. Sie ist jetzt auch in besserem Kontakt mit ihrem Mitgefühl. Dadurch ist die Art, wie sie ihre Zuneigung gegenüber ihren Freunden und ihrer Familie ausdrückt, durch neue Facetten bereichert worden. Sie weiß jetzt auch, daß sie von dieser parapsychischen Begabung nicht »besessen« sein will. Vielmehr will sie diese kanalisieren, indem sie sich darüber informiert und vielleicht auch ein paar Kurse über Parapsychologie besucht; im übrigen will sie aber mit der weiteren Ausbildung ihrer Fähigkeiten noch warten, bis sie älter ist. Im Augenblick will sie ein normales Leben als Schülerin führen. So ist sie sich ihrer selbst stärker bewußt geworden und hat auch bewußter die Verantwortung und die Kontrolle über ihr Interesse an den transpersonalen Reichen übernommen. Die Auseinandersetzung mit der Besessenheit und die Lösung der Probleme, die sie mit sich bringt, führen zu einem stärkeren Gewahrsein des eigenen Selbst.

Die Erfahrung der Besessenheit ist nicht unbedingt mit Bewußtlosigkeit verbunden. Wenn Lynn sich einem Wesen als Kanal zur Verfügung stellt, kann sie sich dessen, was durch sie gesprochen wird, bewußt bleiben. Sie kann auch bestimmen, welches Wesen sich durch sie kundtun soll und welche Fragen thematisiert werden sollen. Sie sagt, daß ihre Entschlossenheit, sich mit den heiligsten Energien zu verbinden, für ihre Arbeit in diesen Bereichen ebenso wesentlich ist wie ihre Bitte um Schutz, wenn sich negative Energien einstellen.

Diese Methode hat sich über die Jahre hinweg entwickelt, in denen sie in den subtilen Bereich eingetreten ist und ihre Kenntnis von diesem Bereich in das normale Leben weitergegeben hat. Lynn ist den körperlosen Wesenheiten in keiner Weise als hilfloses Opfer ausgeliefert. Wie Galen war auch Lynn am Anfang, als sie anfing, sich ihrer parapsychischen Begabung zu öffnen, über ihre Fähigkeiten und über die seltsamen Erlebnisse erschrocken. Aber sie hat das Channeling in ihr Leben integriert. Es kommt jetzt vor, daß sie mit einem Engel spricht und sich dann höflich entschuldigt, weil sie das Essen für ihren Mann machen oder sich um ihre gemütliche Wohnung kümmern muß. Sie steht ebenso mit beiden Beinen in der Welt wie jeder andere Mensch auch. Der einzige Unterschied besteht in der unglaublichen Leichtigkeit und dem Geschick, mit denen sie sich zwischen der subtilen Astralwelt, wo die körperlosen Wesen wohnen, und der physischen Welt hin- und herbewegt. Außerdem ist sie als parapsychologische Beraterin tätig und hilft ihren Klienten, Einsicht in ihre spezifischen Lebensprobleme zu gewinnen, Störungen zu überwinden und sich in körperlicher und spiritueller Hinsicht wohler zu fühlen.

Menschen, die wie Galen und andere junge Leute Schwierigkeiten haben, sich nach außen abzugrenzen, sind für Besessenheitsphänomene am anfälligsten. Bei ihnen ist das Gefühl für das, was sie eigentlich sind, noch nicht stark genug entwickelt. Auch Menschen, die so sehr mit anderen mitempfinden, daß sie den Kontakt mit sich selbst verlieren, während sie die Gefühle der anderen teilen, leiden unter Abgrenzungsschwierigkeiten. Damit geht gewöhnlich ein vermindertes Selbstwertgefühl einher. Wer Selbstannahme und Selbstbewußtsein entwickelt, erliegt nicht so leicht der Gefahr, einer negativen Form der Besessenheit anheimzufallen, sei sie psychologischer oder parapsychischer Natur oder beides. So kann die Besessenheit einer Aufforderung gleichkommen, diese Kraft im eigenen Inneren zu suchen.

Die Synthese der Arten des spirituellen Zusammenbruchs

Fassen wir zusammen: die verschiedenen Arten des spirituellen Zusammenbruchs laufen gewöhnlich gleichzeitig und nacheinander ab. Ein Beispiel dafür ist der erste Anfang meiner Geschichte, wie ich sie im zweiten Kapitel erzählt habe. Als Kind erlebte ich, als ich um ein Haar ertrunken wäre, meine Seele jenseits von Raum und Zeit. Das war so etwas wie eine schamanische Reise – der Tod meines alten Selbstbewußtseins und eine Wiedergeburt in eine neue Art des Wissens von meinem Selbst hinein, die sich auf meine Identifizierung mit meiner Seele gründete. Als ich da unten im Wasser verzweifelt darum kämpfte, einen Weg an die Wasseroberfläche zu finden, erlebte ich das Reich der Archetypen – den Kampf zwischen Licht und Finsternis, zwischen Leben und Tod. Ich hatte immer gedacht, in dem See lebte ein Ungeheuer, der Wassermann, vor dem mein Bruder mich immer warnte, um mich zu ärgern. Das war eine Schattenfigur, und ich fürchtete mich davor, von ihr besessen zu werden. Ich war dabei, mich für meinen Lebensmythos zu öffnen – die Wurzel meines lebenslangen Interesses für die transpersonalen Bereiche und den Schatten. Kaum war ich an die Oberfläche gelangt und hatte Luft geholt, da wurde mir klar, daß ich die Welt jetzt ganz neu sehen konnte. Ich konnte zum Beispiel innerlich wahrnehmen, daß meine Cousine sich noch nicht bewußt auf ihre Seele eingelassen hatte. Ich hatte mich für meine parapsychischen Fähigkeiten geöffnet. Bald darauf begann ich zu träumen, daß Indianer zu mir nach Hause kämen, um mich abzuholen. Das war ein präkognitives Erkennen meiner späteren Beschäftigung mit Schamanismus und ein Hinweis auf meine Öffnung für karmische Muster. Als ich dann als Erwachsene im Rahmen einer Psychotherapie Reisen in frühere Leben machte, war das Wissen eines Schamanen mir so gegenwärtig, als sei ich in einem früheren Leben Schamane gewesen.

Alle diese Arten des spirituellen Aufbruchs und ihre Synthese gehören zum Reich der Mythen, in dem wir alle potentielle Helden und Heldinnen sind, die auf der Erde weilen, um den Kern unseres Wesens auf eine Art zu offenbaren, die zur Verbesserung der Lebensqualität beiträgt ... ob wir nun Heiler sind oder nur niegekannte Blüten im Garten der Menschheit. Die verschiedenen Muster des spirituellen Aufbruchs nähren und beschleunigen diesen natürlichen Wachstumsprozeß. Es ist ein Prozeß, in dem wir der Verwirklichung unseres Selbsts näherkommen, unsere Ganzheit wächst und gleichzeitig unsere Verbindung mit den Reichen des Geistes enger wird. Es ist ein heilsamer Prozeß, der uns hilft, in der Wahrnehmung scharfsichtiger und im Dienst am Nächsten tüchtiger zu werden, schöpferischer zu sein und uns vertrauensvoller den Dimensionen jenseits der gewöhnlichen Wahrnehmung hinzugeben.

Anmerkung: Stanislav und Christina Grof haben die ursprünglichen sechs Muster in ihrem Buch *Spiritual Emergency: When Personal Transformation Becomes a Crisis* auf zehn erweitert. Das brachte es mit sich, daß einige der oben beschriebenen Arten in drei verschiedene Muster aufgefächert wurden, um das Muster und seinen Auslöser genauer zu beschreiben. Die ehemalige Besessenheit wurde zu *Zuständen von Besessenheit*, *Kommunikation mit geistigen Führern und »Channeling«*, und *Erfahrungen mit dem Erscheinen von Ufos.* Was früher *Erwachen der Kundalini* hieß, wurde in *Kundalini-Erwachen*, *Erleben von Einheitsbewußtsein (»Gipfelerlebnisse«)* und *Nahtodeserfahrungen* aufgespalten.[18] Ich habe mich in diesem Buch an die ursprünglichen sechs Muster gehalten, weil ich glaube, daß die Materie leichter zu erklären – und zu verstehen – ist, wenn die Auslöser eines spirituellen Aufbruchs nicht mit den von ihnen heraufbeschworenen Erfahrungsmustern kombiniert werden.

Der Eintritt in den transpersonalen Bereich: ein Zickzackweg

Wenn diese Reiche soviel Gutes verheißen, warum springen wir dann nicht einfach hinein? Wo ist der Start? So einfach ist die Sache nicht. Wenn es so wäre, daß jeder, der merkt, daß er Erfahrungen macht, die mit höheren Bewußtseinsbereichen zusammenhängen und der sich darüber klargeworden ist, wohin er eigentlich will, sich auf direktem Wege vom gewohnten Reifezustand in die transpersonalen Reiche fortentwickelte, dann gäbe es keine Schwierigkeiten. Aber die Entwicklung zu den transpersonalen Ebenen hin vollzieht sich nicht geradlinig. Sie gleicht eher einem Zickzackweg. Wir gehören zwar vom Moment der Zeugung an zu einer Ebene, können aber von dieser Ebene auf eine andere springen und dabei für kurze Zeit auch an anderen höheren oder niedrigeren Entwicklungsstadien teilhaben, bevor wir uns auf die nächsthöhere Stufe emporschwingen. Ein Kind kann durchaus noch weit von der Reife entfernt sein und trotzdem im Spiel mit seinen »imaginären Freundinnen« Erfahrungen mit der subtilen Ebene machen. Ein Geschäftsmann im reifen Alter kann persönlichkeitsverändernde intuitive Eingebungen haben – die ihrerseits auch aus der subtilen Ebene kommen –, während er sich seinen Entspannungsübungen zur Musik hingibt.

Der gleiche Geschäftsmann regrediert vielleicht auf emotional unreifere Stufen, wenn er sich zum Beispiel nach einer Beziehung zu einem Sexualpartner sehnt, der sich um ihn kümmert wie eine Mutter um ihr Kind. Indem er eine solche Beziehung eingeht, bemüht er sich, eine unabgeschlossene Phase seiner Entwicklung zu vollenden.

In einer Zeit intensiver spiritueller Erlebnisse wird dieses Zickzackmuster oft so sehr beschleunigt, daß ein Mensch mit einem starken Selbstgewahrsein sich für Erfahrungen auf der subtilen oder kausalen Ebene öffnet und im nächsten Moment mit sehr regredierten Bewußtseinszuständen arbeitet. In solchen Phasen intensiven Geschehens folgt die Psyche einem Impuls, der sie drängt, die früheren Stadien durchzuarbeiten, um sich aus ihrem Griff zu befreien und mehr Energie freizusetzen, so daß sie sich auf einer höheren Ebene stabilisieren kann. Psychologisches Material, das von früheren Zeiten her noch nicht umgewandelt ist, muß durchgearbeitet werden, bevor das Individuum in der Lage ist, endgültig zu höheren Ebenen fortzuschreiten. Das ist der Grund, weshalb spirituelle Krisen wie Reinigungsriten wirken – sie tragen zum Ausbrennen von Einschlüssen in der Psyche bei, die noch Spuren von »Komplexen« enthalten, jenen Zusammenballungen fixierter Energie, die auf unvollständig gebliebene vergangene Entwicklungsperioden zurückgehen.

Louises spiritueller Zusammenbruch half ihr, näher an das subtile Reich heranzukommen, wo sie im Einklang mit den archetypischen Ausprägungen der heiligen Energie in ihrer weiblichen Form arbeiten konnte. Im Verlauf dieses Prozesses mußte sie in ihre Vergangenheit zurückkehren und noch einmal die Ängste erleben, die sie als kleines Kind gehabt hatte: die Angst vor der Begegnung mit dem Unbekannten; die Sehnsucht, von einem anderen Menschen gehalten und gespiegelt zu werden; das Bedürfnis nach der Gewißheit, nur von dem Vertrauten umfangen zu werden. Das war eine Regression in die psychische Landschaft eines Babys mit seiner Mutter. Als Louise ihre brennende Sehnsucht nach dieser Art von Pflege (die sie vermutlich als Kind nicht ausreichend genossen hatte) einmal mit Hilfe ihres Mannes, der sie so wunderbar unterstützte, ausgelebt hatte, konnte sie die zutiefst bewegenden archetypischen Erfahrungen, die sie durchlebte, selbständiger integrieren.

Man könnte auch sagen, daß die archetypischen Erlebnisse in ihr eine Hitze erzeugten, die altes psychisches Material aus ihr herausspülte. Erst als diese Wunden geheilt waren, konnte sie wieder wachsen. So war sowohl der Inhalt der transpersonalen Erfahrungen als auch das psychische Material aus der Kindheit für das Verständnis ihres Prozesses von Bedeutung. Ihre Erfahrung der subtilen Ebene verlangte nach Bestätigung. Louise war auf die Versicherung angewiesen, daß der Eintritt in diese Erfahrungsebene richtig und gut war. Und sie brauchte eine Methode, um den aus ihrem früheren Leben übriggebliebenen Komplex zu heilen.

Ein entscheidender Punkt: die Betreuung

Menschen in spirituellen Notlagen brauchen eine besondere Betreuung. Sie brauchen die Möglichkeit, in ungehinderter Freiheit auf frühere Ebenen zu regredieren und ungelöste Probleme aus früheren Lebensstadien in einer Umgebung durcharbeiten zu können, in der sie sich sicher fühlen und auf Unterstützung rechnen können. Sie brauchen auch Unterstützung, um sich den höheren transpersonalen Ebenen hingeben zu können. Die Unterstützung durch einen Menschen, der den Prozeß der spirituellen Krise als eine positive, das Leben fördernde Entwicklung respektiert und ihn nicht als Krankheit oder Schwäche deutet, ist von entscheidender Bedeutung.

Louise hatte das Glück, in ihrem Mann, einem internen Psychiatriepfleger, einen Menschen zu besitzen, der sich um ihre Verpflichtungen kümmerte, und einen Helfer, der sich während ihrer spirituellen Krise ihrer annahm. Er konnte Entscheidungen für sie treffen. Er konnte sie beschützen. Er wußte, wie er es ihr bequem machen konnte. Aufgrund seiner Fachkenntnisse konnte er ihre positiven Auflösungserscheinungen von einem echten psychotischen Schub unterscheiden. Er glaubte zuversichtlich daran, daß ihr Erlebnis im Grunde positiv war. Er nahm sich die Zeit, ihr bei der Durcharbeitung der unerledigten Fragen aus ihrer Vergangenheit zu helfen und unterstützte sie darüber hinaus aktiv bei der Erforschung der subtilen Bereiche. So viel Glück hat nicht jeder.

Die typische Situation ist vielmehr so: Niemand in der Familie kennt sich in transpersonaler Psychologie aus, und wenn ein Mitglied der Familie einen spirituellen Zusammenbruch durchmacht und sich merkwürdig verhält, erschrecken alle. Sie rücken enger zusammen, stoßen das Krisenopfer in dem sicheren Glauben, daß es krank sei, aus der Gemeinschaft aus, so daß es sich noch isolierter fühlen muß. Häufig kommen sie zu dem Schluß, daß es sich um einen psychotischen Schub handelt, der nach medikamentöser Behandlung verlangt, und sie versuchen in ihrer Verzweiflung, den Betreffenden, oft unter Anwendung von Tricks, ins Krankenhaus zu schaffen.

Wäre Louise während ihrer Schübe ins Krankenhaus gekommen, so hätte man ihr höchstwahrscheinlich Medikamente gegeben, um die Symptome – die inneren Visionen, die intensiven Gefühlswallungen, die gesteigerte Medialität – zu unterdrücken. Die meisten Ärzte – und dazu muß man auch die Psychiater rechnen – betrachten alle Erfahrungen auf der subtilen Ebene und alle radikalen Regressionszustände kategorisch als Anzeichen von Psychose. Die Behandlung besteht gewöhnlich in der Verabreichung von Medikamenten und der Rückkehr zur »Normalität«. Antipsychotische medikamentöse Behandlung hätte dazu geführt, daß Louise keine Erfahrungen auf der subtilen Ebene hätte machen können. Sie hätte ihr auch den Zugang zu den regressiven Zuständen verwehrt, die die Heilung begünstigten. Auf diese Weise wäre ihr Wachstum torpediert worden. Sie selbst hätte möglicherweise aus dem Vorfall die Lehre gezogen, daß der Eintritt in eine Erfahrung auf der subtilen Ebene etwas Schlechtes, ja ein Krankheitssymptom ist, dem sie sich nicht überlassen durfte. Vielleicht hätte es sie auch gegenüber der Weisheit ihres Körpers mißtrauisch gemacht – eine Weisheit, der sie sich aber bei der vorübergehenden Regression anvertrauen mußte, die nötig war, um unerledigte Geschäfte abzuschließen, bevor sie sich neuen Ufern zuwenden konnte.

Jill, von deren Kundalini-Erwachen ich schon berichtet habe, wußte, daß Medikamente für sie nicht das Richtige waren. Als ihre Therapeutin bestärkte ich sie in dieser Ansicht. Ich wußte, daß sie eine spirituelle Krise durchmachte. Ich prüfte regelmäßig, ob sich Zeichen einer schwereren Erkrankung zeigten und gewann die Überzeugung, daß für eine Einweisung ins Krankenhaus kein Grund bestand. Ich besprach mit ihrem Mann und ihren Eltern die Möglichkeiten, den Prozeß, den Jill durchlief, zu fördern. Im Endeffekt war es dieses Netz aus Vertrauen und Beistand, das Jill die Stabilität verlieh, die sie brauchte, um all die Erscheinungsformen des spirituellen Zusammenbruchs durchzustehen.

Die Auswahl der geeigneten Pflegemaßnahmen hängt entscheidend davon ab, daß der Unterschied zwischen einem spirituellen Zusammenbruch und pathologischen Zuständen klar erkannt wird. Das kann nur ein Fachmann leisten, der sich auf Differentialdiagnose versteht – also ein Psychotherapeut, Psychologe oder Psychiater, der sich auf dem Gebiet der transpersonalen Psychologie auskennt. Das *Sourcebook for Helping People in Spiritual Emergency* gibt Hinweise zur Diagnose und enthält nützliche Informationen für jeden, der beruflich oder halbberuflich mit Menschen in spirituellen Notlagen zu tun hat.

Wenn es feststeht, daß sich jemand in einer spirituellen Krise befindet, dann sollte er, wenn irgend möglich, in einer familiären Umgebung gepflegt werden. Im elften Kapitel finden sich einige Vorschläge, wie man mit Menschen in spirituellen Krisen arbeiten und ihnen beistehen kann.

In diesem Kapitel sind die Arten des spirituellen Zusammenbruchs definiert und ihr Zusammenhang mit der psychischen Gesundheit dargestellt worden. Spirituelle Krisen werden durch verschiedene Umstände ausgelöst, zu denen man auch mangelndes Verständnis und fehlende Kenntnis der Erscheinungsformen des spirituellen Aufbruchs zählen muß. Sowohl die Beschäftigung mit Spiritualität als auch die Arbeit am Inneren sind typische Auslöser für starke spirituelle Erfahrungen, ebenso emotionale oder physische Streßsituationen, bestimmte lebensalterspezifische Erlebnisse und außergewöhnliche sexuelle Erfahrungen. Alle diese Auslöser werden in den folgenden Kapiteln ausführlich besprochen. Das nächste Kapitel soll zeigen, wie eine bestimmte Lebenszeit plötzlich den Anstoß für einen Prozeß spirituellen Fortschritts geben kann.

Viertes Kapitel

Die Rolle des Lebensalters

Eines Tages schickte ich mich an, mit meinem vierjährigen Sohn Jesse in die Stadt zu fahren. Ich saß schon am Lenkrad, da beugte sich Jesse, der hinter mir stand, zu mir vor und sprach mir ins Ohr:

Ich wünscht, ich wär ein Engel
Ein Vöglein fing ich mir,
So wär ich wieder ich.

Doch Engel sind nicht wahr.
Behauptet jedenfalls die Welt.

Die Welt ist ein unsichtbarer Mund,
Und wir sind in dem Mund.
Luft kommt aus dem Mund.

Ich war ganz baff! Von mir hatte er so etwas nie gehört, auch nicht von seinem Vater. Ich sagte ihm sofort, wie schön es war, daß er das sehen konnte und es mir sagte. Dann griff ich schnell zu Bleistift und Papier und schrieb es auf.

Für mich zeigte diese poetische Aussage, wie sehr sich Jesse der spirituellen Natur des Lebens und der mangelnden Neigung der Erwachsenenwelt, diese Wirklichkeit anzunehmen, bewußt war. Der Engel stand für Jesses Streben nach Einheit mit der Verkörperung der Liebe und der Freiheit zu fliegen. Jesse durchschaute auch, daß die Welt – die gemeinsam empfundene Wirklichkeit – sich mehr mit Konsum und Gerede – die Welt als Mund – beschäftigt als mit den höheren Mächten.

Von der frühen Kindheit bis zum Tode sind die Menschen ständig zwischen dem Anspruch der gemeinsam empfundenen Wirklichkeit und der Sehnsucht nach Einheit mit einer höheren Wirklichkeit hin- und hergerissen. Es ist ein Pulsieren zwischen dem Wunsch, um des persönlichen Glücks willen über das Schicksal zu gebieten und der Sehnsucht nach Hingabe an die tiefste Wahrheit, den Geist in seiner wahren Natur, jenseits aller Wünsche, den Urgrund aller Erscheinungen, Atman. Beim Säugling tritt dieses Pulsieren mit aller Dramatik zutage. Ohne jegliche Kontrolle durch das Bewußtsein kann er von dem Wunsch nach Nahrung oder Geborgenheit verzehrt werden, und doch kann er, sobald sein körperliches Verlangen gestillt ist, in einen engelsgleichen Gemütszustand verschweben, in dem er der Höheren Macht ganz nah zu sein scheint. Sobald erst einmal ein *reifes Ich*, ein festes, auf das Bewußtsein der Abgrenzung gegründetes Selbstgefühl entwickelt ist, verliert das Pulsieren von der gemeinsam empfundenen Wirklichkeit zu höheren Bewußtseinszuständen viel von seiner Leichtigkeit und wird stärker der Kontrolle des Bewußtseins unterworfen. Das ist der Ausgangspunkt, von dem aus wir unsere Wahl zu treffen haben, an dem wir oft der tiefen Frage nach der Sinnhaftigkeit der Dinge gegenüberstehen.

Die Zeiten der Adoleszenz und der Lebensmitte sind besonders durch Entscheidungskrisen gekennzeichnet. Was ist mir wichtiger, einen lukrativen Job zu ergattern oder einen sinnvollen Beruf auszuüben? Oder bin ich für etwas ganz anderes ausersehen, etwas Gewagteres, das mit meinem tiefsten Selbst, mit der Bestimmung meiner Seele zusammenhängt? Was ist überhaupt die Seele? Wenn es sie gibt, wie kann ich sie finden? Das ist die »Dunkle Nacht des Ego.« Die Ziele, die das Begehren des Egos widerspiegeln, werden in Frage gestellt, und der Mensch bemerkt eine Leere, die die ichhaften Wünsche und die alten Sichtweisen nicht ausfüllen können.

Auch die Nähe des Todes, im Alter oder als Folge von Krankheit, stürzt den Menschen in eine Sinnkrise. Was erwartet mich jenseits der Schwelle des physischen Todes? Das bloße Nichts? Werde ich den Seelen der Menschen begegnen, die ich einmal gekannt habe? Werde ich vor dem Stuhl des Richters stehen? Wer ist der Richter? Werde ich in diese Welt erneut hineingeboren? Welche Aufgaben bleiben mir noch im Hier und Jetzt, bevor ich abtrete?

In diesem Kapitel wollen wir erkunden, wie bestimmte Lebensalter einen spirituellen Aufbruch oder Zusammenbruch auslösen können, warum das so ist, und wie wir am besten reagieren, wenn uns oder unseren Lieben so etwas passiert.

Eines Nachts – ich war fünf – wachte ich auf, weil ich aufs Klo mußte. Es war Sommer, und ich schlief auf der Veranda unseres Hauses am Strand. Mama und Papa schliefen jeder in seinem Schlafzimmer, ebenso meine beiden Brüder. Sonst war niemand im Haus. Als ich die Augen aufschlug, sah ich einen Mann, der auf einem Stuhl saß und aufs Meer hinausschaute. Er sah irgendwie alt aus. Es war nicht so, als ob er mir etwas antun wollte, dennoch hatte ich solche Angst, daß ich keine Luft mehr kriegte. Dann sah ich, wie er zur Tür hinausging. Er trat einfach in die Luft hinaus. Dann war er weg.

Ich habe niemandem erzählt, was ich gesehen habe. Ich behielt es für mich, bis ich neunzehn war. Ich hatte Angst, so etwas dürfte man nicht sehen. Ich hatte Angst, die Leute wären böse auf mich, wenn ich es ihnen erzählte. Über solche Sachen sprach man in meiner Familie einfach nicht.

Julia, 30, Psychotherapeutin

Kleine Kinder sind, besonders wenn sie noch nicht sieben sind, eng mit Schichten der Wirklichkeit verbunden, in denen sie die Einheit aller Dinge spüren. Wenn sie lieben, lieben sie ganz, und ihre Wutanfälle kommen ohne Zögern. Wenn sie nicht unterdrückt oder dafür bestraft werden, geben sie ihren Gefühlen spontan Ausdruck. Sie unterliegen nicht dem Zwang des linearen, rationalen Denkens. Raum und Zeit sind fließend. Noch hemmt keine Befangenheit den kreativen Ausdruck. Infolgedessen ist die ganze Welt voller Wunder, und diesem Wunder geben sie sich hin. Einfach so. Sie sehen gern Zaubervorführungen, und ihre Welt ist voller phantastischer Erscheinungen. Neue Informationen nimmt der kindliche Geist mit phänomenaler Geschwindigkeit auf.[19] Viele Kinder verfügen mühelos über die Gabe des Hellsehens. Sie haben ihre persönlichen Grenzen noch nicht festgelegt.

Nach den Vorstellungen von Erik Erikson über die natürliche Entwicklung steht das Kind unter sieben vor den folgenden Fragen: Ist die Welt für mich ein sicherer Ort, dem ich mich anvertrauen kann oder nicht? Muß ich mich meiner selbst schämen, oder kann ich mich getrost zeigen, so wie ich bin? Ist es in Ordnung, wenn ich selbständig handle und dahin gehe, wo ich hin will, oder muß ich wegen meiner Interessen ein schlechtes Gewissen haben?[20] In dieser Phase sind die Hauptinteressen des Kindes durch seine eigene Biologie bestimmt – die Erforschung des eigenen Körpers, die Befriedigung der körperlichen Bedürfnisse, der Versuch, die Welt durch körperliche Erkundung zu verstehen. Etwa in der Zeit nach dem siebten Lebensjahr tritt das Kind in die »Latenzzeit« ein, die bis zur Pubertät dauert. Jetzt ist es mehr daran interessiert, auf die äußere Welt einzuwirken. Was kann ich tun? Was kann ich herstellen? Welche Anerkennung kann ich für meine Fähigkeiten erlangen? Das Ego beginnt, der Welt gegenüber Form anzunehmen.

Zum spirituellen Leben des Kindes können durchaus auch Erfahrungen auf der subtilen Ebene gehören, aber da das Kind noch kein reifes Ich hat, ist es für ein Leben auf der subtilen Ebene noch nicht gerüstet. Die »Einungs«-Erfahrungen des Kindes sind *präpersonal*, es sind Erinnerungen an das Einssein mit der Mutter im Uterus. Sie sind jedoch nicht *transpersonal*, gehören also nicht zur kausalen oder zur Atman-Ebene, bei denen das Ego transzendiert wird. Was für spirituelle Erfahrungen kommen bei Kindern vor? Erwachsene, die durch therapeutische Verfahren in die Kindheit regrediert sind, beschreiben mit Worten, was Babys nicht ausdrücken können. Sie berichten:

> Im Mutterleib fühlte ich mich ganz geborgen. Alles war Wonne. Ich brauchte nichts zu tun. Ich hatte alles, was ich brauchte. Ich war vollkommen glücklich. Ich konnte mich daran erinnern, warum ich geboren wurde. Ich erinnerte mich daran, welchen Zweck ich mit dem Geborenwerden verfolgte. Es war aufregend, hier zu sein.

Diese Erinnerung des Kindes an den Seelenzweck ist ein »direktes Wissen«, das sich mit dem Hellsehen, Hellfühlen und Hellhören einstellt. Kinder können vor allem vor dem siebten Lebensjahr starke parapsychische Eigenschaften haben. Es kommt vor, daß sie sich an vergangene Leben erinnern, Gedanken lesen können und Energie wahrnehmen, die für Erwachsene unsichtbar ist. Vielen Kindern fällt es leicht, in einem grenzenlosen Zustand des Einsseins mit einem anderen Menschen oder einem Tier aufzugehen. Dieses direkte Erkenntnisvermögen bleibt bei manchen Kindern auch in der frühen Kindheit noch erhalten. Eleanor erzählte von ihrem dreijährigen Sohn die folgende Geschichte:

> Ich hatte mein Auto auf einem Parkplatz abgestellt. Er saß auf dem Rücksitz und wartete, bis ich die Lebensmittel abgeladen hatte. Als ich einstieg, zeigte er auf die Frau in dem Auto neben uns und rief ganz begeistert: »Schau, Mama, die Frau da hat gerade geheiratet!« »Woher weißt du das?« fragte ich, und er antwortete: »Wegen des Lichts um ihr Gesicht herum!«
> Ich stieg aus und stellte mich der Frau vor. Sie war ganz normal und unauffällig angezogen. Ich sagte: »Entschuldigen Sie, mein Sohn denkt wohl, Sie hätten eben geheiratet. Stimmt das?« Die Frau war überrascht. Sie sagte: »Ja, woher weiß er das denn?«

Das unmittelbare Wahrnehmen der Wahrheit läßt in dem Augenblick nach, wo die Kinder stärker der Faszination des kritischen Denkens erliegen. Diese Verschiebung stellt sich im Alter von sechs oder sieben Jahren ganz natürlich ein. Die begriffliche Welt gewinnt an Bedeutung, vor allem die Welt der Konventionen, wie sie von der Schule, vom Fernsehen und von der Werbung propagiert wird. Spirituelle Erlebnisse können dann beim Kind leicht Angst auslösen, weil sie nicht mit der Welt der Konventionen zusammenpassen. Die meisten Kinder, die bis dahin »imaginäre Freunde« hatten und/oder Wesen gesehen haben, die für Erwachsene unsichtbar waren, geben den Kontakt mit diesem Bereich jetzt langsam auf.

Kinder wie Julia, die den Mann in die Nacht entschwinden sah, werden von den Konventionen unserer Konsumgesellschaft aufgesogen. Sie sind vollauf damit beschäftigt, ihren Platz in der Schulklasse und in der Familienhierarchie zu finden und dafür zu sorgen, daß sie »zu den anderen passen«. So stabilisieren sich die Ichstruktur und die Persönlichkeit des Kindes, während Intuition und spontanes Erkenntnisvermögen im Untergrund verschwinden.

Es gibt viele Gründe, weshalb spirituelle Zusammenbrüche bei Kindern nicht so leicht diagnostizierbar sind wie bei Erwachsenen. Kinder verfügen nur über begrenzte Ausdrucksmöglichkeiten, was die Einschätzung dessen, was das Kind erlebt, erschwert. Kinder haben keine feste Ichstruktur, und ihr Leben ist nicht wie das der Erwachsenen in einen festen Begriffsrahmen eingefaßt, den Erlebnisse bedrohen könnten, die von Erwachsenen als seltsam empfunden werden könnten. Kinder sind auf Grund ihrer Anpassungsfähigkeit und Offenheit viel leichter als Erwachsene in der Lage, sich auf spirituelle Erlebnisse einzustellen. Daher stellt eine spirituelle Notlage als eine Krise, bei der intensive spirituelle Erfahrungen integriert werden sollen, gewöhnlich kein Problem dar. Julia war zwar schokkiert, als sie das Wesen auf der Veranda sah. Aber es bereitete ihr keine besondere Mühe, das Erlebnis zu vergessen und sich wieder den irdischeren Seiten des Lebens zuzuwenden.

Spirituelle Erfahrungen sind für Kinder nur dann problematisch, wenn sie sich chronisch in die subtilen Bereiche zurückziehen, um sich vor den Belastungen der Alltagswelt zu schützen. Wenn keine Anzeichen für eine Geisteskrankheit vorliegen, besteht die Möglichkeit, daß diese Neigung auf eine körperliche Krankheit oder auf die Vernachlässigung durch ein Elternteil zurückgeht.

Unter meinen weiblichen Klienten hatte sich bei all denen, die als Kinder körperlich oder sexuell mißbraucht worden waren, eine ungewöhnliche parapsychische Begabung entwickelt. Hier liegt die Notlage direkt in der körperlichen oder seelischen Mißhandlung. Die spirituellen Erfahrungen und die Entwicklung zur Medialität hin stellen sich als Nebenprodukt dieser Krisen ein. Einige dieser Klientinnen können ganz leicht ihren Körper verlassen (Out-of-the-body-Erfahrungen). Für jedes dieser Kinder war es so schwierig, im Körper zu bleiben und den körperlichen Schmerz und die widerstreitenden Gefühle während der Mißhandlung zu fühlen, daß sie buchstäblich einen Weg gefunden haben, ihr Bewußtsein auf die Zimmerdecke zu projizieren. (Die Beziehung zwischen körperlicher Mißhandlung und Erfahrungen der subtilen Ebene wird im sechsten Kapitel eingehender behandelt.)

Ein Kind, das in ständiger Angst vor Mißhandlungen lebt, entwickelt unweigerlich die Gewohnheit, seine Umgebung ständig nach möglichen Gefahrensignalen abzusuchen und deutet sogar jede Veränderung der Schwingungen oder der Gefühlsqualitäten der Luft in diesem Sinne. Auf diese Weise lernen die Kinder die subtilen Schwingungen zu lesen und entwickeln ihre parapsychischen Anlagen. Die parapsychischen Kräfte werden als Abwehrmechanismus gegen Angst und Schmerz eingesetzt – zunächst nur im Zusammenhang mit der Mißhandlung, dann aber auch allgemein in anderen schwierigen Situationen. Das »parapsychische« Leben eines solchen Kindes kann verhindern, daß das Kind lernt, mit sozialen Schwierigkeiten im Leben fertig zu werden, denn es empfindet es als normal, einfach »wegzugehen« oder sich in seine eigene Welt einzuspinnen, so daß es weniger leicht mit Belastungen fertig wird, die von außen an es herangetragen werden. Daraus entsteht auf die Dauer ein emotionales Problem, das die Entwicklung behindert und das in einer Psychotherapie oder in einem anderen therapeutischen Zusammenhang eigens behandelt werden muß, damit das Kind lernt, wie es auch auf andere Art mit Belastungen fertig werden kann. Ideal wäre es, wenn die spirituellen Erfahrungen des Kindes gefestigt würden, während es neue Bewältigungsstrategien lernt.

Wenn den inneren Erlebnissen eines Kindes der Wirklichkeitsgehalt abgesprochen wird, ist das spirituelle Leben des Kindes gefährdet. Ein Beispiel: Ein Kind sieht einen wütenden Mann von einer roten Aura umgeben und berichtet seiner Mutter davon. »Guck mal, der Mann, der hat ein Hemd mit einem roten Rand!« Die Mutter sagt: »Nein, das ist unmöglich, du kannst doch keinen roten Rand sehen!« Oder: Ein Mädchen hat einen Tagtraum, in dem es die Gegenwart seiner verstorbenen Großmutter fühlt. Sie unterhalten sich. Das Kind erzählt Vater oder Mutter, wie schön es war, mit der Großmutter zusammenzusein. Aber die Eltern reagieren so: »Das bildest du dir ein. Du weißt doch, daß deine Oma tot ist. Du sollst nicht dauernd Sachen erfinden.«

In beiden Fällen wurde das Kind dazu angehalten, den subtilen Wahrnehmungen nicht zu trauen und die Möglichkeit, daß der subtile Bereich überhaupt existiert, gar nicht erst zu erwägen. Die Kinder lernen so auch, daß sie sich auf ihre eigene

Wahrnehmung nicht verlassen können. Gerade bei Kindern mit besonderer parapsychischer Begabung können solche elterlichen Ermahnungen dazu führen, daß das Kind sich seinem eigentlichen Wesensgrund immer mehr entfremdet. Andererseits kann eine Bestätigung dieser Wahrnehmungen die Grundlage für ein unerschütterliches Zutrauen des Kindes zu sich selbst und zu seinem eigenen Universum sein.

Wie man den spirituellen Aufbruch bei Kindern fördert

Wer den Kontakt mit dem Gefühl des Einsseins und mit den Erfahrungen der subtilen Ebene aus der Kindheit ins Erwachsenenalter hinübergerettet hat, besitzt einen Bezugspunkt, einen Maßstab, an dem er sich auf der spirituellen Reise in höhere Bewußtseinsebenen orientieren kann. Ein Kind, das diese Verbindung mit seinem spirituellen Leben aufrechterhält, ist im späteren Leben weniger anfällig für einen spirituellen Zusammenbruch. Wenn man Kindern dabei hilft, mit ihrer Erfahrung des Einsseins und ihren parapsychischen Wahrnehmungen in Verbindung zu bleiben, kann sich das positiv auf ihre ganze spätere Entwicklung auswirken.

Wie kann man den spirituellen Aufbruch bei Kindern fördern? Zunächst einmal sollte man ihnen zuhören und sie beobachten. Und dann ist es wichtig, sie in ihrem Erleben zu bestärken.

Wenn ein Kind seinen Eltern und Lehrern von derartigen Erlebnissen erzählt, stellt es damit immer indirekt die Frage: Darf man solche Wahrnehmungen haben, sind sie in Ordnung, oder sind sie irgendwie »verrückt«? Gehören sie einfach dazu? Wie hängen sie mit dem Leben zusammen? Ist es schlecht von mir, wenn ich so etwas wahrnehme? Natürlich stellen kleine Kinder nicht solche direkten Fragen, aber ihr Bedürfnis nach Sicherheit ist hinter jedem Blick, jeder Berührung, jedem Stokken des Atems zu spüren.

Es ist wichtig, die Wahrnehmungen des Kindes zu bestätigen. Helfen Sie ihnen, über ihre Erfahrungen zu sprechen. Lassen Sie sie wissen, daß auch andere Menschen solche Dinge erleben. Geben Sie ihnen das Gefühl, daß diese Erfahrungen ein wichtiger Bestandteil des Lebens sind. Das Wichtigste ist, daß man ihnen hilft, das, was sie auf dieser Ebene erlebt haben, in ihr tägliches Leben zu integrieren.

Als mein Sohn zu mir sagte: »Engel sind nicht wahr. Behauptet jedenfalls die Welt«, da sagte ich ihm, daß Engel doch »wahr«, also wirklich sind. Ich zeigte ihm Bilder von Engeln. Wir malten zusammen Bilder von Engeln aus. Ich sagte ihm auch, daß die Menschen nicht oft über Engel reden und daß viele Menschen *nicht* an sie glauben. Ich versicherte ihm, daß die Engel im Leben durchaus ihren Platz haben, und daß sie immer da sind, daß sie uns leiten und beschützen, auch wenn wir sie nicht sehen können. Kurze Zeit nach diesem Gespräch verlagerte sich Jesses Interesse auf natürliche Weise auf ganz andere Dinge, wie das Knüpfen seiner Schuhbänder und das Dreiradfahren. Das ist ja schließlich auch wichtig, und ein normales Kind weiß, daß die Angelegenheiten der Alltagswelt seine Aufmerksamkeit verlangen und richtet sich danach. Es will die für das jeweilige Entwicklungsstadium typischen Aufgaben bewältigen, und dabei geht es eher darum, die verschiedensten Fertigkeiten zu üben und für emotionale Geborgenheit zu sorgen. Das hilft ihm, sich weiter in der Welt sicher zu fühlen.

Das Jugendalter

Die altersgemäßen Aufgaben, die das Jugendalter stellt, lassen die primitiveren Bedürfnisse des Kindes nicht gänzlich hinter sich, sondern gehen darüber hinaus, hin zur Entwicklung einer wirklichen Identität. Der junge Mensch muß all die verschiedenen Ausprägungen seiner Identität als Kind mit den Libido-Verschiebungen ... integrieren, ebenso wie mit den aus einer Grundbegabung entwickelten Fähigkeiten und mit den Möglichkeiten sozialer Rollen«[21], in Einklang bringen. Im Idealfall festigt sich die sexuelle Identität des Jugendlichen, und er schlägt irgendeine berufliche Richtung ein. Wenn der Jugendliche allerdings in bezug auf seine sexuelle Identität in echte Verwirrung gerät, kommt es häufig zu psychotischen Schüben, die von Erscheinungsformen des spirituellen Aufbruchs durchsetzt sein können.

Im Jugendalter – und dann wieder in der Lebensmitte –

macht sich ein Konflikt zwischen der Ich-Identität und den spirituellen Werten bemerkbar. Es ist eine Zeit drängender Entscheidungen, die das Leben des Heranwachsenden auf viele Jahre hinaus beeinflussen. Soll ich aufs College gehen oder eine Arbeit annehmen, in der ich praktische Erfahrungen sammeln kann? Soll ich heiraten oder mich für andere Beziehungen offenhalten? Soll ich reisen oder mein Geld für einen Zweck sparen, den ich jetzt noch nicht kenne? Soll ich um der Sicherheit willen eine Arbeitsstelle beibehalten, die mir keinen Spaß macht, oder mich nach etwas umsehen, was ich wirklich machen will? Soll ich ein Kind bekommen oder in die Schule gehen? Was ist in meinem Leben denn wirklich das Wichtigste? Und dann ist da der Druck, »erwachsen zu sein«, »sich und sein Leben perfekt im Griff zu haben« und gleichzeitig nur ja nichts auszulassen. Es ist das reine Chaos.

Jugendliche haben allen Grund, sich innerlich durch die verschiedenen Interessen und Rücksichten in Stücke gerissen zu fühlen. Diese Stücke kreisen um den von ihrer Peer-group[22] ausgehenden Druck, um persönliche Wünsche, die Familie, die Arbeitssituation und/oder die Kirche. Was ist im Augenblick das Wichtigste: Soll ich zu der Sportveranstaltung in der Schule gehen, einer häuslichen Verpflichtung nachkommen, meine Freundin treffen, zur Kirche gehen, Geld verdienen oder eine Droge ausprobieren? Gleichzeitig kommen Entwicklungsstränge, die in der Kindheit nicht abgeschlossen wurden, wieder an die Oberfläche. Wo zum Beispiel das elementare Zutrauen zur Welt in der Phase der engen Bindung an die Mutter nicht aufgebaut wurde, kann das Bedürfnis nach Vertrauen und der Wunsch nach tiefen emotionalen Bindungen jetzt an die erste Stelle treten. Wenn Jugendliche unentschlossen sind, wenn sie in gänzlich neue Richtungen ausweichen und/oder sich auf unkonventionelle Beziehungen einlassen, dann zeigt das, daß sie verzweifelt nach Ganzheit suchen und sich bemühen, sich aus der alten Bindung zu lösen, um eine neue, befreite Richtung einschlagen zu können und die überlebten Verhaltensmuster abzulegen. Das Schicksal ruft jeden Menschen auf, sein Ich und seine Seele in einen harmonischen Zustand zu bringen.

Das launische Verhalten, das für Jugendliche typisch ist, erklärt sich aus diesem ständigen Bemühen, Sinnfragen zu beantworten. Junge Leute, die keine unmittelbar befriedigenden Antworten auf ihre Fragen finden, werden oft chronisch ängstlich und/oder depressiv. Viele Teenager betäuben ihren Schmerz und ihre Verwirrung durch Drogen und Alkohol, die sie noch weiter von der Lösung der Aufgaben des Jugendalters wegbringen. 1986 hatten nach einer Schätzung 4,6 Millionen Jugendliche zwischen vierzehn und siebzehn Jahren – das ist jeder Dritte – an den negativen Auswirkungen des Alkoholkonsums zu leiden, wie schlechte schulische Leistungen, Ärger mit den Eltern oder Probleme mit der Justiz.[23] In den Vereinigten Staaten macht alle neunzig Sekunden ein Jugendlicher einen Selbstmordversuch. Alle neunzig Minuten mit Erfolg.[24]

Ob sie nun Rauschgifte und Genußmittel nehmen oder nicht – jedenfalls machen manche Jugendliche Erfahrungen der subtilen Ebene. Dadurch kann den ohnehin ungelösten Lebensfragmenten ein weiteres verwirrendes Element hinzugefügt werden. Es kann aber auch geschehen, daß die spirituellen Erfahrungen dem Teenager helfen, seine oder ihre Rolle im Leben schneller zu finden und so seine Entwicklung zu beschleunigen.

Jugendliche können das gesamte Spektrum spirituellen Erlebens erfahren. Allerdings ist es für dieses Alter bezeichnend, daß mit dem Aufleben der sexuellen Energie bei vielen Teenagern auch mehr pranische Aktivität aufkommt. Das kann sich in ungewöhnlichen körperlichen Symptomen äußern, die an das Erwachen der Kundalini erinnern, wie zum Beispiel Zittern, Strömen von Energie, Hitze- oder Kältewallungen. Gleichzeitig mit diesem pranischen Geschehen können Wahrnehmungsveränderungen auftreten: eine lebhaftere Farbwahrnehmung, schärfere visuelle Eindrücke, innere Visionen, inneres Hören, verstärkte Empfindlichkeit für Berührungen. Psychokinetische Phänomene zeigen sich am häufigsten, wo ein Jugendlicher zum Haushalt gehört.[25] Es sieht so aus, als ob die kräftige Energie, die bei dem Jugendlichen noch nicht in die ihr gemäßen Bahnen gelenkt worden ist, jetzt dafür sorgen würde, daß sich im Haus Gegenstände und Möbel bewegen. Diese

Phänomene können zu einem spirituellen Zusammenbruch führen, wenn der junge Mensch dem Geschehen ratlos gegenübersteht und ihm niemand hilft, die überschüssige Energie in seinem Leben sinnvoll einzusetzen.

Mir erzählte einmal ein sechzehnjähriger junger Mann von einem guten Freund, der sich für Satanismus interessierte. Satanische Mächte sind oft von besonderem Interesse für Teenager. Kurz nachdem die beiden sich über satanische Rituale unterhalten hatten, sah der Freund, wie sich ein Glas spontan vom Tisch in die Luft erhob und an die Wand geschmettert wurde. Der Vorfall erschreckte ihn so, daß er sich nie wieder auf die Erforschung des Satanismus einließ. Ein Jugendlicher, der angefangen hatte, zur Entspannung zu meditieren, stellte fest, daß seine Gegenwart anfing, sich auf elektrische Geräte auszuwirken. Wenn er einen Raum betrat, wurde plötzlich der Radio- oder Fernsehempfang gestört. Solche Erlebnisse können große Angst auslösen, vor allem bei jungen Menschen, die von diesen Phänomenen noch nie gehört, geschweige sie selbst erlebt haben. Sie brauchen dringend Aufklärung. Sie sind auch darauf angewiesen, daß man ihnen erklärt, daß das Phänomen der Psychokinese aller Wahrscheinlichkeit nach aufhören wird, wenn sie ein positives Ventil für ihre schöpferische Energie finden.[26]

Galen, die Sechzehnjährige, die im dritten Kapitel schon erwähnt wurde, wurde an mich verwiesen, weil ihr Vater nach ihrem Verhalten die Befürchtung hegte, sie könnte Anzeichen einer Psychose zeigen. Galens schulische Leistungen waren gut, sie hatte einen netten Freund, spielte Klavier und verstand sich gut mit Eltern und Geschwistern. In den letzten vier Monaten hatte sie jedoch mehrmals gespürt, wie eine »dunkle Wolke« sich auf sie herabsenkte. Anfänglich geschah das nur einmal in der Woche; nach vier Monaten erlebte sie es manchmal zwei- oder dreimal täglich. Wenn Galen diese Präsenz fühlte, bekam sie regelmäßig Angst, einer ihrer Lieben könnte in Gefahr sein. Dann rief sie zur Kontrolle ihren Vater, ihre Großmutter oder andere Verwandte an. Aber es war immer alles in Ordnung. Eines Tages war sie mit ein paar Freunden zusammen, als »etwas Fremdes« von ihrem Körper Besitz ergriff. Es gab einen Moment, da schien sie aufzuwachen, aber ihre Freunde sagten später: »Das war nicht sie. Wir hatten

Angst.« Als sie wieder zu sich kam, spürte Galen immer noch eine finstere Präsenz im Zimmer, die »zu ihr zu kommen« versuchte.

Galen ist ganz besonders feinfühlig, und sie brauchte einen Menschen, der ihr zeigte, wie sie mit ihrer Veranlagung so umgehen konnte, daß solche Erlebnisse nach Möglichkeit vermieden wurden. Sie mußte auch lernen, diese inneren Konflikte als zu ihr gehörig anzunehmen und an ihrer Lösung zu arbeiten. Dabei kam sie darauf, daß Drogen und Alkohol dazu führten, daß die unheimlichen Erlebnisse sich fortsetzten. Sie lernte, daß sie in dem Maße davor geschützt war, in dem sie sich im Gebet der Höheren Macht anvertraute und gleichzeitig für ausreichend Ruhe und gesunde Ernährung sorgte. Es trug zu ihrer Beruhigung bei, daß sie sich mit Erwachsenen unterhalten konnte, die bei aller Offenheit für ihre parapsychischen Persönlichkeitsanteile gut in der Welt zurechtkamen. Da wurde Galen klar, daß ihre eigene parapsychische Offenheit sie nicht in den Wahnsinn zu treiben brauchte, wie ihr Vater befürchtete.

Besessenheit kommt bei Teenagern nicht sehr häufig vor, aber Teenager sind besonders empfänglich für transpersonale Erfahrungen. Teenager haben gewöhnlich kein stark entwickeltes Selbstgefühl. Sie haben mehr Fragen als Antworten. Ihre Grenzen sind schwach und werden durch Drogen oder Alkohol noch schwächer. Andererseits verfügen sie über starke Vitalitätskräfte. Auf dem Boden dieser Polarität gedeihen Phänomene des spirituellen Aufbruchs besonders gut. Es kommt hinzu, daß viele Teenager gerade das erkunden wollen, was jenseits der von den gesellschaftlichen Konventionen gesetzten Grenzen liegt. Alkohol und Drogen bieten sich scheinbar als geeignete Mittel für diese Erforschung an. (Inwiefern Drogen und Alkohol einen spirituellen Aufbruch mit in Gang setzen können, wird im neunten Kapitel ausführlicher diskutiert.) Schlafentzug, körperliches Training, anstrengende geistige Arbeit und der Verzicht auf Essen und Trinken können ebenfalls zu veränderten Bewußtseinszuständen führen. Jeder dieser Einflüsse für sich genommen kann Formen des spirituellen Zusammenbruchs hervorrufen.

Mit neunzehn Jahren geriet Howard in eine spirituelle Notlage, nachdem er mehrere Tage und Nächte lang ohne Unterbrechung Gedichte geschrieben hatte. Er kam gerade von einer Reise nach Mexiko zurück, bei der er ganz allein gewesen war. Mehrere Tage lang hatte er hohes Fieber gehabt, und sein körperlicher Allgemeinzustand war nicht besonders gut. Die allgemeine Schwäche führte zusammen mit seinem intensiven Bedürfnis, »herauszufinden, aus welchen Elementen meine Natur sich innerlich zusammensetzt, und vielleicht auch, etwas über die allgemeine Natur des Lebens zu erfahren« dazu, daß er Visionen von seinem Leben in Form von archetypischen Bildern hatte.[27] Er fühlte sich auch gedrängt, inneren Impulsen zu folgen, die ihn zur Ausführung langwieriger ritueller Handlungen zwangen, durch die er seine »Odyssee« in die wahre Natur seines Lebens darstellte. Das war eine Öffnung für den Lebensmythos, eine klassische spirituelle Krise. Da man Howard keinen Moment aus den Augen lassen konnte, weil er unfähig schien, sich selbst zu versorgen, ließ sein Vater, der praktischer Arzt war, ihn in die Psychiatrie einweisen. Hier wurde er bis zu seiner Entlassung nach mehreren Monaten betreut.

Wie man sich um einen Teenager in einer spirituellen Notlage kümmert

Was können Sie tun, wenn Ihr Sohn, Ihre Tochter oder ein Freund im Teenageralter in eine solche spirituelle Notlage gerät?

Galens Vater ging mit ihr zunächst zu einem praktizierenden Medium und dann zur Psychotherapie. Das Medium teilte Galen mit, die dunkle Präsenz sei ihr Ehemann aus einem früheren Leben, der sie holen wolle, damit sie in einer anderen Dimension wieder gemeinsam als Zauberer wirken könnten. Als ihre Therapeutin zeigte ich ihr, wie sie geerdet bleiben konnte, so daß diese »fremden Energien« nicht in ihre Nähe kommen konnten, um sie mitzunehmen. Galen war sehr erleichtert, als sie diese Energien, die für sie so ungreifbar gewesen waren, objektivieren konnte, und als sie merkte, daß sie selbst die Kontrolle über das Geschehen hatte, denn wenn sie sich erdete, konnte sie sie vertreiben und war so in der Lage, ihre persönlichen Probleme in aller Klarheit selbst anzugehen. Die Fähigkeit, sich zu erden und ihre Grenzen durch Diät und körperliche Übungen zu festigen, waren für sie die wichtigsten Werkzeuge, mit denen sie sich gegen die fremden Einflüsse wehren konnte.

Galen war über das, was sie über frühere Leben erfuhr, beunruhigt. Es konnte also sein, daß Beziehungen sich über mehrere Leben erstreckten und daß sie in direktem Kontakt mit anderen Wesenheiten stand! In der Psychotherapie wurde ihr klar, daß es viele Teile ihres Wesens gab, die noch »unbewußt« waren.

Als ihre Therapeutin half ich Galen, zu entscheiden, wieviel Energie sie der transpersonalen Dimension in ihrem Leben widmen wollte. Auch hier machte Galen sich klar, daß sie die Wahl hatte. Sie konnte die Lage unter Kontrolle bringen. Also beschloß sie, ein paar Kurse über Spiritismus zu besuchen, sich im übrigen aber weiter auf die Schule, auf ihre Freunde und aufs Klavierspielen zu konzentrieren. So half das Erlebnis Galen letztlich, die Verantwortung für die Entscheidungen, die für ihr Leben wichtig waren, selbst zu treffen.

Die richtige Einschätzung dessen, welche Art von Störung bei verwirrten Teenagern vorliegt, verlangt sorgfältige Überlegung. Es kann unumgänglich sein, für professionelle psychiatrische Pflege zu sorgen. So kann ein Zustand, der nach Besessenheit aussieht, in manchen Fällen auf Erdungstechniken ansprechen; in anderen Fällen kann es sich um Symptome paranoider Schizophrenie handeln. Was im Einzelfall vorliegt, sollte ein transpersonal orientierter Psychotherapeut entscheiden.

Für einen Teenager, der gerade einen spirituellen Zusammenbruch durchmacht, können die folgenden Richtlinien hilfreich sein. Ihre Befolgung kann auch zur Förderung eines spirituellen Aufbruchs nützlich sein. Der Jugendliche muß lernen, sich zu erden und in sich selbst die Verbindung mit dem Boden herzustellen. Auch muß er mit seiner Fähigkeit in Verbindung kommen, seine eigenen Entscheidungen zu treffen. Er muß ein Ventil für seine überschüssigen Energien finden, das ihn über zwanghafte Gewohnheiten hinausführt, durch die er »aus sich herauskommt« (zwanghaftes Essen, Fernsehen, passives Musikhören, Sex, Drogen und so weiter). Solche positiven Ventile sind zum Beispiel schöpferische Bewegung, Tanzen, Sport und körperliche Arbeit. Solche Betätigungen helfen dem Jugendlichen, seine eigenen Grenzen zu bemerken und zu beachten.

Gleichzeitig muß er Kontakt mit irgendeiner Ausprägung der letzten, universellen, heiligen Energie aufnehmen.

Jede geeignete Art von Berührung hilft dem Teenager, seinen Körper zu spüren und sich seiner Grenzen bewußt zu werden. Leider fühlen sich nur wenige Teenager wohl, wenn ihre Eltern oder Freunde sie umarmen. Daher wissen sie meist nicht recht, was sie mit sich anfangen sollen, oder sie stürzen sich in sexuelle Beziehungen, nur um von jemandem gehalten zu werden. Wenn Sie eine Tochter im Teenageralter haben, die vor Berührungen oder Umarmungen zurückschreckt, könnten sie mit ihr darüber sprechen und sie fragen, ob es ihr recht ist, wenn Sie sie hin und wieder umarmen. Im Idealfall können Jugendliche ihr natürliches Bedürfnis nach Berührung in liebevollen, wohlwollenden Beziehungen mit Menschen in jedem Lebensalter, die sie mögen, befriedigen.

Eine weitere Erdungstechnik, die sich besonders angesichts psychokinetischer Phänomene als nützlich erweist, ist die gelenkte Meditation. Ich gebe meinen jungen Klienten die Vorstellung, sie seien mit einer durch ihre ganze Wirbelsäule laufenden Schnur mit dem Erdmittelpunkt verbunden, wo die Schnur festgemacht ist. Dann lasse ich sie sich eine Kraft vorstellen, die allerbarmend und weise ist und die Liebe verkörpert. Das kann Jesus sein, ein Engelwesen oder irgendeine andere Gestalt, die sie sich vorstellen können. Ich fordere sie auf, sich vorzustellen, daß sie ganz von der Aura dieses mächtigen Wesens umgeben und geschützt sind.

Manche Teenager sind auch für eine Affirmation, ein Gebet oder ein Mantra empfänglich, das dieser Visualisierung noch mehr Kraft verleiht. Swami Radha (Autorin von *Geheimnis Hatha-Yoga*, Verlag Hermann Bauer; im selben Verlag erscheint im Frühjahr 1992 ihr Buch *Kundalini-Praxis*), eine in Kanada lebende Deutsche, die Kundalini-Yoga lehrt, gibt die folgende Affirmation, die Menschen aller Glaubensrichtungen und aller Altersstufen anspricht. Sie eignet sich besonders für Teenager, die leicht eine Abneigung gegen eine bestimmte Personifizierung der Höheren Macht haben.

Ich bin geschaffen vom Göttlichen Licht.
Ich werde erhalten vom Göttlichen Licht.
Ich werde beschützt vom Göttlichen Licht.

Ich bin umgeben vom Göttlichen Licht.
Ich wachse allzeit ins Göttliche Licht.

Swami Radha empfiehlt, diese Visualisierung am Abend vor dem Schlafengehen zu üben, besonders wenn der Betreffende aus irgendeinem Grund Angst hat. Jugendliche können sich auch vorstellen, ihr Körper und ihr Bett seien von einer Spirale aus Göttlichem Licht wie von einem Kokon umgeben.

Jugendliche, die parapsychische Phänomene erlebt haben, haben oft viele Fragen bezüglich der Natur des Lebens. Literatur oder Filme über die positiven Aspekte der parapsychischen Phänomene können besonders zur Erdung und Beruhigung beitragen. Am Ende des Buches finden sich Hinweise auf geeignete Bücher. Das *Spiritual Emergence Network* steht zur Vermittlung eines Lehrers oder Therapeuten in Ihrer Gegend bereit, der in der Lage ist, Teenagern Anleitungen im Kontakt mit den transpersonalen Bereichen zu geben.

Die Lebensmitte

Der Erwachsene hat in seiner altersgemäßen Entwicklung zwei Aufgaben zu meistern. Zunächst einmal muß die Fähigkeit ausgebildet werden, intime Beziehungen einzugehen und durchzuhalten (dazu gehören auch die Beziehungen zu einem Geschäftspartner), und »die Kraft zu entwickeln, seinen Verpflichtungen treu zu bleiben, selbst wenn sie gewichtige Opfer und Kompromisse fordern«.[28] Sonst bleibt nur die Möglichkeit, in einer Beziehung zu leben, die nicht auf Intimität angelegt ist, oder isoliert nur dem eigenen Ego zu leben und/oder moralische Erwägungen außen vor zu lassen. Der Zustand des Erwachsenseins ist erreicht, wenn ein auf Liebe gegründetes, körperlich befriedigendes Geschlechtsleben gefunden und die Suche nach der sexuellen Identität damit abgeschlossen worden ist. Das kann sich natürlich in vielerlei Formen abspielen. Es kann zu einer Partnerschaft und einer konventionellen Kernfamilie kommen. Es kann auch Zeiten des Alleinlebens und der Festigung von gleichgeschlechtlichen Freundschaften geben. Und es kann zu einer Wohngemeinschaft in einer unkonventionellen Gemeinschaft kommen. Der zweite Aufgabenkreis des Erwachsenenalters hat mit der *Fortpflanzungsfähigkeit* zu tun. Die Erschaffung und Anleitung der nachfolgenden Generationen verlangt ein tiefes Engagement. Der Impuls, Kreativität und Produktivität zu zeigen, ist in diesem Stadium besonders ausgeprägt.

Die »Midlife-crisis« tritt gewöhnlich bei Männern und Frauen in den Mittvierzigern auf. Es ist eine Zeit der persönlichen Standortbestimmung: Habe ich wirklich die Intimität erreicht, die ich mir gewünscht habe? Habe ich in meinem sexuellen Ausdruck wirklich alles gezeigt, was in mir liegt? Was habe ich den nachfolgenden Generationen wirklich zu geben? Bin ich bereit, die Kindererziehung loszulassen? Habe ich das getan, was zu tun mir im Leben am wichtigsten ist? Wenn nicht, bin ich jetzt bereit, es zu tun? Wenn frühere Entwicklungsaufgaben noch nicht abgeschlossen sind, können sie jetzt auftauchen und sehr bedrängend werden: Ich muß lernen, wie ich einem anderen Menschen trauen kann! Ich muß mich jetzt in meiner Haut wohlfühlen und mir selbst trauen. Ich kann es nicht mehr ertragen, mich schuldig zu fühlen, weil ich so bin, wie ich bin. Ich will wissen, wer ich bin und es auch ausdrücken! Ich weiß, daß ich etwas Einzigartiges zu geben habe! Diese kritische Zeit ist auf dreierlei Weise der Zeit der Adoleszenz verwandt: in der zwingenden Neubewertung der sexuellen Bedürfnisse und ihres angemessenen Ausdrucks, in dem Wunsch nach Ausgreifen in neue Bereiche, und in der Sehnsucht, ungeachtet sozialer Rücksichten oder alter Gewohnheiten dem »wahren Selbst« zu entsprechen.

Wer in der Midlife-crisis ist, meint oft, er hätte etwas versäumt oder empfindet eine innere Leere. Das führt entweder zu einer Welle von Energie mit dem Ziel, die unvollendeten Aufgaben zu bewältigen oder die Individuation abzurunden – die eigene, einzigartige Identität zu finden – oder zu einer absteigenden Spiralbewegung in die Verzweiflung: »Es ist unmöglich. Ich schaffe es nicht. Es hat gar keinen Zweck, es zu versuchen ... Ich bleibe einfach ohne Intimität in der Ehe. Ich versuche gar nicht erst, zufriedenstellende Beziehungen einzugehen; dazu bin ich zu alt. Ich habe nichts zu geben. Die anderen Leute haben etwas Besonderes. Aber ich doch nicht.«

Spiritueller Aufbruch und spiritueller Zusammenbruch beim Erwachsenen

Wie hängen die Phänomene des spirituellen Aufbruchs mit den Entwicklungsaufgaben des Erwachsenenalters zusammen? Bei einem Erwachsenen, dessen persönliche Beziehung sich in einer befriedigenden Richtung entwickelt, bei dem die Intimität sich vertieft, wo die moralischen Grundsätze für beide Partner förderlich sind, wo das Sexualleben Befriedigung schafft und die Kreativität positiven Ausdruck findet (Kinder, künstlerische Leistungen und erfolgreiches Arbeitsleben und so weiter), da entfaltet sich das spirituelle Erwachen auf allen Gebieten. Es kann spirituelle Höhepunkte in der Sexualität geben, besonders inspirierte Momente im künstlerischen Ausdruck oder bei der Arbeit, unerwartete telepathische Erlebnisse in engen Beziehungen, beseligende Momente der Dankbarkeit dem Schöpfer gegenüber für das Leben und die Früchte der Liebe. Wer das erfährt, der bemerkt zuweilen, daß es die wahre Liebe ist, aus der die Gesundheit gespeist wird. Wo Körper und Geist harmonisieren, da schreitet der Mensch sanft und allmählich zu den transpersonalen Ebenen fort.

Nur wenigen Erwachsenen ist solche Erfüllung vergönnt. Die Scheidungsrate liegt bei Erst- und Zweitehen gegenwärtig über 60 Prozent.[29] In über 25 Prozent der Familien mit Kindern lebt nur ein Elternteil.[30] Die Erwachsenen müssen sich gegenwärtig mit der Einsamkeit und der Isolation auseinandersetzen, die durch Scheidung, Trennung und Alleinerziehertum entstehen. Dieser Zusammenbruch der Beziehungen ist nur eine der wichtigen Belastungen, unter denen unsere Gesellschaft heute steht.

Heute räumen mehr Menschen ein, daß ihr Verhalten unangemessen ist – man verläßt sich auf Alkohol, Drogen, koabhängiges Verhalten und die Mißhandlung von Kindern oder Ehepartnern – und die Frustrationen des unglücklichen Erwachsenenlebens nicht beseitigen kann. Es gibt heute ein wachsendes Interesse an Zwölf-Schritte-Programmen wie AA, Al-Anon, Narcotics Anonymous, Anonyme Liebessüchtige, Overeaters Anonymous und so weiter. Eine neue, verzweifelte Suche hat eingesetzt nach einem Weg, Beziehungen durchzuhalten, die das Leben bereichern. Moralische Grundsätze, die während der sexuellen Revolution der sechziger Jahre über Bord geworfen wurden, werden angesichts des gespenstischen Schreckens von AIDS und anderen Geschlechtskrankheiten neu durchdacht. Der Feminismus hat eine Neubewertung der Begriffe erzwungen: was ist Intimität, was sind geschlechtsspezifische Rollen in der Ehe, in der Kirche, am Arbeitsplatz, welchen Wert hat die Mutterschaft im Verhältnis zu anderen Formen der Kreativität? Frauen und Männer suchen gleichermaßen nach Gruppen, die ganz speziell darauf ausgerichtet sind, ihnen bei der Suche nach ihrem »wahren Selbst« und dessen Ausdruck und bei der Ausbildung echten Vertrauens zu helfen.

In diesem vulkanischen Aufruhr entsteht eine verzweifelte Sehnsucht nach Sinnhaftigkeit, nach dem Gefühl des Einsseins mit dem, was jenseits des Egos lebt, nach Spontaneität, nach direktem Wissen und bedingungsloser Liebe. Das sind universelle spirituelle Sehnsüchte, die sich oft unter dem persönlichen Wunsch nach »Loslassen« verbergen, nach dem Verschmelzen mit dem Partner in der Sexualität, nach dem prickelnden Gefühl neuer Liebe. Viele Menschen im mittleren Lebensalter lassen sich auf außereheliche Beziehungen oder auf eine »Nummer für eine Nacht« ein, weil sie hoffen, etwas zu finden, was diese tiefe Sehnsucht befriedigt, die sie bewußt oder unbewußt empfinden.

Die Geschichte, die Coeleen von ihrer Midlife-crisis erzählt, zeigt viele der Mechanismen eines spirituellen Zusammenbruchs, wie er für dieses Lebensalter typisch ist.

Die Geschichte einer Midlife-crisis

Coeleen ist Künstlerin, Organisationsberaterin und Kunsttherapeutin. Sie ist in den Fünfzigern und teilt ihr aktives Leben mit einem Mann, der ihr die Freiheit, die sie für ihre persönliche Arbeit braucht, in reichem Maße zugesteht.

> 1968 war ich fünfunddreißig. Ich war seit vierzehn Jahren verheiratet und hatte vier Kinder im Alter zwischen sieben und dreizehn Jahren. Da merkte ich, daß mein Mann ein Verhältnis gehabt hatte. Mein Mann und ich gingen zunächst einmal zur Beratung bei unserem Methodistenpfarrer. Aber

ich war so verzweifelt, daß er überhaupt nicht an mich herankam.

Als meine Nachbarin damals plötzlich Selbstmord beging, brach ich seelisch völlig zusammen. Ich rief den Pfarrer an, denn ich wußte, daß ich in ernsthaften Schwierigkeiten war. Ich dachte daran, mich umzubringen. Er verwies mich an einen Internisten. Der gab mir Tranquilizer und schickte mich zu einem freudianischen Psychoanalytiker, der gleichzeitig Chef der Psychiatrie an unserem Krankenhaus war. Ich kam nicht ins Krankenhaus. Ich blieb zu Hause, bekam aber alle nötige häusliche Pflege. Ein ganzes Jahr lang zeigte ich mich nicht in der Gesellschaft; ich blieb lieber bei meinen Kindern zu Hause. Ich konnte weder arbeiten, noch schaffte ich es, mich außer mit meinen Kindern mit irgend jemand anders zu beschäftigen. Ich hatte auch erhebliche Rückenschmerzen. Meine Analyse half mir, mich zum ersten Mal im Leben um die Entwicklung einer Ichstruktur zu kümmern. Ich hatte die ganzen Jahre meiner Ehe damit zugebracht, meinem Mann bei der Festigung der Rolle zu helfen, die er in der Welt spielte und hatte darüber versäumt, zu entdecken, wer ich selbst war.

Eine Persönlichkeitskrise, bei der man erkennt, daß man noch nicht weiß, wer man ist, kann der Ausgangspunkt für ein spirituelles Erwachen sein. Coeleens Welt war durch die Erwartung zusammengehalten worden, daß ihr Leben durch die Institution der Ehe und durch die Kirche zufriedenstellend gestaltet werden würde. Als ihre Ehe in die Brüche ging und ihr Pfarrer ihre persönlichen Probleme nicht in den Griff bekam, hatte sie nichts mehr, woran sie sich festhalten konnte. Eine solche Schwäche der Ichstruktur geht oft mit körperlicher Schwäche einher.

Die Analyse und der Rückzug auf das Leben zu Hause (der einmal so weit ging, daß sie wegen ihrer Rückenprobleme einen Monat lang in einem Gipskorsett liegen mußte) führten Coeleen in eine tiefe spirituelle Erfahrung hinein.

Es war am frühen Nachmittag. Ich war im Wohnzimmer. Da wußte ich ganz intuitiv, daß ich mich auf einen besonderen Stuhl im Eßzimmer setzen und in eine bestimmte Richtung

schauen mußte. Es gab keinen bestimmten Grund dafür. Ich tat es aber trotzdem.
Ich hatte mich kaum gesetzt, da tauchte ich in eine Lichtempfindung ein. Sie trat am Scheitelpunkt des Kopfes in mich ein und durchflutete meinen ganzen Körper. Ich sah auf einmal viel schärfer. Ich wurde äußerst sensibel für Gefühle. Ich hatte Zugang zu verborgener Weisheit, die mir früher verschlossen gewesen war. Ich war in einem richtigen Zustand der Ekstase; alle meine Probleme waren verschwunden. Es war, als hätte ich in mir einen Ort gefunden, wo ich ganz frei war, ich selbst zu sein. Schlagartig tat sich mir ein tiefes Verständnis dafür auf, wer Jesus Christus wirklich war und was er repräsentierte. Alles lag in diesem Licht.

Wie andere Menschen, die eine Midlife-crisis durchmachen, bekam Coeleen den Zugang zu einer derartigen Erfahrung erst, als sie angefangen hatte, am Aufbau ihres Selbstgefühls zu arbeiten. Jetzt, wo sie von ihrem eigenen Selbstgefühl umschlossen war, hatte sie genug Substanz, um die Stimme ihrer Intuition zu hören und genug Vertrauen, um zu wissen, wie wichtig es war, den Gefühlen »aus dem Bauch« zu folgen. Diese Gefühle hatte sie früher immer hintangestellt. An erster Stelle waren immer die Bedürfnisse ihres Mannes, der Kinder und des Bekanntenkreises gekommen, und an letzter Stelle vielleicht sie selbst. Erst jetzt, als sie zu sich selbst gefunden hatte, konnte sie auch den wahren Zugang zu Gott finden.

Die Offenbarung Gottes dauerte in dieser Intensität fast zwei Wochen an. Während dieser Zeit legte ich besonderen Wert darauf, mit wem ich zusammen war und was ich aß. Wenn ich einfache Speisen zu mir nahm, keinen Alkohol trank und nur mit Menschen verkehrte, die positiv und liebevoll waren, dann konnte ich mich in dem seit dem Erwachen eingetretenen Zustand halten, in dem ich auf eigenartige Weise »wissend« war.
Der Kern dieser Erfahrung ist seither nie mehr von mir gewichen. Nur die Intensität und die hochfliegende Ekstase haben sich abgeschwächt. Seitdem sind mehr als zwanzig Jahre vergangen, aber immer noch habe ich den direkten inneren Zugang zu dem Ort in mir, wo Kraft, Freiheit und

die Nähe zu Gottes Licht beheimatet sind. Manchmal sehne ich mich nach der Intensität der Gottesoffenbarung. Aber ich weiß gleichzeitig, daß ich sie für mein Leben eigentlich nicht brauche. Die Botschaft, die sie mir bringen sollte, habe ich erhalten!

Als die zwei Wochen des starken Erlebnisses verstrichen waren, nahm Coeleen sofort wieder ein reiches und aktives Leben auf. Die Verletzung, die ihr Mann ihr mit seinem Verhalten zugefügt hatte, konnte ihr nichts mehr anhaben. Sie kümmerte sich jetzt stärker um das Leben, das die Kinder draußen führten, in der Schule und im Umgang mit Freunden. Sie knüpfte mehr soziale Beziehungen an. Sie suchte nach Wegen, wie sie das Gelände der tiefen Sinnhaftigkeit, das sich ihr eröffnet hatte, weiter erforschen konnte. Sie gründete eine Frauengruppe, die sich bei ihr zu Hause traf und die das Ziel hatte, die Frauen bewußtseinsmäßig weiterzubringen, so daß sie den Mut fanden, ihr Denken über den Bereich »von Windeln, Rezepten, Kinderbetreuung und dergleichen« hinaus auszudehnen. Sie beschäftigte sich an einem Ausbildungszentrum mit dem Studium von Gruppenprozessen und lernte insbesondere, wie sie das Zutrauen der Menschen zu sich selbst fördern und sie befähigen konnte, ganz zu sich zu stehen.

Das Verhältnis zur Religion

Coeleen versuchte das Erlebte auch in die Kirche einzubringen. Sie berichtete ihrem Pfarrer von ihrem Gotteserlebnis. Er sagte, es sei etwas Besonderes, eine echte »religiöse Erfahrung«. Als Coeleen dann aber auch anderen Menschen zu einem Erlebnis verhelfen wollte, wie sie es gehabt hatte, da erwies sich das im Rahmen der Kirche als undurchführbar. Es gab zuviele Einschränkungen durch die starren kirchlichen Regeln.

Mir wurde langsam klar, daß meine Kirche – so wie die meisten anderen Kirchen auch – eigentlich keinen Raum bietet, in dem der Mensch ganz er selbst sein kann. Ich wußte, daß das eine wesentliche Vorbedingung für spirituelles Erleben war. Ich stellte sogar fest, daß die Gruppenprozesse beim Sensitivity-Training häufiger zu spirituellen Erlebnissen führten als der Besuch des Gottesdienstes. Ich merkte, daß die Leute in der Kirche so passiv werden. Sie drücken sich nicht aus; sie haben kaum Zugang zu ihrer eigenen Individualität, zu ihren Gedanken und Gefühlen, zu ihrer Kreativität. Nie erlebte ich es, daß jemand einen Pfarrer während der Predigt unterbrochen hätte, weil er oder sie anderer Meinung waren als er. Es gehört mit zur Struktur des Gottesdienstes, daß die Teilnehmer die Macht über sich selbst an die Autorität des Pfarrers abgeben. Ich glaube nicht, daß das für Menschen hilfreich ist, die auf der Suche nach ihrem Selbst sind.

Viele Menschen, die in der Lebensmitte ein spirituelles Erwachen erleben, stellen ernüchtert fest, daß die kirchlichen Rituale, die ihnen früher so wichtig waren, ihnen nichts mehr zu sagen haben. Diese Menschen bemerken eine Ausweitung ihrer Spiritualität, ein Wissen darum, daß die Höhere Macht überall ist, nicht nur in der Kirche; daß jeder die Höhere Macht ist, nicht nur die Angehörigen einer bestimmten Glaubensgemeinschaft. Coeleen ließ die formale Religion vollständig hinter sich. Sie ging wieder zur Universität, um einen M. A. in Psychologie zu machen. Sie beriet Alkoholiker, nachdem sie trokken geworden waren. Sie richtete sich auch ein Atelier für ihre künstlerische Arbeit ein. Ihre fortgesetzte Bemühung, ganz sie selbst zu sein und anderen Menschen zu helfen, die sich auf einen ähnlichen Weg eingelassen hatten, machte Coeleen bereit für eine weitere Phase des spirituellen Erwachens, zehn Jahre nach der ersten.

Diesmal geschah es während eines Vortrags über Jung auf einem Besinnungswochenende. Plötzlich spürte ich eine Explosion von Energie im Herzen, und wieder wurde ich von Licht durchströmt. Zehn Tage später – ich stand immer noch in der Glut des Geschehens – empfing ich eine Inspiration über die Kreativität, die zur Grundlage eines Buchs über Kreativität, Workshops und Kurse wurde.
Ich bin sicher, daß der Mensch im künstlerischen Ausdruck zu sich selbst finden kann – wenn er seiner Arbeit nur in einer Atmosphäre der bedingungslosen Liebe, des Angenommen-

seins und des wohlwollenden Interesses nachgehen kann. Hat er sich erst einmal als Individuum erschaffen, so wird sich daraus sicher eine Bereicherung seines spirituellen Lebens ergeben.

Es geschieht nicht immer, daß das spirituelle Erwachen den Menschen von der verfaßten Kirche oder von anderen organisierten Gemeinschaften entfremdet. Viele Menschen engagieren sich, wenn sie spirituelle Erlebnisse gehabt haben, noch stärker in ihrer religiösen Gruppe. Es ist sogar bezeichnend für das spirituelle Erwachen, daß danach ein starkes Bedürfnis einsetzt, einer Gruppe anzugehören, die die spirituelle Entwicklung anerkennt. Die Gemeinschaft als solche hilft mit, den grenzenlosen Gefühlen, die die transpersonalen Ebenen mit sich bringen, Struktur und Erdverbundenheit zu verleihen. Im ersten Kapitel haben wir am Beispiel von Michael gesehen, wie ein Erlebnis der kausalen Ebene aussehen kann. Nach seiner Öffnung hatte er das Bedürfnis, mehr Energie in seine Beziehung zu seinem geistlichen Führer und in seine geistlichen Übungen zu investieren. Zum ersten Mal in seinem Leben machte er es sich zur Regel, jeden Morgen eine Stunde lang zu meditieren. Jill, über die ich im dritten Kapitel berichtet habe, wandte sich nach ihrem Kundalini-Erwachen mit neuem Interesse ihren kirchlichen Aktivitäten zu.

Die Auswirkungen von Verlusterlebnissen

Spirituelle Notlagen in der Lebensmitte stehen oft in enger Beziehung zu Verlusterlebnissen. Bei Coeleen wurde eine ihr ganzes Leben verändernde Erfahrung der kausalen Ebene dadurch ausgelöst, daß sie sich nicht mehr auf die Treue ihres Mannes verlassen konnte und gleichzeitig den Kontakt mit ihrer Kirche verlor. Für andere Menschen ergibt sich die Chance zur Wandlung durch den Tod eines Kindes oder eines Elternteils, durch den Verlust von Arbeitsplatz oder Gesundheit, oder durch den Verlust des Freundeskreises bei Stellenwechsel oder Scheidung. (Mehr dazu im siebten Kapitel.) Solche Situationen kommen in den mittleren Lebensjahren häufiger vor als während der Kindheit und Jugend. Merkwürdigerweise kann auch der Verlust der Isolation – durch Eheschließung, Umzug zu Freunden, Erreichen einer befriedigenden Arbeitssituation, Mutterschaft – eine Krise auslösen. Was eine Klientin mir kürzlich erzählte, habe ich schon von vielen Menschen gehört, die dabei sind, sich von negativen Lebensmustern zu lösen:

> Ich bin es so gewöhnt, mich einsam und niedergeschlagen zu fühlen. Jetzt, wo ich mit mir selbst zufrieden bin, wo ich weiß, was ich will und es auch tue, weiß ich manchmal gar nicht, was mit mir los ist. Manchmal suche ich sogar nach Dingen, die mich deprimieren könnten. Dann gebe ich mir einen Ruck, atme tief durch und gebe mich wieder meinen angenehmen Gefühlen hin.

Besonders der Verlust eines geliebten Menschen durch den Tod erlaubt vielen Menschen, zum ersten Mal den Schleier zwischen dieser Welt und der jenseitigen zu durchdringen. 1987 stellte eine Meinungsumfrage fest, daß 67 Prozent aller Witwen laut eigener Aussage Kontakt mit den Toten hatten.[31] 42 Prozent aller Erwachsenen haben nach eigenen Angaben Umgang mit den Toten. 73 Prozent aller Amerikaner glauben an ein Leben nach dem Tode. Das sind eindrucksvolle Zahlen! Sie zeigen, daß die meisten Amerikaner transpersonale Erlebnisse haben. Was ist die Folge? Drei meiner Klienten berichten:

> Ich hatte keine Angst vor dem Sterben mehr. Es gibt keinen Tod, keine Trennung der Seelen. Der körperliche Tod ist auf den Körper beschränkt. Die Seele lebt weiter.

> Ich war erleichtert, als ich merkte, daß mein Mann in der nächsten Dimension glücklich war. Der Autounfall war so unerwartet. Wir konnten uns nicht einmal Lebewohl sagen. Als ich nach seinem Tod mit ihm in telepathische Verbindung trat, wurde mir klar, daß ich ihn nie ganz verlieren werde. Ich weiß, daß ich nach meinem eigenen Tod wieder bei ihm sein werde.

> Ich wußte nicht, warum meine Mutter sich das Leben genommen hatte. Beim Meditieren hatte ich auf einmal die »unmittelbare Erkenntnis«, daß sie den Daseinskampf in ihrem Leben nicht mehr ertragen konnte. Sie wollte bei Gott

sein. Als mir das aufging, lief ein Beben durch mich hindurch, das in ein köstliches Gefühl des Friedens überging. Ich wußte nun ohne jeden Zweifel, daß sie froh war, von allem frei zu sein.

Wie gelingt es den Menschen, diese Erlebnisse zu verarbeiten? Manche behalten sie für sich und sprechen aus Angst, für verrückt gehalten zu werden, gar nicht von dem, was sie erleben. Manche werden leicht damit fertig, weil sie wissen, daß sie nicht verrückt sind; sie passen ihre Werte und ihren Lebensstil allmählich den neuen Erkenntnissen an. Andere leiden fürchterlich, weil sie sich auf den Verlust oder die transpersonalen Erfahrungen nicht einstellen können.

Das Erlebnis eines plötzlichen Verlusts oder eines außergewöhnlichen Gewinns zerstört die frühere einseitige Rollenfixierung. Nach einem Todesfall fällt mit einem Mal die Rolle als Ehefrau, als Mann oder als Sohn oder Tochter weg. Nach einer Scheidung, am Ende einer Liebesbeziehung oder nach einer Kündigung fühlen sich die Menschen, als hätten sie einen Teil ihres Wesens eingebüßt. Auch ein spektakulärer Gewinn – etwa, wenn man plötzlich über all das verfügt, was man sich immer gewünscht hat – kann die alten Rollenkonstruktionen zum Einsturz bringen. Früher war man ehrgeizig, jetzt plötzlich »hat man es geschafft«. Eine mögliche Reaktion auf solche Veränderungen ist die dunkle Nacht des Egos, in der die Menschen über ihre alten Ichidentifizierungen – die Rollen – hinaus in eine tiefere Identifizierung jenseits des Egos ausgreifen. Das ist eine Sinnkrise, die den Identitätskrisen des Jugendalters vergleichbar ist. Auch hier wird das Individuum gezwungen, über die Konventionen hinauszugehen und nach dem tieferen Sinn des Lebens zu suchen.

In der dunklen Nacht des Egos entsteht der Wunsch, sich von dem alten Ich, von der alten Identifizierung, die als erstikkend erlebt wird, zu befreien. Diese destruktive Tendenz zeigt sich in Selbstmordgedanken, in Todesträumen und in einer allgemeinen Beschäftigung mit dem Tod und dem unausweichlichen Faktum der Sterblichkeit. Als Coeleen erfuhr, daß ihr Mann sie betrogen hatte, wollte sie sich umbringen. Dieser Impuls stand symbolisch für ihren Wunsch, eine Beziehung sterben zu sehen, die sie in einer bestimmten Rolle festgehalten hatte. Der Todeswunsch war eine Aussage: »Ohne die Ehe bin ich ein Nichts.« Der Wunsch stand auch im Zusammenhang mit ihrer letztendlichen Macht, mit ihrem Leben zu machen, was sie wollte. Diese schöpferische Kraft war es, die dann zu ihrem Leitstern wurde.

Selbstmord

Die Selbstmordgefährdung ist in den Vereinigten Staaten nicht nur bei Erwachsenen ein großes Problem. Auch bei Jugendlichen ist die Tendenz steigend. Wir haben das schon erwähnt. 1970 starben 23 500 Menschen über 15 durch Selbstmord, 1986 waren es in dieser Altersgruppe schon 30 900.[32] Berücksichtigt man das Bevölkerungswachstum während dieser sechzehn Jahre, so ergibt sich eine Steigerung von 1,2 Prozent.

Wenn auch Selbstmordgedanken ein Anzeichen für eine emotionale Störung sind, so liegt dem Gemütszustand, dem sie entspringen, doch im Grunde die Sehnsucht nach der Rückkehr zur Einheit und nach Befreiung von den widerstreitenden Anforderungen der weltlichen Belange zugrunde. Die Gefühle nehmen die Form eines körperlichen Todeswunsches an. Es gibt nur sehr wenige Menschen, die ihr Leben tatsächlich ganz beenden wollen. Vielmehr haben die meisten Lebensmüden den leidenschaftlichen Wunsch, sich aus den Fängen eines das Leben beherrschenden Themas zu befreien, das für sie nicht mehr wichtig ist, um an seiner Stelle etwas Wesentlicheres zu finden.

Der Lebensmüde hat gewöhnlich den Wunsch, einen Menschen oder eine Sache hinter sich zu lassen. Er kann zum Beispiel den Wunsch haben, die Stimme des »inneren Kritikers« zum Schweigen zu bringen, der ihm immer gesagt hat, daß er nicht gut genug ist; daß er besser sprechen oder sich besser anziehen soll; daß er freundlicher, selbstbewußter, entspannter, ordentlicher und mehr auf Zack sein soll. Oder er kann den Wunsch haben, das Leben von der »höheren Warte« des Zeugen aus zu sehen, also gewissermaßen aus sich heraustreten zu können und sein Leben, seine Gedanken und Empfindungen von einem objektiveren Standpunkt aus zu betrachten, ohne so hoffnungslos darin verwickelt zu sein. Die hartnäckigen Selbstmordgedanken können auch auf die verborgene

Sehnsucht zurückgehen, den Weg zu dem im Inneren verborgenen Zentrum der Weisheit und intuitiven Hellsichtigkeit zu finden, auf den Wunsch, sich von allem zu befreien, was sich zwischen die persönlichen Probleme und diese Quelle der Weisheit schiebt. Oder es ist die Sehnsucht, den Beschränkungen einer nicht mehr tragfähigen Beziehung zu entrinnen, ohne sich den bei einer Trennung auftretenden unangenehmen Gefühlen wie Schuld, Verlassenheit, Einsamkeit, Wut, Schmerz und so weiter auszuliefern.

Wie auch immer die besonderen Umstände aussehen mögen, immer ist der Selbstmordgedanke durch den Wunsch motiviert, die Vorherrschaft des Egos und die daran geknüpften Gefühle zu sprengen. Ob die Suche als solche erkannt wird oder nicht, jedenfalls strebt der Betreffende oft eher nach einer Erweiterung seines Bewußtseins auf einer höheren Ebene als nach totaler Vernichtung.

Zwanghafte Selbstmordgedanken kommen auch häufig bei Menschen vor, die sich bewußt auf den spirituellen Weg begeben haben und nun verzweifelt nach der Befreiung von den Fesseln des Egos streben, um das Leben in der Dualität, das ständige Hin- und Hergerissensein zu beenden. So war es auch bei meiner Mutter. Sie sah am Ende des Tunnels endlich Licht – nach Jahren der intensiven Meditation dämmerte ihr die Erleuchtung. Dadurch wurde sie sich noch schmerzlicher bewußt, wie sehr sie in gesellschaftlichen Zwängen befangen war. Sie sehnte sich nach der Auflösung des Konflikts, der sich ständig daraus ergab, daß sie einerseits den Ansprüchen der Familie, der Gesellschaft, der Welt im allgemeinen genügen mußte, andererseits aber den Weg zur endgültigen Befreiung gehen wollte. Die Fesseln, die ihr angelegt waren, schienen ihr unüberwindlich. Irregeführt von dem leidenschaftlichen Wunsch nach Befreiung und bedrängt von ihren inneren Konflikten, in denen sie sich festgefahren fühlte, nahm sie sich das Leben.

Selbstmordprophylaxe

Wie können wir potentiellen Selbstmördern helfen, sich von ihrer zwanghaften Gefühlslage zu lösen und im innersten Kern der dunklen Nacht ihre Fähigkeit zum Einheitserlebnis zu finden? Wie können insbesondere Menschen im jugendlichen Alter und in der Lebensmitte Befreiung von der Enge finden, die sie als so bedrängend empfinden?

Für den Selbstmordgefährdeten: Machen Sie sich klar, daß Sie dem Kern Ihres Lebens ganz nah sind, ganz nah an dem Ort der Mitte, wo eine Wandlung stattfinden soll. Prüfen Sie, ob eine körperliche Erkrankung als Ursache Ihrer Depression in Frage kommt. Zum Beispiel können eine Unterfunktion der Schilddrüse und Unterernährung depressive Zustände hervorrufen. Wenn körperliche Ursachen ausgeschlossen sind, fragen Sie sich: Was möchte ich grundlegend an meiner beschränkten Art zu denken und die Welt wahrzunehmen ändern? Oder auch: Wonach strebe ich eigentlich wirklich? Wenn Sie diese Fragen zu beantworten versuchen, kommen Sie der Ursache Ihres Todeswunsches vielleicht eher auf den Grund.

Bei dieser Selbsterforschung kann die Hilfe eines Beraters, dem Sie vertrauen können, oder eines weisen Freundes sehr von Vorteil sein. Vielleicht kann er Ihnen helfen, die Ursache Ihrer Probleme zu verstehen oder kann Ihnen aufzeigen, über welche Mittel Sie verfügen, um die ersehnten Veränderungen herbeizuführen. Die Hilfe eines Fachmanns ist nicht immer erforderlich. Trotzdem ist jedem, der eine akute Krise durchläuft, anzuraten, die Meinung eines Arztes oder Therapeuten einzuholen. In manchen Fällen wird sich der Teufelskreis der zwanghaften Gedanken und der sich um sich selbst drehenden Gefühle nur durch die Gabe von Psychopharmaka durchbrechen lassen. Wenn Sie allerdings über längere Zeiträume hinweg Medikamente nehmen, kann das dem erfolgreichen Abschluß der inneren Suche hinderlich sein. In besonders schweren Fällen kann es sein, daß die ständige Betreuung und die geschützte Atmosphäre einer Klinik, wo Sie geeignete Psychopharmaka bekommen, das Beste für Sie sind.

Für die Angehörigen oder Freunde eines Selbstmordgefährdeten: Nehmen Sie *jede* Selbstmorddrohung ernst. Sie müssen sich darüber klar werden, wie ernst die Drohung gemeint ist. Rufen Sie die Hotline eines Selbstmordverhütungsdienstes an und lassen Sie sich die Anzeichen eines drohenden Selbstmordes schildern. Dort wird man Ihnen auch sagen, welche Hilfen zur Selbstmordverhütung Ihre Gemeinde zur Verfügung stellt. Vergewissern Sie sich, daß die Depression und/oder Angst, an der der Betreffende leidet, nicht auf Krankheit oder Medikamenteneinnahme zurückgeht.

Wenn feststeht, daß körperliche Ursachen nicht in Frage kommen, braucht der Betreffende einen Begleiter, mit dem er oder sie über die erkannten Probleme offen sprechen kann. Die Mitteilung der Gedanken und Gefühle kann dazu beitragen, das Problem einzukreisen und die extreme Einsamkeit zu erleichtern, die die Selbstmordgedanken mit sich bringen. Die Beziehung kann dann die Rolle eines Gefäßes spielen, das Raum bietet, um Gefühlen freien Lauf zu lassen und andere Lösungsmöglichkeiten als Selbstmord durchzuspielen. Äußerst hilfreich kann es auch sein, wenn dem Leidenden ein expliziter Begriffsrahmen zur Verfügung gestellt wird, der ihm ermöglicht, sein Problem in neuem Licht zu betrachten.

Der Begleiter/Führer hat jetzt die Aufgabe, den Gedanken eines Entwicklungsspektrums, wie es im ersten Kapitel geschildert wurde, einzuführen, den Begriff der »Dunklen Nacht des Egos« ins Spiel zu bringen und erstmalig davon zu sprechen, daß die Sehnsucht nach Einung mit der Höheren Macht eine positive Kraft ist, die als integraler Bestandteil zur menschlichen Psyche dazugehört. Allerdings ist das nur sinnvoll, wenn die Selbstmordvorstellungen nicht so vollständig das ganze Denken besetzt halten, daß gar kein Raum mehr für Eigenreflexion übrig bleibt. Es kann auch sinnvoll sein, von Menschen zu erzählen, die im Lauf ihres spirituellen Entwicklungsprozesses mit Selbstmordgedanken gespielt haben, bei denen diese Gedanken aber nur die Vorboten wichtiger Perioden verstärkten Wachstums gewesen sind. Der griechische Mythos von Amor und Psyche eignet sich in diesen Fällen besonders gut, weil die Heldin, Psyche, jedesmal mit dem Gedanken an Selbstmord spielt, ehe sie die Aufgabe bewältigt, die ihr auf dem Weg zur Vereinigung mit Amor (der Liebe) und der Geburt ihres Kindes, der Wollust, gestellt ist.[33]

Auch in Musik und Kunst, die häufig höhere Bewußtseinszustände darstellen, finden sich positive und anregende Beispiele für den Prozeß der Wandlung. Es gibt viele Tätigkeiten, die eine Wandlung fördern können. Dazu gehören rhythmische Aktivitäten wie Gehen, Joggen, Tanzen zu melodischer Musik, Singen von Gesängen geistlich-inspirierten Inhalts (Choräle, geistliche Lieder), Yoga und Kampfkünste.

Viele von meinen Klienten fühlten sich befreit, als sie ihre Selbstmordgedanken als Symbol für ihren Wunsch nach einer tiefgreifenden Veränderung, nach Hingabe an ein umfassenderes Geschehen in ihrer eigenen Psyche verstehen konnten. Aus diesem Verständnis ergibt sich eine abenteuerliche Entdekkungsreise, eine ganz neue Sicht des Lebens oder wohl auch eine neue, unkonventionellere Lebensweise. Eine Psychotherapie oder spirituelle Praktiken wie Meditation in der Abgeschiedenheit der eigenen Person, Beten allein, zu zweit oder in einer Gruppe, kann eine ausschlaggebende Rolle bei dem in dieser Phase ersehnten Wachstum spielen. Es ist eine Zeit, die nach der Aufnahme eines sinnerfüllten Kontakts mit dem höheren Selbst in der eigenen Seele und mit einem anderen Menschen in der Welt verlangt, der mit der Landschaft derartig tiefgreifender Übergänge vertraut ist und die Rolle des Führers übernehmen kann.

Wenn Ihr Freund oder Verwandter so sehr in seine Selbstmordgedanken verstrickt ist, daß er für keine dieser Anregungen zugänglich ist, kann es erforderlich sein, ihn in ein Krankenhaus zu bringen, wo ihm fachkundige medizinische Hilfe zuteil wird.

Wie man bei einem spirituellen Zusammenbruch in der Lebensmitte helfen kann

Schwan, erzähle mir deine alte Geschichte.
Aus welchem Lande kommst du, Schwan?
An welches Ufer wirst du fliegen?
Wo wirst du rasten, Schwan, und wonach suchst du?
Noch diesen Morgen, Schwan, wach' auf,
  erhebe dich und folge mir.
Es gibt ein Land, in dem nicht Zweifel und nicht Kummer
  herrschen; wo keine Todesfurcht mehr ist.
Da stehen die Wälder des Frühlings in voller Blüte,
  und der Wind trägt den zarten Duft des »ER ist Ich«.
Dort taucht die Biene des Herzens tief in den
  Blütenkelch und begehrt keine andere Freude mehr.

Robert Bly[34]

Dieses Gedicht deutet in dichterischer Form die Richtschnur an, an die man sich halten kann, wenn man Menschen in der Lebensmitte helfen will, die einen spirituellen Zusammenbruch erleben. Gleichgültig, ob diese Menschen mit Selbstmordgedanken umgehen, ob sie auf der Suche nach Sinn sind, ob sie darum kämpfen, überfällige Entwicklungsaufgaben zu meistern, oder ob sie sich in einer der sechs Arten des spirituellen Zusammenbruchs befinden – in jedem Fall muß sich der Betreuer um vier Grundelemente kümmern: Erdung, Aufklärung, Katharsis und Zuflucht.

Erdung: Helfen Sie ihnen, die Verbindung zur Erde zu spüren und ein Gefühl für Gemeinschaft zu entwickeln. Die Verbindung zur Erde läßt sich durch körperliche Übungen oder durch die Verbindung mit der Natur fördern. Wichtig für die Erdung sind auch ausreichende Ruhe und gesunde Ernährung. Ein Gemeinschaftsgefühl entwickelt man am besten durch die Zugehörigkeit zu einer religiösen Organisation, durch spirituelle Übungen in Gemeinschaft mit anderen, oder durch Beitritt zu einem 12-Schritte-Programm, einer Selbsterfahrungsgruppe oder einer Therapiegruppe. Das Gemeinschaftsgefühl kann sich auch aus der Beziehung zu einer Einzelperson entwickeln, etwa zu einem Begleiter oder Berater, dem der Suchende Vertrauen entgegenbringt.

Aufklärung: Stellen Sie ihnen Begriffe zur Verfügung, die ihnen ermöglichen, ihre Krise über den üblichen krankheitsorientierten Rahmen hinaus einzuordnen. Am Anfang kann das Entwicklungsspektrum stehen, das den Weg von präpersonalen zu transpersonalen Ebenen skizziert. Geben Sie ihnen Gelegenheit, den Standort zu bestimmen, an dem sie sich auf dem Spektrum befinden und definieren Sie die Themen, die gerade zur Bearbeitung anstehen. »Haben Sie das Gefühl, daß Sie sich nach transpersonalen Bewußtseinsebenen sehnen? Haben Sie den Eindruck, daß Sie mit Identitätsproblemen zu kämpfen haben? Sind Sie damit beschäftigt, Entwicklungsaufgaben aus früheren Lebensabschnitten abzuschließen? In welchem Verhältnis steht das alles zu Ihrer jetzigen Lebensphase? Der große Schweizer Psychoanalytiker C. G. Jung betrachtete die Lebensmitte als die kritische Phase, in der sich entscheidet, obund wie der Mensch mit den transpersonalen Ebenen in Berührung kommt.

Katharsis: Wenn man einem vertrauten Helfer seine Lebensgeschichte erzählt, werden viele Gefühle an die Oberfläche geschwemmt. Geben Sie Ihrem Gesprächspartner die Gelegenheit, diese Gefühle auszudrücken. Fördern Sie die darin liegende Katharsis. Angestaute Wut sollte ein Ventil finden: Lassen Sie ihn die Kissen aufs Bett knallen oder die Seiten eines alten Telefonbuchs zerfetzen. Die Katharsis macht den Weg frei für neue Energien und neue Einsichten. Das Loslassen, die Hingabe an die Gefühle ist ein Tod im Kleinformat. Da ist es wesentlich, für das neue Leben, das einströmen will, Platz zu schaffen.

Zuflucht: Wer eine Krise durchmacht, sollte ermutigt werden, sich Zeit zu nehmen, um still zu werden und die eigene Identität unabhängig von den Ansprüchen der Welt zu erkunden. Das kann an einem Ort geschehen, der eigens für einen solchen Rückzug zur Selbsterkundung eingerichtet ist. Es kann aber auch an einem ganz beliebigen Ort ohne besondere Einrichtungen geschehen. Wenn keine besondere emotionale Zwanghaftigkeit vorliegt, durch die die Gefahr einer Verletzung bestehen könnte, kann zum Beispiel ein einsamer Tag am Strand eine wohltuende therapeutische Wirkung haben. Im allgemeinen weiß ein Mensch in einer Krise selbst am besten, was er braucht. Es kann aber sein, daß er zum Durchhalten der Unterstützung durch einen Helfer bedarf.

Reifes Alter und Vorbereitung auf den Tod

Die meisten Menschen machen als Jugendliche oder im mittleren Lebensalter mindestens eine Sinnkrise durch. Aber in dem Moment, wo der Tod bevorsteht, bleibt niemandem eine spirituelle Krise erspart. Wer sich mit den Fragen, die mit dem Sinn des Lebens zusammenhängen, bis dahin noch nicht auseinandergesetzt hat, dem stellen sie sich jetzt in aller Schärfe und Dringlichkeit: Worum ist es in meinem Leben eigentlich gegangen? Habe ich das bekommen, was ich wollte? Habe ich das getan, was ich wollte? Wieviel Zeit bleibt mir noch, um das zu tun, was ich bisher versäumt habe?

Jack Kornfield, ein buddhistischer Lehrer und klinischer Psychologe, wurde zu einem Mann gerufen, der sich in einem kritischen Zustand befand. Es handelte sich um einen bedeutenden Geschäftsmann in San Francisco, der sich nie um eine sinnvolle Verbindung mit einer der überlieferten spirituellen Lehren bemüht hatte. Jetzt, mit Ende vierzig, wurde er (verheiratet und Vater von mehreren Kindern) plötzlich mit der Tatsache konfrontiert, daß er einen Gehirntumor hatte. Innerhalb von vierundzwanzig Stunden sollte er operiert werden. Es war möglich, aber nicht sicher, daß er ohne einen ernsthaften Gehirnschaden würde weiterleben können. Die andere Möglichkeit war, ohne Operation noch sechs Wochen weiterzuleben, bis der Krebs den Sieg davontrug.

Als Kornfield das Krankenhauszimmer betrat, befand sich der Mann in einem akuten Schockzustand. Sein Gesicht war tränenüberströmt. Er war bei vollem Bewußtsein. Nachdenklich deutete er in Richtung der Tauben auf dem Fenstersims. »Mir ist nie aufgefallen, wie wunderschön Tauben im Flug sind. Wie kostbar jede Bewegung ist! Jeder Augenblick ist jetzt kostbar für mich.«

Kornfield setzte sich zu dem Mann. Er versuchte nicht, ihn zu seiner Anschauung zu bekehren oder von der Notwendigkeit zu überzeugen, sich in seiner verzweifelten Lage der Religion zuzuwenden. Er saß nur einfach da, wie ein Freund, der in liebevoller Anteilnahme und Annahme diese Augenblicke des Lebens mit ihm teilte, die sie beide als so kostbar empfanden. Und durch die Art, wie sie so da saßen und sich dem Augenblick hingaben, fand der Mann mit einem Mal in nie gekannter Intensität den Zugang zu seinem tiefsten Selbst.

Am nächsten Tag war die Operation. Der Krebs wurde entfernt. Der Mann erlangte seine volle geistige Klarheit wieder. Jetzt begann er ein neues Leben. Er war nicht mehr daran interessiert, mehr Geld zu verdienen als er für ein einfaches Leben brauchte, sondern lebte von seinen Ersparnissen. Jetzt konnte er mehr Zeit mit seiner Familie verbringen und sich der Betreuung von Sterbenden widmen.

Bei Menschen, die dem Tode sehr nahe gekommen sind, dann aber dem Leben zurückgegeben wurden, sind Erlebnisse der Wandlung und Bekehrung nicht selten. Von denen, die zurückkehren, berichten viele, daß sie danach das starke Bedürfnis haben, anderen Menschen zu helfen, sich der spirituellen Natur des Lebens bewußt zu werden und die Quelle der bedingungslosen Liebe und wahren Freiheit zu finden. Für Leute wie den Geschäftsmann, über den wir eben berichtet haben, ergibt sich daraus zwangsläufig eine radikale Veränderung ihres Wertesystems und Lebensstils.

Wenn nach der Erkenntnis, daß ein baldiger Tod unausweichlich ist, genügend Zeit bleibt, über das vergangene Leben nachzudenken, dann führt diese Reflexion gewöhnlich zu der Erkenntnis, daß der Wert des Lebens sich daran bemißt, wieviel einer gelernt und wie er geliebt hat. Dann entsteht ein tiefempfundener Wunsch, schwierige Beziehungen zu klären, zu verzeihen und endlich Liebe zu finden. Wenn die Zeit ausreicht, entsteht auch der Wunsch, die Dinge ins reine zu bringen, um so in Frieden hinscheiden zu können.

Sogyal Rinpoche, ein tibetanischer Lehrer und Wissenschaftler, hat sich der Aufgabe gewidmet, den Menschen im Westen zu zeigen, wie sie sich auf den Augenblick des Todes vorbereiten müssen, wenn sie den Tod nicht als Krise, sondern als das Aufblühen des spirituellen Aufbruchs erleben wollen. Seine Lehren sind für Menschen aller Glaubensrichtungen gültig. Der Grundgedanke dabei ist, daß der eigentliche Moment des Todes eine Prüfung für unsere Fähigkeit darstellt, uns ganz hinzugeben. Der Sterbende muß in der Lage sein, sich im Augenblick des Todes ganz der Höheren Macht anzuvertrauen und in dieser bewußten Haltung auch im Durchgang durch die unmittelbar auf den Tod folgenden Zwischenstadien fest verankert zu bleiben. Auf diese Weise ist die Chance, im Augenblick des Todes die volle Erleuchtung, die volle Gottverwirklichung zu erlangen, allen Menschen zugänglich, unabhängig von ihrem jeweiligen Glaubensbekenntnis.

Was ist der Weg zu dieser Erleuchtung? Sogyal Rinpoche rät uns, mit dem Bewußtsein des Todes zu leben. Leben Sie so, daß Sie darauf vorbereitet sind, jederzeit sterben zu können. Leben Sie ohne zu verleugnen, daß Sie jederzeit sterben könnten. Das bedeutet, daß Sie die materiellen Dinge ihres Lebens in Ordnung halten, so daß Sie nicht den anderen ein Chaos zum Aufräumen hinterlassen. Es bedeutet auch, Loslösung von allen egoistischen Wünschen und Besitztümern einzuüben, so daß Sie im Augenblick des Todes leicht alles aufgeben können. Diesem Zweck dienen die Meditation und andere spirituelle Praktiken. Diese Übungen tragen dazu bei, daß wir die wahre

Natur des Geistes jenseits von Gefühlen, Begriffen und Wahrnehmungen entdecken.

Im eigentlichen Moment des Todes, in dem die physischen Energien den Körper nach und nach verlassen, sollte im Idealfall ein spiritueller Freund dem Sterbenden nahe sein, um ihm zu helfen, zur völligen Hingabe an die Höhere Macht oder das höchste Bewußtsein zu finden. Die Gebete und die positiven Gedanken von Angehörigen und Freunden wirken sich ebenfalls auf die Fähigkeit des Sterbenden zur restlosen Hingabe im Augenblick des Todes aus. Wenn man sich an einen Sterbenden anklammert, so daß er das Gefühl bekommt, er dürfe sich dem Loslassen der physischen Ebene – als einem Vorgang, der Teil seines spirituellen Aufbruchs ist – nicht hingeben, so kann er dadurch in einen spirituellen Zusammenbruch getrieben werden.

In der buddhistischen Tradition kommt der spirituellen Familie nicht weniger Bedeutung zu als der Wahrheit selbst. Schließlich sind es unsere spirituellen Freunde, die uns wieder auf den richtigen Pfad führen, wenn wir uns verirrt oder das Ziel auf unserem geistigen Weg aus den Augen verloren haben. Zu keiner anderen Zeit sind diese Freunde so wichtig wie im Tode, wo sie ständig positive Gedanken ausstrahlen, an schöne gemeinsame Erlebnisse erinnern, für die Befreiung ihres Freundes beten und bereit sind, ihn an die Höhere Macht hinzugeben.

Wie man Sterbenden beim spirituellen Aufbruch hilft

Wie bei anderen Fällen spirituellen Zusammenbruchs muß auch bei Sterbenden zunächst geklärt werden, wie es um ihr körperliches Wohlbefinden steht: »Haben Sie körperliche Schmerzen? Möchten Sie Schmerzmittel haben? Hat der Arzt Ihnen geraten, Schmerzmittel zu nehmen?« Durch manche Medikamente läßt sich erreichen, daß die wache Aufmerksamkeit uneingeschränkt auf den spirituellen Brennpunkt gerichtet bleiben kann und nicht zu sehr von körperlichem Schmerz überlagert wird. Bei anderen Medikamenten kann es vorkommen, daß die Empfindungsfähigkeit so sehr eingeschränkt wird, daß der Sterbende den Kontakt zu sich selbst und anderen verliert.

Dann sollten Sie ihm helfen, die Geschäfte abzuwickeln, die in dieser Welt noch anstehen. Das kann zum Beispiel darin bestehen, daß sie sich nach Jahren der Entfremdung mit der Bereitschaft zur Vergebung wieder an ihren Bruder oder ihre Schwester wendet. Oder darin, daß sie einfach schweigend mit Angehörigen und Freunden zusammensitzt. Sterbende brauchen Zeit, um sich zu verabschieden und ihre Bindungen an die Welt zu lösen.

Wenn Sterbende keinen Geistlichen hinzuziehen, kann ein spiritueller Begleiter ihnen helfen, sich im Augenblick des Todes die höchste Macht vorzustellen, die sie kennen. Das kann Jesus sein, Maria, Buddha, das Universum und so weiter. Leiten Sie sie an, ihre eigenen Energien in einem Punkt zu bündeln und sie dann in das Herz dieses höheren Wesens zu schicken. Menschen an der Schwelle des Todes sollten sich dann vorstellen, sie seien völlig mit diesem Wesen verschmolzen. Helfen Sie ihnen, stetig und ohne sich ablenken zu lassen, konzentriert in ihrer Mitte zu bleiben und fordern Sie sie dabei vielleicht sogar mit Worten auf, den Körper, die Vergangenheit und alles, was sie in dieser Welt festhält, loszulassen, wobei Sie ihnen versichern, daß für alle, die zurückbleiben, gesorgt ist. Der einfache Satz »Geh ins Licht«, der dieses Loslassen symbolisiert, wird unabhängig von den jeweiligen Anschauungen vom Leben nach dem Tode gut aufgenommen.

Fahren Sie dann, wenn der Sterbende keine Lebenszeichen mehr zeigt, fort, sie sich im Verschmelzen mit dem Herzen der Höheren Macht vorzustellen. Erinnern Sie sich an das Gute des Verstorbenen. Sprechen Sie mit anderen über die angenehmen Erinnerungen. Auch das wird den Übergang erleichtern.

Es gibt im Leben von den frühesten Tagen, deren wir uns erinnern, bis zum Tode viele Zeiten, die spiritelle Erlebnisse mit sich bringen können. Zwar fällt es uns leichter, solche Erlebnisse zu verarbeiten, wenn unsere Ichstruktur bereits gefestigt ist. Aber dennoch öffnen sich die Türen zu den transpersonalen Reichen auch, wenn die klopfende Hand noch unreif ist, und wir haben die Pflicht, transpersonale Erfahrungen auch dann als wertvoll zu unterstützen, wenn es kleine Kinder oder Jugendliche sind, die solche Erfahrungen machen. Dann haben sie einen festen Stützpunkt, zu dem sie zurückkehren können, wenn sie im späteren Leben spirituelle Erfahrungen machen oder sich danach sehnen und darauf angewiesen sind, diese als sinnhaft zu erleben. Die Lebensmitte und die Zeit der Vorbereitung auf den Tod eignen sich für die direkte Konzentration auf die spirituellen Dimensionen der Entwicklung besonders. Viele der irdischen Lebensaufgaben sind nun bewältigt, und spirituelle Fragen treten in den Vordergrund.

Wenn spirituelle Erfahrungen zu verschiedenen Lebenszeiten unerwartet hervorbrechen, dann entsteht oft das Bedürfnis, die Prioritäten im eigenen spirituellen Leben neu zu setzen. Spirituelle Erfahrungen sind geeignet, ein neues Verständnis für das Ziel spiritueller Übungen zu wecken, die dazu dienen, die spirituelle Entwicklung zu beschleunigen. Das nächste Kapitel beschäftigt sich mit der Rolle, die geistliche Übungen für den spirituellen Aufbruch spielen.

Fünftes Kapitel

Spirituelle Übung

Teresa hatte gerne Besuch von ihren Freunden aus der Stadt, am liebsten das ganze Wohnzimmer voll. Dann stand sie im Mittelpunkt, und das genoß sie. Mit ihren fünfzehn Jahren war sie eine ausgesprochene Schönheit. Sie war charmant und geistreich. Aber da ihr Vater der Ansicht war, sie sei zu undiszipliniert und interessiere sich zu sehr für Jungen, steckte er sie in ein Karmelitinnen-Kloster, wo sie von vierzig Nonnen beaufsichtigt wurde. Teresa hatte keine besonders enge Beziehung zu Gott. Ihre Welt drehte sich wie die der meisten Teenager um Schleckereien und schicke Kleider.

Teresa sträubte sich nicht gegen das geregelte Klosterleben. Sie sprach ihre Gebete und ging jeden Tag zum Gottesdienst. Sie lernte die Einsamkeit kennen, denn sie hatte eine kleine Einzelzelle, aber sie freute sich auf die Zeit in zwei Jahren, wenn sie das Kloster verlassen und zu einem weltlicheren Leben zurückkehren würde.

Aber es kam anders. Als sie siebzehn war, wurde Teresa krank, und die Krankheit führte dazu, daß sie fast vier Jahre lang beinahe vollständig isoliert war. Während dieser Zeit hatte sie oft Anfälle unbekannter Art, die zu enormen Schmerzen am ganzen Körper führten. Oft lag sie vollkommen gelähmt da.

> Sie (die Anfälle) überfielen sie mit der erbarmungslosen Wucht eines elementaren Geschehens. Kein Körperteil blieb davon unberührt; keine Funktion blieb immun: kein Glied, kein Muskel, kein Nerv war vor dem rasenden Schmerz sicher. Und die Agonie ihrer »kleinen Tode« wurde der wirklichen Agonie des großen Todes immer ähnlicher.[35]

Während sie ans Bett gefesselt war, wurde die Beziehung zu Gott zum einzigen Brennpunkt ihres Leben. Im Jahre 1536, mit einundzwanzig, gab Teresa von Avila sich ganz dem religiösen Leben hin. Teresas Lebensgeschichte hatte seit den Zeiten, da sie sich wie alle anderen hauptsächlich für Jungen, Essen und schöne Dinge interessiert hatte, eine ungewöhnliche Wendung genommen; und sie sollte eine Heilige werden. Bei dieser Wandlung spielten die spirituelle Übung und die tiefgreifenden körperlichen Prüfungen, denen sie ausgesetzt war, sicherlich eine entscheidende Rolle.

Durch die Vermittlung eines Onkels, der ein Anhänger des Heiligen Franziskus war, kam Teresa mit einer rein geistigen Form des wortlosen Gebets in Berührung, einer direkten Kommunion mit der Höheren Macht, die sich sehr von den gesprochenen Gebeten unterschied, die im Kloster zu einer reinen Formsache heruntergekommen waren. In ihrer Kommunion mit Gott bekam Teresa Zugang zu einer Freude, die das einzige war, was ihr die körperlichen Schmerzen erleichterte. Sie brauchte diese Verbindung, um den schmerzhaften Krankheitsschüben zu trotzen, die sie später, im frühen und mittleren Erwachsenenalter, ganz unerwartet überfielen.

> Erschreckt riefen die Nonnen sie beim Namen. Sie rührte sich nicht. Sie rieben und schüttelten sie, sie richteten sie auf. Vergeblich. Ihr Körper blieb kalt und steif, als wäre sie schon tot. Die Anfälle wiederholten sich, die Krankheit ergriff von Teresas ganzem Leben Besitz. Manche Organe waren nie ganz schmerzfrei. Und von Anfall zu Anfall gönnte die Krankheit ihr immer weniger Ruhe.[36]

Nach fünfundzwanzig Jahren nahmen die Anfälle den Charakter ekstatischer Verzückungen an. Teresa war jetzt dreiundvierzig Jahre alt. Wir wissen von Zeugen, was in diesen Momenten mit ihr geschah. Der Puls setzte aus, und sie schien nicht mehr zu atmen. Ihr ganzer Körper wurde steif. Die Hände und Füße waren so kalt, daß man sie einmal vier Tage lang für tot hielt. Und doch kehrte Teresa aus diesen Zuständen mit neuer Energie und tieferer Gottverbundenheit zurück. In der *Inneren Burg* schrieb sie:

> Es scheint sie, als sei sie mit ihrem ganzen Wesen in einer fremden Region gewesen, die ganz anders ist als die, in der wir leben. Dort zeigt sich ihr ein anderes Licht, das so verschieden von dem hiesigen ist, daß es ihr unmöglich wäre,

auch wenn sie sich ihr ganzes Leben lang darum bemühte, es sich mit all den anderen Dingen auszudenken. In einem Augenblick wird ihr da eine solche Unzahl von Dingen gezeigt, daß sie in vielen Jahren der Mühe mit ihrer Phantasie und ihrem Denken nicht ein Tausendstel davon zusammenbrächte.
Wahr ist auf jeden Fall, daß (in den Verzückungen) so geschwind, wie eine Kugel die Büchse verläßt, wenn man Feuer gibt, im Innern der Seele etwas auffliegt . . .
Dabei verbindet sich Gott selber mit dem Inneren der Seele, so daß sie, wenn sie wieder zu sich kommt, keinesfalls daran zweifeln kann, daß sie in Gott war und Gott in ihr.[37]

Offenbar hatten Teresas Kommunion mit der Höheren Macht und der Reinigungsprozeß ihrer »Krankheit« ihr den Weg zur Erfahrung der vollständigen Einung mit Gott eröffnet. Seit der Zeit, wo ihre »Krankheit« von ihr Besitz ergriff, bis zum Alter von etwa fünfzig Jahren, hatte Teresa ihr Leben in selbstgewählter Einsamkeit, Entsagung und Kommunion mit Gott zugebracht. Die Krankheit, die nie diagnostiziert wurde, war vermutlich eine Reihe dramatischer Vorgänge im Zusammenhang mit dem Erwachen der Kundalini, durch die ihr Körper, ihr Geist und ihre Seele gereinigt wurden. Als der Vorgang des spirituellen Erwachens abgeschlossen war, hörten die »Anfälle« auf, ohne irgendwelche Schäden zu hinterlassen. Im Gegenteil, sie war voller Energie und entschlossen, ihren Beitrag zu ihrem Karmeliterorden zu leisten. Sie hatte die Früchte ihres spirituellen Zusammenbruchs geerntet.

In den letzten Lebensjahren vollbrachte sie eine Fülle außerordentlicher Leistungen. Als sie fast fünfzig war, gründete sie ein eigenes Kloster, das sich auf ein Leben der Einfachheit, der Einsamkeit und des Gebets stützte und sich damit entschieden von dem monastischen Leben ihrer Zeit abhob, das gewöhnlich stark am politischen und sozialen Leben Anteil nahm. Als sie starb, waren unter ihrer Leitung elf Klöster entstanden. Ihre Autobiographie, in der sie ihr spirituelles Erwachen geschildert hat, *Die innere Burg* – ursprünglich geschrieben, um die Echtheit ihrer Visionen und spirituellen Erfahrungen den Kirchenoberen gegenüber zu rechtfertigen –, war zu einem hochbedeutenden Stück religiösen Schrifttums geworden. Das waren bedeutende Leistungen für eine Frau des sechzehnten Jahrhunderts, dessen Gesellschaft ganz von knauserigen Männern beherrscht wurde, und wo ständig der Schatten der Inquisition drohte. Im persönlichen Bereich hatte ihr spiritueller Aufbruch sie durch die Befolgung strenger religiöser Übungen in die höchsten Bewußtseinsbereiche geführt. Daraus ergab sich nicht nur die Vertrautheit mit ekstatischen Wonnen. Sie hatte auch die Fähigkeit erworben, zum Besten ihrer Mitmenschen schöpferische Lösungen für weltliche Probleme zu finden. Ihr Beispiel trug zu einer Neubelebung der Kirche bei, und dies vor allem, weil sie aus den tiefsten Tiefen der spirituellen Erfahrung selbst lebte.

Ein anderes Beispiel für einen spirituellen Zusammenbruch, der durch die Praxis einer strengen spirituellen Übungsdisziplin geschürt wurde, kommt vom entgegengesetzten Ende der Welt, aus einer Kultur und einer Zeit, die sich stark von der der Teresa von Avila unterscheiden. Es ist die Geschichte eines zu Beginn unseres Jahrhunderts geborenen ganz normalen Familienvaters, der wie sie im Verlauf des Erwachens seiner Kundalini die Tiefen des seelischen und körperlichen Schmerzes durchleben mußte.

Vor seinem spirituellen Zusammenbruch hatte der Inder Gopi Krishna die Gewohnheit, täglich ausführlich zu meditieren. Morgens früh und am Abend saß er still für sich da und konzentrierte sich auf ein Bild, das symbolisch seine Erleuchtung darstellte. Die übrige Zeit verbrachte er bei seiner Arbeit im Büro und bei Frau und Kindern.

Seine spirituelle Entwicklung nahm ihre dramatischste Wendung, als er fünfunddreißig war. Er praktizierte seit siebzehn Jahren Yoga und Meditation. Anders als Teresa hatte Gopi Krishna in dem Moment, wo seine Kundalini erwachte und ihn auf die kausale Ebene führte, schon viele Jahre spiritueller Übung hinter sich. Eines Tages trug diese Meditation ihre Frucht:

> Plötzlich fühlte ich einen Strom flüssigen Lichts, tosend wie einen Wasserfall, durch meine Wirbelsäule in mein Gehirn eindringen. Ganz unvorbereitet auf ein solches Geschehen war ich völlig überrascht. Ich gewann die Kontrolle über mich jedoch sofort zurück. Ich blieb in derselben Stellung

sitzen und richtete meine Gedanken auf den Punkt der Konzentration. Immer strahlender wurde das Leuchten, immer lauter das Tosen. Ich hatte das Gefühl eines Erdbebens, dann spürte ich, wie ich aus meinem Körper schlüpfte, in eine Aura von Licht gehüllt. Es ist unmöglich, dieses Erlebnis genau zu beschreiben. Ich fühlte, wie der Punkt meines Bewußtseins, der ich selber war, immer größer und weiter wurde und von Wellen des Lichtes umgeben war. Immer weiter breitete es sich nach außen hin aus, während der Körper, normalerweise der erste Gegenstand seiner Wahrnehmung, immer mehr in die Entfernung zu rücken schien, bis ich seiner nicht mehr bewußt war. Ich war jetzt reines Bewußtsein, ohne Grenze, ohne Körperlichkeit, ohne irgendeine Empfindung oder ein Gefühl, das von Sinneswahrnehmungen herrührte, in ein Meer von Licht getaucht. Gleichzeitig war ich bewußt und jedes Punktes gewärtig, der sich ohne jede Begrenzung oder materielles Hindernis gleichsam in alle Richtungen ausbreitete. Ich war nicht mehr ich selbst, oder genauer: nicht mehr, wie ich mich selber kannte, ein kleiner Punkt der Wahrnehmung, in einen Körper eingeschlossen. Es war vielmehr ein unermeßlich großer Bewußtseinskreis vorhanden, in dem der Körper nur einen Punkt bildete, in Licht gebadet und in einem Zustand der Verzückung und Glückseligkeit, der unmöglich zu beschreiben ist.

Nach einer Weile – wie lange es gedauert hat, wüßte ich nicht zu sagen – begann der Kreis wieder enger zu werden. Ich fühlte, wie ich mich zusammenzog und immer kleiner wurde, bis ich der Grenzen meines Bewußtseins erst dumpf, dann klarer bewußt wurde. Als ich in meine alte Beschaffenheit zurückschlüpfte, nahm ich plötzlich wieder den Lärm auf der Straße wahr, fühlte ich wieder meine Arme, meine Beine und meinen Kopf und wurde wieder mein enges Selbst in Kontakt mit Körper und Umgebung.[38]

In den zwei Jahren, die auf das erste Erwachen folgten, wurde Gopi Krishna von psychischen und physischen Problemen bedrängt, die so gewaltig waren, daß ein normales Leben unmöglich war. Monatelang wurde er von Anorexie geplagt; er konnte keinerlei Nahrung aufnehmen und brannte dabei innerlich mit einem Feuer, das alle Organe ergriffen hatte. Das Übernatürliche in jeder Form machte ihm Angst. Wie Teresa war er von Einsamkeit umfangen, unfähig, der mächtigen Energie zu entkommen, die sein Leben beherrschte. Seine Geschichte ist auch ein weiteres Beispiel für die dunkle Nacht des Egos, wie sie im vierten Kapitel geschildert wurde.

> Die wenigen kurzen Zwischenräume geistiger Erhebung wurden von Anfällen der Depression abgelöst, die so heftig waren und so lange anhielten, daß ich all meine Kräfte und Willensenergie zusammennehmen mußte, um nicht vollständig unter ihren Einfluß zu fallen. Ich preßte manchmal meinen Mund zusammen, um nicht laut loszuschreien, und floh von der Einsamkeit meines Zimmers in die bevölkerte Straße, um mich vor einer Verzweiflungstat zu bewahren.[39]

Während dieser zwei Jahre fiel die Aufgabe, ihren von einer spirituellen Krankheit gelähmten Mann zu unterstützen, allein auf Gopi Krishnas Frau zurück. Sie war von einem Mann abhängig, der kaum für seine elementarsten Bedürfnisse sorgen konnte. Versetzen Sie sich einmal in ihre Lage – mit einem Mann, der weder zur Arbeit gehen, noch sich um Hausarbeit oder Kinder kümmern konnte, der körperlich krank und emotional gestört war und von nichts anderem etwas hören wollte als von Meditation und spirituellem Wachstum. Es ist nur zu verständlich, daß sie Angst hatte. Gopi Krishnas Familie wurde in Armut gestoßen. Es gab am Ort niemand, der ihm geholfen hätte, den Verlust seiner Gesundheit oder seine Gefühlsstürme zu verstehen. Es gab keinen Arzt, keinen Berater, keinen geistlichen Lehrer, der eine Diagnose hätte stellen oder ihn hätte behandeln können. Der einzige Rückhalt, den die Familie hatte, war ihre Überzeugung, daß dieser Prozeß des Erwachens etwas Positives war und die üblen Nebenwirkungen schließlich nachlassen würden.

Nach Monaten einsamen Kampfes lernte Gopi Krishna von einer inneren Stimme der Weisheit, einem Teil der erleuchtenden Energie, die seinen Körper verwandelte und ihn für die übersinnlichen Kräfte bereit machte, eine neue Art zu meditieren, die ihn wieder ins Gleichgewicht bringen würde. Doch es sollte noch mehrere Jahre dauern, bevor er sich an sein neues Energieniveau gewöhnt hatte und an das innere Leuchten, das seine Sinnesempfindungen immer stärker durchstrahlte und seine ganze Welt erhellte:

> Wo immer ich hinging und was immer ich tat, ich war meiner selbst in der neuen Art bewußt. Ich erkannte das Strahlen im Innern und die glänzenden Gegenstände außen. Ich verwandelte mich. Das alte Selbst gab einer neuen Persönlichkeit mit einer leuchtenden, mehr verfeinerten und künstlerischen Erkenntniskraft Raum, die sich aus der ursprünglichen durch einen seltsamen Prozeß der Wandlung in Zellen und Organen entwickelt hatte.[40]

Gegen Ende seines Lebens war die Kundalini für Gopi Krishna nicht mehr emotional, physisch oder spirituell überwältigend. Wie Teresa war er nun in der Lage, die Früchte an neuer Energie, an Kreativität und an Bereitschaft einzubringen, einen Beitrag zu seiner Welt zu leisten. Gopi Krishna schrieb Gedichte in mehreren Sprachen und wirkte als Lehrer und Forscher über Kundalini, zu welchem Zweck er ein eigenes Institut in Indien gründete. Er schrieb fünfzehn Bücher zum Thema der Kundalini, eine Fundgrube für jeden, der sich im Prozeß einer solchen Öffnung befindet. Gopi Krishna starb 1984. Im persönlichen Bereich ließ er eine Familie zurück, die durch sein spirituelles Erwachen eine tiefe Bereicherung erfahren hatte. Auf der größeren globalen Ebene schwoll in seiner Nachfolge das Interesse für die tiefe Wahrheit der Kundalini und für alle psychophysischen Auswirkungen der Bewußtseinserweiterung zu einem großen Strom an. Seine Autobiographie, *Kundalini, Evolutionary Energy in Man* (mit Kommentaren von dem bekannten jungianischen Psychologen James Hillman; deutsch erschienen unter dem Titel *Kundalini – Erweckung der geistigen Kraft im Menschen*) ist zu einem Klassiker in der dem Verständnis der Rolle der spirituellen Erfahrung und der psychologischen Wandlung in der menschlichen Entwicklung gewidmeten Literatur geworden.

In allen bedeutenden Weltreligionen finden sich Fälle von Menschen, die durch die Ausübung religiöser Praktiken in intensive, zuweilen physisch und emotional lähmende Perioden spiritueller Erfahrung gestürzt wurden und schließlich zu transpersonalen Bewußtseinsebenen vorgedrungen sind. Die vorliterarischen, deswegen aber nicht weniger erleuchteten alten schamanischen Kulturen berichten auch von Menschen, die durch die für die jeweilige Kultur spezifischen religiösen Rituale gestärkt und mit einer besonderen Verbindung zu spirituellen Mächten begabt wurden. In allen Kulturen sind diese Menschen zu Lehrern und Führern geworden, denn sie sind lebendige Beispiele für die Energie, die uns überhaupt erst zur Ausübung spiritueller Praktiken und in die Nähe religiöser Institutionen bringt. Durch diese Menschen werden wir daran erinnert, daß es möglich ist, mit der höchsten Quelle von Weisheit und Liebe persönlichen Umgang zu pflegen. Durch sie werden wir an die Macht erinnert, die hinter den spirituellen Praktiken steht.

Wir meinen oft, solche mystischen Erfahrungen seien zwar in der Vergangenheit irgendwelchen »besonderen« Menschen widerfahren, aber heute, in unserer Zeit und unserer Kultur, komme so etwas nicht mehr vor. Es ist aber eine Tatsache, daß spirituelle Praktiken auch »normale« Menschen zur Erwekkung führen, wie man an meiner eigenen Geschichte im zweiten Kapitel und an anderen Berichten in diesem ganzen Buch sehen kann. Darüber hinaus gibt es in unserem Jahrhundert mehrere spirituelle Lehrer, die tiefe spirituelle Erweckungsprozesse durchgemacht haben und eine der Ebenen transpersonalen Bewußtseins erreicht haben. Sie haben davon berichtet, um andere Menschen anzuregen und ihnen Anleitung zu geben. Der Trappistenmönch Thomas Merton erzählt in *The Seven Storey Mountain* seine Geschichte. Bernadette Roberts erzählt in *The Experience of No-Self* die Geschichte ihrer spirituellen Irrfahrt, in der sie nach zehn Jahren als katholische Nonne zur Mutter von vier Kindern wurde. Swami Radha, die Deutsche, die den Weg des Kundalini-Yoga gegangen ist und jetzt eine geistliche Gemeinschaft in Kanada leitet (ich habe im vierten Kapitel davon berichtet) erzählt ihre Geschichte in *Radha: Diary of a Woman's Search.* Philip Kapleau, ein New Yorker Journalist, beschäftigte sich in Japan mit Zen-Buddhismus und kehrte nach Amerika zurück, um eine führende Stellung in der amerikanischen buddhistischen Bewegung einzunehmen. Er erzählt davon in *Die drei Pfeiler des Zen.* Flora Courtois begann ihre bemerkenswerte spirituelle Reise ohne jede spirituelle Praxis und fand später im Zen-Buddhismus eine

Gemeinschaft von Gleichgesinnten. Sie erzählt ihre Geschichte in *An Experience of Enlightenment. Der Weg durchs Feuer* ist die Autobiographie der Engländerin Irena Tweedie, die durch dem Sufismus entlehnte spirituelle Übungen zur Erleuchtung gelangte.

Die spirituellen Praktiken, denen all diese Menschen folgten, waren voneinander verschieden: manche arbeiteten mit konventionellen, vorgeschriebenen Gebeten; andere verzichteten darauf. In manchen wurden gewisse Gottheiten oder Personifikationen der Höheren Macht verehrt; andere waren durch die Abwesenheit jeder Gottheit gekennzeichnet. Einige brachten eine monastische Lebensform mit sich; andere stützten sich auf keinerlei konventionelle religiöse Institution.

Aber jeder der genannten Menschen hatte den intensiven, ehrlichen Wunsch, die tiefste Wahrheit über das Leben zu seiner Wirklichkeit zu machen und war gewillt, zu diesem Brennpunkt als dem wesentlichen Zentrum immer wieder zurückzukehren. Dieses tiefempfundene Sehnen, diese intellektuell-spirituelle Suche ist der Kern jeder spirituellen Praxis. Spirituelle Disziplin besteht darin, der Suche die höchste Priorität im Leben einzuräumen. Psychische Reifungsprozesse, zu denen das Loslassen traumatischer Ereignisse aus der Vergangenheit und die wahre Vergebung gegenüber Menschen, die einen verletzt haben, gehören, bilden einen unabdingbaren Bestandteil des spirituellen Wachstumsprozesses und werden zu einem Teil der spirituellen Praxis. Die Hindernisse, denen der einzelne bei seinem psychischen Wachstum begegnet, äußern sich oft in psychosomatischen Beschwerden und/oder werden durch das Steigen der Kundalini ausgelöst.

Nachdem wir nun gesehen haben, wie es im Gefolge spiritueller Praktiken zu spirituellen Notlagen kommen kann, wollen wir erörtern, welche Rolle die Religion bei der Unterstützung spirituellen Wachstums spielt und welchen Einfluß das psychische Wachstum auf die spirituelle Entwicklung hat. Am Schluß dieses Kapitels wollen wir einen Blick auf eine exemplarische spirituelle Gemeinschaft werfen, die Hilfen zum spirituellen Wachstum zur Verfügung stellt und in diesem Zusammenhang auch die Arbeit an psychischen Gegebenheiten berücksichtigt.

Die Rolle der Religionen beim spirituellen Aufbruch

Spirituelle Praktiken und religiöse Regeln wurden für Menschen geschaffen, die eine Technik brauchen, die ihnen hilft, sich dem Heiligsten im Leben anzunähern. Die Religionen wurden gestiftet, um die Menschen bei ihrer Suche nach spiritueller Einung mit der Höheren Macht zu unterstützen. Auch unsere rituellen Feiern, Gebete, Choräle, Gesänge und Opfer wurden geschaffen, um uns zu echten spirituellen Erfahrungen, zur Erkenntnis Gottes, zu führen. Unsere Kirchen und Kathedralen wurden erbaut, um uns die Macht und Schönheit unseres himmlischen Ursprungs vor Augen zu führen, um uns einen festen Ort zu geben, an dem wir uns versammeln können, um unseren religiösen Riten nachzugehen.

An dieser Stelle ist es jedoch angebracht, zwischen der herkömmlichen Religion und dem Weg des spirituellen Aufbruchs zur mystischen Verschmelzung mit der Höheren Macht zu unterscheiden. Die herkömmliche Religion wird durch fest vorgeschriebene rituelle Akte der Verehrung definiert, die immer in gleichbleibender Weise ausgeführt und von einer Generation an die nächste weitergegeben werden. Diese Praktiken haben den Zweck, die Gemeindemitglieder über ihre moralischen und religiösen Pflichten zu belehren und die Vorstellung zu stützen, daß die Höhere Macht ebenso anwesend ist wie eine Gemeinde, die an die Höhere Macht glaubt. Diese Praktiken sind damit *äußere* Autoritäten, die unser inneres Leben beeinflussen. Spiritueller Aufbruch ist dagegen ein *innerer* Vorgang, der sich zunächst auf die Sinneswahrnehmungen und das Gefühlsleben des Individuums auswirkt und dann einen Wandel im Denken und im äußeren Verhalten bewirkt. Der spirituelle Aufbruch kann durch religiöse Praktiken zwar beschleunigt werden, er kann aber auch vollkommen unabhängig vom herkömmlichen religiösen Leben hervorbrechen, wie in diesem Buch immer wieder gezeigt wird. Ja, strenge religiöse Vorschriften können das Auftreten spiritueller Erfahrungen geradezu verhindern.

Wenn wir die höchste Wahrheit suchen, müssen wir die konventionellen Formen hinter uns lassen und zur lebendigen Erfahrung der heiligsten universellen Energie vorstoßen. Diese kann nur gefunden werden in der lebendigen Gegenwart eines spirituellen Meisters, der die kausale und die Atman-Ebene des Bewußtseins erreicht hat, oder im spirituellen Erwachen des eigenen Wesens für diese Dimensionen.

Wir stehen hier einem tiefen, wenn auch tragischen Paradox gegenüber. Die Institutionen, die eigentlich dafür geschaffen wurden, uns bei unserer spirituellen Entwicklung, bei der Erkenntnis Gottes, zu helfen, drücken sich oft am meisten um die Anerkennung spiritueller Erfahrungen oder um den Beistand für Menschen in spirituellen Notlagen herum. Die Geistlichkeit oder die Kirchen- oder Synagogenverwaltungen stehen der Aufgabe, zwischen echten spirituellen Erfahrungen und psychopathologischen Erscheinungen zu unterscheiden, oder die geeignete Hilfe für ein Gemeindemitglied zu finden, das auf Grund von spirituellen Praktiken in Schwierigkeiten geraten ist, hilflos gegenüber. Als Empfehlung für ein geistliches Amt gelten bei uns im allgemeinen weniger spirituelle Erfahrungen und Fähigkeiten als akademische Würden, rhetorische Fähigkeiten und Verwaltungsgeschick. Das ist der Grund, weshalb viele Geistliche in Kirche und Synagoge wenig oder gar keine spirituelle Erfahrung haben. Folglich verfügen sie persönlich nicht über die Mittel, einem Menschen in einer spirituellen Notlage mit Rat und Tat zur Seite zu stehen, scheuen sich aber vielleicht, dies zuzugeben.

Nur wenige Menschen finden bei den herkömmlichen religiösen Institutionen Verständnis für ihre spirituellen Erfahrungen. Ungewöhnliche Visionen, Kontakt mit den Toten oder höheren Mächten, Telepathie und andere aus der subtilen Ebene kommende Phänomene werden von Priestern, Pfarrern oder Rabbis oft als Täuschungen angesehen. Daher suchen Menschen, die im Prozeß des spirituellen Erwachens begriffen sind, beim Auftreten solcher Erscheinungen oft außerhalb der festgefügten religiösen Institutionen die Gemeinschaft mit anderen, die auch solche Erfahrungen gemacht haben. Es kommt vor, daß sie dabei den Rückhalt durch ihre Religionsgemeinschaft verlieren. In den meisten Fällen verliert jedenfalls die Religionsgemeinschaft die reichen Erfahrungen, die diese Menschen zu bieten hätten.

Julia wuchs im Schoß der Episkopalkirche auf. Genauer gesagt, sie war die Tochter eines episkopalischen Pfarrers in

Georgia. Sie ist äußerst sensibel, einfühlsam und klug. Als sie neunzehn war, hatte sie zum ersten Mal eine Out-of-Body-Erfahrung.[41]

> Es war zu Hause. Ich war erkältet. Während der Meditation kam ich in eine wiegende Bewegung, vor und zurück. Dann schoß Energie in meiner Wirbelsäule hoch, und ich fuhr nach oben aus dem Kopf heraus, durch das Hausdach und weit in den Raum. Ich spürte den Wind in den Nebenhöhlen. Ich sah jetzt Planeten. Ich konnte meinen Körper zu Hause im Zimmer bei der Meditation sehen. Während ich dahinflog, vibrierte ich so stark, daß ich dachte: »So schnell kann ein Mensch eigentlich gar nicht sein.« Es war ein beglükkendes Gefühl, aber gleichzeitig fiel mir ein, daß ich von Leuten gehört hatte, die nach einer außerkörperlichen Erfahrung nicht in den Körper zurückgefunden hatten. Also versuchte ich umzukehren.
> Als ich endlich wieder angekommen war, hatte ich Angst. Ich wußte, daß ich auf das ganze Geschehen keinen Einfluß hatte. Ein paar Tage lang war ich verstört. Ich erzählte Papa davon. Er bekam einen gewaltigen Schreck und war sehr beunruhigt. Aber er hatte keinen Rat und keine Hilfe anzubieten. Er erzählte mir auch nicht von anderen Leuten, die so etwas erlebt hatten. Er wollte nicht darüber sprechen. Dadurch bekam ich das Gefühl, daß es in seinen Augen verrückt oder böse war, daß ich so etwas gemacht hatte.

Ein paar Jahre danach zog Julia in eine Gemeinschaft, in der sie Menschen nahekam, die Erlebnissen von der Art, wie sie sie damals gemacht hatte und auch weiterhin machte, nicht entfremdet waren. Diese Leute gehören zu Subud, einer spirituellen Gemeinschaft, die ihren Ursprung am Anfang dieses Jahrhunderts in Indonesien genommen hatte, und in der Erfahrungen der subtilen Ebene und spirituelle Übungen in hohem Ansehen standen. In der Geborgenheit der neuen Gemeinschaft fand Julia nicht nur Unterstützung bei der Erforschung neuer Bewußtseinsdimensionen; sie setzte auch ihre Ausbildung fort, machte den Magister in Psychologie und eröffnete eine Privatpraxis als Psychotherapeutin. Sie hat ein besonderes Geschick im Umgang mit Menschen in spirituellen Notlagen.

Soviel Glück hatte Teresa von Avila nicht. Die Visionen und der direkte Umgang mit der Höheren Macht, die sie erlebte, wurden von höheren Ordensschwestern, von Äbten und Bischöfen immer wieder angezweifelt. Oft war man der Ansicht, sie sei vom Teufel oder von anderen bösen Mächten besessen, und der Exorzismus sei die einzig richtige »Behandlung«. Einmal gab es außer einer kleinen Gruppe von Jesuitenpatern niemanden, der ihren spirituellen Erfahrungen irgendeinen Wert beigemessen hätte. Zu dieser Zeit, als sie sich noch in den Klauen der Krankheit wand, die ihren Körper mit Fieberanfällen und Lähmung plagte, hätte sie der Liebe und Unterstützung ihrer Gemeinschaft dringend bedurft. Aber davon war nichts zu spüren. Man gab ihr eine einsame Zelle, in der sie ihr »religiöses« Leben leben sollte. Man unterstützte ihre religiösen Demutsübungen. Aber als Teresa sich im Prozeß einer tiefgreifenden Umwandlung befand, wußten ihre Mitschwestern und ihre Äbtissin oft nicht recht, wie sie ihr helfen sollten.

Spiritueller Aufbruch: psychische und physische Aspekte

In der Bibel wird nicht klargestellt, daß das spirituelle Erwachen oft mit tiefgreifenden psychischen und physischen Veränderungen verbunden ist. Zwar ist spirituelles Wachstum, vermehrte Kenntnis von der Höheren Macht, das anerkannte Ziel der religiösen Arbeit von Christen und Juden. Die Landschaft, durch die der Weg führt, ist jedoch nicht genügend bekannt. Es ist nicht verwunderlich, daß die Mitschwestern der Teresa von Avila ihre sonderbaren körperlichen Krämpfe zunächst als Anzeichen für ihre negative Einstellung deuteten, statt in ihren Krankheiten einen Ausdruck des spirituellen Aufbruchs zu sehen. Es ist nicht verwunderlich, daß Thomas Merton nicht die beständige Unterstützung erhielt, die er in Zeiten der Niedergeschlagenheit gebraucht hätte, sondern daß man ihm abriet, in der Einsamkeit die Zuflucht zu suchen, nach der er sich sehnte.

Ich will damit nicht sagen, daß das Christentum oder die katholische Kirche nicht über die Mittel verfügten, um echte spirituelle Erfahrungen anzuerkennen. Es gibt durchaus Stätten, an die man sich zu Gebet und geistlichen Übungen zurückziehen kann, und die Seelenführer rechnen damit, daß manche Teilnehmer an Exerzitien starke Visionen und tiefere Einblicke in die Wahrheit haben, so wie sie in der Bibel dargestellt ist. Jedoch sind in unserer westlichen religiösen Tradition die *psychischen und physischen* Aspekte eines tiefen spirituellen Wachstums nicht allgemein bekannt, geschweige denn anerkannt. Je nachdem, wie ihre eigene Lebenserfahrung und ihre spirituelle Entwicklung aussieht, wissen manche Seelenführer über diese Aspekte Bescheid, andere wieder nicht.

In den Texten des Yoga, des Hinduismus und Buddhismus wird deutlicher, daß spirituelle Praktiken sich auch auf der psychophysiologischen Ebene auswirken. Die Yoga-Philosophie bietet im Hatha-Yoga einen direkten Weg zur Arbeit an diesem Aspekt des spirituellen Lebens. Dabei handelt es sich um eine Reihe körperlicher Stellungen, die den Körper auf die Vereinigung mit Gott vorbereiten sollen. Die traditionellen östlichen Lehren schreiben als Meditationshaltung das Sitzen mit aufrechtem Rücken vor, um den Aufstieg der Kundalini-Energie durch das Rückgrat zu fördern. Gopi Krishnas Bücher bedeuten für die einschlägige Literatur einen reichhaltigen Zuwachs und haben für Menschen aller Religionen Gültigkeit. Seine Bücher und andere Texte (vergleiche die Hinweise im Anhang) sprechen deutlich aus, daß die Praktiken selbst, ob es sich um Gebet, Meditation, Rituale oder ähnliches handelt, zu einer Art Reinigungsprozeß führen sollten, durch den es der feineren Energie der höheren Mächte *buchstäblich* ermöglicht wird, in den Körper einzutreten, wodurch gröbere Energien abgeworfen werden. So können unsere religiösen Rituale einen spirituellen Aufbruch beschleunigen; dieser kann jedoch schmerzloser vonstatten gehen, wenn wir die dabei auftretenden Phänomene erkennen. Für Teresa von Avila wie für Gopi Krishna hätte das Erwachen der Kundalini vielleicht weniger Schwierigkeiten mit sich gebracht, wenn sie eine Karte der Landschaft des spirituellen Zusammenbruchs gesehen hätten und über das Endergebnis unterrichtet gewesen wären.

Der spirituelle Aufbruch bringt einen emotionalen Entwicklungsprozeß mit sich, in dessen Verlauf die »gröberen Energien«, die mit weltlichen Begierden verbunden sind, herausgeläutert werden: Wollust, Gier, Zorn, Haß und Furcht. Diese sind oft das Ergebnis von Handlungen, Karma, Gewohnheiten oder Süchten aus der Vergangenheit. Im Sanskrit werden diese Gebrechen als *Samskara* bezeichnet. Die Samskaras äußern sich auf der physiologischen Ebene immer als chronische Muskelverspannungen. So sind zum Beispiel Menschen, die sich durch Wollust und Gier beherrschen lassen, oft buchstäblich im Herzen verhärtet. Sie haben chronische Verspannungen in den Muskeln rund um das Herz, und es fällt ihnen schwer, Mitleid oder Sympathie mit anderen zu empfinden. Menschen, die von Furcht beherrscht werden, sind oft in Rücken, Schultern und Hals steif.

Wenn höhere Energien in den Körper eintreten, beginnen die chronischen Körperverspannungen ihren Griff zu lockern. Im Verlauf dieser Befreiung von den Samskaras macht der Körper physiologische und/oder psychologische Erfahrungen, die manchmal dramatisch, manchmal dagegen so fein sind, daß sie kaum oder überhaupt nicht wahrgenommen werden. Es kommt nicht selten vor, daß ein Meditierender still dasitzt und plötzlich am ganzen Körper von einer nervösen Bewegung erfaßt wird oder in irgendeinem Körperteil unkontrollierbare Muskelkrämpfe hat. Auch Stimmungen sind für die Auflösung von Samskaras symptomatisch. Es kann zu einer besonderen Reizbarkeit kommen, oder zu Trauer, Freude, Kichern, furchtsamer Unsicherheit oder schweren Angstzuständen. Die Stimmungen sind dann wohl auch schwerer unter Kontrolle zu bringen, was für einen Menschen, der sich gewöhnlich fest in der Hand hat, demütigend oder beängstigend sein kann.

In dem Maße, in dem die Samskaras aufgelöst werden, nehmen Energie und Wahrnehmungsfähigkeit zu. Die natürliche biologische Energie fließt freier durch den Körper. Und auch die Energie des Universums, das *prana* des Sanskrit, kann sich dem Körper besser mitteilen. Dadurch wird das gesamte System revitalisiert. Insbesondere die verstärkte pranische Aktivität bringt eine Schärfung aller Sinneswahrnehmungen mit sich: die subtile Wahrnehmung der Auren kann jetzt sichtbar werden, die Vibrationen der Menschen können greifbar werden, direkter Kontakt mit Abwesenden oder Toten kann wahrgenommen werden und so weiter. Wir fangen an, mit einzelnen Körperorganen in besseren Kontakt zu kommen. Das Organ des Herzens wird in seinen subtilen Reaktionen auf die Welt fühlbar. Der Blutdruck läßt sich regulieren. Durch Bündeln der

Aufmerksamkeit läßt sich die Körpertemperatur verändern. Die verstärkte pranische Aktivität ermöglicht auch den direkten Umgang mit höheren Mächten, mit Engeln, und mit Gott.

Krankheit ist oft eine Zeit, in der Samskaras verbrannt werden, eine Zeit der Reinigung. Die Jahre, während derer Teresa von Avila unter hohem Fieber, Schmerzen und Lähmung litt, mögen ein loderndes Feuer aus Samskaras gewesen sein, durch das sie in die Lage versetzt wurde, sich gleichzeitig für die Erfahrung höherer Energien und für den direkten Umgang mit der Höheren Macht zu öffnen. Sicher kamen ihre Absichten dem entgegen, denn ihre Gedanken waren ständig auf Gott gerichtet. In ähnlicher Weise hat auch Gopi Krishna Zeiten körperlicher Entkräftung durchgemacht, die über Monate anhielten.

Ein religiöser Führer sollte die Landschaft dieser spirituellen Entfaltung kennen, so daß er ernsthaft an dem lebendigen Prozeß des spirituellen Aufbruchs arbeiten kann und nicht in den religiösen Praktiken steckenbleibt, die letztlich nur ein Vehikel für die lebendige Erfahrung sind. Wenn wir erst einmal die besonderen Anzeichen der psychischen und physischen Öffnung während eines spirituellen Aufbruchs kennengelernt haben, fällt es uns leichter, dieses Thema auch in konventionelleren christlichen Texten wiederzuerkennen.

Reinigung: Die dunkle Nacht der Seele

Die östlichen Religionen enthalten viele Texte und Praktiken, die sich ausdrücklich auf dieses Gebiet beziehen. Aber auch in der christlichen Überlieferung gibt es zwei Themenkreise, die sich mit der spirituellen Wandlung durch Übungen beschäftigen: die »dunkle Nacht der Seele« und die Versuchung Christi in der Wüste.

Jesus Christus konnte sich auf die subtile Energie der Höheren Macht einstellen, nachdem er sich in der Einsamkeit durch Fasten und Gebet und durch die Gemeinschaft mit Gott gereinigt und gekräftigt hatte. So halfen ihm diese spirituellen Übungen, sich über die Wünsche und Ängste des persönlichen Egos – die Samskaras – zu erheben. Als der Teufel an Jesu Wünsche und Ängste appellierte, gab Jesus ihm nicht nach, weil er bereits einen Bewußtseinszustand erreicht hatte, der dem Ego übergeordnet ist. Er war dem Zustand der Einung mit der Höheren Macht sehr nahe, auf der subtilen und/oder kausalen Ebene.

> Danach wurde Jesus vom Geist in die Wüste geführt und der Versuchung durch den Teufel ausgesetzt. Er hatte vierzig Tage und vierzig Nächte gefastet, und als ihn endlich der Hunger überkam, trat der Versucher zu ihm und sagte: »Wenn du Gottes Sohn bist, dann befiehl doch, daß sich die Steine hier in Brote verwandeln.« Jesus antwortete ihm: »Es ist geschrieben worden: Der Mensch lebt nicht allein vom Brot. Er lebt von jedem Wort, das aus dem Munde Gottes kommt.« Darauf nahm der Teufel ihn mit, führte ihn in die Heilige Stadt und stellte ihn auf das Dach des Tempels, nah an den Rand: »Wenn du Gottes Sohn bist«, sagte der Teufel, »dann spring doch hinunter! Denn es ist geschrieben worden: Weisungen, um deinetwillen, wird er den Engeln erteilen. Auf Händen werden sie dich tragen. Dein Fuß wird den Stein nicht berühren.« Jesus antwortete ihm: »Es ist aber auch geschrieben worden: Du sollst Gott, deinen Herrn, nicht versuchen!« Da nahm ihn der Versucher wiederum mit, führte ihn auf einen sehr hohen Berg und zeigte ihm, aufleuchtend in ihrer Macht, alle Königreiche der Welt. »Das alles will ich dir schenken«, sagte der Teufel, »wenn du dich vor mir niederwirfst und mich anbetest.« Da rief Jesus: »Fort, Teufel, weg mit dir! Denn es ist geschrieben worden: Gott, deinen Herrn, sollst du anbeten und ihm allein untertan sein.« Darauf ließ der Teufel von ihm ab, und es kamen die Engel. Sie gingen auf ihn zu und dienten ihm.[42]

Jesus Christus muß in der Einöde der Wüste psychischen und physischen Problemen gegenübergestanden haben. Stellen Sie sich vor, Sie wären ein junger Mann von knapp dreißig Jahren, allein in der Hitze der Wüste, vierzig Tage und Nächte lang, ohne Nahrung. Sie suchen die Verbindung mit Gott, dennoch werden Ihre Tage und Nächte zwangsläufig auch vom Diktat menschlicher Bedürfnisse bestimmt: von dem Wunsch nach Nahrung, nach Geborgenheit, nach menschlicher Wärme. Vielleicht hat auch Jesus all das gespürt. Vielleicht empfand er auch Wut oder sogar Haß auf die Römer. Vielleicht durchlitt er die dunkle Nacht des Egos und zweifelte an seiner Fähigkeit, das zu Ende zu führen, was er sich als Lebensziel vorgenommen hatte. Vielleicht fürchtete er auch um sein körperliches Überleben in der Wüste, oder – da er sich den spirituellen Gepflogenheiten seiner Kultur nicht anpassen wollte – um sein Überleben in der Gemeinschaft. Vielleicht bekam auch Jesus – wie Teresa – angesichts all der physischen und psychischen Schwierigkeiten, die im Lauf seiner spirituellen Übungen auftauchten – beim Loslassen der Samskaras Fieber.

In *Die dunkle Nacht der Seele* spricht der heilige Johannes vom Kreuz davon, daß Menschen, die durchaus keine Anfänger auf dem spirituellen Pfad mehr sind, von psychischen Problemen heimgesucht werden. Damit gibt er zu, daß Probleme in dem Maße entstehen, in dem ein Mensch seine Unreinheiten so vollständig losläßt, daß sie dem Licht ähnlich werden. Was der heilige Johannes vom Kreuz hierüber schreibt, ist für jeden spirituellen Sucher tröstlich, der von Depressionen überwältigt wird. Johannes vom Kreuz stellt die Depression als einen Teil des Weges dar, den man nicht umgehen kann. Er zeigt, daß es *keine* verlorene Zeit, sondern eine Notwendigkeit ist, diese Wegstrecke zu durchschreiten. Er beschreibt auch das Auftauchen aus der dunklen Nacht – nach vollzogener Reinigung.

Die dunkle Nacht der Seele unterscheidet sich von der dunklen Nacht des Egos, wie sie im vierten Kapitel geschildert wurde. In der dunklen Nacht des Egos ist der Mensch in sein Ego verstrickt und sehnt sich danach, zum ersten Mal mit dem Innersten seiner Seele und dem höheren Selbst in Verbindung zu treten. Die dunkle Nacht der Seele gehört dagegen einem fortgeschrittenen Stadium an. Sie ist eine Brücke zur vollkommenen göttlichen Verschmelzung der Seele mit Atman, die nur jenen möglich ist, die auf dem spirituellen Weg schon vorgerückt sind, die die Seele schon erfahren und sich einer vollständigeren Erkundung der Höheren Macht verschrieben haben. So liegt viel von dem Schmerz, den die dunkle Nacht der Seele verursacht, in dem Gefühl, von dem Gott zurückgewiesen zu werden, der schon so vertraut ist.

> Diese Nacht, von der wir sagen, sie sei die Beschauung, verursacht in den geistlichen Menschen zweierlei Arten von Finsternis oder Läuterung, entsprechend den beiden Teilen

> des Menschen, dem sinnlichen und dem geistigen. Die eine Nacht oder Läuterung wird die sinnliche sein, in der die Seele in ihrem sinnlichen Teil geläutert und dieser dem Geist angeglichen wird. Die andere ist die geistige Nacht oder Läuterung, in der die Seele gemäß dem Geist gereinigt und entblößt und in diesem für die Liebeseinigung mit Gott bereitet und angeglichen wird.
> Das Leiden einer unreinen Seele aber, von der das göttliche Licht wahrhaft Besitz ergreift, ist unendlich. Denn wenn dieses lautere Licht in sie einbricht, so um ihre Unlauterkeit zu vertreiben; dann erkennt sich die Seele als so unsauber und erbärmlich, daß ihr vorkommt, Gott erhebe sich gegen sie, und sie selbst erhebe sich gegen Gott; sie wird so sehr gepeinigt und betrübt, daß sie meint, von Gott verstoßen zu sein. Sie erfährt eine der schrecklichsten Qualen ...
> Nicht mehr und nicht weniger bewirkt in der Seele der göttliche Strahl der Beschauung. Wenn er sie mit seinem göttlichen Leuchten überfällt, übersteigt er das natürliche Licht der Seele und verdunkelt es, beraubt sie aller natürlichen Vorstellungen und Neigungen, die sie vorher durch ihr natürliches Licht erfaßte. Und so stürzt er sie nicht nur in Dunkelheit, sondern entblößt sie auch noch ihrer geistlichen wie natürlichen Vermögen und Neigungen. Sie in Entblößung und Dunkel belassend reinigt er sie und erhellt sie mit seinem göttlichen Licht. Die Seele vermutet das nicht; sie meint noch immer im Finstern zu sein.[43]

Die Läuterungen der Sinne und des Geistes, von denen der heilige Johannes vom Kreuz spricht, sind die physischen und psychischen Reinigungsprozesse im Zusammenhang mit den Samskaras. Die Reinigung ist eine Zeit der Dunkelheit, des Aufruhrs, wo der Blick für das wahre Verhältnis der Dinge verlorengeht. Zwar ist die Entscheidung gefallen, alles zu tun, um mit der Liebe Gottes eins zu werden; zwar ist die Persönlichkeit anfänglich von göttlichem Licht erfüllt worden. Und doch kommt jetzt diese Zeit voller Leid, diese Krise im Prozeß des spirituellen Erwachens, in der Persönlichkeitsteile in den Mittelpunkt rücken, die noch nicht im Licht sind und ein »göttliches Heimweh«[44] nach den transpersonalen Zuständen verspüren, von denen wir schon einmal gekostet haben.

Die Bedeutung des psychischen Wachstums für den spirituellen Aufbruch

Die Geschichte von Christus in der Wüste und die Deutung, die der heilige Johannes vom Kreuz von der dunklen Nacht der Seele gibt, weisen beide auf die psychischen Schwierigkeiten hin, die sich daraus ergeben, wenn der Mensch sich von den Freuden der Sinne, ja sogar, wenn er sich von den Mächten des subtilen Bereichs ab- und einer stärkeren Verbindung mit dem göttlichen Licht auf der kausalen und der Atman-Ebene zuwendet. Zu jedem spirituellen Wachstum gehören Erfahrungen auf der subtilen Ebene, Stimmungsschwankungen, ungewöhnliche körperliche Symptome und die Notwendigkeit, an der psychischen Entwicklung und an chronischen körperlichen Verspannungen zu arbeiten. Geistliche, spirituelle Berater und geistige Heiler, die dieses Gebiet erforschen, werden in der transpersonalen Psychologie und Körperarbeit sowie bei lebenden spirituellen Meistern gleich welchen Kulturkreises bedeutende Unterstützung finden.

Weder die Bibel noch *Die dunkle Nacht der Seele* beschreiben den Läuterungsvorgang so genau, daß der religiöse Mensch daraus ausreichende Informationen über die spezifische Diagnose und Behandlung entnehmen könnte. Danach müssen wir in anderen Quellen suchen, zum Beispiel in dem Buch *Die Wurzeln des Yoga*, das die klassischen Lehrsprüche des Patanjali enthält, oder in den Büchern von Gopi Krishna. Beide beschreiben ausführlich die harten Prüfungen, denen Körper und Seele unterworfen werden. Oder wir müssen die westliche Körperpsychologie betrachten, die feststellt, daß es keine Änderung des Charakters ohne die entsprechenden körperlichen Veränderungen geben kann und daß der Körper ein direkter Ansatzpunkt für psychospirituelle Veränderungen ist. Diese These stammt ursprünglich von dem Arzt Wilhelm Reich, und in seiner Nachfolge haben die neoreichianischen Therapeuten seine Gedanken weiterentwickelt. John Pierrakos, Gay Hendricks, Graham Farrant, A. H. Almaas, Stephen Johnson und Stanislav Grof haben sich alle über den Wert intensiver Körpererfahrungsarbeit als Bestandteil des spirituellen Wachstums Gedanken gemacht. (Im Anhang finden sich Hinweise auf ihre Bücher.)

Die folgende Fallgeschichte zeigt deutlich, welchen Wert es hat, wenn zur Vorbereitung vertiefender spiritueller Arbeit psychologische Therapietechniken eingesetzt werden. Alicia war mit zwanzig eine eifrige Anhängerin des Zen-Buddhismus. Jeden Morgen und jeden Abend meditierte sie eine Dreiviertelstunde lang. Durch ihre Disziplin und ihre Konzentration gelang es ihr, eine riesige Menge Energie zu bündeln. Nach ein paar Monaten fing ihr Körper nach der halben Zeit jeder Sitzung unkontrolliert zu zittern an. Sie ging zu ihrem Lehrer und fragte, was sie tun sollte. Er sagte: «Fahren Sie mit Sitzen fort. Das Zittern ist *makyo*.«

Sie kehrte zu ihrem Meditationskissen zurück, war mit der Antwort aber nicht zufrieden. *Makyo* bedeutet Illusion oder Ablenkung, dachte sie. Ist es schlecht, daß das Zittern auftritt? Bedeutet es, daß ich versuche, mich abzulenken? Ich spüre, daß mein Körper mir etwas sagen will. Ich weiß nicht, was es ist, aber ich spüre, daß es etwas Wertvolles ist. Alicia ging zu einem Körpertherapeuten. Durch die Arbeit zur Auflösung der chronischen Verspannungen wurde ihr Körper immer lockerer und beweglicher. Oft weinte sie in den Sitzungen, wenn sie mit schmerzlichen Gefühlen in Berührung kam, die sie ihr ganzes Leben lang von ihrem Bewußtsein ferngehalten hatte. Alicia merkte, daß ihr Körper infolge dieser persönlichen Aufklärungsarbeit während der Meditation nicht mehr so sehr zitterte und sie sich besser konzentrieren konnte. Mit dieser Unterstützung kam sie bei der Meditation besser voran. Sie war jetzt mehr im Einklang mit sich selbst und fühlte sich auf ihrem Weg zu transpersonalen Bewußtseinsebenen bestätigt.

Echtes Erwachen wird dadurch gefördert, daß die psychischen Blockaden und der seelische Schutt, die von alten Traumata zeugen, beseitigt werden. Vielleicht ist die Therapie sogar ein notwendiger Bestandteil der spirituellen Entwicklung, denn in der Therapie lassen sich – psychische wie physische – Samskaras aus dem Weg räumen, um die Bereitschaft zur Aufnahme der feineren Energie der transpersonalen Bereiche zu schaffen. In dem Maße, in dem unser Selbst-Gewahrsein und die Selbst-Annahme all unserer Emotionen wächst, wir uns in unserem Selbstgefühl stark fühlen und nicht länger das Spiel des Opfers spielen, das den zur Verdrängung führenden Ängsten hilflos ausgeliefert ist, werden wir empfänglich für spirituelle Erfahrungen, die das Leben durch neue tiefe Dimensionen bereichern. Als Gopi Krishna Zutrauen zu sich selbst bekam, sich bis ins tiefste Innere erkannte und sich im vollen Vertrauen auf sich selbst verließ, da bekam er die Standfestigkeit, die er brauchte, um mit der in ihm erwachenden Kundalini-Energie fertig zu werden.

Das ist eine ganz neue Art, die Nahtstelle zwischen Psychiatrie und spiritueller Entwicklung zu betrachten. In der herkömmlichen klinischen Psychiatrie wurden spirituelle Erfahrungen als geistige oder emotionale Störungen angesehen, als Ergebnis der Regression in infantile Zustände. Die Psychiatrie bemüht sich, das regressive Verhalten zu beenden und dadurch den Patienten zu heilen. Katharsis wird nicht immer als notwendig erachtet; sie wird häufig durch die Gabe von Psychopharmaka geradezu verhindert. Durch eine solche Strategie kann allerdings gleichzeitig das spirituelle Wachstum im Keim erstickt werden.

Die Konvergenz der persönlichen mit der spirituellen Entwicklung ist von der herkömmlichen Religion und Psychiatrie nie klar anerkannt worden. Erst seit den 1970er Jahren gibt es – durch das Aufkommen der transpersonalen Psychologie – eine wissenschaftliche Richtung, die sich bemüht, unser Denken über die wechselseitige Verknüpfung des persönlichen und des spirituellen Wachstums zu ordnen. Heute, am Anfang der 1990er Jahre, ist zwischen den Praktikern der transpersonalen Psychologie, die mit östlichen spirituellen Praktiken vertraut sind, und spirituellen Lehrern eine intensive Diskussion darüber entbrannt, ob das Individuum erst eine starke Ichstruktur entwickeln muß, bevor es in der Lage ist, die transpersonalen Bewußtseinsebenen zu ertragen.[45] Es kann jedoch auch möglich sein, echte spirituelle Erfahrungen zu haben, ehe eine stabile Ichstruktur etabliert ist. Aber ein starkes Selbstgefühl, ein Bewußtsein für die eigene Mitte und die persönlichen Grenzen müssen vorhanden sein, bevor ein wirkliches Leben auf einer Bewußtseinsebene möglich wird, die dauerhafte Erfahrungen des Einsseins mit höheren Mächten, die Befähigung zur Heilertätigkeit und andere Auswirkungen der subtilen und kausalen Ebene mit sich bringt. Bevor dieser Grad der Ichstärke erreicht ist, besteht noch eine zu starke Befangenheit in den Reaktionen, die aus der Kindheitsgeschichte konditioniert sind, wird das ganze Leben noch als ein vergrößertes Abbild der Familiendynamik gesehen, so daß gar nicht die Möglichkeit besteht, zu einer neuen Bewußtseinsebene voranzuschreiten.

Jenette kam im Alter von achtundfünfzig Jahren zu mir zur Therapie. Sie war gerade dabei, zum ersten Mal seit ihrem Eintritt als Teenager das Kloster zu verlassen. Sie wollte das religiöse Leben nicht für immer aufgeben, aber sie wollte einmal eine Weile allein leben. »Ich will mich selbst kennenlernen«, sagte sie.

Als sie in das Kloster eintrat, hatte sie gelernt, ihre persönlichen Gefühle und ihre persönliche Geschichte aufzugeben und keine engen Freundschaften zu schließen, die sie von ihrer Beziehung zu Christus ablenken könnten. Jenette war gehorsam und fügte sich in Demut. Als sie telefonisch verständigt wurde, daß eines ihrer Geschwister – zu dem sie die engste Beziehung gehabt hatte – gestorben war, verbot die Äbtissin ihr zu weinen, zur Beerdigung zu gehen oder ihre Familie zu treffen. Jenette gehorchte.

Jenette bemühte sich nach Kräften, den Wunsch zu unterdrücken, mit Gleichaltrigen tanzen zu gehen, eine enge Freundin oder liebevollen Umgang mit ihrer Familie zu haben. Wo sie leben würde, entschieden andere. Auf die Wahl einer Arbeit in der Welt hatte sie nur geringen Einfluß.

Angesichts dieser Einschränkungen war es für Jenette sehr schwer, überhaupt ein Gefühl für sich selbst unabhängig von ihrer Rolle als Nonne zu entwickeln. Wir definieren uns gewöhnlich durch unsere engen Beziehungen, durch das Bewußtsein, daß wir einen Teil unserer Lebensgeschichte mit der Familie teilen, und durch die Entscheidung für eine bestimmte Arbeit. Ohne diese Wege zur Errichtung einer Identitätsstruktur entwickelte Jenette nie ein Gefühl dafür, wer sie eigentlich war.

Als ich Jenette als ältere Frau traf, litt sie an geringer Selbstachtung und Depressionen. Ihr war bewußt geworden, daß ihre Beziehung zu ihrem Vater im Himmel in Wirklichkeit nach dem gleichen Muster ablief wie die, die sie zu ihrem leiblichen Vater hatte, und der war kritisch und distanziert, unfähig zur Liebe und nie für sie erreichbar. Daß sie »mit Gott vermählt« war, brachte ihr wenig Befriedigung. Aus den wenigen persönlichen Beziehungen, die sie hatte, entstand kaum sozialer Kontakt. Ihr Leben erschien ihr oft sinnlos. Der belebende Samen neuer spiritueller Erfahrungen fand wenig Boden, in dem er hätte Wurzeln schlagen können, um ihr spirituelles Wachstum zu fördern.

In ihrer Therapie mußte Jenette sich bewußt machen, daß sie in ihrem ganzen Leben nie »persönliche« Zuwendung bekommen hatte. Als viertes von acht Kindern hatte sie in der Familie keine besondere Stellung eingenommen. Und auch im Kloster hatte sie nicht das Gefühl, irgendeine Bedeutung als Individuum zu haben. Sie empfand sich nur insoweit als nützlich, als sie gut putzen konnte und im übrigen weiter nicht störte. Im Kloster waren, wie auch in der Familie, aus der sie kam, alle anderen wichtiger als sie. Wenn sie nicht gerade so stark depressiv war, daß sie ihre Gefühle nicht wahrnahm, war sie traurig und einsam.

Als sie anfing, ihre wahren Gefühle zu identifizieren, bemerkte sie erst, wie sehr sie sich in ihrer Einsamkeit ihr ganzes Leben lang nach persönlichem Kontakt gesehnt hatte, wie sehr das Leben ihres Herzens gelitten hatte, weil sie nur im Kopf gelebt hatte, weil sie Regeln befolgt hatte, aber von ihren persönlichen Gefühlen, ihren Träumen und ihrer Sehnsucht nach mehr Verbindung mit anderen abgeschnitten gewesen war. Als sie mit meiner Unterstützung ihre Sehnsucht anerkannte, fing sie an, ihre Fühler nach anderen auszustrecken. Sie trat einer Al-Anon-Gruppe bei. Ganz langsam lernte sie, wie sie mit anderen in unmittelbareren Kontakt treten, wie sie Freundschaften knüpfen konnte, die von den Klosterregeln nicht vorgeschrieben waren, und wie sie Verantwortung für ihr eigenes Leben übernehmen konnte. Sie reiste nach Hawaii und gestattete sich zum ersten Mal im Leben, sich zu entspannen und zu amüsieren. In der Körpertherapie bekam sie allmählich mehr Kontakt zum Leben ihres Herzens. Dadurch gewann sie mehr Selbstvertrauen und entwickelte eine *lebendige*, greifbare Erfahrung der Höheren Macht als eines Gefühls des Einsseins.

In dem Maße, in dem Jenettes Selbstbewußtsein wuchs und sie einen größeren Freundeskreis aufbaute, ließen ihre Depressionen nach. Ihre Vorstellung von Gott, ihre Erfahrung der Liebe Gottes, erstreckte sich nun auf mehr als das Bild von einem distanzierten, lieblosen Vater.

Wie Jenette hatte auch Joseph einige Jahre einem römisch-katholischen Orden angehört, bevor er in eine schwere Depression abglitt. Er hatte Schlafstörungen, litt Tag und Nacht unter Verstimmtheit, und sein Körper fühlte sich schmerzhaft an, wie bei Grippe. Er wandte sich ratsuchend an seinen Abt, der ihn zum Psychiater schickte. Der Zufall wollte es, daß der Psychiater kein religiöser Mensch war und auch von transpersonaler Psychologie nichts verstand. Die dunkle Nacht der Seele war ihm unbekannt. In seinen Lehrbüchern zur medizinischen Diagnostik kamen spirituelle Krankheiten ebensowenig vor wie die Bedeutung des Loslassens der Samskaras. Der Arzt schloß, daß Joseph Depressionen hatte und verordnete ihm Medikamente, die er bis an sein Lebensende zu nehmen hätte. Joseph kehrte ins Kloster zurück. Eine Nebenwirkung seiner Medikamente war, daß er sich jetzt nicht mehr an seine Träume erinnerte und auch die bisher so stark empfundene Neigung zum religiösen Leben und die tiefe Verbindung mit Christus verblaßte. Das Medikament stumpfte alle Sinne ab und schnitt ihn so nicht nur von der persönlichen, sondern auch von der transpersonalen Entwicklung ab.

Joseph lebte so einige Jahre dahin, bis er einen transpersonalen Psychologen traf. Mit seiner Hilfe gelangte Joseph zu einer neuen Einschätzung seiner Lage und beschloß, die Medikamente abzusetzen. Statt dessen ging er einmal wöchentlich zu dem Psychologen, um die seit seiner Kindheit angestauten psychologischen Probleme durchzuarbeiten. In dem Maße, in dem er sich von verfehlten Beziehungsmustern befreite und sich für neue Arten, Liebe zu geben und zu empfangen, öffnete, kehrte seine Begeisterung für das religiöse Leben mit verstärkter Energie zurück.

Jenette und Joseph mußten beide erst psychologisch an sich arbeiten, bevor sie ihre spirituelle Entwicklung vorantreiben konnten. Gopi Krishna und Teresa von Avila mußten ihre eigene Tiefe ausloten, ehe sie die spirituellen Energien anzapfen konnten, über die sie verfügten. Alicia bewältigte die Arbeit an ihrem Inneren mit Hilfe eines Körpertherapeuten. Daß im Verlauf der spirituellen Entwicklung die Notwendigkeit für eine solche physische und psychische Integration auftritt, ist nicht neu. Gopi Krishna schreibt dazu:

Aus diesem Grund hatten die alten Lehrer des Kundalini-

> Yoga, deren Erfahrung sich über Jahrtausende erstreckte, als allernotwendigste Eigenschaften einen hervorragend kräftigen Körper, die Überwindung von Hunger und Begierden, die freiwillig erlangte Beherrschung der Lebensfunktionen und Organe und vor allem einen unbeugsamen Willen von denen verlangt, die sich der höchsten Aufgabe, der Erwekkung der Shakti (Kundalini-Erwachen) hingaben. Ein ausgezeichneter Zustand von Körper und Geist, der in der ungünstigen Umgebung der modernen Zivilisation schwer zu erreichen ist, ist für ein solches Unterfangen absolut notwendig, um das Gehirn davor zu bewahren, unter dem gewaltigen Ansturm nicht völlig zusammenzubrechen.[46]
> Beginnt das Zentrum durch einen Zufall vor der Zeit zu wirken, bevor noch die Nervenverbindungen und -stränge stark genug und die zarten Gehirnzellen an das Fließen des machtvollen Stromes gewöhnt sind, dann kann das Ergebnis verheerend sein. Die zarten Gewebe des Körpers werden in solchem Fall mit größter Wahrscheinlichkeit ein für alle Mal zerstört. Die Folge ist eine seltsame Krankheit, Wahnsinn oder Tod.[47]

Betrachten wir noch einmal Gopi Krishnas Geschichte. Er war bei ausgezeichneter Gesundheit. Vor seinem dramatischen Kundalini-Erwachen hatte er seine Willenskraft und seine Fähigkeit, das Bewußtsein zu bündeln, zwanzig Jahre lang geschult. Er wurde von treusorgenden Eltern in einer streng religiösen Tradition erzogen. Seine Persönlichkeit war fest in seiner Absicht gegründet, die Erleuchtung zu erlangen. Selbst bei seiner inneren Stabilität und der aufopferungsvollen Unterstützung seiner Familie wurde er von der durch das Aufsteigen der Kundalini ausgelösten verstärkten pranischen Aktivität schwer angeschlagen. Auf seinem Weg zu höheren transpersonalen Ebenen durchlitt er Qualen von Depression, Appetitlosigkeit und auszehrender körperlicher Schwäche. Bei alledem konnte er sich ebenso wenig wie Teresa von Avila auf die Unterstützung durch Therapie oder Körperarbeit verlassen.

In jedem Fall setzt die Erfahrung der Öffnung mittels des Kundalini-Erwachens, die ein unvermeidbarer Bestandteil jeden spirituellen Erwachens ist, einen kräftigen Körper und die Fähigkeit, komplexe, starke Gefühle zu verarbeiten, voraus. Da unsere herkömmliche Erziehung in Kirche und Schule uns auf dieses Ereignis nicht vorbereitet, sind alle, die das Erwachen durchleben, gewöhnlich auf die Unterstützung durch einen Arzt, Heiler, spirituellen Lehrer und/oder Psychotherapeuten angewiesen.

Auf der Suche nach echter spiritueller Erfahrung

Im Lauf der letzten dreißig Jahre hat manch einer, der sich zu den transpersonalen Bereichen hingezogen fühlte, das Bedürfnis verspürt, seine spirituellen Erfahrungen in stärkerem Maße mit anderen zu teilen und sich stärker von anderen inspirieren zu lassen, als dies im Rahmen der religiösen Konventionen möglich war. Diese Leute haben sich dann oft von den Kirchen ab- und psychospirituellen Gruppen zugewandt, die einen dynamischen Weg zur Selbsterfahrung und den Aufstieg zu transpersonalen Ebenen versprachen.

Im Jahr 1970 war Ed fünfzig Jahre alt. Er gehörte einer etablierten Kirchengemeinschaft an, fand dort aber im Rahmen der kirchlichen Institutionen keine Möglichkeit, seine spirituellen Erfahrungen weiter zu erkunden. Er suchte daher außerhalb seiner Kirche nach Gleichgesinnten, aber im Unterschied zu Julia, die sich kurz nach ihren außerkörperlichen Erfahrungen von ihrer Kirche trennte, zog Ed es vor, seine Bindungen an die Episkopalkirche zwanzig Jahre lang beizubehalten. Als Vater von fünf Kindern, Präsident der Jungen Republikaner und als Pfadfinderführer hatte er vielfältige Verpflichtungen im örtlichen Gemeindeleben. Er war auch Subdekan seiner Kirche gewesen, hatte Sonntagsschule gehalten und die Kommunion gespendet.

> Aber ich spürte, daß am spirituellen Leben mehr dran war als mein kirchliches Engagement zu bieten hatte. Meine Betroffenheit über den Vietnamkrieg und meine Sympathie mit den Landarbeitern, denen so übel mitgespielt wurde, ließen mich eine stärkere Verbundenheit mit anderen Menschen außerhalb meiner Gemeinde spüren.
> Also besuchte ich einen Vortrag über die geistige Dynamik, wo ich erlebte, wie ein Mann durch Telepathie einen Men-

schen heilte, der 3000 Meilen entfernt war. Das war ein lebendiges Beispiel, und ein dramatisches noch dazu, für etwas, worüber ich in der Bibel gelesen, was ich aber noch nie in der Kirche gesehen hatte.

In derselben Nacht wachte ich von einer intensiven Vision auf. Das ganze Zimmer war von einer purpurroten Kugel ausgefüllt. Das Purpur ging in Gold über – darum herum ein riesiges Auge. Die Vision schien eine Ewigkeit zu währen und den gesamten Raum einzunehmen. Ich war zu Tode erschrocken! Ich betete das Vaterunser, um mich vor dieser Erscheinung zu schützen, die mir heidnisch zu sein schien. Aber ich war auch überwältigt von positiven Gefühlen. Ich wußte nicht warum. Es war sehr verwirrend.

Ed beschloß, sich intensiver auf die geistige Dynamik einzulassen. Er beschäftigte sich mit tiefer Meditation, mit Heilung, mit Sehen in die Ferne. Er erkundete das Okkulte: Channeling, die Erforschung vergangener Leben, Kontakt mit Verstorbenen und so weiter. Er ging sogar wieder zur Universität und machte den Magister in transpersonaler Psychologie. Seine Frau und die anderen Gemeindemitglieder hielten ihn für »übergeschnappt«. Sie waren beunruhigt. Der Pfarrer an seiner Kirche duldete seine neuen Interessen, ohne sie zu unterstützen. Zwei andere Pfarrer, mit denen Ed befreundet war, stellten die Grenzen ihres Glaubens ebenfalls in Frage, wagten aber nicht, öffentlich darüber zu sprechen. In ihnen hatte er immerhin Gleichgesinnte gefunden, wenn auch alles geheim bleiben mußte.

Zwanzig Jahre danach, im Jahr 1989, hat Ed jetzt seine Haltung der Episkopalkirche gegenüber geändert. Ritus und Dogma stehen nicht mehr im Mittelpunkt seiner Verehrung, wenn er auch immer noch die Gemeinschaft mit den anderen Gemeindemitgliedern genießt. Er geht jetzt allerdings zur Unity Church[48], wo ein weitgefaßter Glaube praktiziert wird, der das Christentum ebenso einschließt wie andere metaphysische und mystische Lehren. Nach seiner Empfindung legt diese Kirche mehr Wert auf die direkte, spontane Erfahrung des Geistes und auf die Gebetsheilung.

Die Kirche hat mich nie ausgestoßen. Das hat mir geholfen,

denn ich war bei der Erforschung meiner eigenen Fähigkeiten als Heiler und Seher auf die enge Beziehung zur offiziellen Religion angewiesen. In den Anfangsstadien meines spirituellen Wachstums waren die Formalitäten notwendig. Aber je mehr ich den Geist *erfuhr*, um so einzigartiger wurde mein spirituelles Leben. Für mich ist es jetzt nicht mehr so wichtig, wie andere Spiritualität definieren; was zählt, ist meine eigene Erfahrung.

Ed hat jetzt eine tiefe persönliche Beziehung zu Jesus Christus, der für ihn »eine Erscheinungsform reiner Liebe« ist. Ed meditiert täglich, ist Mitglied einer Arbeitsgruppe zur Verbesserung der Kommunikation unter Heilern und unterhält eine eigene kleine Heilungspraxis. Er sagt, daß es ihm Spaß macht, anderen Menschen zu ermöglichen, in sich die göttliche Energie zu erfahren. Die meisten Techniken, die er verwendet, hat er in Gruppen für psychospirituelles Wachstum gelernt.

Ein Grund für das steigende Interesse an »psychospirituellen« Gruppen wie die Gruppe »Dynamik des Geistes«, die als erste Eds Interesse weckte, liegt vielleicht darin, daß sie eine Technik zur Beschleunigung des spirituellen Wachstums anbieten. Sowohl die weltlichen Intensiv-Workshops (wie *est* und *lifespring*) als auch spirituell orientierte Arbeitsgruppen (wie die A Course in Miracles-Arbeitsgruppen[49] und die Zwölf-Schritte-Programme wie Anonyme Alkoholiker, Adult Children of Alcoholics[50], Overeaters Anonymous, Al-Anon und so weiter) intensivieren die Selbst-Enthüllung. Was für eine Technik ist das, mit der hier das spirituelle Wachstum beschleunigt wird? Inwiefern unterscheidet sie sich von dem, was die herkömmlichen Religionen praktizieren?

Alle diese Gruppen fördern den *Lebensrückblick*. Dadurch läßt sich ein objektiveres Bild über frühe Lebensphasen gewinnen. Was haben Sie zu Hause wirklich erlebt? Was waren Ihre Gefühle? Hat man Sie in Ihrem einmaligen Sosein geschätzt und in Ihren persönlichen Gefühlen, Ihrem Bedürfnis nach Liebe und Unterstützung anerkannt? Sind Sie mißbraucht worden? Welche Auswirkung hat dieser emotionale, körperliche oder sexuelle Mißbrauch gehabt?

Ein solcher Lebensrückblick hilft uns, uns den wirklichen Bedingungen, wie sie in unserer Vergangenheit geherrscht haben, zu stellen. Dadurch wird uns besser bewußt, daß wir die Bedingungen unserer Vergangenheit nicht zu wiederholen brauchen, weder in der Beziehung zu unseren jetzigen Freunden noch in der Beziehung zu Gott. Wie Jenette, Ed und Julia können wir eine Alternative wählen, die unserem echten spirituellen Leben *unter Einschluß* unserer individuellen Eigenart Raum zur Entfaltung bietet. Die meisten offiziellen Religionen verlangen keine solche persönliche Auseinandersetzung. Sie verlassen sich mehr auf das Bedürfnis der Gemeindemitglieder, sich sicher zu fühlen, ihr persönliches Leben nicht zu gefährden, zu glauben, daß die Kirche für all ihre spirituellen Nöte sorgen wird, und regelmäßig zur Kirche zu gehen.

Die Leiter von psychospirituellen Intensivgruppen versprechen die Erfahrung des direkten Umgangs mit unmittelbaren inneren Erlebnissen. So kann man zum Beispiel durch eine Übung der tiefen emotionalen Gemeinsamkeit mit einem anderen Menschen, in der man lernt, abwechselnd zuzuhören und von sich selbst zu sprechen, den Wert spontaner persönlicher Verbindung mit anderen erfahren. Die Übung der gemeinsamen Meditation verleiht dem Gang ins eigene Innere, um Gott zu erfahren, soziale Billigung und Wert. Viele offizielle Religionen konzentrieren sich mehr auf äußere Glaubenssymbole als auf innere Erfahrung.

Psychospirituelle Gruppen bieten einen begrifflichen Rahmen, der den direkten Umgang mit dem Inneren unterstützt. Die meisten derartigen Gruppen fördern Gedanken wie diese: »Lebe im Augenblick, immer nur einen Tag auf einmal, immer nur eine Minute auf einmal. Liebe ist: Angst loszulassen. Das einzig Bleibende ist der Wechsel. Es ist o. k., mich selbst zu lieben.« Wenn Sie sich nicht wirklich selbst lieben können, wie können Sie dann einen anderen lieben? Nonverbale Kommunikation – was Sie durch Gesten und die von Ihnen ausgehenden Gefühle mitteilen – hat mehr Wirkung als das, was Sie sagen. Die meisten offiziellen Religionen haben dagegen eine autoritäre Einstellung zum inneren Leben. Sie unterstützen Selbstkontrolle, Selbstdisziplin und soziales Handeln und *bestreiten* gleichzeitig den Wert von Spontaneität, Vertrauen und Loslassen.

In vielen psychospirituellen Gruppen hilft die Unterstützung durch die Gemeinschaft dem einzelnen Gruppenmitglied, sich auf eine neue Denkweise und eine neue Beziehung zur Welt einzulassen. Das wird besonders in den Zwölf-Schritte-Programmen deutlich. Jedes Mitglied kann sich darauf verlassen, daß es anonym bleibt und seine Privatsphäre geschützt ist. Niemand spricht außerhalb eines Meetings darüber, wen er dort gesehen hat. Die Meetings sind kostenlos und im allgemeinen für jedermann zugänglich. Wer den Wunsch danach verspürt, kann sich einen persönlichen Sponsor suchen. Das ist ein Gruppenmitglied, das schon einige Zeit zur Gruppe gehört und das neue Mitglied bei der Verwirklichung der neuen Gedanken anleiten kann. Diese Unterstützung wird außerhalb der Meetings gewährt. Das Programm arbeitet mit psychologischen, pädagogischen und spirituellen Elementen. Eine Teilnahmegebühr wird, wie gesagt, nicht erhoben. Die Gruppen-Meetings finden jeden Tag zu verschiedenen Zeiten statt, um möglichst vielen Berufsgruppen den Besuch zu ermöglichen. Anfang und Ende jedes Meetings laufen immer nach dem gleichen Schema ab. Das dabei verwendete Ritual fördert die persönliche Beziehung zwischen den Mitgliedern (bonding) und wirkt erdend (grounding). In den offiziellen Religionsgemeinschaften wird das Engagement einzelner für ernsthafte Arbeit im persönlichen Bereich dagegen selten in seinem wirklichen Wert gesehen. Man ist eher geneigt, solches Engagement als ein Symptom von Geisteskrankheit zu werten.

Viele psychospirituelle Gruppen bieten Pläne an, an denen sich der einzelne orientieren kann, wenn er darangeht, die Vergangenheit loszulassen und sich selbst und anderen verletzendes Verhalten zu vergeben. Jeder wird angeleitet, wie er »loslassen und Gott überlassen« kann. In den Zwölf-Schritte-Programmen geschieht das in einem langwierigen Prozeß der moralischen Inventur und der direkten Kommunikation mit den Menschen, die verletzt worden sind, mit dem Ziel der Wiedergutmachung. In manchen psychospirituellen Gruppen wird das Loslassen durch die verschiedensten Gruppenprozesse oder individuelle Körperarbeit unterstützt, die bei der Katharsis und der Selbstheilung mitwirken.

Spiritueller Aufbruch in der Kirche: eine Zukunftsvision

Was würde geschehen, wenn die offiziellen Religionsgemeinschaften sich die Techniken zunutze machten, die die psychospirituellen Gruppen zur Förderung des spirituellen Wachstums einsetzen? Vielleicht würde ein Teil der Geistlichen zu psychospirituellen Wachstumshelfern ausgebildet? Die Kirchen könnten auch wieder eine lebenswichtige Rolle als »spirituelle Gemeinschaften« spielen. Wie könnte das konkret aussehen?

Ich könnte mir vorstellen, daß jede Gemeinde einen transpersonalen Pädagogen hätte. Dieser müßte eine gute psychologische Ausbildung haben und sollte in der Lage sein, den Pfad des spirituellen Aufbruchs zu definieren. Er könnte das spirituelle Wachstum entmystifizieren und es so dem Menschen näherbringen. Er würde auch einen begrifflichen Rahmen liefern, der es den Menschen ermöglichen würde, bei sich und anderen den Unterschied zwischen spirituellem Aufbruch und spirituellem Zusammenbruch zu verstehen. Wenn ein Jugendlicher eine spirituelle Erfahrung hätte, wie das außerkörperliche Erlebnis, das Julia so erschreckte, dann könnte er sich an die Kirche wenden und bei dem transpersonalen Pädagogen unmittelbaren Beistand finden.

Man würde die Leute auffordern, irgendeine Form der Körperarbeit (wie Yoga, Tai Chi, Aikido und so weiter) zu betreiben oder auch eine Körpertherapie (Tiefenmassage, strukturelle Integration und so weiter) in ihr spirituelles Übungsprogramm aufzunehmen. Es wäre eine anerkannte Tatsache, daß die Reinigung des Körpers ein wesentlicher Bestandteil des spirituellen Aufbruchs ist und durch Körperarbeit auf sanfte Weise beschleunigt werden kann. Die Kirche würde daher auf ihrem Gelände besondere Räume für Körperarbeit zur Verfügung stellen. Jenette und andere Menschen, die programmiert gewesen waren, den Körper als nicht zum Spirituellen gehörig abzulehnen, würden es so leichter haben, ihn als einen Verbündeten des religiösen Lebens zu akzeptieren. Vielleicht wären sogar die ersten, die in Körpertherapie ausgebildet würden, Mönche und Nonnen.

Ich stelle mir vor, daß die Geistlichen auf Grund ihrer Seminarausbildung in der Lage wären zu bemerken, wann ein Gemeindemitglied – oder ein Mitglied des Klerus – im Lauf seiner spirituellen Entfaltung sich in einem Zustand befindet, der die Arbeit an psychischem Material erfordert. Die Therapie würde positive Wertschätzung genießen und nicht nur als die Heilung von geistigen »Krankheiten«, sondern als eine Technik betrachtet werden, die das psychospirituelle Wachstum beschleunigt. Über die Kirche hätte die religiöse Gemeinschaft jederzeit Zugang zu einem Informationssystem über das Netz der transpersonalen Therapeuten. Jemand wie Ed könnte im Rahmen seiner normalen kirchlichen Aktivitäten psychospirituelle Wachstumsgruppen besuchen. Es gäbe eigene Therapie- und Heilungsräume innerhalb der Kirche. Vielleicht würden Leute wie Ed, die sich zur Arbeit als Heiler entschlossen haben, dann innerhalb der Gemeinschaft der Kirche arbeiten.

In der Gemeinde müßte es auch eine Einsatzgruppe für Notfälle geben, die speziell für den Fall des Auftretens von spirituellen Zusammenbrüchen ausgebildet wäre. Wenn ein Gemeindemitglied einen spirituellen Zusammenbruch erlitte, würde sein Geistlicher ihn an die spirituelle Notgruppe seiner Kirche verweisen. Diese würde Hausbesuche machen und notfalls auch einen Platz zur Unterbringung in einer geeigneten Umgebung suchen. Die Mitglieder dieser Gruppe würden Gespräche mit der Familie führen, um sie zu beruhigen und ihnen in dieser Zeit der schweren Prüfung Mut zuzusprechen.

Die Gemeinschaft würde durch besondere rituelle Feiern gekräftigt und geerdet werden, die zusätzlich zu den traditionellen religiösen Festen abgehalten würden. Der Wert, den diese Traditionen haben, um besondere Zeiten unseres inneren Lebens oder besondere äußerliche Ereignisse (Geburt, Tod, Hochzeit und so weiter) hervorzuheben, würde als starkes Motiv zum gemeinsamen Feiern fortwirken.

Eine innovative spirituelle Gemeinschaft

Es folgt die Beschreibung einer spirituellen Gemeinschaft, an der sich viele Aspekte der eben gegebenen Zukunftsvision zeigen lassen. Ich habe zu diesem Zweck das *Ananda Cooperative Village* ausgewählt, weil es in den Vereinigten Staaten ist und insofern wirklich erfolgreich arbeitet, als es finanziell lebensfähig ist und spirituelle und schöpferische Arbeit fördert. Es hat auch die Lehren des Hinduismus und des Christentums, also Ost und West, miteinander in ein gemeinsames System integriert. Natürlich gibt es eine Vielzahl verschiedener spiritueller Gemeinschaften, von denen manche mehr Wert auf eine bestimmte spirituelle Praxis legen, wie Auroville in Indien, und manche mit einer breiteren spirituellen Orientierung, wie Findhorn in Schottland.

Ananda Cooperative Village ist eine christliche Yoga-Gemeinschaft in Grass Valley in Kalifornien. Es hat Ableger in amerikanischen und europäischen Großstädten. Gegründet wurde es von Kriyananda, einem amerikanischen Schüler von Paramahansa Yogananda. Yogananda, der aus Ostindien stammte, vereinbart in seinem System die Gedanken indischer Lehrer mit der Weisheit des Christentums. Das Streben nach spirituellem Wachstum, der Wunsch, ein spirituelles Leben zu führen, wie es christliche und hinduistische Heilige vorgelebt haben, ist das Band, das die Gemeinschaft zusammenhält. Seine Vorstellungen von dem Weg zum spirituellen Wachstum sind sowohl aus christlichen Texten als auch aus solchen aus der Yoga-Tradition abgeleitet. Kriyananda ist eine charismatische Führerpersönlichkeit, die in sich die Kreativität, das Mitgefühl, die Weisheit, die Energie und die Freude am Dienen vereinigt, die nur einem Erweckten eigen sind.

Die Übungen, die in Ananada praktiziert werden, folgen einem soliden, wohldurchdachten und auf Erdung ausgerichteten Plan. Jedes Mitglied ist gehalten, täglich zu meditieren, Übungen zur energetischen Aufladung zu absolvieren, an Gesang, Gebet und Gemeinschaftsdienst teilzunehmen. Die Selbst-Erkenntnis, die sich mit spiritueller Übung einstellt, geschieht regelmäßig in kleinen Dosen und läßt sich daher leicht in den normalen Tageslauf integrieren. Wer von Zeit zu Zeit das Verlangen nach Stille und Einsamkeit hat, kann sich in einfache Hütten zurückziehen, wo man ihn mit Essen versorgt, und ist je nach Bedarf für etwa eine Woche von allen Gemeinschaftspflichten befreit. Der Ablauf der Woche wird durch Sonntagsgottesdienste gegliedert, die für jedermann von innerhalb oder außerhalb der Gemeinschaft zugänglich sind. Im Lauf der Woche treten kleine Interessengruppen zusammen, die sich je nach dem Grad des Engagements und der Stärke der Bindung an die Gemeinschaft in ihren Zielen unterscheiden. Nach Möglichkeit nimmt jedes Mitglied jedes Jahr in der gleichen Woche Urlaub zur »Spirituellen Erneuerung«. Während dieser Zeit gibt es besondere Aktivitäten zur Förderung des Bonding innerhalb der Gemeinschaft und zur Vertiefung des spirituellen Lebens.

Wie bei jeder religiösen Gemeinschaft, erscheinen auch hier zuweilen Leute an der Pforte, die sich in einem miserablen Zustand befinden und nach Möglichkeiten suchen, wieder gesund zu werden. Ein Geistlicher in Ananda, Asha Praver, erzählt, wie die Gemeinschaft reagiert, wenn ihr die Sorge für einen Menschen während eines psychotischen Schubs oder in einem spirituellen Zusammenbruch anvertraut wird:

> Wir versuchen, denen zu helfen, denen wir wirklich helfen können. Wir sind uns bewußt, daß es manchen Menschen einfach nichts bringt, wenn sie bei uns bleiben. Sie brauchen eine andere Art von Betreuung. Solche Leute fordern wir auf, wieder zu gehen – aber das kommt sehr selten vor.
> In unserer Gemeinschaft gibt es einige professionelle Psychotherapeuten. Wenn wir also ein fachmännisches Urteil über eine gestörte Person brauchen, dann haben wir die Möglichkeit, dieses von jemandem einzuholen, der auch Erfahrungen mit Menschen hat, deren Probleme im Umkreis des Spirituellen liegen. Aber normalerweise gehen Leute, die nicht zu uns gehören, schon von selbst wieder weg. Sie wollen – oder können – unsere regelmäßigen Übungen nicht durchhalten. Sie wollen die Arbeit nicht tun. Sie sind nicht genug geerdet.

Wer in Ananda Probleme mit dem spirituellen Wachstum hat, hat viele Möglichkeiten, Hilfe zu finden. Er kann direkte Anleitung von Kriyananda bekommen. (Ananda ist noch so klein, daß Kriyananda für jeden persönlich ansprechbar ist.) Er kann mit einem der vielen Geistlichen und Berater sprechen. Er kann mit einer Vielzahl verschiedener Laien in der Gemeinschaft arbeiten, die in Körpertherapie und Heilung tätig sind. Wenn jemand eine authentische Erfahrung durchmacht, sind die Angehörigen von Ananda offenbar in der Lage, seine Bedürfnisse zu erkennen und ihm auf jede erdenkliche Weise zu helfen. Da alle dort dem spirituellen Wachstum zutiefst verpflichtet sind, haben alle schon ähnliche Probleme gehabt und dadurch eine besondere Empathie für andere entwickelt, die ein ähnliches Leiden durchmachen. Manchmal ist es die Aufgabe des Geistlichen zu entscheiden, ob jemand ein authentisches Erwachen erlebt, das besondere Aufmerksamkeit verlangt, oder ob er sich nur in einer Sackgasse befindet und einer persönlichen Schwierigkeit aus dem Wege geht. Asha sagt dazu:

> Eine echte spirituelle Erfahrung bringt immer einen Zuwachs an Liebe, Mitgefühl und Harmonie mit sich. Um spirituell zu wachsen, braucht nicht jedesmal der Theaterdonner der spirituellen Krise bemüht zu werden. Gesteigerte Selbsterkenntnis, ein geschärfter Sinn für die Realität, fester Stand auf der Erde und innere Harmonie sind die Anzeichen für Wachstum. Das sind unsere Maßstäbe.

Wer nach einer Gemeinschaft sucht, die das spirituelle Wachstum fördert, findet in Ananda Cooperative Village eine feste Grundlage für seine Arbeit. Seine Regeln und sein Festhalten an der Tradition fördern offenbar den lebendigen Geist, während seine Neuheit und sein experimenteller Charakter genügend Spielraum für Spontaneität und Kreativität lassen. Gerade durch seine Struktur setzt es zwar innerhalb eines bestimmten Rahmens gewisse Grenzen, bleibt aber dennoch dem ewig wechselnden Fluß des Lebens treu, der ständig nach neuen Ausdrucksmöglichkeiten sucht. Ananda ist auf vielen Gebieten innovativ. Hier entstanden neben anderen Errungenschaften: neue Musik, Bücher über Yoga, naturgemäße Ernährung und Leben in der Gemeinschaft, ein Grundschulsystem und wunderbare biologische Bauernhöfe. Seine Besinnungswochenenden und seine ländlichen Erholungseinrichtungen werden von Angehörigen vieler verschiedener religiöser Traditionen aus der ganzen Welt regelmäßig besucht und geschätzt. Es ist eine beispielgebende religiöse Gemeinschaft, die sich auf viele Techniken zur Verstärkung des spirituellen Wachstums stützt.

Konventionelle religiöse Institutionen sowie spirituelle Gruppen des New Age bemühen sich um ähnliche Lösungen: dem Menschen zu ermöglichen, sich für seine Beziehung zum

Göttlichen zu öffnen, sich dabei aber auf die geeignete Weise unterstützt und aufgefangen zu wissen. Die herkömmlichen Rituale lassen der spontanen spirituellen Erfahrung oft nicht genug Raum, bieten dafür aber die Sicherheit des Bekannten, einer Gemeinschaft und einer Tradition, die die Zeiten überdauert haben. Während die psychospirituellen Prozesse des New Age genügend Freiheit für die spontane Öffnung gegenüber der spirituellen Erfahrung lassen, bieten sie nicht immer die verläßliche Unterstützung durch eine Gemeinschaft, die nötig ist, um eine solche Öffnung zu integrieren. Es ist zu hoffen, daß wir in Zukunft Elemente aus beiden heranziehen können, um spirituelle Gemeinschaften unter der entsprechenden Leitung zu errichten, in denen die Menschen die Freiheit haben, sich der spirituellen Erfahrung mit all den psychischen, spirituellen und physiologischen Veränderungen, die sie mit sich bringt, zu öffnen, und doch gleichzeitig verläßliche, angemessene Unterstützung bekommen können, wenn sie sie brauchen.

Die meisten religiösen Institutionen stellen sich nur langsam auf Veränderungen ein. Die Verwaltungen dieser Institutionen nehmen zur Frage der spirituellen Erfahrung als Bestandteil des spirituellen Wachstums keine einheitliche Position ein. Das konventionelle kirchliche Establishment ähnelt dem konventionellen medizinischen Establishment, das der Realität von spirituellen Erfahrungen so skeptisch gegenübersteht, daß es ihre Gültigkeit in Bausch und Bogen abstreitet. Einzelne Ärzte, Psychiater und Geistliche bemühen sich, Alternativen zu dieser rigorosen Ansicht zu erkunden. Das konventionelle medizinische Establishment zieht es allerdings vor, alle sogenannten spirituellen Erfahrungen auf chemische Vorgänge im Gehirn zurückzuführen, die regressive, psychotische Phänomene hervorrufen, die sich durch die moderne medizinische Technik unter Kontrolle bringen lassen. Im nächsten Kapitel wollen wir die Frage untersuchen, wie die Körperchemie konkret mit spirituellen Erfahrungen zusammenhängt.

Sechstes Kapitel

Körperlicher Streß

Auf den ersten Blick scheinen Sport, Entbindung und Krankheit einer ganz anderen Welt anzugehören als die Spiritualität; tatsächlich aber kann die körperliche Belastung in jeder dieser Extremsituationen so intensiv sein, daß dadurch spirituelle Erlebnisse hervorgerufen werden. Wenn der Körper überanstrengt wird, kann es zu Zuständen der Ekstase, Erfahrungen der kausalen Ebene, Telepathie, außerkörperlichen Erlebnissen, außergewöhnlicher Kraftentfaltung, Geistheilung, Hellsehen oder Hellhören und anderen parapsychischen Phänomenen kommen. Die Schulmedizin führt derartige Ereignisse gewöhnlich auf Veränderungen in der Körperchemie zurück. In diesem Kapitel soll das Verhältnis zwischen dem Zusammenwirken von Streß und Körperchemie einerseits und transpersonalen Erfahrungen andererseits beleuchtet werden.

Sport

Der Sportler bringt sich im Training in eine ähnliche Lage wie ein Yogi, der sich auf eine intensive spirituelle Schulung eingelassen hat. Beide stellen sich rigorosen physischen und geistigen Anforderungen. Beide müssen ihre Aufmerksamkeit über lange Zeit auf einen Gegenstand konzentrieren. Spitzenleistungen verlangen eine gewisse Loslösung vom Ziel. Ob es sich bei dem Ziel um die Erleuchtung oder den Gewinn eines Rennens handelt, in jedem Fall kommt es entscheidend auf die Fähigkeit an, den Geist ruhig zu halten und im gegenwärtigen Moment zu verweilen. Der Yogi und der Sportler erkunden beide die Grenzen des Menschen, insbesondere aber ihre eigenen. Dafür ist äußerste Hingabe eine unabdingbare Voraussetzung. Tag und Nacht lebt der Yogi wie der Sportler mit dieser Intensität. Ob in seinem Traumleben oder im Wachzustand, immer zehrt er von seinen schöpferischen Fähigkeiten, um seine praktischen Leistungen zu verbessern und neue Methoden der Leistungssteigerung zu verinnerlichen. Michael Murphy und Rhea White sind diesen Parallelen in ihrem Buch *The Psychic Side of Sports*[51] nachgegangen.

Sport verlangt wie die spirituelle Schulung, daß alte Verhaltensmuster aufgegeben und neue Fähigkeiten oder innere Quellen erworben oder angezapft werden, um die Leistungen zu verbessern. Diese Öffnung für neue Seiten des eigenen Wesens kann zu einer heiteren Hochstimmung, einem Gefühl der Erneuerung oder der Wiedergeburt führen. Es kann aber auch so desorientierend wirken, daß es einen spirituellen Zusammenbruch auslöst. Der Langstreckenläufer Mike Spino hat eine solche Krise erlebt:

> Im Winter 1967 trainierte ich auf Erde und Asphaltboden. Ein Freund fuhr als Schrittmacher im Auto mit. Ich hatte mir vorgenommen, sechs Meilen Höchstgeschwindigkeit zu laufen, aber nach der ersten Meile war ich erstaunt, wie leicht es ging. Ich war die erste Meile ohne viel Anstrengung oder Schmerzen in viereinhalb Minuten gelaufen, als würde ich von einer Riesenkraft getragen. Die nasse Fahrbahn und die hupenden Autos störten mich überhaupt nicht. Mein Körper war gewichtslos, ohne Widerstand. Er fühlte sich mit der Zeit an wie ein Skelett – als ob das Fleisch von den Knochen weggefegt wäre. Ich fühlte mich wie der Wind. Tagträume und Phantasien waren verschwunden. Die einzig negative Empfindung war ein Schuldgefühl, weil ich so laufen konnte. Als der Lauf zu Ende war, konnte ich mich mit niemandem unterhalten, weil ich eine Zeitlang gar nicht wußte, wer ich war. War ich der, der da gelaufen war, oder war ich der normale Mike Spino? Ich setzte mich an den Straßenrand und weinte. Da saß ich, war die ganzen sechs Meilen auf einem dreckigen Straßenrand mit Viereinhalb-Minuten-Tempo gelaufen (das war nah am Landesrekord), und hatte eine Identitätskrise![52]

Was fängt ein Sportler mit einer solchen Erfahrung an? Viele schreiben sie zweifellos dem strahlenden Gefühl der Fitness und der Freude an der Grenzüberschreitung zu – sie ist dann ganz einfach ein Teil des sportlichen Erlebnisses. In Ermangelung eines anderen Begriffsrahmens können diese Sportler die tiefe Bedeutung dieser Gipfelerlebnisse nicht in ihr übriges Leben einbauen. Der ehemalige Quarterback[53] John Brodie beschreibt dieses Problem so:

> Footballspieler und Sportler geraten im allgemeinen öfter in einen solchen Zustand oder Seinszustand – nennen Sie es wie Sie wollen –, als man gemeinhin annimmt. Aber wenn das Spiel oder die Saison vorbei ist, verlieren sie ihn oft wieder. Oft haben sie keine Vorstellung, keine praktisch anwendbare Weltanschauung, die so eine Sache stützen würde, in die sie da reinrutschen, wenn sie spielen. Sie haben keine Worte dafür. Deshalb kann man es nach einem Spiel erleben, daß manche runterknallen, sich manchmal lächerlich machen, im Spannungsniveau total runterknallen. Aber während des Spiels kommen sie ganz rauf. Ich meine, was vielen Leuten fehlt, ist: sie haben keine Weltanschauung, auf die sie sich stützen können, keine Disziplin für ein besseres Leben.[54]

Wenn sie in spirituellen Bezügen leben, können die Sportler Gipfelerlebnisse in ihr normales Leben einordnen. Dann kommen die Hochgefühle nicht nur aus dem Sport. Sportliche Betätigung ist nur eine Methode unter vielen, um die Tür zu dieser Erfahrungsdimension zu öffnen. Ein Gipfelmoment, wie Mike Spino ihn erlebte, kann dann als Teil eines spirituellen Aufbruchs gesehen werden. Ein solcher Zusammenhang würde Spinos Krise eher die Bedeutung eines Höhepunktes als die eines Einbruchs geben. Gestützt auf eine Weltanschauung, die das wahre Selbst als jenseits des Egos angesiedelt anerkennt, wäre Spino über die Berührung mit diesem höheren Selbst und seinen Kräften hocherfreut gewesen. Er hätte sein Erlebnis so verstanden, daß es ihm einen Einblick in die ganze Fülle seines Potentials als Mensch gewährte und seinem künftigen Leben die Richtung vorzeichnete.

Wenn sie nicht gleichzeitig mit dem Prozeß des spirituellen Aufbruchs in Übereinstimmung gebracht werden, finden Gipfelerfahrungen keine Erde, in der sie wachsen können. Sie werden in das Gedächtnis zurückgeschickt. Auf diese Weise können wohltuende Wirkungen solcher Momente verlorengehen. Der heilige Johannes vom Kreuz schreibt:

> Wer den Lauf seiner geistlichen Übungen und Gebete unterbricht, ist wie der Mann, der einen Vogel aus seiner Hand entweichen läßt; er wird ihn kaum wieder einfangen können.

Natürlich gibt es auch manche Sportler, die die Möglichkeiten, die sich ihnen eröffnet haben, verstehen und sie zu ihrem Vorteil ausnutzen können, nicht nur im Sport, sondern auch im täglichen Leben.

> ... ein nicht genannt sein wollender bekannter Weitstrekkenschwimmer (sagte), daß immer, wenn sein physischer Leib bei einem Marathonwettbewerb erschöpft ist, er ihn entspannt, indem er, während sein Körper unten weiterschwimmt, oben in seinem Doppelgänger schwebt. Wenn er wieder in den Körper eintritt, fühlt er sich wieder frisch und kann eine ganze Weile weiterschwimmen, ohne zu ermüden. Der Mann fügte hinzu, daß auch in anderen Disziplinen die Sportler ihren Körper beim Wettbewerb verlassen. Aber sie sprechen nicht darüber.[55]

Charles Lindbergh, ein engagierter Christ und der erste, der allein im Flugzeug den Atlantik überquerte, berichtet, er habe während des Fluges außerkörperliche Erfahrungen sowie Besuche von Wesen höherer Intelligenz gehabt.[56] Als er diese Erlebnisse hatte, befand er sich in absoluter Einsamkeit und war gleichzeitig mit einer physisch und psychisch äußerst anstrengenden Tätigkeit beschäftigt. Lindberghs Hingabe an die Höhere Macht im Gebet hat ohne Zweifel dazu beigetragen, daß er seine Mitte gewahrt und sich während dieser außergewöhnlichen transpersonalen Erlebnisse nicht selbst verloren hat.

Entbindung

Jede Entbindung bringt eine starke Veränderung des Bewußtseinszustandes mit sich, es sei denn, es werden Betäubungsmittel eingesetzt. Es kann sogar zum Auftreten von Phänomenen des Kundalini-Erwachens kommen. Viele Frauen berichten über ekstatische Gefühle während der Entbindung; manchmal kommt es zu erhabenen Gefühlen der Kommunion mit der

Höheren Macht und/oder Engelwesen. Manche Frauen fühlen sich allerdings durch spirituelle Erlebnisse während der Entbindung stark beunruhigt. Wenn die Verbindung mit spirituellen Welten in derart intensiven Momenten geschieht, kann das für eine Frau, die keine Möglichkeit hat, sie in einen entsprechenden Kontext einzuordnen, so daß sie verständlich werden, sehr traumatisch sein.

Die Biochemikerin Betsy war Ende zwanzig, als sie ihr erstes Baby bekam. Als sie mitten in der Wehentätigkeit auf einer Liege in den Kreißsaal geschoben wurde, wurde ihr Körper von einem außerordentlichen Strom vibrierender Energie erfaßt. Sie zitterte am ganzen Leib. Sie war drauf und dran, die Herrschaft über sich zu verlieren. Sie merkte, daß sie im Begriff war, in einen sehr ungewöhnlichen Bewußtseinszustand zu geraten. Voller Sorge fragte sie sich: »Ob ich den Verstand verliere?« Sie bat die Schwestern und den Arzt, ihr zu sagen, was mit ihr los war. Aber die hatten auch keine Erklärung. Betsy merkte, daß sie ebenso in Sorge um sie waren wie sie selbst.

Auch von ihrem Studium der Biologie und Chemie her war Betsy nicht darauf vorbereitet, das Eindringen kosmischer Energie für möglich zu halten, die nun auf dramatische Weise in ihrem Körper tobte. Das einzige, was sie sich im Rahmen ihrer Verständnismöglichkeiten denken konnte, war, daß es sich um irgendwelche pathologischen Symptome handelte. Sie war deshalb in entsetzlicher Angst um ihr Leben und um das ihres Kindes. Also nahm sie sich zusammen, um die Geburt nicht zu gefährden, und war erstaunt, daß diese glatt verlief und das Baby gesund war. Nach der Entbindung stellte man allerlei Tests an, um festzustellen, ob Betsy organische Probleme hätte. Aber sie war völlig gesund. Dennoch war sie zehn Jahre lang in Sorge, es könnte eine noch unentdeckte Krankheit auftauchen, die das Entbindungstrauma verursacht hätte. Die Ängste hörten erst auf, als sie während einer psychotherapeutsichen Sitzung vom Kundalini-Erwachen hörte. Da wurde ihr klar, daß die gesteigerte Intuition und das Gefühl außergewöhnlichen inneren Friedens, die sie in den letzten zehn Jahren in der Kirche empfunden hatte, wahrscheinlich damit zusammenhingen, daß sich bei der Entbindung die Kundalini bei ihr geregt hatte.

Die mangelnde Kenntnis der Phänomene des Kundalini-

Erwachens bei Krankenhausentbindungen kann aber auch weit dramatischere negative Folgen haben. So nahm man einer anderen Frau, Samantha, nach der Entbindung ihr Kind weg, weil der diensthabende Arzt ihre Kundalini-Episode während der Geburt als Symptom einer Psychose interpretiert hatte. Die Trennung von ihrem Kind war aber nicht das einzige. Man gab ihr auch Medikamente, um den Milchfluß zu unterbinden, sowie antiseptische Mittel. Als sie die Klinik verließ, war sie zwar körperlich gesund, aber zutiefst beunruhigt, weil der Arzt sie als psychotisch bezeichnet hatte. Gemeinsam mit ihrer Familie fragte sie sich: »Bin ich überhaupt zur Mutterschaft tauglich? Wird das Kind bei mir in Sicherheit sein? Kann es sein, daß ich plötzlich überschnappe? Bin ich vielleicht schizophren?« Sie brauchte fünf sorgenschwere Jahre, bis sie endlich jemanden fand, der ihr erklärte, daß ihr Kundalini-Erwachen etwas Positives und eine Chance zum Wachstum war.

Eine andere Frau, Ann, erlebte 1954 während der Entbindung eine Nahtod-Erfahrung, in der sie mit einem körperlosen Wesen höherer Intelligenz sprach, das ihr sagte, »er« würde sich um ihr Baby kümmern, das einige Tage nach der Geburt sterben würde. Zunächst hielt Ann dieses Erlebnis gegenüber ihrem Arzt geheim. Im Krankenhaus hätten die meisten eine solche Geschichte gewiß für verrückt gehalten.

Nahtoderfahrung

Nahtoderfahrungen (NTE) können sich im Verlauf jedes schweren Traumas einstellen, in dem ein Mensch sich in einem Schwebezustand in der Nähe des Todes befindet. Für solche Erfahrungen ist ein Erlebnismuster typisch, bei dem die Betreffenden sich durch einen dunklen Tunnel in einen weiten lichterfüllten Raum gezogen fühlen, wo Wesen von göttlicher Intelligenz und alte Freunde sie »abholen«. Es ist ein glückseliges, befreiendes Erlebnis. Menschen, die ins Leben zurückkehren, so daß sie darüber berichten können, wie die erwähnte Ann, hegen für sich nicht den geringsten Zweifel an der Realität ihrer inneren Erfahrung dieser heiligen Gefilde. Es ist typisch für die »NTEler« (Menschen, die eine Nahtoderfahrung gehabt haben), daß sie nach ihrer völligen Wiederherstellung an sich ungewöhnliche Heilergaben, inneren Frieden, den Wunsch, anderen zu dienen, die Überwindung jeglicher Todesangst und eine spirituelle Einstellung zum Leben insgesamt entdecken. Dr. Kenneth Ring stellt in seinem Buch *Healing Toward Omega* fest, daß das die gleichen Veränderungen sind, die auch nach dem Kundalini-Erwachen eintreten.

Wie verhielten sich Anns Arzt und ihre Freunde zu ihrer Nahtoderfahrung? Da die Entbindung langwierig und schwierig gewesen war, wurde das Baby hauptsächlich von den Schwestern der Klinik betreut, damit Ann sich erholen konnte. Obwohl das Baby bei der Geburt scheinbar gesund gewesen war, starb es vier Tage später auf der Neugeborenenstation des Krankenhauses an Gehirnblutung. Aber da sie ja innerlich fest überzeugt war, daß ihr Baby in der Obhut eines göttlichen Wesens sei, gab sie sich nicht, wie es zu erwarten gewesen wäre, dem Schmerz hin. Als sie ihrem Mann und dem Arzt davon erzählte, wußten auch sie, daß nur ein »wirkliches« Geschehen ihr dieses Gefühl hatte geben können. Ihr Pfarrer dagegen konnte ihre Erfahrung nicht als real annehmen.

> (Er) erklärte, das Erlebnis sei eine Halluzination, wie sie für Menschen in starken Streßsituationen typisch sei. Das gäbe es gar nicht, daß man dieses Leben verläßt, in ein anderes eintritt und wieder zurückkehrt. Er sagte, das sei ein psychologischer Abwehrmechanismus, und das beste wäre, wenn ich das alles einfach vergäße, damit meine natürliche Trauerphase anfangen und durchlaufen werden könnte, so daß ich wieder ein »normales« Leben führen könnte . . . Dieses Gespräch mit dem Pfarrer brachte mich fast um . . ., aber ich gehorchte ihm ohne Widerspruch – jedenfalls bemühte ich mich darum. Es vergingen ein paar Monate, in denen es mir nicht aus dem Sinn ging, und ich war nahe daran, mich für eine ziemliche Spinnerin zu halten. Ich glaube, es wäre leichter gewesen, meinen eigenen Namen als dieses wunderbare Gefühl zu vergessen, diese Welle reiner Freude, die ich gefühlt hatte, als (das) göttliche Wesen meine Hand nahm und mir sagte, es sei gekommen, um *mein Kind* abzuholen. Es war der wichtigste Augenblick meines Lebens.
>
> Ich weiß immer noch nicht, wer er war, und es ist mir auch egal! Ich weiß wenigstens, daß es ihn gibt.

> Jedenfalls wurde mir bald klar, daß ich in dieser Welt nur wieder wie früher akzeptiert werden würde, wenn ich »so tat«, als vergäße ich alles, und »so tat«, als trauere ich um mein Baby. Also tat ich es wegen der ganzen Leute – außer meinem Mann, der mir glaubte, und bekam dafür eine Art Sicherheitsgefühl, aus zweiter Hand ... Heute weiß ich, daß unsere Trennung von unserer Tochter nur vorübergehend und sehr kurz ist, verglichen mit der Ewigkeit.[57]

Die Deutung der spirituellen Erfahrungen – einschließlich der Nahtoderfahrungen – als Halluzinationen oder psychologische Reaktionen auf Streß wird von Medizinern und allen, die dem medizinischen Denkmodell folgen, akzeptiert. Die Lehre der christlichen Kirche enthält keinen Hinweis darauf, daß Erfahrungen wie das Kundalini-Erwachen irgendeine Bedeutung für die spirituelle Entwicklung besäßen. Die meisten Geistlichen entscheiden sich angesichts spiritueller Erfahrungen für Erklärungen auf der Grundlage des schulmedizinischen Denkmodells. Was wissen wir gegenwärtig darüber,welchen Einfluß unsere Körperchemie auf außergewöhnliche transpersonale Erfahrungen hat? In den folgenden Abschnitten wollen wir die chemischen Vorgänge untersuchen, die sich bei traumatischen Vorgängen wie den eben geschilderten sowie bei Schwerkranken oder Schwerverletzten abspielen.

Unsere eigene Chemie macht uns high!

Der körperliche Aspekt des Hochs, das Sportler und manche entbindenden Frauen in der anstrengendsten Phase ihrer Tätigkeit erleben, läßt sich der Ausschüttung von Endorphinen zuschreiben. Diese vom Körper produzierten schmerzstillenden chemischen Substanzen haben die gleiche Wirkung wie Morphium und ähnliche Medikamente. Die Endorphine blokkieren oder schwächen die Übermittlung von Schmerzreizen und betäuben so den Schmerz. Starke Belastungen des Körpers wie Marathonlauf und der Geburtsvorgang (bei Mutter und Kind) lösen die Ausschüttung von Endorphinen aus. Das führt zu einer Auflösung des normalen Gefühls der Begrenzung und sogar zu einem Gefühl der Euphorie.

Die Endorphinausschüttung scheint die Methode zu sein, mit der die Natur es uns in gewissen Lagen ermöglicht, uns auf ein Ziel zu konzentrieren, ohne von störendem Schmerz überwältigt zu werden.[58] Der Läufer sagt dann, er fühle sich »leichter als Luft«, er habe »das Gefühl, ewig laufen zu können – fast wie Fliegen,« und manchmal »die Empfindung des Einsseins mit allem in der Natur und in mir selbst.« Eine entbindende Frau kann außerordentliche Energiereserven haben, eine Lichtempfindung im Inneren des Körpers, oder das Gefühl, mit dem Universum im Einklang zu sein. Diese Empfindung der Einheit und der Ekstase ist ein echtes spirituelles Erlebnis, ein Einblick in eine höhere kausale Wirklichkeit, was von vielen Sportlern als ein Grund angesehen wird, weshalb sich ihre Anstrengungen lohnen.

Die Endorphine sind aber nicht nur die Methode, die der Körper wählt, um uns den Schmerz erträglich zu machen; darüber hinaus sind sie möglicherweise auch einer unserer Führer in die spirituellen Dimensionen jenseits des Egos. Erst in jenen Lebenssituationen, in denen wir uns über unsere normalen Grenzen erheben – in denen wir über uns selbst hinauswachsen – verwirklichen wir unser wahres Selbst, ein Selbst, das nicht auf diesen Körper oder die Vorstellungen dieses Verstandes beschränkt ist, ein Selbst, das in ein mit Worten nicht beschreibbares Reich eintreten kann, ein Raum/eine Zeit des vollendeten Friedens. In einem solchen Zustand lenkt uns kein Gefühl der Trennung ab, wir fühlen nur die Einheit mit allen Dingen.

Körperchemie und transpersonale Zustände

Ist es möglich, daß bei diesen hohen körperlichen Belastungen zusätzlich zur Freisetzung von Endorphinen eine Veränderung der Gehirnchemie insgesamt stattfindet? Könnte es sein, daß unsere transpersonalen Erfahrungen nur ein Ergebnis dieser neuen Chemie sind? Das wird wohl von manchen angenommen.

Der Gehirnchemiker Dr. Arnold Mandell, Psychiatrieprofessor an der University of California in San Diego, zieht zur Erklärung transzendentaler Bewußtseinszustände einen neurochemischen Mechanismus heran. In körperlichen

Streßzuständen wird ein bestimmter Neurotransmitter, das Serotonin, manchmal gebremst. Normalerweise beruhigt Serotonin die Gehirnaktivität. Wenn es gebremst wird, vermehren die Schläfenlappen und das limbische System des Gehirns (das Gefühlszentrum) ihre elektrischen Entladungen. Dann werden alte Erinnerungen und Wahrnehmungsreize so verarbeitet, als seien sie »neu und frisch und voller Bedeutung«. Dr. Mandell berichtet, daß das zu »für religiöse Ekstase charakteristischen affektiven und kognitiven Prozessen sowie zu dauerhaften Persönlichkeitsveränderungen, wie sie bei religiösen Bekehrungen vorkommen«[59], führt.

Die Funktion der *Schläfenlappen* steht zweifellos im Zusammenhang mit paranormalen Erfahrungen. Durch die Schläfenlappen des Gehirns wird uns nicht nur unser »Selbstgefühl«, sondern auch unsere Identität in Raum und Zeit vermittelt. Zu Raum und Zeit gehören auch die kosmische Gegenwart, frühere Leben und die Unendlichkeit; außerdem auch die Schwebegefühle der außerkörperlichen Erfahrungen, Flugträume oder das Erlebnis des Gangs zum Licht durch einen Tunnel in einer Nahtoderfahrung. Die Schläfenlappen haben auch mit unserem allgemeinen Bewegungsgefühl, besonders mit Drehen und Schweben zu tun. Diese werden oft in Erlebnisberichten über paranormale Ereignisse, besonders bei außerkörperlichen Erfahrungen, angeführt.

Auch die Geruchsempfindung steht mit diesem Teil des Gehirns in engem Zusammenhang. So kann ein anregender Duft schneller veränderte Bewußtseinszustände herbeiführen als ein anregender Geschmack, der nicht so sehr mit den Schläfenlappen zu tun hat. Das ist vielleicht einer der Gründe, weshalb in den Kirchen und bei religiösen Anlässen Weihrauch verwendet wird – er geht direkt in den Teil des Gehirns, der für die Wahrnehmung transpersonaler Erfahrungen zuständig ist!

Im Schläfenlappen befinden sich zwei kleinere Strukturen, die ebenfalls direkt mit transpersonalen Erfahrungen in Beziehung stehen. Der *Hippocampus* (das Ammonshorn) ist auch als das »Tor zum Gedächtnis« bekannt. Möglicherweise spielt es eine Rolle bei der Vermittlung des Zugangs zu karmischen Erfahrungen und der Erinnerung an frühere Leben bis hin zur Wiedererlangung von damals beherrschten Fähigkeiten. Das *Corpus amygdaloideum* (der Mandelkern) ist der Sitz unserer

Leidenschaften und Ängste. Dieser Teil des Gehirns hängt mit dem Lebenswillen zusammen, mit dem Fortpflanzungstrieb und dem Wunsch nach Nähe, aber auch mit der Angst vor Verlust, Trennung und Tod. Es ist auch der Bereich, in dem wir die Sehnsucht nach Einheit mit der Höheren Macht verarbeiten.

Michael Persinger, der Chef des neurologischen Laboratoriums der Laurentian University in Sudbury, Ontario, hat festgestellt, daß eine Reizung des Schläfenlappens zu mystischen Bewußtseinszuständen führt. Auf diese Weise hat er künstlich paranormale Erfahrungen wie außerkörperliche und Nahtoderfahrungen und die Empfindung der Gegenwart der Höheren Macht bei seinen Versuchspersonen induziert. Er sendete mit einem elektromagnetischen Signalgerät, das auf nichtoperativem Weg in den Schläfenlappen eindringt, einen bestimmten kontrollierten Rhythmus und stellte fest, daß bei wiederholter Anwendung kleiner Reizmengen »Ministöße buchstäblich die biochemische Struktur der Neuronen verändern, und zwar so sehr, daß es am Ende fast keiner Stimulierung mehr bedarf, um die Versuchsperson auf den Weg der mystischen Erfahrung zu schicken«. Die Quelle, von der diese Ministöße ausgehen, könnten sein Signalgerät, ein Mantra, magnetische Kräfte hoch oben in der Atmosphäre oder tief im Erdinneren oder eine emotionale Reaktion auf eine lebensbedrohliche Situation sein.[60] Die Ministöße könnten auch aus der liebevollen Berührung durch enge Freunde kommen.

Die transpersonalen Erfahrungen, die Robin Inman während ihres Komas hatte, lassen sich zum Teil auf energetische »Ministöße« zurückführen, die durch Händehalten mit Familienmitgliedern und Freunden sowie durch ihre eigene Unruhe und Schlaflosigkeit hervorgerufen wurden. Robin ist fünfundvierzig Jahre alt. Von Beruf ist sie Künstlerin und Organisationsberaterin. 1988 geriet sie infolge akuten Versagens der Bauchspeicheldrüse in eine körperliche Krise:

> Zunächst schien es, als sei ich völlig gesund. Dann bekam ich plötzlich aus blauem Himmel heraus starke Schmerzen. Ein paar Stunden später war ich im Koma, das vierzehn Tage anhielt. Jeden Tag hörten meine Eltern von den Ärzten, ich würde die Nacht wohl nicht überstehen. Alle Lebensfunktio-

nen signalisierten, daß mein Körper einfach zu schwach war, um weiterzumachen.

Wenn Besuch kam – so erzählte man mir später –, tastete ich selbst noch in meinem unbewußten Zustand nach der Hand eines Freundes und hielt sie fest umklammert. Ich lebte buchstäblich von der Lebensenergie meiner Freunde. Einmal saßen mein Vater und mein Bruder nur da und massierten mir die Füße. Wir waren in unserer Familie immer sehr zärtlich zueinander. Ich glaube, diese Liebe und Fürsorge meiner Angehörigen hat mir das Leben gerettet.

Die Schwestern erzählten, in den zwei Wochen, die ich im Koma lag, hätte ich nicht geschlafen. Ich war in einem gewissen Erregungszustand – ich empfand einen Teil des Schmerzes und wußte, wo ich war. Mein Gefühl sagte mir, daß ich im »Land des Todes« war. Es war ein Ort tiefen inneren Friedens. Es fühlte sich ganz ähnlich an wie mein normaler Bewußtseinszustand, aber gleichzeitig war es auch eine Welt für sich.

Als ich erwachte, nahm ich dieses Gefühl des inneren Friedens mit. Daß alles vollkommen ist. Unsere Erfolge. Unsere scheinbaren Mißerfolge. Unsere Probleme. Alles! Es ist alles Teil einer vollkommenen Welt. Es hat etwas Logisches an sich.

Robin erzählte mir, das Erlebnis des Komas hätte ihr geholfen, die Nahtoderfahrung besser zu verstehen, die sie zehn Jahre vorher gehabt hatte, als sie nach einer Totaloperation der Gebärmutter fast an Blutungen gestorben wäre. Sie empfand eine gewisse Ähnlichkeit zwischen den beiden Erlebnissen.

(Beide Male) tat ich das Übliche. Ich ging den Tunnel entlang ins Licht. Es war unbeschreiblich schön. Voller Frieden. Voller Freude. Leicht. Aber mit Sterben war ich noch nicht dran. Also wurde ich wiederbelebt . . . dank der modernen Technik und dank der Gnade Gottes (den ich jetzt die Kosmische Mutter oder Göttin nenne). Meine NTE hat mir gezeigt, daß ich den Tod als solchen nicht zu fürchten brauche. Ich weiß seitdem mit absoluter Gewißheit, daß die Höhere Macht existiert, und daß es einen Grund gibt, warum ich mein Leben lebe.

Wenn diese transpersonalen Erfahrungen lediglich auf einem chemischen Vorgang beruhen, der nur unter der Wirkung körperlicher Belastung oder elektromagnetischer Schwingungen stattfindet, warum haben sie dann eine so tiefgreifende psychische Wirkung, die ein Leben lang anhält? Ist es denkbar, daß ein Zusammenhang zwischen dem chemischen Vorgang einerseits und physiologischen und psychischen Prozessen andererseits besteht, und zwar dergestalt, daß neue Bahnen für Gehirnaktivitäten und das Verstehen von Wahrnehmungsphänomenen im Gehirn eröffnet werden? Das wäre eine Erklärung für die Erfahrungen, die Robins ganzes Leben veränderten. Es gestattet auch Einblicke in das Phänomen der außerkörperlichen Erfahrung, aber reicht es zur vollständigen Erklärung aus?

Der Student Larry litt nach einem Autounfall unter unerträglichen Schmerzen; er mußte sich einer komplizierten Operation unterziehen und danach noch lange im Krankenhaus bleiben. Vielleicht führte die Belastung zu einer Veränderung in der Gehirnchemie, die außerkörperliche Erfahrungen zur Folge hatte. Jedenfalls führten ihn diese Erfahrungen ganz deutlich über seinen Körper hinaus.

> Es war spät in der Nacht auf der Rückfahrt von einem Musikfestival in einem anderen Staat. An einer Kreuzung überfuhr ein Betrunkener eine rote Ampel und prallte vorne auf mein Auto auf. Dabei wurde mein rechtes Bein in der Mitte des Schienbeins fast abgetrennt. Ich hatte siebenundzwanzig Knochenbrüche.
>
> Man brachte mich auf die Intensivstation. Bewußtlos. Sie glaubten nicht, daß ich es überleben würde. Ich wachte im Operationssaal auf. Aber ich war nicht in meinem Körper. Ich war an der Decke, schaute auf meinen Körper hinunter und hörte, was die Ärzte und Schwestern besprachen. Von dem Platz, wo ich war, konnte ich den Staub in der Deckenlampe sehen. Das wäre von unten nicht möglich gewesen, weil der schalenförmige Lampenschirm die Glühbirnen von unten verdeckte. Ich verließ sogar den OP – ich ging einfach durch die Wand und sah mich vorne vorm Krankenhaus um. Es war ziemlich unheimlich, aber irgendwie auch ganz lustig. Ich weiß noch, daß mir ein roter Turnschuh auffiel, der im

vierten Stock auf einem Fensterbrett lag – fünftes Fenster vom Westen aus gesehen. Ich weiß nicht, warum mich ausgerechnet der Schuh interessierte. Man sollte meinen, ich hätte etwas Wichtigeres unternehmen können, wie ich da so rumflog.
Sie haben versucht, mein Bein wieder zusammenzuschustern. Dann richteten sie die Knochen und verpaßten mir einen Ganzkörpergips. Mensch, war ich bedient!
Ich kam erst wieder in meinen Körper zurück, als ich den OP verlassen hatte und im Aufwachzimmer aus der Narkose erwachte.
Am nächsten Tag erzählte ich einer der Schwestern, die bei der Operation dabei gewesen waren, was ich erlebt hatte, als ich aus meinem Körper draußen gewesen war. Ich sagte ihr, worüber sich der Chirurg und die Schwestern bei der Operation unterhalten hatten. Sie sagte, das stimmte alles – aber sie konnte sich nicht erklären, wieso ich das alles gehört hatte. Sie war bereit, nach dem Staub in der Lampe und nach dem Turnschuh auf dem Fensterbrett im vierten Stock zu schauen. Sie brachte mir dann später den Schuh, um mir zu zeigen, daß ich recht gehabt hatte. Wir waren beide verblüfft!

Offenbar hat Larry – wie auch andere, die den Körper verlassen haben – Beweise für seine außerkörperliche Reise geliefert, die sich nicht als Halluzinationen oder als Täuschung abtun lassen.

Die Stellung der konventionellen Psychiatrie zu den transpersonalen Zuständen

Die konventionelle Psychiatrie und die allopathische Medizin, diese beiden Bollwerke des westlichen Modells der Medizin, würden die transpersonalen Phänomene (einschließlich außerkörperlicher und Nahtoderfahrungen, Reisen ins Reich des Todes und so weiter) als Halluzinationen wegerklären; diese sind nach dieser Anschauung bei Kranken auf Streß, Angst und Erschöpfung zurückzuführen, bei Sportlern und gebärenden Frauen auf das Zusammenwirken von körpereigenem chemischem Abwehrsystem und Hyperventilation. Die Schulmedizin würde sagen, die Erlebnisse selbst enthielten in sich keinen wirklichen Realitätskern. Diese Denkweise führt dazu, daß Krankenschwestern, das Verwaltungspersonal in Krankenhäusern, Ärzte und Psychotherapeuten jedem Patienten, der über mystische oder transpersonale Bewußtseinszustände berichtet, mit äußerster Skepsis begegnen. Die Fähigkeit des Hellfühlens oder Hellsehens, wie überhaupt jede neu erworbene Gabe, klarer zu »sehen«, wird als reiner Zufall abgetan. Einer Patientin, die ganz in die faszinierende Frische einer mystischen Erfahrung versunken ist, wird vielleicht unter besondere Beobachtung gestellt mit der Begründung, daß sie anfällig für eine Degenerationspsychose sei.

Wenn wir nach der Quelle von transpersonalen Erfahrungen suchen, müssen wir untersuchen, ob diese zustande kommen, weil wir wirklich über die Fähigkeit verfügen, andere Dimensionen, wie das Reich der Engel, wahrzunehmen und neue Kräfte, wie das Hellsehen, zu wecken, oder ob die transpersonalen Erfahrungen bloße Projektionen der Aktivität unserer Gehirnzellen, eine Auswirkung von Endorphinen, elektromagnetischen Schwingungen oder eine chemische Reaktion auf Primärängste sind. Vielleicht treffen beide Erklärungen zu. Aus der Sehnsucht nach Gott schaffen wir uns ein Bild von der Höheren Macht – die es wirklich gibt, auch wenn sie von verschiedenen Menschen auf Grund der Neurochemie ihres jeweiligen Gehirns verschieden wahrgenommen wird!

Und doch, wenn alles nur Chemie ist, wie erklären wir dann, daß Larry während seiner außerkörperlichen Erfahrung den Staub in der Operationslampe oder den Turnschuh auf dem Fensterbrett im vierten Stock sehen konnte? Er war bewußtlos, als er ins Krankenhaus eingeliefert wurde, und auch, als er in den Operationssaal kam. Als er ins Krankenhaus kam, war er gar nicht fähig, dort herumzulaufen oder sich mit dem Fernglas umzusehen. Das Krankenhaus war ihm völlig fremd. Und doch »kannte« er diese Einzelheiten, als ob er wirklich an der Decke geschwebt und in die Lampe geschaut oder außerhalb des Gebäudes gestanden hätte, so nah, daß er den Schuh auf dem Sims im vierten Stock mit eigenen Augen sehen konnte. Wenn er tatsächlich außerhalb seines Körpers herumgeflogen war, dann ließe sich erklären, wieso er diese Dinge sehen konnte.

Unsere Wissenschaftler verfügen über keine Methode, dieses Gebiet der menschlichen Erfahrung wissenschaftlich zu überprüfen, um den Kriterien herkömmlicher Testverfahren Genüge zu tun. Parapsychische Phänomene sind in unseren angesehensten Forschungsinstituten von Wissenschaftlern untersucht und bestätigt worden. Eines der Bücher, in denen diese Forschungen dargestellt werden, ist *Die Kunst, kreativ zu sein* von Willis Harman von der Stanford University und dem Stanford Research Institute sowie dem Kolumnisten Howard Rheingold.[61] Dagegen haben die wissenschaftlichen Untersuchungen zu Phänomenen des spirituellen Aufbruchs, die auf körperlicher Belastung beruhen, insbesondere Nahtod- und außerkörperliche Erfahrungen, nicht in gleichem Maße zur Anerkennung der Phänomene geführt. Aber diejenigen, die solche Erlebnisse gehabt haben, brauchen offensichtlich keinen wissenschaftlichen Beweis; wer die Dinge direkt ganz deutlich selbst erlebt hat, kann auf Bestätigungen von außen gut verzichten. Was er allerdings braucht, ist Anerkennung, das Eingeständnis, daß er nicht verrückt ist, und die Gemeinschaft mit anderen, die wissen, daß das, was er erlebt, real ist.

Beratungsstellen im Krankenhaus

Die Krankenhäuser sind im allgemeinen nicht darauf eingerichtet, dieses Bedürfnis ihrer Patienten zu stillen. Das Krankenhauspersonal ist ganz speziell dafür ausgebildet, sich ausschließlich um die Behandlung körperlicher Beschwerden zu kümmern, nicht um irgendwelche »spirituellen« Fragen. Aber was für Möglichkeiten hat denn ein Patient, der auf das Krankenhaus angewiesen ist und seiner Sterblichkeit ins Auge sehen muß, der Hilfe braucht, um sein Leben zu verstehen und seine Heilung zu fördern? Welche Unterstützung gibt es für Menschen, die während der Entbindung plötzlich ein Kundalini-Erwachen erleben, ein Nahtoderlebnis beim Wiederbelebungsversuch, eine parapsychische Öffnung in Narkose (vergleiche das neunte Kapitel), eine schamanische Reise im Koma, eine Öffnung für den Lebensmythos angesichts der fälligen Entscheidung für eine Operation, die sie möglicherweise nicht überleben werden (vergleiche das vierte Kapitel)? In dem Maße, in dem die Wiederbelebungstechnik weiter fortschreitet, werden noch viel mehr von uns im Krankenhaus Nahtoderlebnisse und außerkörperliche Erfahrungen haben. Dann brauchen wir Hilfe, um sie zu integrieren, oder wir werden sie nicht festhalten können, wie den Vogel, der aus unserer Hand wegfliegt.

Was wir brauchen, sind Berater im Krankenhaus, die den Patienten helfen können, sowohl den physiologischen Aspekt ihrer spirituellen Erfahrungen zu verstehen, als auch zu erkennen, welcher Teil davon sich auf ein reales Territorium bezieht. Dazu gehören sichere Informationen über Endorphine und Gehirnchemie. Dazu gehört auch eine Landkarte der transpersonalen Bewußtseinszustände, ganz ähnlich der im ersten Kapitel vorgestellten. Ich fragte Robin: »Können Sie sich etwas vorstellen, was Ihnen geholfen hätte, den inneren Frieden, den Sie im Reich des Todes gefunden haben, in Ihr Leben nach dem Krankenhausaufenthalt hinüberzuretten?« Darauf antwortete sie:

> Es wäre gut gewesen, wenn ich irgendeinen transpersonalen Berater gehabt hätte, der verstanden hätte, was ich durchgemacht hatte und mir hätte helfen können, es in mein tägliches Leben und in den Heilungsprozeß zu integrieren. Jemanden, der mir Techniken beigebracht hätte, diesen Frieden zu bewahren. Jetzt, nach einem Jahr, wende ich mich den spirituellen Gebräuchen alter Religionen zu. Ich habe das Bedürfnis nach mehr rituellen Formen, nach einer Ausrichtung meines Lebens nach den Jahreszeiten und dem zyklischen Geschehen der Natur.
>
> Im Krankenhaus gab es, auch bei Ärzten und Schwestern, niemanden, mit dem ich über meine innere Erfahrung hätte sprechen können. Einige Schwestern waren wunderbar – gutgelaunt, zu Späßen aufgelegt, freundlich, und man fühlte sich gleich wohler, wenn sie da waren. Auch die Ärzte waren freundlich, gescheit und fachlich sehr qualifiziert. Aber keiner interessierte sich für das, was ich im Innern erlebt hatte. Die persönliche Unterstützung, die ich brauchte, um meine spirituellen Erfahrungen zu verarbeiten, bekam ich vor allem von Freunden, die ähnliches erlebt hatten. Auch die Bücher von Raymond Moody und Elizabeth Kübler-Ross waren hilfreich. Außerdem habe ich viele Kurse über Psychologie besucht, bin in Einzeltherapie gegangen und will mich

> künstlerisch betätigen. Es ist wichtig für mich, daß ich alle Aspekte meines Lebens miteinander verbinde: den körperlichen, den seelischen, schöpferischen und spirituellen Aspekt, wie wenn ein Kreis sich schließt, der alles umfaßt.[62]

Wir brauchen Berater, die den Menschen helfen können, zu ihrem eigenen Erlebnis in Beziehung zu treten und es nicht vorschnell als merkwürdig, verrückt oder bloße chemische Reaktion abzutun. Andernfalls werden die, die solche Erfahrungen machen, die Früchte nicht ernten können, die sie selbst tragen: gesteigerte Selbstannahme, mehr Freude am Dienst am Nächsten und weniger Angst vor dem Tod. Zu allermindest könnten Berater Erklärungen anbieten, die über die materialistische Sicht der Realität hinausgehen.

Alternative Heilmethoden im Krankenhaus

Am anderen Ende des weltanschaulichen Spektrums finden wir alternative Heilmethoden, die ausdrücklich auf Erfahrungen der subtilen und der kausalen Ebene ausgerichtet sind. Es wäre für Larrys Wiederherstellung gut gewesen, wenn es jemanden gegeben hätte, der seine transpersonalen Erfahrungen anerkannt und seine Fähigkeit praktisch in den Heilungsprozeß einbezogen hätte.

> Die ganzen acht Monate, die ich im Krankenhaus zubrachte, hatte ich starke Schmerzen. Ich war so empfindlich, daß ich schon Schmerzen bekam, wenn sich mir jemand auf weniger als einen Meter Entfernung näherte, so als würden sie bei dieser Entfernung in meine Aura eindringen, die unversehrt bleiben mußte, um meine Heilung zu beschützen. Mehrmals verließ ich wieder meinen Körper und schwebte dann irgendwo außerhalb. Wenn ich nicht im Körper war, spürte ich den Schmerz nicht. Das war eine solche Erleichterung!
> Ich sehnte mich nach der außerkörperlichen Erfahrung, weil sie mir Linderung brachte; aber gleichzeitig hatte ich auch Angst davor. Ich hatte mich immer ausschließlich mit dem Körper identifiziert. Mir war vorher nie klar gewesen, daß ich in einer Weise auch außerhalb des Körpers eine vollstän-

dige, intakte Einheit war. Ich konnte sehen, fühlen, hören. Ich konnte mich frei bewegen und direkt durch die Wände gehen.

Durch seine Fähigkeit, Schmerz zu empfinden, wenn sich ihm jemand näherte, ohne seinen physischen Leib überhaupt zu berühren, erfuhr Larry den subtilen Körper in greifbarer Form. Das kommt bei vielen Menschen vor, die sich in einem hochsensibilisierten Zustand befinden. Was können wir von ihnen darüber lernen, was der Körper braucht, um sich selbst zu heilen?

Während des Heilungsprozesses veränderte sich meine Vorstellung von der Realität radikal. Seit ich erlebt hatte, daß ich meinen Körper verlassen konnte, bestand für mich mit einem Mal kein Zweifel mehr, daß ich auch einen subtilen Körper hatte. Dieser hatte viel feinere Antennen als der materielle Körper. Er konnte klarer »sehen«. Ich konnte von anderen Menschen Gefühle und Gedanken aufnehmen, die sie gar nicht ausgesprochen hatten. Dadurch entwickelte ich den anderen gegenüber mehr Liebe und Mitgefühl. Auch ganz allgemein bekam ich eine neue Lebensanschauung. Ich identifizierte mich mehr mit dem spirituellen Aspekt, ich wollte in meinem Leben Liebe ausdrücken und Heiler werden.
Ich wünschte, es wäre eine Schwester oder ein Arzt dagewesen, die verstanden hätten, was ich erlebte. Ich versuchte, es ihnen zu erklären, aber sie dachten, es sei ein Schmerzdelirium, und ich hätte Halluzinationen. Also sprach ich nicht mehr mit ihnen. Das Morphium, das sie mir gaben, nahm ich aber weiter.

Die einzige echte Heilung, die Larry erlebte – außer der Linderung des Schmerzes durch die Mittel, die ihm verschrieben wurden –, brachte ihm ein erfahrener Heiler, der ihn im Krankenhaus besuchte.

Er arbeitete direkt an meinem subtilen Körper. Er gab mir ein homöopathisches Medikament zur Stärkung des subtilen Körpers. Er betete mit mir. Er erkannte die tiefste Kraft in

mir an und lockte sie hervor. Als diese sich dann bemerkbar machte, zeigte er mir, wie ich sie zur Selbstheilung einsetzen konnte.
Heute kann ich wieder gehen. Ich bin schmerzfrei. In mir sind eine Spannkraft und ein Glücksgefühl, die ich früher nie gekannt habe.

Auch Kate schreibt ihre Wiederherstellung der Anleitung zu, die sie von einer nicht zum Krankenhauspersonal gehörenden freien Krankenschwester bekam, die sich mit den Auswirkungen spiritueller Kräfte auf die körperliche Gesundheit auskannte. Kate wurde nämlich von einer Pflegerin betreut, die freiberuflich bei den Leuten zu Hause arbeitete. Sie hatte sich zusätzlich zu dem, was sie in der Schwesternschule gelernt hatte, mit alternativen Heilmethoden beschäftigt.

Als Kate neunundzwanzig war, wurde bei ihr eine rasch fortschreitende degenerative Arthritis festgestellt. Ein halbes Jahr lebte sie im Bett. Sie konnte nicht laufen. Ihr Körper war so empfindlich, daß selbst die Bewegung des Bettuchs an ihrer Haut unerträgliche Schmerzen hervorrief. Sie war in großer Angst, sie würde nie wieder gesund werden. Die Ärzte machten ihr keine Hoffnungen.

Unter der Anleitung einer Krankenschwester stellte ich mich von allopathischen Medikamenten auf Heilmethoden um, die direkter an meiner Psychologie und Spiritualität ansetzten. Sie halfen mir, mich mit meinen Gefühlen, meinen Verletzungen und meinen Zukunftshoffnungen zu arrangieren. Ich stellte fest, daß, je tiefer ich in meine eigene Wahrheit hinabstieg, desto schwächer die arthritischen Schmerzen wurden. Als ich schließlich drei Jahre später einer spirituellen Gruppe beitrat, war der Schmerz vollkommen verschwunden.

Als Kate sich psychisch und spirituell öffnete, stellte sie sich mit ihrem Leben auf die neuen Einsichten ein. Sie kümmerte sich mehr um ihr spirituelles Wachstum. Da ihr Mann die neue Richtung nicht mittragen konnte, trennten sie sich.

Eine solche das ganze Spektrum umfassende Pflege, wie sie Kate zuteil wurde, ist in Krankenhäusern geboten, wo die Menschen am meisten auf eine Betreuung angewiesen sind, die das medizinische Modell ergänzt. Irgend jemand muß da sein, der Fragen beantwortet wie diese: Wie kann ich die erlangten Einsichten bewahren? Wie soll ich mit dieser neuen Fähigkeit zu sehen, oder mit diesem Mitgefühl mit anderen umgehen?

Was steckt hinter medizinischen Notfällen?

Ich bin zu der Ansicht gekommen, daß die Gesundheitskrisen, die ich durchgemacht habe, die Methode der Natur waren, mir zu helfen, mein spirituelles Leben wieder ins Gleichgewicht zu bringen. Ich war früher kein friedlicher Mensch. Ich war materialistisch und voller Angst, war also absolut nicht mit dem innersten Kern meines Wesens im Einklang. Jetzt ruhe ich mehr in mir, bin liebevoller, mitfühlender, hilfsbereiter und schöpferischer. Ich brauche auch viel weniger Schlaf. Robin

Ich betrachte den Unfall und die Monate mit Schmerzen als eine Intervention höherer Mächte, die mich über meinen subtilen Körper aufklären wollten. Es war ein Geschenk für mich. Larry

Daß ich krank war, hat mir erst geholfen, mich mit dem Geist zu verbinden. Ich merkte, daß ich mit einem Teil meines Wesens kommunizieren konnte, den ich früher nicht einmal bemerkt hatte ... Die Heilung der Arthritis und der spirituelle Zusammenbruch waren für mich Zeiten der Reinigung, durch die ich Teile meiner Persönlichkeit loslassen konnte, die mich davon abhielten, Gott näherzukommen ...
Kate

Mein Kundalini-Erwachen war ein großer Schock für mich. Es machte mich empfänglich für den Bereich des spirituellen Erwachens und für die Phänomene, die in seinem Gefolge im Körper passieren. Betsy

Früher war Kate eine Karrierefrau gewesen; sie bekleidete eine leitende Stellung in einer New Yorker Firma, wo sie täglich im grauen Flanellanzug einen Zwölf- bis Vierzehn-Stunden-Tag absolvierte – vor ihrer Krankheit. »Ich war ein richtiger Yuppie! Mein Mann und ich hatten 'ne Menge Geld. Er war Forschungsingenieur. Unsere Wohnung war super. Kinder hatten wir keine. Arbeit und Vergnügen – das war unser Leben. Wir waren intellekt betonte Macher.« Als die Ärzte ihr die Diagnose stellten und ihr eröffneten, daß sie bald an den Rollstuhl gefesselt sein würde, bekam sie einen Schock.

Auch Larry, Betsy und Robin bekamen einen Schock, als sie plötzlich in eine medizinische Notlage gerieten. Sie alle waren aktive, intelligente Leute, die von einem Moment zum anderen hilflos wurden. Betsy war eine stinknormale Hausfrau und arbeitete als Biochemikerin in der Forschung. Von Kundalini-Erwachen hatte sie noch nie etwas gehört.

Körperlicher Streß kann, insbesondere in den Fällen, an denen Phänomene des spirituellen Erwachens beteiligt sind, als Reinigungskrise angesehen werden; als ein Weg des Körpers, sich ins Gleichgewicht mit Seele und Geist zu bringen, eine Intervention höherer Mächte. Das gilt sowohl für die Gipfelerlebnisse bei Müttern während der Entbindung und bei Sportlern, als auch für die, die bei medizinischen Notfällen auftreten. Vielleicht verlangt das Schicksal der Menschen, die diese Dinge erleben, daß sie sich stärker auf ihr spirituelles Leben einlassen.

Nachdem Kate sich körperlich wieder erholt hatte und sich mehr um ihr spirituelles Leben kümmerte, geriet sie in einen dramatischen spirituellen Zusammenbruch, der ihr ganz klar machte, was der Sinn ihres Lebens war. Er unterschied sich diametral von den materialistischen Zielen, denen sie nachgejagt war, seit sie erwachsen war.

> Ich war im Begriff, das eine Leben loszulassen. Es war eine Art Sterben. Daß ich jetzt ein neues Leben führte, war für mich wie eine ständige Feier. Ich war kaum ein halbes Jahr Mitglied einer Meditationsgruppe auf der Grundlage der Hingabe an den Willen Gottes, da hatte ich einen spirituellen Zusammenbruch. Er dauerte fünf Wochen. Ich hatte soviel Energie, daß ich nicht wußte, wohin damit. Ich wachte dann mitten in der Nacht auf und mußte aufstehen. Ich fühlte mich Gott ganz nahe, so als stünde er direkt hinter mir und flüsterte mir ins Ohr. Es wurde so intensiv, daß ich

praktisch ununterbrochen damit beschäftigt war, mich seiner Stimme zu öffnen. Ich konnte kaum essen. Nie hatte ich Lust zu lesen. Am Anfang hatte ich schreckliche Angst. Ich weinte viel. Mein Leben veränderte sich so schnell, daß ich kaum noch mitkam. Ich merkte, daß in mir eine einschneidende Veränderung vorging - so als würde jede Zelle meines Körpers umgewandelt. Aber ich wußte, daß alles nur zum Guten war. Ich wurde ein glücklicherer, liebevollerer Mensch.
Jetzt, wo die Intensität nachgelassen hat, arbeite ich als Beraterin und benutze meinen geschäftlichen Rückhalt, um mich auf dem Gebiet der Heilkunde auszubilden. Ich will öfter als Körpertherapeutin arbeiten. Meine Spiritualität ist für mich zum Hauptangelpunkt des Lebens geworden. Ich glaube, daß der Zweck meines Lebens ist, Liebe zu geben, sogar den Menschen, die sie nicht erwidern können. Ich fühle mich dem höheren Geist zutiefst verbunden. Das hat mir die Fähigkeit gegeben, in das Wesen, die Wahrheit der Menschen zu »schauen«. Bei der Arbeit bin ich gerade durch dieses Schauen erfolgreich.

So können also die transpersonalen Erfahrungen, die sich durch körperlichen Streß einstellen, eine Aufforderung des Körpers sein, sich um Gleichgewicht und Ganzheit zu bemühen. Der körperliche Streß schafft in einem geschäftigen Leben eine Insel der Reflexion. Plötzlich öffnet sich das Tor zu neuen Dimensionen, zu Einsichten über das bisherige Leben und spirituellen Offenbarungen. Spirituelle Erfahrungen werden - wie bei Kate und Larry - zu einer Aufforderung, sich mit Heilkunst und Metaphysik zu beschäftigen. Robin wurde angeregt, wieder die Schulbank zu drücken und sich stärker künstlerisch zu betätigen. Betsy begab sich auf die Suche nach einem tieferen Verständnis der Energie jenseits der Art von Biologie und religiöser Erfahrung, die sie bis dahin gekannt hatte. Sie ging wieder zur Universität, um den Magister in transpersonaler Psychologie zu machen. Alle diese Menschen erlebten durch ihre spirituellen Erfahrungen eine Bereicherung ihres Lebens. Auf verschiedenste Weise hatten sie alle zu mehr Frieden gefunden, hatten Kraft bekommen, sich selbst zu erneuern, das Leben mit neuem Schwung zu erfüllen und sich emotional wohl zu fühlen.

So wie physische Belastungen der Auslöser für die Suche nach körperlicher Ganzheit sein können, so kann ein emotionaler Notstand dazu anregen, nach mehr Wohlbefinden im Bereich von Herz und Geist zu suchen. Das nächste Kapitel zeigt, wie emotionale Belastungen uns in einen spirituellen Zusammenbruch treiben können.

Siebentes Kapitel

Emotionaler Notstand

Judith führte ein erfülltes Leben ohne besondere Probleme. Sie war fünfundzwanzig, glücklich verheiratet und finanziell abgesichert. Sie hatte drei Kinder und fühlte sich in ihrer Rolle als Mutter wohl. Eines Morgens ging sie ins Kinderzimmer, um ihr Baby zu baden und für den Tag anzuziehen. Es lag still da und rührte sich nicht. Die Ärzte hatten keine Erklärung für seinen Tod.

> Die Erde tat sich unter meinen Füßen auf. Tiefe Verzweiflung packte mich. Mehrere Jahre litt ich unter dieser Bedrükkung. Zum ersten Mal in meinem Leben war etwas geschehen, das unwiderruflich zu sein schien. Es stürzte mich in eine Suchkrise. Die altbekannten christlichen Glaubenssätze kamen mir wie oberflächliche Platitüden vor. Was ich suchte, war eine Möglichkeit, die Wahrheit mit eigenen Augen zu sehen und zu erfahren.

Mary hatte Übergewicht, haßte ihre Arbeit und hatte große Angst vor einer dauernden Intimbeziehung zu ihrem Freund. Als Kind war Mary körperlich und sexuell mißbraucht worden.

> Als Kind ging ich aus meinem Körper in die Zimmerecke an der Decke und schaute von oben zu, wie mein Vater mich schlug. So konnte ich den körperlichen – und den seelischen Schmerzen entgehen.

Joan war mit Freunden und Bekannten beim Campen. Sie hatten sich gerade zur Nachtruhe fertig gemacht.

> Plötzlich hörte ich hinter uns im Wald ein unheimliches pfeifendes Geräusch. Ich habe weder vorher noch nachher je etwas Ähnliches gehört. Es dauerte minutenlang an. Es kam näher, und da hatte ich das Gefühl, daß es – was immer es

auch bedeuten mochte – schrecklich traurig, einsam und voller Sehnsucht war.

Als Joan drei Tage später wieder nach Hause kam, stellte sie fest, daß ihr Vater, den sie zwei Jahre lang nicht gesehen hatte, in der gleichen Nacht, in der sie das Pfeifen gehört hatte, gestorben war.

Alle drei, Judith, Mary und Joan entdeckten durch ihren schweren emotionalen Notstand spirituelle Dimensionen des Lebens. Verlust, Mißhandlung, Gefühlsdeprivation, Einsamkeit kommen alle als Ursache spirituellen Erwachens in Frage, so wie sie alle zu emotionalen Krankheitszuständen führen können. Jedes der im dritten Kapitel geschilderten sechs Muster zeigt einen emotionalen Notstand, in den ein Mensch infolge starker emotionaler Belastung geraten kann. Judith öffnete sich ihrem Lebensmythos. Mary erlebte in ihren außerkörperlichen Erfahrungen eine parapsychische Öffnung. Joan war auf einer Art schamanischer Reise, auf der sie in der natürlichen Welt Wesen wahrnahm, die sich direkt ihrem Herzen mitteilten. Auch die Öffnung eines karmischen Musters, Besessenheit und Kundalini-Erwachen können in Zeiten emotionalen Notstands plötzlich aufbrechen. Ob diese Erlebnisse das Wachstum fördern oder zu einem schweren emotionalen Krankheitszustand führen, hängt ebenso davon ab, ob der Betreffende die geeignete Unterstützung durch Freunde, einen Berater oder einen Körpertherapeuten findet, wie von der eigenen Fähigkeit, mit starken Gefühlen fertig zu werden.

Was führt zum emotionalen Notstand? Gewöhnlich ist ein Verlust vorausgegangen: Scheidung; Trennung von einem geliebten Menschen durch Krankheit, Umzug oder Tod; Statuseinbußen bei Entlassung. Weniger deutlich abgrenzbar ist der Verlust, den wir alle auf Grund der allgemeinen sozialen Zersplitterung empfinden: das Zerbrechen der Familie; häufige Umzüge; mangelndes Gemeinschaftsgefühl, Fehlen von sozialen und religiösen Traditionen und das daraus entstehende Zerbrechen des Gefühls für die eigene Identität. Diese soziale Zersplitterung wird besonders stark von Kindern oder Ehefrauen empfunden, denen man die Schuld an familiären Spannungen gibt, also von jenen, die mißhandelt oder der Liebe und Zuneigung beraubt werden.

Wie kommt es, daß emotionale Krisen zu spirituellen Erfahrungen führen? Intensive emotionale Erfahrungen machen uns empfänglich für das tiefe Geheimnis des Lebens selbst. Ob durch das Anhören gefühlsgeladener Musik oder durch das Sitzen am Krankenbett eines Angehörigen, wir werden aus den Alltagssorgen herausgehoben in ein Reich, wo ehrfürchtige Ergriffenheit, überwältigender Schmerz, Angst oder Wut herrschen. Die sichtbare Ordnung, die immer unsere Welt begrenzt hatte, ist mit einem Mal verflogen. Es ist, als sei das Schiff – unsere persönliche Identität – verbrannt, und wir tauchten plötzlich ein in den wunderbaren Ozean unserer reinen Gefühle und unbewußten Kräfte. Wir merken, wie dringend wir eine Struktur brauchen, die den Anprall der extremen, unkontrollierbaren Bedingungen auf offener See dämpft. Wir brauchen ein Schiff – einen Gefährten, eine soziale Rolle, die Zugehörigkeit zu einer Kirche oder irgendeinem ähnlichen Ort, der uns Schutz bietet. Aber gleichzeitig bemerken wir, während wir auf den Wellen dahingleiten, an uns selbst neue Eigenschaften – die Fähigkeit, mit dem Leben als solchem im Einklang zu sein, Aspekte des Lebens zu sehen, die früher unsichtbar waren, die Gabe, der Höheren Macht zu trauen und uns ihr hinzugeben. Unser eigenes Unbewußtes, das nicht mehr durch eine von außen aufgezwungene Struktur eingeschränkt wird, offenbart uns durch Erfahrungen der subtilen und der kausalen Ebene eine Schicht tieferer Ordnung.

In diesem Kapitel finden sich viele Geschichten, die zeigen, wie emotional belastende Situationen zu spirituellen Erweckungsprozessen geführt haben. Auch wird gezeigt, wie schwierig es sein kann, spirituelle Erfahrungen ins Leben einzubringen, und welche Rolle Therapien als Auslöser des spirituellen Erwachens spielen.

Emotionaler Notstand durch Verlusterlebnisse

Schon bevor sie, zu der Zeit, als ihr Vater starb, den »Pfeifer« hörte, hatte Joan in ihrem persönlichen Leben viele Verluste zu verkraften gehabt. Als sie sieben war, gingen ihr Bruder und ihre Schwester, beide älter als sie, ins Internat, und Joan blieb allein zu Hause; plötzlich war sie ein Einzelkind. Mit dreizehn wurde auch sie weggeschickt, in ein Internat, das mehrere hundert Kilometer entfernt lag. Als sie sechzehn war, verkauften ihre Eltern ihr Haus und trennten sich. Da ihre Geschwister inzwischen verheiratet waren und weit von ihr entfernt lebten, gab es keine Familienzusammenkünfte mehr, keinen Treffpunkt, keinen Ort, den sie als ihr Zuhause empfunden hätte. »Ich war vollkommen auf mich selbst gestellt, obwohl ich noch nicht richtig bereit dazu war. Ich fühlte mich sehr einsam und hatte niemanden, an den ich mich wenden konnte.«

Als sie mit siebzehn immer noch einsam war, wandte sie sich der Philosophie zu, um dort die Antwort auf die Frage nach dem Sinn des Lebens zu suchen. Sie fand Worte und Ideen, aber kein richtiges Zuhause. Sie fand auch herzliche Aufnahme bei Freunden. Aber Joans Sehnsucht nach Beantwortung ihrer Fragen wurde erst gestillt, als sie sich nach innen wandte, um dort Heimat zu finden, und zu meditieren begann. Hier fand sie eine Stabilität, die niemand zerstören konnte, eine innige Beziehung zur Höheren Macht, Wahrheit und Liebe. Sie meditierte mit Hingabe und bekam dadurch ein tiefes Gefühl der Gemeinschaft mit der Natur. Sie wurde intuitiver, empfänglicher für Erscheinungen der subtilen Ebene.

Als der Pfeifer Joans Campingplatz genau in dem Moment aufsuchte, in dem ihr Vater starb, konnte sie das Außergewöhnliche des Erlebnisses annehmen. Parapsychische Phänomene waren nichts Ungewöhnliches mehr für sie. Sie hatte allerdings nie geahnt, daß körperlose Geister auf so konkrete, körperliche Weise mit ihr in Verbindung treten würden.

> Ich konnte meinen Mann nicht wecken. Auch mein Hund wachte nicht auf. Das war merkwürdig. Dann hörte ich außer dem Pfeifen Schritte den Hügel herunterkommen. Aber sie waren größer als bei einem Menschen, vielleicht jeweils drei Meter voneinander entfernt. Ich hörte Zweige unter den Füßen knacken. Die Schritte hielten etwa zehn Meter hinter dem Campingplatz an. Dann hörte ich seine langen, tiefen, langsamen Atemzüge. Ich spürte, wie er und ich uns telepathisch durch Gefühle verständigten . . . Ich spürte, daß er mich kannte und mich gern hatte, als wollte er mich berühren. Nach zehn Minuten zog sich der Pfeifer wieder in den

Wald zurück. Wieder hörte ich die großen Schritte und das unheimliche Pfeifen. Dann war alles still.

Joan und ihr Mann waren damals mit einem Schamanen unterwegs, einem Indianer. Am nächsten Morgen fragte sie ihn,ob er in der Nacht ein komisches Geräusch gehört hätte. Er hatte es auch gehört. Er nannte es den »Pfeifer«. Sie fragte ihre Freunde auf dem Zeltplatz, ob ihnen ein Geräusch aufgefallen sei. Aber niemand hatte etwas gehört. Da wurde Joan klar, daß sie versuchen mußte zu akzeptieren, daß sie Geister hören und mit ihnen telepathisch in Verbindung treten konnte. Es war das erste Mal, daß sie so etwas erlebte. Es erschreckte sie:

> Werde ich immer als einzige die Geister hören? Muß ich mit ihnen sprechen? Werden sie mir etwas tun? Kann ich ihnen trauen? Kann ich mich darauf verlassen, daß sie wirklich existieren? Kann mir irgend jemand sagen, ob sie existieren oder nicht? Bin ich die einzige, die so etwas erlebt? Wird mein Leben sich von dem der »normalen Menschen« sehr unterscheiden, weil ich mit Geistern sprechen kann?

Für Joan war das eine spirituelle Notlage. Ihre Angst verstärkte sich noch, als sie feststellte, daß ihr Vater in der Nacht, in der der Pfeifer bei ihr gewesen war, unerwartet gestorben war. Er war nicht sehr alt oder krank gewesen. Er starb infolge eines dummen Unfalls: er war die Treppe hinuntergefallen.

Es ging Joan wie vielen Menschen, die einen Verlust erleiden: sie öffnete sich für spirituelle Dimensionen. Aber die Öffnung war schwer und einigermaßen erschreckend für Joan. Sie mußte nicht nur mit der spirituellen Öffnung fertig werden, sie hatte ja auch den Schmerz zu verarbeiten, daß sie ihren Vater so lange nicht gesehen hatte und jetzt auch noch seine Beerdigung verpaßte. Sie war in der Wüste gewesen, für die Außenwelt weder telefonisch noch sonstwie erreichbar.

Für andere können solche Öffnungen durch einen Verlust aufregend sein, oft eine Erleichterung. Viele Menschen, insbesondere Frauen, durchlaufen, wenn ihr Partner stirbt, ein ganz bestimmtes Erfahrungsmuster. Sie fühlen sich mit ihrem Partner vor seinem Tod stark verbunden. Und dann setzt sich dieses Verbundenheitsgefühl durch den Tod hindurch endlos fort.

Viele Hinterbliebene können sich mit dem verstorbenen Partner »unterhalten«, wobei sie seine Botschaften auf telepathischem Wege auffangen; sie fühlen die Gegenwart ihres Ehepartners, als sei er wirklich im Raum anwesend, und spüren eine anhaltende tiefe Liebe zwischen sich selbst und dem Toten hin und her strömen. Diese Liebe scheint sogar tiefer und bedingungsloser zu sein als zu Lebzeiten des Partners. Männer und Frauen, die dieses Erlebnis gehabt haben, berichten, daß sie sich im Lichte dieser herrlichen Liebe und im Bewußtsein, daß das Leben nach dem Tode im Stand der Liebe weitergeht, monatelang ekstatisch gefühlt haben. »Die Liebe schien immer gegenwärtig zu sein«, sagte mir eine Frau. Erst nach Monaten gewinnt die Erkenntnis, daß die körperliche Beziehung zum Partner beendet ist, größere Bedeutung, und schließlich gewinnt die Trauer über den Verlust des körperlichen Kontakts die Oberhand, und der Alleingebliebene macht sich Gedanken, ob er nicht sein tägliches Leben mit einem neuen Partner teilen soll. Und doch geht das Gefühl des Verbundenseins mit dem verstorbenen Partner und mit der Wirklichkeit der spirituellen Welt nie verloren. Es bekommt nur im Lauf der Zeit einen anderen Stellenwert. Joan sagte über den Tod ihres Vaters:

> Das ganze Erlebnis erschütterte mich zutiefst. Es brachte mich zu der festen Überzeugung, daß in jedem von uns ein Teil lebt, der unsterblich ist. Es weckte in mir den Wunsch nach engerem Kontakt mit diesem unsterblichen Teil, der die Macht hat, sich in andern Dimensionen zu bewegen. Ich wollte die Beziehung zwischen dem Geist, der jeder von uns ist, und dem begrenzteren körperlichen Teil verstehen.

So bringt ein Todesfall in der Familie für die Hinterbliebenen oft eine Zeit der Initiation in spirituelle Welten. Neue Fähigkeiten der Interaktion mit spirituellen Dimensionen tauchen auf und wollen bewältigt werden. Bewegende Fragen erheben sich und heischen Antwort. Oft ist der Tod eines geliebten Menschen der erste Anlaß im Leben eines Menschen, einmal innezuhalten, um wirklich nach dem Sinn des Lebens zu fragen und sich auf die Suche nach einer Antwort zu machen.

Vor dem Tod ihres Babys hatte sich Judith nie besonders um irgendeine Kirche oder eine Weltanschauung gekümmert.

Es stürzte mich in eine Suchkrise. Jetzt konnte ich das Leben nicht mehr oberflächlich akzeptieren wie früher. Ich verlangte nach Antworten auf tiefgehende Fragen. Warum mußte ein Kind von sechs Wochen sterben, während andere neunzig wurden? Die altbekannten christlichen Glaubenssätze kamen mir wie oberflächliche Platitüden vor. Die Priester, die mein Baby beerdigten, hatten mir nichts zu sagen. Ich verlangte nach Antworten, die mich wirklich in der tiefsten Schicht berührten. Ich wußte, daß nur das direkte Selbsterleben diese Antworten für mich lebendig machen würde. Ich wollte durch die normale Art zu leben und das Leben zu betrachten hindurchstoßen. Ich wollte die Erleuchtung.

Diese tiefen Fragen führen manche Menschen zu der Kirche zurück, die ihnen am vertrautesten ist. Anderen, wie Judith, wird klar, daß die konventionelle Kirche ihnen das, was sie brauchen, nicht geben kann. Das ist in sich schon ein Todeserlebnis, das das Ende einer alten Identität und die Geburt eines neuen Wesens anzeigt, das sich jetzt auf eine ganz persönliche spirituelle Suche begeben kann. Dieser die ganze Persönlichkeit mit Macht ergreifende Prozeß ist auch emotional äußerst belastend. Bei Judith führte er zu Veränderungen in allen Lebensbereichen:

Mein Mann und ich entschlossen uns 1961 zum Umzug nach Los Angeles. Dort gab es viele Gruppen, die glaubten, sie hätten die Antworten gefunden. Ich lernte meditieren; ich saß bei der Self-Realization Fellowship (Gemeinschaft der Selbst-Verwirklichung) und bei mehreren Zen-Lehrern. Einmal erlebte ich Gott in der Meditation als einen Kreis aus Licht. Diese Vision und andere Meditationserfahrungen halfen mir über die Depression hinweg und ließen meinen Kontakt zu meinem höheren Selbst allmählich tiefer werden.
Leider schloß sich aber mein Mann meiner persönlichen Suche nicht an. Er hielt mich für verrückt. Er meinte, seine persönlichen Probleme durch Alkohol und Arbeit überwinden zu können. Es dauerte nicht lange, da war unsere Ehe kaputt. Es gab eine häßliche Szene im Gericht in Los Angeles, in der er die Richter davon zu überzeugen versuchte, daß ich nicht zur Mutter tauge. Er hat den Prozeß verloren. Wir

haben unsere Ehe verloren. Ich blieb mit der Erziehung der drei Kinder allein. Ich war neunundzwanzig Jahre alt, drückte wieder die Schulbank, war weit weg von meinen Eltern, hatte wenig Geld und hatte die ganze Sicherheit eingebüßt, die die Ehe mir gegeben hatte.

Spirituelle Interessen können erhebliche Umwälzungen für das gewohnte Familienleben mit sich bringen, besonders wenn die neue Beschäftigung viel Zeit beansprucht. Die Zeiten der Umwälzung sind nicht leicht, aber schließlich machen sie sich doch bezahlt. Judith mußte nicht nur ihren eigenen Schmerz über den Verlust ihres Babys ertragen und sich mit Leidenschaft auf die Suche nach Sinn machen, sie hatte noch dazu mit der Belastung fertig zu werden, die sich ergab, weil sie allein für ihre Familie sorgen mußte, nachdem ihr Mann, der ihr durch die neue Richtung, die ihr Leben nahm, entfremdet war, sie verlassen hatte. Diese Veränderungen wurden durch Judiths erwachende Spiritualität nach dem Tod ihres Babys beschleunigt und führten sie schließlich zu einer neuen Identität. Später hat sie die Früchte dieser erheblichen Opfer geerntet. Sie hat ihren eigenen tiefen inneren Frieden und die Verbindung mit der Höheren Macht gefunden. Seit siebzehn Jahren ist sie glücklich mit einem Mann verheiratet, der ihre innere Suche nach Erleuchtung mit ihr teilt.

Tiefe Fragen, wie sie aus Judiths bekümmertem Herzen entsprangen, haben auch andere dazu gebracht, Opfer zu bringen und sich ernsthaft auf einen spirituellen Weg einzulassen. Der zweiundvierzigjährige Sean O'Laoire hatte als Kind keinen kontinuierlichen Kontakt mit seinen leiblichen Eltern. Seine Großeltern erzogen ihn römisch-katholisch. Als er älter wurde, litt er unter Verlustgefühlen und fragte sich ständig, warum er nicht das hatte, was die anderen Kinder auch hatten. Er entwickelte ein besonderes Verständnis für das Los der Armen, der ewigen Verlierer. Er konnte nicht verstehen, warum nicht jeder, wenn wir alle vor Gott gleich sind, gleich viel Geld und gleich viel zu essen hat. »Das hat bei meiner Entscheidung, Priester zu werden und als Missionar in Kenia zu arbeiten, eine große Rolle gespielt«, sagte er.

Ein Herz, das Gott anfleht »Warum ich, Herr?«, das sich für seinen eigenen Gram öffnet und nach Frieden lechzt, ist einer der fruchtbarsten Böden für spirituelles Wachstum. Das habe ich immer wieder bei meinen Klienten beobachtet, am dramatischsten bei Menschen, deren Mutter kürzlich gestorben ist. In der Mutter, im Uterus, geschieht es zum ersten Mal, daß wir im physischen Leib ein Gefühl der Einheit erleben. Wir sind eins mit ihr, und doch sind wir gleichzeitig wir selbst. Die Erinnerung an diese Einheit und die Sehnsucht danach werden verstärkt, wenn die Mutter stirbt. Wie sollen wir denn jetzt diesen tiefen Frieden, die Ganzheit, die Einheit finden? Von jetzt an, wo wir endgültig von der Mutter getrennt sind, besteht die einzige Lösung darin, daß wir mit der Höheren Macht »eins« werden. Nur das göttliche schöpferische Prinzip im Universum, das die Hindus *Shakti* nennen, kann diese Sehnsucht stillen. Sie ist jene Energie in uns, die all die Fragmente, die durch den Verlust zersplittert sind, wieder in die Ganzheit zurückruft, und die uns zum spirituellen Aufbruch mahnt.

Soziale Zersplitterung

Seit den sechziger Jahren ziehen die Amerikaner häufiger um, lassen sich öfter scheiden und reisen mehr. Der typische Amerikaner zieht alle drei Jahre um. Bei einem solchen Lebensstil entstehen naturgemäß weniger Bindungen, identifizieren wir uns weniger mit der Gemeinde, in der wir leben, und mit unseren familiären Wurzeln. Die Tatsache, daß die Scheidungsrate in den letzten zwanzig Jahren auf fast 65 Prozent gestiegen ist, hat mit dazu beigetragen, daß wir es mehr oder weniger als gegeben hinnehmen, daß Familien sich bilden und wieder trennen. Wir sind dagegen immun. Es wird langsam zur Regel, daß die Eltern von heranwachsenden Kindern getrennt leben.

Die emotionale Belastung, die sich daraus für alleinerziehende Eltern ergibt, kann erdrückend sein. Diese Rolle allein fordert, daß der einzelne sich auf der Suche nach Hilfe nach innen wendet, um dort jede Energiequelle nutzbar zu machen. Judith erinnert sich:

> Besonders eine Nacht werde ich nie vergessen. Ich wußte vor Angst nicht mehr ein und aus, weil ich wußte, daß ich ganz

allein drei Kinder großziehen mußte. Ich weinte die ganze Nacht. Ich dachte, ich wäre am Überschnappen. Ich konnte mich einfach nicht beruhigen. Morgens um halb sieben rief ich dann einen Freund an. Er gab mir das Gebet der Unity Church, das ich wie ein Mantra den ganzen Morgen über wiederholte:

Die Gegenwart Gottes umschließe mich.
Die Liebe Gottes umhülle mich.
Die Macht Gottes schütze mich.
Dein Wille geschehe.

Um 11 Uhr morgens ging ich allein zu dem Bach unter den Bäumen. Ich weinte noch immer. Ich setzte mich auf einen Stein. Ich wußte, daß ich all die Dinge, die ich im Leben tun mußte, nicht mit meinem beschränkten Ich tun konnte. Da hörte ich eine Stimme, eine alles durchdringende Stimme, die von allen Seiten zu kommen schien. »Du bist vollkommen in Sicherheit«, sagte sie. Sie war vom »Chor der Himmel« begleitet. Die Botschaft drang tief in mein Inneres ein. Ich nahm sie ganz in mich auf.
Ich weinte vor Freude. Ich war voller Energie und schwebte auf Wolken. All die belehrenden Worte, die ich von meinen Lehrern gehört hatte – von Christen, Buddhisten und Hindus – schienen jetzt überflüssig. Die Erfahrung war überwältigend und ekstatisch! Aber es war nur ein flüchtiger Blick auf den Frieden, den die vollkommene Selbsterkenntnis bringt. Es war nur ein Vorgeschmack jenes unwandelbaren, vollkommene Sicherheit verleihenden Gott-Selbst, das zu verwirklichen uns gegeben ist. Ich habe viel Zeit darauf verwendet, das Erlebnis durch Meditation und Gebet zu vertiefen, denn es blieb nicht in seiner ganzen anfänglichen Intensität erhalten.
Aber die Erfahrung war wesentlich für meine Entwicklung hin zu einer entspannteren und vertrauensvolleren Lebenseinstellung. Ich fühle jetzt in mir, daß alles Geschehen die Vollkommenheit in sich trägt und die Erfahrungen, die ich brauche, um bewußter und mitfühlender zu werden.

Judiths emotionale Belastung als Alleinerziehende stürzte sie in eine tiefe Erfahrung der Höheren Macht, die sie zwanzig Jahre lang begleitet hat. Schließlich fand sie einen Weg, ein reicheres spirituelles Leben in der Welt zu führen und trotz des enormen Drucks, der auf ihr lastete, ihren Lebensaufgaben nachzugehen.

Judith hat sich zwar keiner bestimmten religiösen Institution oder einem bestimmten Lehrer angeschlossen, aber sie hat von spirituellen Praktiken und spirituellen Gemeinschaften so viel profitiert, daß sie die Belastungen durch die soziale Zersplitterung und den Verlust ihres Babys und ihrer Ehe hat durchstehen können. Mit Hilfe von spirituellen Gemeinschaften, der Unity Church, der Meditation und einem Mantra ist sie in die subtile und kausale Ebene ihrer Psyche hineingewachsen. Sie hat eine Methode gefunden, sich ihrer eigenen Erleuchtung zu nähern und über die Antworten hinauszugehen, die die zentralen Fragen ihres Lebens nicht hinreichend klären konnten. Ihre Verzweiflung war so zum Tor zu einem reicheren spirituellen Leben geworden – der Lohn für ihren vertieften Glauben an die Liebe, die das Universum bereithält.

Einen ähnlichen Erfolg würde ich all den 8,93 Millionen alleinerziehenden Eltern mit Kindern unter achtzehn Jahren wünschen, die 26 Prozent all unserer Familien mit Kindern ausmachen.[64] Ich bin sicher, daß auch für sie die Nächte mit Schrecken erfüllt sind. Wievielen gelingt es, den Tränenschleier zu durchdringen? Wievielen wächst wie Judith die Kraft für ein spirituelles Erwachen zu? Wieviele verfallen in Verzweiflung oder seelische Krankheit, weil sie die Belastung nicht mehr aushalten können? Und was geschieht in dieser Situation, in der Familien und Gemeinschaften auseinanderfallen, mit den Kindern?

Emotionale Traumata in der Kindheit: Scheidung, körperlicher und sexueller Mißbrauch

Kinder, die von einem oder beiden Elternteilen durch Scheidung oder durch die schwierigen Verhältnisse in einer verfehlten Beziehung getrennt werden, leiden gewöhnlich unter starken emotionalen Belastungen. Sie müssen den verläßlichen, liebevollen Kontakt mit beiden Eltern entbehren, der für das Überleben notwendig zu sein scheint. Manche Kinder, die ohne positiven Kontakt zu einem oder beiden Eltern aufwachsen, werden in eine lebenslange Suche gezwungen,wie wir es bei Sean gesehen haben. Wenn sie Glück haben, finden die Kinder auf einen Lebensweg, der den frühen Verlust wiedergutmacht und ihr spirituelles Wachstum nährt. Für die meisten Kinder bedeutet diese Suche nach einem Lebensweg eine verzweifelte Anstrengung. Viele ziehen es vor, dem Schmerz, den sie empfinden, durch Drogen, Alkohol oder andere Süchte zu entfliehen.

Der vierundzwanzigjährige Chemiker Ted schildert, wie er sich als Heranwachsender bei seinem Vater und seiner Stiefmutter gefühlt hat. Sie hatten viel Streit, und ihrer Meinung nach lag es oft an Ted, wenn ihre Beziehung nicht so gut war. Besonders seine Stiefmutter schimpfte viel und laut. Sie war kein guter Ersatz für seine leibliche Mutter, die in ihrer Art sehr liebevoll gewesen war. Unglücklicherweise lagen zwischen Ted und seiner Mutter 5000 Kilometer, und so kam es kaum je zu einer Begegnung. Teds Vater hatte das Sorgerecht.

> Ich konnte nichts machen, ehe ich achtzehn war und sein Haus verlassen durfte. Also ging ich, seit ich zehn war, zum Schwimmen weg, bis ich achtzehn war. Das Schwimmtraining half mir, meine Trauer und Frustration zu verarbeiten. Wenn ich lange Strecken schwamm, fühlte ich, wie ich mit meinem Inneren in Einklang kam. Mein Verstand wurde ganz leer. Ich dachte an gar nichts – es gab keine Worte mehr. Ich fühlte mich sehr in meiner Mitte aufgehoben. Ruhig. Sie würden es eine spirituelle Erfahrung nennen.
> Ich glaube, wenn ich das nicht gehabt hätte, wäre ich selbstmordgefährdet gewesen. Zu Hause war alles ziemlich schlimm. Jetzt weiß ich also,wie ich den inneren Einklang herstellen kann. Es ist ein großer Trost für mich und hilft mir, meinen Weg im Leben zu finden.

Ted ging mit seinen schmerzlichen Gefühlen auf ganz gesunde Weise um. Er fand in dem veränderten Bewußtseinszustand, den er über die körperliche Anstrengung erreichte, eine gewisse Linderung. Er gehörte einer Schwimmermannschaft der

Schule an und hatte eine gute und enge Beziehung zu seinem Trainer. Er siegte sogar in Wettbewerben auf Landes- und Bundesebene. Das brachte ihm körperliche Fitness und steigerte sein Selbstbewußtsein und seine Konzentrationsfähigkeit. Ted hatte sich auf den Weg der spirituellen Entwicklung begeben und förderte dabei seine Fähigkeit, Körper und Seele in seinen Handlungen im Einklang miteinander wirken zu lassen.

Viele andere junge Menschen greifen dagegen zu Drogen und Alkohol, um den Schmerz zu betäuben, den sie fühlen, weil sie bei ihren Eltern keinen Rückhalt finden oder diese nicht in Liebe zu ihnen stehen. Sie trösten sich, indem sie weniger Verbindung mit den Menschen in ihrer Umgebung und sogar mit ihrem Körper halten. (Im neunten Kapitel wird die Wechselwirkung zwischen Drogenmißbrauch und spirituellem Erwachen dargestellt.) Durch Drogen verlieren diese jungen Leute den Kontakt zu sich selbst und zu ihrem Schmerz. Selbst wenn sie zuweilen unter Drogeneinwirkung zu Erlebnissen der subtilen und der kausalen Ebene kommen, nützt ihnen das »Drogenhoch« nicht viel, weil sie nicht die Mittel haben, um es zu integrieren. Wenn Kinder sich emotional von einem oder beiden Elternteilen lösen, weil sie von ihm körperlich mißhandelt oder sexuell mißbraucht worden sind, nehmen ihre Verwirrung und emotionale Labilität noch zu. Und dennoch kann die Mißhandlung selbst, die von leid- und angstvollen Gefühlen begleitet ist, das Tor zu ungewöhnlichen spirituellen Erfahrungen sein.

Wenn Kinder mißhandelt werden, wie Mary, die ich am Anfang dieses Kapitels vorgestellt habe, haben sie oft während der Mißhandlung spirituelle Erlebnisse. Alle von mir behandelten weiblichen Klienten, die als Kinder körperlich oder sexuell mißhandelt wurden, haben ungewöhnliche parapsychische Fähigkeiten, die auf die Zeit zurückgehen, zu der sie dem Trauma ausgesetzt waren.

Wie kann man es ohne verrückt zu werden aushalten, einen Menschen zu lieben, vollkommen von ihm abhängig zu sein, und dennoch diesem Menschen gegenüber Todesangst zu empfinden? Eine Methode ist, den Körper zu verlassen und von einem »sicheren Ort aus« auf die Szene herabzuschauen. Wie können Kinder es ertragen, in einem Heim zu leben, wo sie jederzeit ohne Vorwarnung mißbraucht werden können? Eine

Möglichkeit zu überleben ist, die Fähigkeit des Hellsehens oder Hellfühlens zu entwickeln, also eine erhöhte Empfindsamkeit für die visuellen Hinweise und die feinen Schwingungen, die eine in der Luft liegende Bedrohung anzeigen. Auf diese Weise lernen viele Kinder, Phänomene aus der subtilen Ebene wahrzunehmen, zum Beispiel zu wissen, was andere denken, telepathisch mit dem mißbrauchenden Elternteil in Verbindung zu sein und die helfende Gegenwart höherer Mächte zu spüren. Diese parapsychischen Begabungen bleiben oft bis ins Erwachsenenalter erhalten, obwohl das Kind sich nicht mehr in einer Lage des Bedrohtseins befindet. Sie wirken sich auf verschiedenste Weise aus; manchmal führen sie zu einer offeneren Lebenseinstellung, während sie in anderen Fällen Beziehungen untergraben und die allgemeine Bewegungsfähigkeit im Leben lähmen.

Mary war knapp dreißig, als sie zu mir in Therapie kam. Sie litt unter Depressionen, Übergewicht und Arbeitsunlust und hatte große Angst vor einer festen Bindung an ihren Geliebten. Als Kind war Mary emotional vernachlässigt worden, und als Teenager wurde sie körperlich und sexuell mißbraucht. Aber sie hatte eine »Fluchtmöglichkeit« gefunden.

> Wenn ich außerhalb des Körpers war, spürte ich den Schmerz nicht. Mein Körper wurde von oben bis unten taub. Aber ich sah ganz genau, was vor sich ging. Ich konnte spüren, was in meinem Vater vorging. Er dachte nichts. Er fühlte nichts. Er war irgendwie gar nicht in sich drin.

Mary fand in dem subtil Erlebten nicht nur eine Möglichkeit, sich selbst zu helfen und der Quelle des Schmerzes zu entgehen, es war für sie auch ein Weg zur Entwicklung einer starken Wahrnehmungsfähigkeit. Diese schützte sie allerdings in ihrem Leben nicht vor weiterem Mißbrauch. Als sie anfing zu pubertieren, wurde sie von ihrem Vetter belästigt und zu sexuellen Gefälligkeiten aufgefordert. Ein paar Jahre lang, als Schülerin, fand sie Trost im täglichen Genuß von Marihuana. Mit siebzehn wurde sie von einem Freund ihres Vaters vergewaltigt. Obwohl ihr Vater das wußte, erwähnte er es ihr gegenüber nie; er brach nicht einmal die Beziehung zu seinem Freund ab. Für Mary bedeutete das, daß sie ihrer eigenen Familie, die eigentlich ihr Rückhalt hätte sein müssen, gleichgültig war. Als Folge davon stellten sich ernsthafte Panikanfälle ein. Sie konnte auch nicht mehr richtig arbeiten oder allein Auto fahren.

Als sie zur Beobachtung sechs Wochen in die Psychiatrie kam, stellte Mary fest, daß sie »sehen« konnte, was mit den anderen Patienten seelisch los war. Ihr wurde immer klarer, daß sie hellseherische Fähigkeiten hatte. Gleichzeitig hatte sie Angst davor. Sie wußte nicht, wie es kam, daß sie intime Einzelheiten über das Leben völlig fremder Menschen kannte, ohne daß diese ihr davon erzählt hatten. Darin bestand Marys spirituelle Notlage. Sie hatte keine Kontrolle über die subtile Ebene, die sich ihr als mißbrauchtem Kind geöffnet hatte, und sie wußte nicht, wie sie jetzt damit umgehen sollte.

Erst später, als sie bei einem Psychotherapeuten in Behandlung war, der ihre Fähigkeiten klar erkannte und betonte, daß das Hellsehen eine wertvolle Gabe ist, begann Mary ihre Fähigkeiten zu verstehen. Ehe sie allerdings in ihrem spirituellen Wachstum weiterkommen konnte, mußte sie noch einige psychische Aufgaben bewältigen. Zunächst einmal mußte sie lernen, ihre Gefühle zu identifizieren und zu spüren und dabei im Körper zu bleiben. In dem Maße, in dem ihr das gelang, gewann sie ihre Energie zurück und konnte die schlimmsten depressiven Zustände hinter sich lassen. Dann mußte sie lernen, ihre Erfahrung als ihre eigene Wahrheit mitzuteilen und über ihre Lebensziele zu sprechen. Als sie das fast geschafft hatte, konnte sie wieder zur Schule gehen und sich beruflich verbessern.

Es war auch wichtig für Mary, sich allzuviele Besuche von Familienmitgliedern vom Hals zu halten. Dadurch merkte sie, daß es in ihrer Macht stand, in ihrem Leben als Erwachsene für einen sicheren Ort zu sorgen; und sie konnte die lähmende Angst von früher abschütteln. Jetzt war sie auch in der Lage, sich auf eine feste Beziehung zu ihrem Partner einzulassen. Erst als diese psychischen Aufgaben bewältigt waren, konnte Mary an ihren subtilen Fähigkeiten arbeiten und sich intensiver ihrer spirituellen Entwicklung widmen. Sie besuchte Massagekurse und arbeitete im Krankenhaus mit Kindern. Sie fing auch an, regelmäßig zu meditieren. Das half ihr, ihre überzogenen emotionalen Reaktionen unter Kontrolle zu bringen.

Marys Weg von der Mißhandlung über die Therapie zur

spirituellen Praxis ist typisch für Menschen, die als Kinder den positiven Kontakt zu einem Elternteil verlieren, und bei denen sich als unmittelbare Folge davon spirituelle Erlebnisse einstellen, so daß sie, ohne es zu ahnen, in den Aufbruch zum Spirituellen hin gestürzt werden. Sie brauchen Hilfe, um ihre eigenen Gefühle zunächst wahrzunehmen, sie dann auszudrücken, ihre eigene Wahrheit auszusprechen, ihre unmittelbare Umgebung unter Kontrolle zu bekommen und Techniken zu entwickeln, positiv mit Beziehungsproblemen umzugehen. Solange die emotionale Notlage nicht behandelt ist, kann der junge Mensch in seinem spirituellen Wachstum nicht vorankommen. Es ist allerdings in jeder Phase der Psychotherapie sinnvoll und förderlich, wenn spirituelle Erfahrungen in ihren typischen Erscheinungsformen eindeutig benannt und genau beschrieben werden. Andernfalls kann die Tatsache, daß spirituelle Erfahrungen im allgemeinen als Hinweise auf emotionale Erkrankungen gelten, die Psyche weiterhin mit Schuld-, Angst- und Schamgefühlen vergiften.

Emotionale Notlage als Folge von Ich-Schwäche

In der Therapie stand Mary vor der Aufgabe, ein Gefühl für sich selbst zu entwickeln. Vor der Therapie war sie – trotz ihrer spirituellen Erlebnisse – nicht im Kontakt mit sich selbst: mit ihren Gefühlen, ihren Wünschen, ihrem Recht auf Unversehrtheit, Selbstausdruck und Liebe. Die Aufgabe, das Leben ohne Kontakt mit der Mitte der eigenen Person aufrechtzuerhalten, bedeutet eine enorme Belastung. Diese Belastung ist oft unbewußt und wird erst bemerkt, wenn ein unmittelbares Bedürfnis nach echter Verbindung mit dem eigenen Ich besteht. Mary versuchte sich zu einer unsichtbaren und harmlosen Unperson zu machen, um nicht zur Zielscheibe der väterlichen Brutalität zu werden. Ihre Anstrengungen führten aber letztlich zu extremen Panikzuständen, weil sie in dem Moment, wo sie endlich in einer Umgebung, wo sie diese Fähigkeit gebraucht hätte, nicht in der Lage war, psychologisch und spirituell sie selbst zu sein.

Ann war eine reiche Frau und besaß alles, was die vollendete Dame ausmacht. Als ihre siebenjährige Tochter in das Endstadium einer tödlichen Krankheit eintrat, geriet Ann in eine spirituelle Krise. Das Kind hatte eine nicht identifizierte Krankheit, die dazu führte, daß die Haut von ihr abfiel. Ann konsultierte über fünfzehn Ärzte, die ebensoviele Diagnosen stellten. Der Rat aller vermeintlichen Spezialisten war unzulänglich. Von den Medikamenten, die sie verschrieben, wurde die Kleine sogar noch kränker. Zum ersten Mal kamen Ann Zweifel, ob die, die sie bis dahin für Autoritäten gehalten hatte, überhaupt würden helfen können. Sie begann, in sich selbst nach Führung zu suchen.

Sie fing an, sich auf ihre eigenen instinktiven Gefühle in der Sache zu konzentrieren. Ann kamen Zweifel, ob ihre innere Substanz ausreichen würde. Voll innerer Qual fragte sie sich: »Wenn mein Kind mich fragt, wo es nach dem Tod hingeht, kann ich ihm dann die richtige Antwort geben?« Die Frage drängte sich ihr auf: »Kann ich ohne meine Tochter leben?« Drei Monate lang blieb Ann jede Nacht wach und hielt ihre Tochter im Arm, damit sie sich nicht kratzte und die Haut dadurch noch weiter reizte. Eines Abends wurde ihr klar, daß sie loslassen und ihr Kind sterben lassen mußte. Kurz danach, noch in der gleichen Nacht, stellte sie fest, daß sie das Waschmittel, mit dem sie die Kleidung ihrer Tochter wusch, in zu starker Konzentration verwendet hatte. Es stellte sich heraus, daß die Probleme ihrer Tochter im wesentlichen durch eine stark allergische Reaktion auf die von ihr verwendete biologisch abbaubare Seife zurückzuführen waren. Als sie mit dieser Seife nicht mehr in Kontakt kam, wurde sie langsam wieder gesund.

Das Kind überlebte. Aber Ann wurde kurz darauf schwer krank. Nach der Krise ihrer Tochter war sie »körperlich und seelisch am Boden zerstört«. Es fing mit Grippe und Depressionen an. Sie aß nicht mehr. Sie konnte nichts bei sich behalten. Sie nahm rapide ab. Sie starb langsam dahin.

> Zwei Monate lang war mein einziger Gedanke, daß ich wohl am Verrücktwerden war. Plötzlich sah ich, ohne es beeinflussen zu können, im Leben tiefere Wahrheiten. Ich wußte,was die Leute wirklich fühlten und dachten, auch wenn sie es selbst in sich nicht wahrnahmen. Mir wurde plötzlich klar, wie stark wir gewöhnlich die Wahrheit verschleiern. Ich wur-

de ganz schwindlig davon! Mir wurde auch zum ersten Mal klar, wie schrecklich einsam und verletzt ich mich in meiner Ehe und während der Kindheit gefühlt hatte. Ich ließ mich den Schmerz fühlen. Er verzehrte mich buchstäblich. Unter Leuten fühlte ich mich nicht wohl, also blieb ich soviel wie möglich allein zu Hause, weit weg von Verwandten und Freunden.

Eines Tages, sie war noch sehr schwach und verletzlich,verabredete sie sich mit ihrer früheren Yoga-Lehrerin. Mit ihrer Hilfe machte Ann sich klar, daß es einen Teil von ihr gab, den sie vor der Krankheit ihrer Tochter immer zur Seite geschoben hatte. Jetzt hatte sie das Bedürfnis, diesen Teil so zu behandeln, als wäre er ein Baby, viel bei ihm zu sein, ihn zu nähren und mit zärtlicher Liebe zu umsorgen. Das waren die erwachenden spirituellen und zutiefst empfindsamen Teile ihres Wesens. Ann wurde an professionelle transpersonale Berater verwiesen. Sie besuchte auch Workshops, in denen es darum ging, mit dem eigenen Inneren in Verbindung zu treten. Sie brauchte Verbindung zu Menschen, die im Prozeß des spirituellen Erwachens begriffen waren. Sie brauchte eine Brücke in ein Leben, das sie unterstützen würde, wenn sie jetzt ihr spirituelles Selbst zur Welt brachte und Kraftquellen suchte, um wieder gesund zu werden.

Sowohl in Ann als auch in Mary erwachte durch emotionale Belastungen das höhere Selbst, wenn auch der Weg dahin bei den beiden sehr verschieden war. Während Ann, deren Ich gut entwickelt war, durch die emotionale Belastung hindurch mußte, um ihr höheres Selbst zu finden, mußte Mary ihr persönliches Ich erst *in Besitz nehmen*, bevor sie eine vollgültige Beziehung mit ihrem spirituellen Selbst unterhalten und *kultivieren* konnte.

Nach der Qual das Mahl: Intensiv-Workshops

Im Prozeß des spirituellen Aufbruchs erfährt jeder irgendwann eine Initiation, die ihn auf seinem Weg bestärkt. Judith erlebte ihre Initiation in den von ihr besuchten Meditationsgruppen. Sean wurde von der katholischen Kirche angezogen, nachdem er bei seinen Großeltern mit dem römisch-katholischen Glauben konfrontiert worden war. Joan wandte sich, als sie Hilfe bei der Verarbeitung ihrer spirituellen Erfahrungen suchte, an einen Schamanen. Marys Initiation geschah in der Psychotherapie. Intensiv-Workshops, die das Ziel haben, die Teilnehmer zur Öffnung für ihr menschliches Potential zu ermutigen, lösen oft Phänomene des spirituellen Aufbruchs aus, die als Initiation wirken.

Sarah wuchs in der Nähe von New York in einem italienisch-katholischen Haushalt auf. Hier lebten zwei Familien zusammen – Großeltern, Eltern und Kinder, alle unter einem Dach. 1954, als Sarah vierundzwanzig war, heiratete sie Randy. Mit ihrem Mann zog sie 1962 nach Kalifornien. Sie war überzeugt, daß ihr Leben wie das ihrer Eltern und Vorfahren verlaufen würde. »Ich stellte mir mein zukünftiges Leben so vor: Ich wäre glücklich verheiratet,würde eine Menge hübscher Kinder kriegen und mein ganzes Leben lang nie allein sein.« Dieses Bild bekam Sprünge, als ihr Mann ihr nach der Geburt des sechsten Kindes eröffnete, daß er ein Verhältnis hatte.

> Es zerbrach mich. Gleichzeitig machte es mich offener. Zuerst wollte ich alle Fensterscheiben in unserem Haus zertrümmern (wir hatten viele große Glasfenster und Glastüren). Mein Mann blieb bei mir, so daß ich mich wieder faßte. Aber in einem Anfall blinder Wut zerfetzte ich das Bild meiner Mutter. Damals wußte ich nicht weshalb. Mit Hilfe von Freunden und einer Psychotherapeutin machte ich mir klar, daß ich mein ganzes Leben lang die Wut über alles mögliche zurückgehalten hatte. Jetzt mußte ich sie einfach loswerden.
>
> An dem Tag, nachdem Randy mir seinen Ehebruch gestanden hatte, kam zufällig ein Priester vorbei, um sich zu erkundigen, warum die Kinder nicht mehr zum Katechismus kämen. Ich wurde richtig böse zu ihm. Die Kirche hatte mir als Kind verboten, selbständig zu denken. Ich wollte nicht, daß meine Kinder das gleiche erlebten. Ich warf den Priester buchstäblich aus dem Haus. Ich dachte, wenn die Kirche nicht meine Sicht des Lebens geprägt hätte, dann hätte ich vielleicht gemerkt, daß Randy ein Verhältnis hatte. Ich wollte die Wahrheit sehen! Also widmete ich mich stärker der Er-

forschung meiner eigenen Gedanken und Gefühle. Ich besuchte auch einen Hatha-Yoga-Kurs.

Als Sarah sich klargemacht hatte, daß ihre Rolle als Frau sie nicht vor Verletzungen schützte und ihre passive Stellung in der Kirche sie bei der Suche nach der Wahrheit nicht weiterbrachte, tat sich für Sarah innerlich ein größerer Horizont auf. Zum ersten Mal ließ sie ihre Familie eine Woche lang allein, um an einem Intensiv-Workshop unter Leitung des humanistischen Psychologen Carl Rogers teilzunehmen.

Die Woche war für mich voller Gipfelerlebnisse. Ich schrieb zum ersten Mal Gedichte. Mein Geist war weiter geworden. Ich sah, über welche unbegrenzten Fähigkeiten ich verfüge. Ich empfand anderen Leuten gegenüber sehr telepathisch. Ich verliebte mich auch in jeden, der da war. Es war nichts Sexuelles, es war eine große Freude über das, was jeder einzelne war. Wir waren alle gleich, und doch waren wir auf göttliche Weise verschieden.
Das Erstaunlichste, was ich in dieser Woche erlebte, war, daß ich eine Kugel aus Licht sah - regelrecht sah -, die sich von meinem Herzen aus etwa dreißig Zentimeter in den Raum erstreckte. Ich sah sie tagelang. Sonst konnte niemand sie sehen. Aber für mich war sie vollkommen real. Ich wußte, daß sie mit meinen Gefühlen zusammenhing, damit, daß ich mich zum ersten Mal selbst als Individuum annahm und zum ersten Mal meine wirklichen Gefühle der Verbundenheit mit anderen von Herz zu Herz spürte.

Nach dem Workshop (und der parapsychischen Öffnung und dem Kundalini-Erwachen) ging Sarah nach Hause zurück und brachte von da an eine neue Sicht in ihr Leben ein. Sie wollte sich bemühen, ehrlichen emotionalen Kontakt mit den Menschen zu halten, auch zu ihrem Mann und ihren Kindern, wollte ihr Licht weiter mit anderen teilen und ihre spirituelle Seite auch in Zukunft bewußt leben, statt, wie bisher, nur den religiösen Konventionen zu gehorchen. Sie ließ die konventionelle Rolle, die sie zu Hause und in der Kirche zu spielen versucht hatte, hinter sich und fing an, spontaner zu leben, mehr sie selbst zu sein, offen für alle Teile ihres Wesens.

Nach einem Wandlungserlebnis wieder in den gewohnten Alltag zurückzukehren, kann sehr belastend sein. Vielleicht brauchen Sie Zeit, um die kurz zurückliegenden neuen Erfahrungen zu verarbeiten. Vielleicht haben Sie die Menschen, die Ihre Erfahrungen mit Ihnen geteilt haben, alle zurückgelassen und haben deshalb keine Freunde, die verstehen, welche Veränderungen in Ihnen vorgehen. Es kann auch sein, daß es Ihrer Familie nicht leichtfällt, sich mit den neuen Bedingungen abzufinden. Darunter hatte auch Sarah zu leiden:

> Als ich wieder nach Hause kam, war es schwer für mich, in meiner Begeisterung zu bleiben. Die Kinder hatten sich daran gewöhnt, daß ich meine Bedürfnisse immer hinter ihre zurückstellte. Sie jammerten und schimpften, wenn ich mich jetzt manchmal zuerst um meine eigenen Wünsche kümmerte. Es war gar nicht so leicht, nicht in das alte Muster zurückzufallen und meinen eigenen Wert pausenlos zu verleugnen. Aber ich machte es mir zur Aufgabe, einen Weg zu finden, wie ich mit meinen Angehörigen zusammenleben und mich trotzdem meinen eigenen Eingebungen und Gefühlen hingeben konnte.
>
> Leider gefiel es Randy überhaupt nicht, wie ich mich persönlich veränderte. Er hatte mich geheiratet, weil zu erwarten war, daß ich eine konventionelle Ehefrau sein würde. Das entsprach genau seinen Wünschen. In seinem Schloß wollte er der King sein. Er kam immer an erster Stelle. Im Grunde wollte er nicht, daß ich auch auf meine Gedanken, meine Gefühle, mein spirituelles Wachstum Wert legte. Die so aufkommenden Differenzen führten schließlich zur Scheidung.

Was Sarah erlebt hat, gilt auch für viele andere Frauen, die versucht haben, ihren spirituellen Erweckungsprozeß in ihr Privatleben einzubringen. Als Judith anfing, der Meditation und der Suche nach tieferer Wahrheit mehr Platz in ihrem Leben einzuräumen, hatte auch sie eine Auseinandersetzung mit ihrem Mann zu bestehen, der die Veränderung ihres Wertesystems schlicht für verrückt hielt. Auch er wünschte sich eine konventionellere Frau, eine, die sich nicht so intensiv mit transpersonalen Wachstumsebenen beschäftigte. Er warf ihr vor, sie hätte sich in abwegige Gedanken verstiegen und sei nicht mehr fähig, Mutter zu sein. Er ging mit diesen Vorwürfen bis zum Scheidungsrichter und verlangte das volle Sorgerecht für die Kinder. Joan, die die Begegnung mit dem Pfeifer hatte, zog es vor, das Erlebnis vor ihrer Familie geheimzuhalten, weil sie Angst hatte, man würde sie für verrückt erklären. Ehe sie eine Zurückweisung riskierte wie Judith, behielt sie das neue Wissen lieber für sich.

Die Öffnung im Zerbrechen kann für die Teilnehmerin an einem Workshop ebenso erschütternd sein wie für ihre Familie. Alice, eine Psychologin aus New Jersey, schrieb mir über ein Erlebnis, das sie vor einigen Jahren hatte. In der intensiven Atmosphäre eines Workshops, das auf den Durchbruch hin angelegt war, hatte Alice ein energetisches Erlebnis, das sie vollständig überwältigte. Sie erlebte das Erwachen der Kundalini und die Öffnung für den Lebensmythos. Ihr Bewußtsein wurde stark erweitert. Es war das klassische Muster der spirituellen Krise: Ihr Zustand war ekstatisch, sie brauchte wenig Schlaf und konnte den Kontakt mit anderen Menschen aufrechterhalten. Sie war voll Liebe und Kreativität und erlebte das Leben von einem mythischen Ort aus. Sie glaubte an den positiven Charakter des Erlebnisses. Sie war in Verzückung. Ihr Energieniveau war hoch. Aber niemand in ihrer Umgebung konnte das, was mit ihr geschah, in einen positiven Zusammenhang bringen.

In ihrer kleinen Gemeinde gab es keine Ärzte oder Therapeuten, die die wahre Natur ihrer Erfahrung verstanden hätten. Die Leiter des Workshops waren am nächsten Tag verschwunden. Unglücklicherweise wurde Alice von ihrer Familie gegen ihren Willen ins Krankenhaus eingeliefert. Die Diagnose war »Manie«, und man gab ihr Psychopharmaka, um die »Symptome« zu stoppen.

Heute, da zehn Jahre seit ihrem Erlebnis verstrichen sind, ist sich Alice in der Rückschau bewußt, daß sie eine spirituelle Krise hatte. Sie wurde zum Zusammenbruch und nicht zum Durchbruch, weil sie weder die persönliche Unterstützung noch eine Rückzugsmöglichkeit hatte, die ihr ermöglicht hätten, den einmal begonnenen Prozeß zu Ende zu bringen. Sie hätte mehr persönliche Hilfe von einem Menschen gebraucht, dessen Anschauungen sich mit den Zielen des Workshops deckten. Sie hätte einen Helfer gebraucht, der ihr hätte zeigen können, wie sie durch die ganze Erfahrung hindurchgehen konnte, statt die Symptome durch Drogen zu unterdrücken und die organische Entfaltung des Prozesses zu verhindern. Sie hätte Hilfe gebraucht, um ihren erweiterten Zustand in ihre Arbeit und ihr persönliches Leben zu integrieren. Ohne diesen Überbrückungsbeistand kam sie in einen gefährlich abgehobenen Zustand.

Wenn Therapeuten oder spirituelle Lehrer Intensiv-Wochenenden veranstalten und die Stadt dann wieder verlassen, müssen sie die Schwierigkeiten berücksichtigen, die die Teilnehmer nach einer intensiven Sitzung mit der Verarbeitung ihrer Erfahrungen haben. Ich halte es für dringend geboten, daß die Lehrer den Teilnehmern ihrer Workshops eine Liste örtlicher Therapeuten mit entsprechender Ausbildung zur Verfügung stellen, die ihnen helfen, die Erfahrungen zu verarbeiten, wenn die Leiter des Workshops nicht mehr greifbar sind.

Die Schwierigkeiten bei der Verarbeitung des Mahls nach der Qual werden noch gesteigert, wenn der Betreffende an einer Veranstaltung teilnimmt, die einem anderen Kulturkreis angehört, zum Beispiel eine Reinigungszeremonie der amerikanischen Indianer. Es kann sein, daß Sie innerhalb weniger Stunden in einer vollkommen fremden Umgebung mit zutiefst beunruhigenden Seiten Ihres Unbewußten konfrontiert worden sind, eine außerordentliche Katharsis durchgemacht haben und/oder zum ersten Mal die Erfahrung bedingungsloser Liebe gemacht haben.

Es ist mit einer eigenen Art von Belastung verbunden, dieses Mahl nach der Qual zu verdauen. Im emotionalen Bereich wird die unterernährte Psyche plötzlich zu einem Bankett eingeladen. Wie soll die kräftige Mahlzeit verarbeitet werden? Es kann sehr hilfreich sein, mit anderen Teilnehmern von Intensiv-Wochenenden und religiösen Besinnungstagen Kontakt zu halten und sich so gegenseitig zu stützen. Ein solches soziales Netz kann Ihnen helfen, an einer Sache zu arbeiten, die Sie überwältigen würde, wenn Sie damit allein gelassen würden. Dann brauchen Sie Ihre Angst, Ihre Erregung, Ihre Fragen nicht allein zu tragen. Das stützende Netz kann Ihnen das sichere Gefühl geben, daß Sie es wagen dürfen, die neuen Erfahrungen in Ihre Persönlichkeit aufzunehmen, kann aber auch einen Teil dessen abfangen, was Ihnen noch zu fremd ist. Judith, Joan und Mary blieben mit einem Helfer in Kontakt, so daß sie die psychospirituellen Wandlungsprozesse, die sie durchmachten, allmählich integrieren konnten. Sarah beschäftigte sich intensiver mit Yoga und besuchte die Universität, um mit Menschen zusammen zu sein, die sich wie sie für Psychologie und das Potential des Menschen interessierten. Mit sechsundfünfzig ist Sarah jetzt Yoga-Lehrerin geworden.

> Jetzt kann ich mein Licht mit einer breiteren Schicht von Menschen teilen. Ich habe auch Zeit und Raum, um mit meiner tiefsten Wahrheit, meinem höheren Selbst, in Kontakt zu bleiben. Es ist ein viel dynamischeres, positiveres spirituelles Leben als das, was ich als Kind kennengelernt habe. Mein Weg läßt mich frei, ich selbst zu sein, und dazu gehört auch der göttliche Aspekt meines Wesens in seiner ganzen Fülle. Er bringt mir viel Freude.

Welche Rolle spielt ein Gefühlsausbruch für den spirituellen Aufbruch?

Wenn der Körper die intimsten Gefühle vollständig ausdrückt, besteht Übereinstimmung zwischen Körper und Geist, eine Einheit in der Bewegung. Diese Übereinstimmung ist das Tor, das wir errichten müssen, bevor wir in transpersonale Zustände eintreten können. Dieser Gefühlsausbruch oder auch die Abfuhr der Gefühle ist oft der Erbauer dieses Tors, besonders bei Menschen, die gewohnt waren, ihre Gefühle zu unterdrücken. Jessica, die als Lehrerin für Kampfkünste und Heilerin arbeitet, erlebte ihr erstes Kundalini-Erwachen, als sie in einer psychotherapeutischen Sitzung ihre Wut ausdrückte:

> Ich ließ gerade ein Stück von der Wut gegenüber meiner Großmutter heraus, die immer sehr dominierend gewesen war und sich zu sehr in mein Leben gedrängt hatte. Sie war äußerst kritisch, eine richtige Zuchtmeisterin. Ich schlug mit Fäusten auf die Kissen, als ich plötzlich diesen Schwall von Energie spürte, der in der Wirbelsäule aufstieg. Im Kopf

hörte er auf. Ich hatte tatsächlich das Gefühl, als könnte ich den Kopf kaum oben halten, so schwer war er. Ich stellte mir vor, der Kopf wäre jetzt riesig und säße auf einem winzigen Körper, wie bei einem Embryo.

Das geschah zu einer Zeit, als ich gerade in der Universität einen Judokurs abhielt. Ich hatte noch nie eine Stunde ausfallen lassen, also ging ich auch an diesem Tag wie gewöhnlich hin. Ich weiß noch, daß ich eine Studentin »warf« und sie zu Boden bringen wollte, ohne ihr wehzutun, wie ich es immer mache, wenn ich Selbstverteidigungstechniken zeige. Zu meiner größten Überraschung »flog« sie im hohen Bogen durch den Raum. Es ist ihr nichts passiert, aber wir waren beide sehr erschrocken. Ich brach die Stunde sofort ab. Ich hatte soviel Energie, daß ich fast platzte. Ich nahm alles ganz scharf wahr. Ich spürte, daß ich mich im Strom einer tiefen, alles durchdringenden Energie befand. Ich wußte noch nicht, wie ich damit umgehen sollte.

Mitten in der Phase des Gefühlsausbruchs erlebte Jessica eine sehr abrupte spirituelle Öffnung. Der Zeitpunkt, zu dem ein Mensch dadurch, daß er seinen Gefühlen freien Lauf läßt, in die Richtung der transpersonalen Ebenen gedrängt wird, läßt sich nicht voraussagen. Kein Mensch ist wie der andere. Es kann sein, daß erst eine monatelange Therapie nötig ist, in der der Patient seine verdrängten Gefühle befreien lernt, bevor er oder sie einem Gefühl des Friedens oder gar Erfahrungen der subtilen Ebene nahekommt. Wenn Sie sich plötzlich frei fühlen, wirklich all Ihre Gefühle zu spüren, kann sich sehr bald eine spirituelle Erfahrung einstellen.

Wenn die Abfuhr der Gefühle so eng mit der Auslösung der transpersonalen Gewahrseinsebenen zusammenhängt, warum nutzen wir das nicht routinemäßig als Teil des religiösen Lebens aus? Die Evangelikalen und die charismatischen Katholiken scheinen die einzigen christlichen Religionsgemeinschaften zu sein, die den Ausdruck von Gefühlen als Teil des kirchlichen Rituals fördern. Viele schamanische Kulturen kennen Praktiken, die dem Ausdruck von Gefühlen förderlich sind. Subud, eine indonesische Religion, kennt eine Meditationstechnik, die das Ausleben der Gefühle zum Ziel hat. In der modernen Gesellschaft gehören Gefühle im großen und ganzen höchstens am Rande zur Praxis der Religionsausübung. Wir scheinen der Ansicht zu sein, daß es sich nicht gehört, Gefühle in das religiöse Leben einzubringen. Dabei verkennen wir, daß der Gefühlsausbruch in ausgewogenem Zusammenwirken mit anderen Ausdrucksmöglichkeiten den Menschen zum Einklang mit sich selbst bringen und eine Integrität herstellen kann, die ihm hilft, seine ungeteilte Ganzheit als Person zu verwirklichen.

Mit am dramatischsten zeigt sich die produktive Beziehung zwischen Gefühlsausdruck und spirituellem Wachstum in der von Stanislav und Christina Grof entwickelten *holotropen Atemtherapie.*[65] Zu den Klängen sinnträchtiger Musik werden die Teilnehmer aufgefordert, stärker als normal zu atmen. Das daraus resultierende Ansteigen der Energie im Körper führt zur Freisetzung verdrängter Gefühle, zu spontanen Visionen, körperlichen Empfindungen, Einsichten und transpersonalen Erfahrungen. Während solcher Sitzungen, die zwischen einer und drei Stunden dauern, kommt es häufig vor, daß ein Teilnehmer einen starken Gefühlsausbruch durchmacht und dann zu einer dramatischen spirituellen Öffnung nach einem der sechs Muster spirituellen Zusammenbruchs übergeht.[66]

Jeder, der im Gesundheitsbereich tätig ist und mit dem Zusammenhang zwischen Gefühlsausbruch und spiritueller Erfahrung arbeitet, weiß, daß es für Menschen in spirituellen Krisen mit am wichtigsten ist, ihnen das Gefühl zu geben, daß sie mit ihren Erfahrungen nicht allein sind, sondern daß sie diese mit vielen anderen Menschen teilen. Das kann jeder für einen Freund leisten, der in einer spirituellen Notlage steckt. Jessica faßt zusammen, was dies auf der körperlichen Ebene bedeutet:

> Halt sie fest. Atme mit ihnen. Halt sie so, daß es nicht das sexuelle Empfinden anspricht, aber halt sie auf eine liebevolle Art, die Annahme und Vertrauen signalisiert. Wenn man mitten in einer emotionalen Notlage eine spirituelle Öffnung erfährt, gehört mit zum Schlimmsten das Bewußtsein, daß man allein ist und mit all den verschiedenen im Körper auftretenden Gefühlen nicht umgehen kann. Es ist, als sei man voll von Dingen, die man allein gar nicht fassen kann. Da ist es eine große Erleichterung, wenn uns jemand im Arm

hält. Es hilft einem, wieder zu sich selbst zurückzufinden. Es gibt einem das Gefühl, daß man mit all dem fertig werden kann.

Die tröstende Berührung hilft dem Menschen, der mitten in der Phase des Gefühlsausbruchs oder in einem emotionalen Zusammenbruch steckt, sich sicherer zu fühlen. Es kann sein, daß es dieser Kontakt ist, der dem Betreffenden hilft, sich mit sich selbst im Einklang zu fühlen, als eine Einheit von Körper und Geist. So kann eine emotionale Notlage durch die Qualität der Berührung und durch beruhigenden Trost gelindert und sogar in einen spirituellen Aufbruch verwandelt werden.

So wie eine nichtsexuelle Berührung den emotionalen Notstand leichter ertragen läßt, so ist der sexuelle Kontakt ein Stimulans, das seinerseits dazu beitragen kann, Körper und Geist zu vereinen und das Überschreiten der Schwelle zum transpersonalen Gewahrsein zu ermöglichen. Davon handelt das nächste Kapitel.

Achtes Kapitel

Sexuelle Erfahrungen und spiritueller Zusammenbruch

> Die Liebe ist ein Modell des Lebens. Lebe so, als sei jeder Moment mit Lieben ausgefüllt. Liebe diesen Augenblick, liebe beim Fahren das Auto, beim Lesen das Buch, beim Essen die Speise, beim Schlafen das Bett, beim Tragen die Kleider.
> Liebe die Welt, und die Welt wird dich lieben.
>
> *D. A. Ramsdale und E. J. Dorfman,*
> *Sexual Energy Ecstasy*

Die körperliche Liebe ist nicht nur »ein Modell des Lebens«, sie ist an sich schon eine spirituelle Übung. Wenn beide Partner sich ihr mit der richtigen Absicht und in der angemessenen Geisteshaltung nähern, ist sie geeignet, das spirituelle Erwachen zu verstärken. So gesehen entspricht sie absolut nicht der landläufigen Ansicht, daß Sex in den Bereich des rein körperlichen Begehrens fällt und damit vom spirituellen Erwachen ablenkt. Diese Vorstellung, die in vielen religiösen Traditionen auftritt, machte den Körper zu einem Feind des spirituellen Lebens. Wenn Sex dagegen zu einem Teil des spirituellen Erwachens wird, werden Ihr Körper und Ihr Liebhaber zu Verbündeten auf der spirituellen Reise.

Der spirituelle Aufbruch führt immer dazu, daß sexuelle Erfahrungen intensiver erlebt werden. Diese Erfahrungen mit Ihrem Partner können sich einstellen, nachdem Sie beide sich auf den spirituellen Weg begeben haben und Ihren sexuellen Beziehungen den ihnen gebührenden Platz als Teil Ihrer Reise zu Gott hin zugestanden haben. Oder sie kommen ganz überraschend und machen Sie für den Gedanken empfänglich, daß gesunde sexuelle Beziehungen ein natürlicher Bestandteil der spirituellen Entfaltung sind, so wie die spirituelle Entfaltung ein natürlicher Bestandteil normaler sexueller Beziehungen ist. Auch intensive sexuelle Erfahrungen ohne Partner können Teil des spirituellen Erwachens sein. Sie können sich während einer leidenschaftlichen Erfahrung der Natur oder des Göttlichen in einer anderen Erscheinungsform, zum Beispiel in einem Traum, einstellen.

Dieses Kapitel beschreibt viele Arten der sexuellen Erfahrung, die als Teil eines spirituellen Aufbruchs und/oder Zusammenbruchs auftreten können. Es versucht, Menschen, die auf Grund sexueller Erlebnisse in eine spirituelle Notlage geraten sind, hilfreiche Hinweise zu geben. Daneben finden sich auch einige Anregungen, wie sich das sexuelle Erleben vertiefen läßt. Schließlich habe ich noch einige Überlegungen über Sex als spirituelle Übung angefügt.

Um zu schildern, was möglich ist, was spirituelle/sexuelle Erfahrungen sein können, werde ich die Geschichte eines Mannes und einer Frau erzählen, zweier reifer Partner, die ihr Geschlechtsleben als eine der spirituellen Übungen, die sie miteinander teilen, einsetzen. Ihre Erfahrungen können als Modell dienen, das nicht nur zeigen kann, was auf diesem Gebiet passieren kann, sondern auch, wie man mit den intensiven Gefühlen so umgehen kann, daß sie das ganze Leben bereichern.

High Sex

Als Ellen und Roger sich trafen, waren sie nicht mehr ganz jung, und beide geschieden. Beide hatten erwachsene Kinder, die schon auf eigenen Füßen standen. Ellen und Roger hatten beide einen befriedigenden Beruf und verdienten gut. Sie hatten unabhängig voneinander einen spirituellen Weg im Leben eingeschlagen und widmeten sich mit Hingabe ihren jeweiligen Übungen und der Aufgabe, ihr Denken, Wahrnehmen und Empfinden von alten Mustern zu reinigen, die dem spirituellen Erwachen im Weg standen.

Ellen gehört ihrer spirituellen Gemeinschaft seit über dreißig Jahren an. In diesem traditionellen Rahmen hat sie viele Besinnungstage mitgemacht, hat zur Reinigung gefastet und ein an Meditation und Gebet orientiertes Leben geführt. Sie ist entschlossen, »dem Willen Gottes zu folgen«. Diesem Zweck war auch ihre zehn Jahre dauernde Psychotherapie untergeordnet. Roger hat sich seit fünfzehn Jahren an Hand der alten

Systeme der Akupunktur und des Yoga mit der Frage beschäftigt, wie die Energie im Körper arbeitet.

Als sie sich begegneten, fühlten sie sich stark zueinander hingezogen. Ellen erinnert sich:

> Ich hatte für mich beschlossen, daß ich nur mit einer verwandten Seele zusammen sein wollte. Wenn das nicht möglich war, wollte ich allein bleiben. Ich wollte nicht mehr rumspielen oder mich an jemanden verschwenden, der mir nicht in jeder Hinsicht – körperlich, seelisch und geistig – gewachsen war. In diesem Sinne betete ich um Hilfe.

Diese Zielgerichtetheit gehörte mit zu dem Fundament, das den beiden half, das Feuer gemeinsamer spiritueller Erfahrungen anzufachen. Ihre Sehnsucht und das Engagement, mit dem sie sich im Akt der Hinwendung zu den transpersonalen Aspekten ihres Lebens im Gebet zu allen Teilen ihrer selbst bekannten, bildeten einen gemeinsamen Raum, in dem sie eine innige Gemeinsamkeit erschaffen konnten. Dieses Ziel spielt bei Partnerschaften, die ein starkes spirituelles Element enthalten, immer mit.

Diese Bindung wurde beim Liebesakt noch verstärkt. Die beiden Partner wurden nicht nur körperlich befriedigt; darüber hinaus hatten sie auch spirituelle Erlebnisse, die zeigten, daß ihre Verbindung auch in anderen Dimensionen Bestand hatte.

> Einmal hatte ich während des Verkehrs die Vision, daß Roger und ich vor diesem Leben miteinander vereinbart hatten, zusammen zu sein, im anderen das Außergewöhnliche hervorzulocken und uns gegenseitig die Kraft zum Dienst an der Welt zu schenken. Die Verbindung, die zwischen uns bestand, die Fähigkeiten, die in uns steckten, waren in unserem Leben schon angelegt. Wir brauchten sie nur zu wecken und ins praktische Leben umzusetzen.
> Ich »sah« auch, daß ich nur mit Rogers Hilfe jene spirituellen Dimensionen erreichen konnte, zu denen ich alleine keinen Zugang hatte ... trotz meines spirituell ausgerichteten Lebens. Und er brauchte mich zu demselben Zweck.

Visionen waren nichts Neues für Ellen. Sie hatte sie in ihrem spirituellen Leben schon immer kultiviert und war auch mit parapsychischen Phänomenen und ihrer eigenen karmischen Anlage vertraut. Auch Roger hatte keine Schwierigkeiten im Umgang mit seiner Fähigkeit, hellseherisch in die Vergangenheit oder in die Zukunft zu »schauen«. So konnten sie gemeinsam in diesen subtilen Bereichen umherstreifen, ohne sich unwohl zu fühlen.

> Einmal, als wir schweigend eng aneinandergeschmiegt dalagen, sahen wir uns in einer Art Schloß. Wir konnten den ganzen Planeten im Umkreis von 360° liegen sehen. Es war ein schöner, lieblicher Ort. Aber die Rouleaus waren heruntergelassen. Ich wußte, wenn die Rouleaus aufgezogen würden, könnten wir das ganze Universum sehen. Aber das war noch nicht alles. Wir konnten von hier aus Heilschwingungen aussenden, die alles berühren würden, was wir wollten. Erst als wir später darüber sprachen, merkten wir, daß wir beide die gleiche Vision gehabt hatten.

Auf diese Weise öffneten sich Ellen und Roger als ein Paar allmählich für den Mythos des Lebens. Ihre Visionen, ihre Tagträume und ihre Träume bei Nacht, die sich mit ihrer Beziehung beschäftigten, bekamen einen mythischen, archetypischen Zug. Zu der Bildsprache dieser Visionen gehörten Symbole von Königen und Königinnen, Göttern und Göttinnen, Schlössern, Sternen und Planeten. Die Visionen waren für sie ein Weg, die Archetypen zu erkunden. So lernte Ellen die männliche Seite ihres Wesens besser kennen, wenn ihr in ihren Visionen die »Männlichkeit« gezeigt wurde. Und ebenso kam Roger den weiblichen Aspekten seines Wesens näher. Beide probierten aus, was passierte, wenn sie diese Seiten in der Beziehung auslebten. Ellen wurde bestimmter, Roger rezeptiver. Beide näherten sich mehr der Ganzheit.

Die Öffnung für andere Dimensionen ist verführerisch, kann aber für einen einzelnen Menschen bedrohlich sein. Für Ellen bedeutete die intime Partnerschaft den Schutz, der ihr erst gestattete, tief in die transpersonalen Schichten einzudringen und sich ganz von ihnen einhüllen zu lassen, denn sie wußte, daß sie einen Rettungsring hatte, der ihr helfen würde, den Weg zurück in die äußere Wirklichkeit zu finden.

Es war auf einer gemeinsamen Reise nach Kanada. Einmal geschah es, als wir uns liebten, daß ich wegging, weit weg in den unermeßlichen Raum. Ich fühlte, daß ich ohne Grenzen war. Mein Blick ging in weite Fernen. Ich hatte Zugang zu vielen Wahrheiten. Es war ein schönes, glückseliges Erlebnis. Ich sah viele Verbindungen, die das unglaubliche, verschlungene Muster des Lebens bilden. Ich wollte immer in diesem Innenraum bleiben. Ich fühlte, daß ich im Fluß des Tao schwamm, im Zentrum der Wahrheit. Das hielt mehr als vierundzwanzig Stunden lang an.

Nach diesem Erlebnis fing Roger an, sich Sorgen zu machen, weil Ellen sich merkwürdig benahm. Sie sprach sehr wenig. Sie ließ Gegenstände fallen. Sie driftete weg. Er getraute sich nicht, sie mit ihrem Gepäck am Flughafen allein zu lassen. Er fragte immer wieder: »Ist alles in Ordnung?«

Ich war so von meinem Bewußtseinszustand gefesselt, daß ich kaum auf seine Fragen reagierte. Ich war Dingen auf der Spur – ich suchte auf der archetypischen Ebene nach mich interessierenden Zusammenhängen.
Dann kam ich wieder auf den Boden zurück, um nach dem Wochenende wieder zur Arbeit zu gehen. Mir fiel der Übergang nicht schwer. Aber Roger war damals etwas besorgt.

Ellen hatte das Glück, daß Roger sich bewußt war, daß er, obwohl die Veränderungen, die mit ihr vorgingen, ihm Angst machten, die Pflicht hatte, ihr Rückendeckung zu geben und ihr zu ermöglichen, sich ganz dem Geschehen in ihr hinzugeben, auch wenn es für ihn unbequem war. Aus seinen eigenen spirituellen Erfahrungen hatte Roger gelernt, dem Prozeß der spirituellen Öffnung zu trauen, und er wußte, daß es zu den Zeiten, wo höchst ungewöhnliche Erscheinungen auftreten, wichtig ist, diese zu durchleben und nicht zu unterdrücken. Die besondere Pflege und Aufmerksamkeit, mit der Roger Ellen umgab, auch wenn ihm manchmal recht mulmig war, half ihr, sich tiefer auf ihr transpersonales Wachstum einzulassen. Als Ellen aus der dramatischen Öffnung wieder auftauchte, hatte sie Zugang zu neuen Quellen gefunden, die sie in die Beziehung einbringen konnte.

Ellens und Rogers sexuelle Beziehung zueinander hat nicht nur ihr eigenes Leben, sondern ihre ganze Welt bereichert. Das Gefühl der Ganzheit, das ihnen aus ihrer Beziehung erwachsen ist, hat dazu geführt, daß sie in der Arbeit produktiver sind, sich mehr um das Wohlergehen ihrer Mitmenschen kümmern, sich weniger scheuen, allen Menschen liebevolle Gefühle entgegenzubringen und körperlich gesünder sind. Und ihre Sexualität ist, ganz wie sie es immer beabsichtigt hatten, für sie zu einer spirituellen Übung geworden.

Wenn Sex zur spirituellen Übung wird, ist der Geschlechtsverkehr ein Maßstab für die Beziehung zu Gott, das Symbol für den höchsten Bewußtseinszustand. Können Sie sich ganz dabei fallenlassen, sich ganz damit identifizieren? Die sexuelle Vereinigung ist ein Ort, um die Hingabe an die Höhere Macht zu üben, um sich ganz mitreißen zu lassen und doch voll bewußt zu bleiben. Es ist der Ort der tiefinnigsten Verbindung der Herzen, der Ort des »Ich« und »Du.« Wenn Sex eine spirituelle Übung ist, wird er zu einer Methode, die Energie der Liebe einströmen zu lassen, bis das ganze System damit angefüllt ist. Die körperliche Empfindung, das Herz und der Geist, werden eins. Dieses Einssein ist die Grundlage für den Übergang in transpersonale Ebenen. Dieses Einssein ist eine Einladung an die Kundalini, mit dem Aufstieg zu beginnen.

Wie bei allen spirituellen Übungen muß auch die sexuelle Betätigung, um zu einem Teil des spirituellen Aufbruchs zu werden, an Gott hingegeben werden. Diese Hingabe besteht in der Erklärung einer bestimmten Absicht: »Mögen die Früchte dieser Liebe allen fühlenden Wesen zugute kommen«; »Möge die Vereinigung unserer Körper und Seelen uns helfen, zur Einheit in Gott zu gelangen.« Ellen beschreibt das so:

> Wir machen die Ausübung unserer Sexualität zu einer heiligen Handlung, einem Gebet zum göttlichen Prinzip. Unser Sexualleben ist eine spirituelle Übung, eine Methode, zu den transpersonalen Bewußtseinsebenen Zugang zu finden. Es ist auch eine Methode, Gott zu loben, Gott zu lieben. Wir arbeiten durch körperliche Berührung und durch Gespräche miteinander – um Probleme zu beseitigen, die jeder von uns hat, und die uns daran hindern, mit subtilen Ebenen in nähere Berührung zu kommen. Wir atmen zusammen, um

uns für die Harmonie zwischen uns und zwischen uns und der natürlichen Umgebung zu öffnen. Wir beten für den Frieden in der Welt und für die Gesundheit unserer Freunde. Wir geben einander Gelegenheit, zur Einheit mit Gott zu gelangen. Wir drücken unsere tiefe Dankbarkeit für die Fülle aus, die wir in unserem gemeinsamen Leben gefunden haben.

Wenn eine Absicht erklärt ist, sollte sie während des ganzen Liebesaktes durchgehalten werden. Denken Sie an das, was Sie gesagt haben. »Trampeln Sie nicht auf Ihren Gebeten herum«, sagen die Lakota-Sioux-Indianer. Wenn Ihre Sexualität Teil Ihres Erwachens für Atman sein soll, fangen Sie nicht an, sich mit Wein oder Marihuana zu berauschen, die Ihr Bewußtsein betäuben, und geben Sie Ihre wache Aufmerksamkeit nicht inmitten intensiver Gefühle auf.

Sex verlangt nach Aufmerksamkeit, nach Wachheit wie alle spirituellen Übungen. Er ist ein Spiegel, in dem Sie in sich selbst hineinschauen können, in das Innere all dessen, was Sie sind. So wie Ihre Aufmerksamkeit ist, so ist auch Ihr Sexualleben. Beide sind eng miteinander verflochten. Das eine beflügelt das andere. Ist es nicht ein wunderbarer Ansporn, die Qualität Ihrer Aufmerksamkeit zu verbessern, wenn dadurch gleichzeitig die Qualität Ihrer sexuellen Erfahrungen verbessert wird? Je wacher Sie sind, je mehr Sie die subtile Energie spüren, desto leichter wird es Ihnen fallen, dieses subtile Empfindungsvermögen in den Vollzug der Liebe hineinzuholen. Für Ihren Partner ist es erhebend, wenn Sie durch die Qualität Ihrer Berührung Liebe geben können. Das ist eine ganz andere Erfahrung, als wenn Sie nur sexuelle Gefühle hervorrufen, indem Sie die Hände an den »richtigen« Stellen haben.

Wenn der sexuelle Austausch zur Verschmelzung subtiler Energien wird, verwandelt er sich in einen Akt der Reinigung. In dieser Hinsicht gleicht er der Meditation. Philip, der als Lehrer für Transzendentale Meditation arbeitet, erklärte mir:

Wenn man anfängt zu meditieren und sich auf sein Mantra zu konzentrieren versucht, merkt man, daß allerlei geistiger und emotionaler Abfall hochkommt. Viele Leute werden sehr schläfrig. Es gehört als Teil der Reinigung mit dazu, diesen Gefühlen nachzugeben. Es ist, wie wenn man die Schichten einer Zwiebel abschält – in der Mitte ist das Gottesbewußtsein. Wenn du bei der ersten Schicht bist, wirst du schlafen wollen. Laß es zu. Wenn du dann zu der Übung zurückkehrst – nachdem du dir soviel Schlaf gegönnt hast, wie du brauchtest –, findest du eine neue Schicht. Vielleicht ist es ein Strom von Gedanken. Der Zettel für die Wäscherei. Berufliche Sorgen. Laß es einfach geschehen – bleib sitzen und sprich weiter dein Mantra. Die Gedanken kommen schon von selbst zur Ruhe. Dann kommt eine neue Schicht. Vielleicht kommt ein starkes Gefühl hoch – Angst, Schmerz, Eifersucht. Laß es dich nur fühlen, bleib dabei. Laß es durch dein System strömen. Es muß sich doch am Ende erschöpfen. Dann die nächste Schicht. Vielleicht starke körperliche Bewegungen, spontan auftretende Muskelkrämpfe. Gib dich ihnen hin. Laß sie sein. Ganz zuletzt, unter allem anderen – wenn du fortfährst, Gewahrsein zu üben – kommst du im Zentrum an. Dann gehst du im Zustand des Gottesbewußtseins auf.

Wenn Sex als spirituelle Übung mit wacher Bewußtheit praktiziert wird, kann er eine ganz ähnliche Erfahrung sein. Je intensiver das Erleben wird, desto schläfriger können Sie werden, oder Sie haben starke Gefühle, oder es taucht eine Erinnerung auf, die Ihre Aufmerksamkeit in Anspruch nimmt. Zum Schluß, wenn all das geklärt ist, werden Sie zu spirituellen Erfahrungen gelangen. Am Anfang müssen Sie sich all den Dingen, die passieren können, einfach hingeben.

Es gibt nicht viele Menschen, die sich so umfassend auf die Verarbeitung intensiver Erfahrungen, wie Ellen und Roger sie hatten, vorbereitet haben. Die meisten von uns verfügen nicht über den notwendigen begrifflichen Rahmen, sind emotional ungenügend vorbereitet und besitzen nicht die spirituelle Reife, um mit einem derart intensiven Geschehen angemessen umzugehen. Höchstwahrscheinlich werden Sie auf diesem Gebiet nur dann spirituelle Erlebnisse haben, wenn Sie das nötige Fundament besitzen und über Möglichkeiten verfügen, die Erfahrung zu verarbeiten. Ebenso wie es vorkommt, daß Kinder spirituelle Erfahrungen haben, ehe sie ein reifes Ichbewußtsein entwickelt haben, können auch ältere Menchen in spirituelle

Erlebnisse hineingeworfen werden, ohne es zu wollen. Was geschieht mit Menschen, die unerwartet in Erfahrungen mit High Sex hineintaumeln?

High Sex als spontanes Erlebnis

In der Geborgenheit von Zuneigung und körperlicher Nähe lösen sich die persönlichen Grenzen auf. Wir geben unser Mißtrauen und unsere Abwehr auf. Wenn wir offen und verletzlich werden, wird es möglich, uns mit unserem Partner »eins« zu fühlen. Alle Konflikte verfliegen. Auf dem Höhepunkt spielt der Gegensatz zwischen Männlichkeit und Weiblichkeit kaum noch eine Rolle. Die Welt der Dualitäten verschwimmt zum Traum. Die Zartheit der Liebe malt die Welt in harmonischen Farben. Dieses Gefühl des »Einsseins« ist ein Abbild der Einheitserfahrung auf der kausalen Ebene. Es kann sogar die Schwelle zum Eintritt in die subtile und die kausale Ebene bilden.

Phil und Celina liebten sich seit etwa einem Monat. Das körperliche Beisammensein war für sie beide sehr befriedigend, und es schien immer schöner zu werden. Celina spürte, daß Phil ein liebevoller Mensch mit einem sehr großen Herzen war.

> Ich erinnere mich an eine Nacht, als wir uns liebten. Wir waren beide auf eine sehr leidenschaftliche, körperliche Art ineinander vertieft. Unsere Aufmerksamkeit war ganz auf unsere Genitalien gerichtet. Plötzlich schien es mir, als verwandle sich sein Herz in einen Penis, der in mein Herz eindrang. Mein Herz nahm die Gestalt einer Vagina an – es öffnete sich, um den neuen Energiestoß von meinem Partner zu empfangen. Dann fühlte ich, wie mein richtiges Herz pulsierte und bebte wie im Orgasmus, und gleich darauf wurde eine riesige Menge von Energie freigesetzt. Das einzig passende Wort dafür ist *Ekstase.*

Phil hatte nicht das gleiche Erlebnis wie Celina, aber er teilte ihre Freude. Er war froh, daß dieses neue Land sich für ihn auftat. Sie machten sich von jetzt an auch daran, das neue Potential planvoller als bisher zu erkunden.

Wir konzentrierten uns beim Geschlechtsverkehr jetzt manchmal darauf, die von uns erzeugte Energie in einem Kreislauf zirkulieren zu lassen, ausgehend von seinem Penis in meine Vagina, dann in mein und sein Herz hinauf und wieder hinunter in seinen Penis. Oder andersherum. Die Konzentration auf diesen Kreislauf bereicherte unser Liebesleben durch eine neue Dimension, die uns einander näherbrachte, und öffnete noch dazu unsere Herzen für andere Menschen. Es war der Beginn einer erstaunlichen Verwandlung in unser beider Leben.

Phil und Celina hatten sich vor diesem Erlebnis nicht mit *tantrischen* spirituellen Praktiken beschäftigt. (Tantrische Praktiken leiten sich von einer Form des Buddhismus her, die sich vor allem auf die physischen wie subtilen energetischen Vorgänge beim spirituellen Erwachen konzentrieren.) Aber nach ihrer Öffnung auf sexuellem Gebiet wuchsen sie allmählich gemeinsam in den Bereich der subtilen Energie in ihrem Leben hinein.

Es war ein Glück für Celina, daß Phil ihren Erfahrungen gegenüber aufgeschlossen war. Wenn ein Partner »high« wird und der andere sich infolgedessen in seiner oder ihrer sexuellen Identität bedroht fühlt, so daß er in die Defensive geht, kann eine ernsthafte Beziehungskrise entstehen.

Angelica hatte seit mehreren Jahren Hatha-Yoga gemacht. Sie hatte angefangen, das Strömen der Energie in ihrem Körper zu spüren und wollte dieses Strömen auch in der Sexualität erkunden. Also wollte sie die Intimität mit ihrem Mann Mark verstärken. Sie wollte mehr von sich mit ihm teilen. Dabei hoffte sie, daß sie ihm näherkommen würde, wenn sie nur selbst mehr losließe, selbst wenn Mark sich nicht in gleichem Maße wie sie für Erfahrungen auf der subtilen Ebene interessierte.

Und ich ließ tatsächlich mehr los: auf einmal wurde ich multiorgasmisch. Manchmal versank ich tief im Erleben der Energien, der Wonne, die durch mein ganzes Sein kreiste. Ihm passierte so etwas nie. Deshalb fühlte Mark sich ausgeschlossen. Er wußte nicht, was mit mir los war, er konnte es einfach nicht verstehen. Als ich die Stellung oben ausprobierte – wobei er unter mir auf dem Rücken lag –, hatte ich noch stärkere Orgasmen, weil er mit seinem Penis meinen »G-Punkt« berührte. Aber er mochte es nicht, wenn ich so starke Empfindungen hatte. Sie machten ihm Angst. Er verstand sie als einen Hinweis darauf, daß ich stärker war als er und fühlte sich in seiner sexuellen Identität angegriffen.

Damals fing Mark ein Verhältnis an, und zwar, wie Angelica ein paar Jahre später erfuhr, mit einer Frau, die offensichtlich gerne mit einem Mann zusammen war, der immer die Zügel in der Hand behält.

Angelica und ihr Mann haben sich schließlich scheiden lassen. Mark hat für die energetischen Erfahrungen höherer Ebenen, die Angelica mit ihm teilen wollte, nie Interesse gezeigt. Gemeinsam, in ihrer Eigenschaft als Ehepaar, verfügten sie nicht über die Mittel, um mit dem Weg des spirituellen Erwachens, den Angelica tastend betreten hatte, angemessen umzugehen.

Sex als Erfahrung der Unio mystica

Ich war eben von der Psychotherapie nach Hause gekommen und fühlte mich so richtig im Kontakt mit mir selbst. Mein Partner war gerade zu Hause, und wir beschlossen, uns zu lieben. Als ich erregt wurde, fing mein ganzer Körper an zu wogen, so als wäre ich vom Kopf bis zu den Fußspitzen eine einzige große Welle. Ich fühlte, daß mein Liebhaber und ich Seele an Seele miteinander verbunden waren. Es gab überhaupt keine Grenze mehr zwischen uns. Wir waren in Einheit aufgelöst. *Francesca, 38*

In Francescas Bericht klingt schon an, daß im Erlebnis der Einheit im Liebesakt jeder der Partner eine Erfahrung der kausalen Ebene machen kann. Der kausalen Gipfelerfahrung kann jedes der im dritten Kapitel beschriebenen sechs Muster des spirituellen Aufbruchs vorausgehen oder folgen.

Wenn das Paar über die Mittel verfügt, sich auf die im Gefolge spiritueller Erfahrungen auftretenden ungewöhnlichen Umstände einzustellen, fügt sich das Geschehen organisch in ihr spirituelles Wachstum als einzelne und als Paar ein.

Wenn die beiden allerdings ihrer persönlichen Anlage nach nicht imstande sind, einander während der spirituellen Öffnung zu unterstützen – wie es bei Angelicas Mann der Fall war, der von ihren ungewöhnlichen energetischen Erlebnissen bei der Liebe erschreckt war –, kann es zu einer spirituellen Krise kommen, in der einer der beiden Partner – oder beide – so von Angst überwältigt werden, daß sie keine intimen Beziehungen mehr ertragen können. Im elften Kapitel können Sie nachlesen, wie Sie Menschen in einer spirituellen Notlage helfen können.

Es folgt eine kurze Zusammenstellung darüber, wie die anderen Formen des spirituellen Erwachens in Liebesbeziehungen erlebt werden können.

Die schamanische Reise

> Einmal saß ich draußen auf dem Schoß meines Geliebten. Wir hatten uns gerade geliebt. Unsere Beziehung war außergewöhnlich eng. Wie wir so ruhig dasaßen, dem Schweigen lauschten und uns jeder an der Nähe des anderen freuten, kam ein wilder Falke – einer meiner spirituellen Verbündeten – aus der Luft geflogen und setzte sich auf mein Knie. Er blieb zwei volle Minuten sitzen, dann flog er davon. Das war für uns beide ein deutliches Anzeichen dafür, wie eng wir mit der Natur verbunden waren. Es machte uns auch klar, wie wir durch unsere enge körperliche Verbindung immer tiefer in diese Welt hineingezogen wurden. *Linda*, 32

Es kann sein, daß Sie sich besonders nach der Liebe »erneuert« fühlen und sich der Natur näher wissen, in Einklang mit Ihrem Partner, empfänglicher für die Schwingungen, die von Ihrer Umgebung ausgehen. Wenn diese Empfindungen sich noch verstärken, können Sie sich geradezu wiedergeboren fühlen, voll kindlichen Staunens, verletzlich und auf die natürliche Welt eingestimmt, in telepathischer Verbindung mit Ihrem Partner und empfänglich für die Vibrationen um Sie herum, und für die Veränderungen, die fast unmerklich in Ihnen vorgehen. In einer solchen Zeit kann es geschehen, daß die natürliche Welt, mit der Sie sich besonders verwandt fühlen, auf dramatische Weise in Ihr Bewußtsein einbricht. Für Linda, deren Bericht wir eben gehört haben, bedeutete der Falke auf ihrem

Knie eine Bestätigung der engen Verbindung zur Natur, die sie in der besonderen Beziehung zu ihrem Geliebten spüren durfte. Zu ihr allein war nie ein Falke gekommen. Es war etwas um ihre enge Verbindung mit ihrem Geliebten, was ihr einen engeren Kontakt mit der Tierwelt ermöglichte. Diese Einheit mit der Natur half ihr, ihre alte Vorstellung von sich selbst als von der Natur getrennt loszulassen und ein Selbstbild zu schaffen, das mit der natürlichen Welt im Einklang war. Damit bildete es eine Etappe auf ihrer schamanischen Reise.

Das Erwachen der Kundalini

In der Geschichte von Phil und Celina haben wir ein Beispiel für das Erwachen der Kundalini gesehen. Der Kraftstrom, den Celina im Herzen fühlte, als sie Phils Eindringen spürte, bestand aus pranischer Energie. Die Kundalini äußert sich im Zusammenhang mit sexuellem Erleben auch durch Muskelkrämpfe in verschiedenen Körperregionen, durch Hitze- und/oder Kältewallungen und durch Vibrationen, die den ganzen Körper mit »strahlendheller« oder »brandender« Energie erfüllen. Das Ergebnis ist immer eine Öffnung der Sinne – wozu auch Herz und Intuition gehören – in eine größere Empfindsamkeit anderen Menschen und der Natur gegenüber.

Mit ihrem Aufstieg verstärkt die Kundalini immer das Bedürfnis nach sexueller Betätigung und steigert darüber hinaus auch oft die Fähigkeit, zum Orgasmus zu kommen. Wenn eine Frau der pranischen Energie erlaubt, sich in ihrem Körper stärker zu manifestieren, kann sie, selbst wenn sie vorher zum Orgasmus unfähig war, lernen, schon bei sehr schwacher Reizung mehrfache Orgasmen zu bekommen. Ein Mann kann das Bedürfnis nach mehr sexueller Betätigung und/oder ein verstärktes Auftreten von Energie im ganzen Körper verspüren, wodurch auch ihm mehrfache Orgasmen zugänglich werden. Das kann das Bild, das er von sich als einem sexuellen Wesen hat, entscheidend verändern. Bei der Frau verändert es auch die Art, wie ihr Geliebter sie erlebt. Im Idealfall verfügen sie und ihr Partner über die inneren Mittel, um das Einfließen der Energie als etwas Begrüßenswertes anzunehmen. In dem Maß, in dem die Kundalini erwacht, wird es für den Mann wichtig, sich auf das Zurückhalten der Ejakulation zu konzentrieren, um seine sexuelle Leistungsfähigkeit zu verstärken. Je besser sie die pranische Energie wahrnehmen, desto leichter gelingt es auch Männern, mehrfache Orgasmen zu haben, ohne zu ejakulieren und so durch die Sexualität zu energiereicheren Erlebnissen der subtilen Ebene vorzudringen, ohne ihre Energie zu erschöpfen.

Eines der Probleme beim Erwachen der Kundalini ist, daß es zu einem suchtartigen Bedürfnis nach sexueller Betätigung kommen kann. Ein transpersonal orientierter Psychiater erzählte mir von einem Klienten, der wegen manischer Zustände an ihn verwiesen wurde. Der bisherigen Diagnose nach war er manisch-depressiv. Der Arzt bemerkte im Traumleben des Mannes das Muster der Öffnung für den Lebensmythos und vermutete, daß die Sexsucht im Rahmen des Kundalini-Erwachens auftrat. Statt seinen Klienten nun mit Medikamenten vollzupumpen, um seine Neigungen zu unterdrücken, versuchte er, ihn davon zu überzeugen, daß es besser wäre, seine gesteigerte Energie zu verwenden, um sein spirituelles Leben zu intensivieren. Wer den Prozeß des Kundalini-Erwachens ganz zulassen will, muß einen Teil der belebenden Energie zur spirituellen Arbeit ausnutzen.

Parapsychische Öffnung

Das spirituelle Erwachen im sexuellen Erleben ist oft von Visionen, Hellsehen und Hellfühlen – lauter Erscheinungsformen der parapsychischen Öffnung – begleitet. Das zeigt auch die Geschichte von Ellen und Roger, die nach dem Beginn ihres Liebesverhältnisses erlebten, daß die parapsychischen Phänomene in ihrem Leben an Intensität zunahmen. Ellen konnte tiefer in Visionen eintauchen, die archetypische Phänomene in ihrer Umgebung offenbarten. Zwischen Ellen und Roger entwickelten sich telepathische Schwingungen, so daß sie spürten, was der Partner gerade erlebte, obwohl er vielleicht meilenweit entfernt war. In dem Maße, in dem ihr Liebesvollzug sie einander noch näher brachte, konnten sie beide fühlen, was in dem anderen vorging, so als wären es die eigenen Empfindungen. Beide hatten auch das Gefühl, daß sie in ihrer Beziehung von einem Schutzengel behütet wurden, den sie als den schützenden Aspekt der Höheren Macht erlebten.

Die Öffnung für das karmische Muster

Als Ellens und Rogers Bindung durch die Erfahrungen, die sie gemeinsam beim Lieben machten, immer enger wurde, wurden ihnen auch gemeinsam verbrachte frühere Leben wieder bewußt. Das gemeinsame Erleben dieser Visionen vermittelte ihnen Einblicke in die Dynamik ihrer gegenwärtigen Beziehung. Sie verstanden jetzt besser, wieso sie einander so sehr vertrauten, und auch, worauf gewisse Probleme zurückgingen.

Bei manchen Menschen, die in ihrem Leben schon längere Zeit im subtilen Bereich leben, kann die Fähigkeit, sich durch die körperliche Liebe für die karmischen Muster zu öffnen, zu einem Teil ihrer Natur werden. Dann sorgt die erhöhte Wahrnehmungsfähigkeit für die subtilen Bereiche dafür, daß eine sexuelle Begegnung nicht mehr so leicht als rein körperlicher Vorgang aufgefaßt werden kann. Junette, eine zweiundvierzigjährige Frau, die seit zwanzig Jahren meditiert, erzählte mir:

> Wenn ich mit einem Mann schlafe, schaue ich sofort in seine Seele. Ich kann offensichtlich seine früheren Leben sehen. Ich habe Visionen von unseren früheren Begegnungen. Einerseits ist das ja aufregend, aber es lenkt mich so sehr ab, daß ich mich nicht wie andere Leute einfach entspannen und mich dem körperlichen Genuß hingeben kann. Für mich ist es besser, wenn ich einen festen Partner habe ... Dann wird das gemeinsame Wissen um frühere Leben zu einem Bestandteil unseres Lebens, und ich kann ganz entspannt mit ihm zusammen die verschiedenen Bereiche unseres Wesens erleben: den körperlichen und emotionalen, den intellektuellen und den spirituellen Bereich.

In dem Maße, in dem spirituelle Erfahrungen zu einem Teil der intimen Beziehung werden, wächst die Intensität der Bindung zwischen zwei Menschen. Dabei können parapsychische Öffnungen und das Erleben karmischer Muster dafür sorgen, daß Raum und Zeit überschritten werden. Die Beziehung der Liebenden und ihre Bindung aneinander wird dadurch bereichert. Gleichzeitig stehen beide allerdings auch vor der Aufgabe, inmitten der Entwicklung zur Einheit mit dem Partner die eigene Individualität zu wahren.

> Wenn ich oft mit meiner Geliebten schlafe, fühle ich mich ihr so nahe, so verbunden, daß ich das Gefühl für meine Individualität verliere. Ich liebe das Gefühl des Verschmelzens, das wir anstreben. Es ist ein großer Trost, und es macht mich high. Aber ich habe echte Probleme, wieder zu mir selbst zurückzukommen. Es ist, als ob ich »bessessen« wäre, als ob mir etwas weggenommen würde, was ich zum Überleben und zum Wachsen dringend brauche. Wenn ich merke, wie sehr ich mich von unserem Gefühl des Einsseins habe aufsaugen lassen, habe ich immer ein starkes Gefühl von Bedrohung. Dann suche ich nach einem Grund, wütend zu werden, oder ich ziehe mich zurück. Das hilft mir, wieder zu mir zu kommen, und ich fühle mich nicht mehr besessen.
>
> *Jeremy*, Bildhauer, 40

Das ist eine spirituelle Krise: Jeremy erlebt im Geschlechtsverkehr ein Gefühl des Einsseins, kann aber mit den daraus entstehenden Gefühlen nicht umgehen, weil er es nicht schafft, sie auf positive Weise in sein Leben zu integrieren. Statt dessen erlebt dieser Mann (es könnte aber ebensogut auch eine Frau sein) abwechselnd Wonne und Wut oder Isolierung. Das ist eine Form des spirituellen *Zusammenbruchs*, die häufig im Zusammenhang mit sexuellen Erfahrungen auftritt.

Die durch das Erlebnis des Einsseins ausgelöste Angst vor der Überwältigung durch etwas Fremdes, vor Besessenheit, kann noch schlimmere Folgen haben, wenn Sie nicht sicher sind, ob Sie homosexuell, heterosexuell oder bisexuell veranlagt sind. Ein Aspekt der Einheit – den auch Ellen und Roger beschreiben – ist das wachsende Bewußtsein für den androgynen Charakter beider Beteiligten. Wenn ein Mensch, der sich ohnehin seiner sexuellen Identität nicht sicher ist (und diese Frage taucht vor allem im Jugendalter und in der Midlife-crisis auf), sich für die innere archetypische Welt öffnet, in der Männlich und Weiblich eins sind, dann kann diese Entwicklung zu verheerenden Verwirrungszuständen führen.

Was können Sie tun, wenn Ihr Partner infolge sexueller Betätigung einen spirituellen Zusammenbruch erleidet?

Die Hilfe für einen Menschen in einer spirituellen Notlage enthält vier Elemente: Katharsis, die Bereitstellung eines Zufluchtsorts, Erdung und Aufklärung. Wie verhält es sich damit »im Schlafzimmer«?

Katharsis

Die sexuelle Betätigung weckt oft Gefühle, und wenn sie von Liebe und Aufmerksamkeit getragen ist, tritt eine reinigende Wirkung ein. Plötzlich taucht die Empfindung der Trauer auf, die mit früheren sexuellen Erlebnissen ohne Liebe verbunden ist. Oft spielen auch familiäre oder Partnerschaftsbeziehungen hinein. Gefühle der Angst oder der Freude können sich im Weinen Luft machen. Marie, eine vierzigjährige Geschäftsfrau, erzählt:

> Eines Tages versank mein Partner, während wir uns liebten, in einen Abgrund tiefen Schmerzes über die Tatsache, daß seine Mutter für ihn als Kind nicht dagewesen war. Wir brachen den genitalen Verkehr ab, und ich hielt ihn im Arm, wie es eine liebende Mutter getan hätte. Ich machte ihm Mut, sich allen Gefühlen zu stellen. Er hat wohl drei Stunden geschluchzt. Danach fühlte er sich offen und viel weniger befangen in der kindlichen Angst, ich könnte ihn verlassen. Von diesem Tag an schien er sich in seiner reifen Sexualität mit größerer Selbstverständlichkeit zu behaupten.

Marie und ihr Partner Ben hatten sich vor diesem Erlebnis ein wenig mit tantrischen Sexualpraktiken beschäftigt. So waren sie einigermaßen in der Lage, sich der Wucht der Gefühle hinzugeben und ihr Bedürfnis zu befriedigen, diesen Ausdruck zu verleihen. Ihre Geschichte ist ein Beispiel dafür, wieviel wichtiger es ist, durch die Gefühle hindurchzugehen, sie wirklich zu empfinden und auszudrücken, als sie nur zu analysieren und zum Gegenstand kalter Betrachtungen zu machen. Die emotionale Reinigung stellte sie beide stärker in den gegenwärtigen Moment hinein, ließ sie die Macht, die hinter ihrer Liebe stand, stärker empfinden – die persönliche Heilkraft und die Verbindung zur Höheren Macht.

Marie und Ben konnten sich gegenseitig stärken. Es gab auch Zeiten, in denen Ben Marie halten mußte, wenn sie den Schmerz spürte, den sie mit sich herumgetragen hatte: das Gefühl, daß sie irgendwie schuldig war, weil sie eine Frau war, oder weil sie ein sexuelles Wesen war, oder weil sie über sexuelle Energie verfügte. Für sie war es, wenn sie sich der miteinander geteilten Liebe hingaben, immer wieder wichtig, zu weinen, zu toben oder sich voller Angst in sich zusammenzuziehen. Damit stieß ihr Körper das Trauma ab, das sie erlebt hatte, als sie als Kind belästigt wurde. Diese Katharsis war Teil des Prozesses, in dem sie alte Denk- und Verhaltensmuster losließ, um ihrer Natur als reife Frau Platz zu machen. Im Erleben all dieser Gefühle gesundete Marie und erwachte zu größerer Fülle als reife Frau. Früher hatte Marie nie einen Orgasmus gehabt. Die reinigende Heilung, die Ben und sie gemeinsam erlebten, war wesentlich daran beteiligt, daß Marie nun endlich zum Orgasmus fähig wurde.

Das tiefe Vertrauen, das sie zueinander hatten, ermöglichte es den beiden auch, ihre eigene Fähigkeit, Liebe zu geben, neu zu erleben. Marie sagte:

> Während Ben weinte, erlebte ich mich als den Archetyp der göttlichen Mutter. Ich empfand für ihn und für die ganze Welt Liebe, bedingungslose Liebe. Ich ließ alle Vorstellungen davon, wie er sich mir gegenüber verhalten sollte, fallen. Ich war mir auch des Verstreichens der Zeit nicht mehr bewußt. Ich war ganz einfach für ihn da. Es war ein schönes Erlebnis. Es zeigte mir meine eigene Liebesfähigkeit. Ich hatte bis dahin nicht gewußt, wie gut ich in der Lage war, für einen anderen Menschen dazusein.

Ein solches Erlebnis der Liebe stellt sich nur ein, wenn beide Partner sich sicher fühlen, so daß sie sich gegenüber dem Partner und gegenüber sich selbst öffnen können. Die Reinigung der eigenen Gefühle und die liebende Achtsamkeit für einen Partner, der eine Reinigungsphase durchmacht, führt schließlich zu einer gegenseitigen Bindung voller Klarheit und Energie. Marie sagte: »Die klare Energie färbt auf alle Facetten meines Lebens ab. Ich habe in der Meditation gespürt, daß jede Zelle meines Körpers dem Orgasmus nahe war!«

Mit der Vertiefung der Intimität mit Ihrem Partner werden Sie für einander zur Zuflucht; Sie stellen einen sicheren Ort bereit, an dem Sie gemeinsam Sie selbst sein können. Dann ist die Partnerschaft eine besondere Sicherheitszone und ein Ort des Einsseins.

Zuflucht

Gemeinsam verbrachte Zeit, in der zwei Partner in einer Atmosphäre des gegenseitigen Respekts und der Annahme in ihre wahren Gefühle hineinfallen dürfen, wenn sie das Bedürfnis danach verspüren, ist eine Zuflucht. Das ist ein geheiligter Ort, an dem Sie sich in sich selbst und in Ihrer Partnerschaft versammeln. Natürlich ist auch die Zeit, die Sie für sich allein in der Einsamkeit zubringen, wenn Sie es brauchen, eine wichtige Zuflucht.

Lassen Sie sich ganz auf den gegenwärtigen Augenblick ein: »Was brauche ich in diesem Moment, um mich mit mir wohl zu fühlen?« Geben Sie sich an sich selbst hin, an Ihr tieferes Selbst. Es gibt auf der Erde kein anderes Ziel, als ganz Sie selbst zu sein. Wie können Sie diesem Ziel in sich selbst näherkommen?

Wie können Sie ihm in Ihrer Partnerschaft näherkommen? Nehmen Sie sich in der gemeinsamen Zuflucht Zeit, sehr direkt miteinander zu reden: »Immer wenn das geschieht, habe ich Angst. Ich mag das nicht.« Oder: »Das hab ich gern. Davon will ich mehr. Ich möchte es nur langsamer haben.« Oder: »Ich hätte mir nie vorstellen können, daß so etwas geschieht. Ich weiß nicht, was ich jetzt tun soll, was richtig ist. Ich bin durcheinander.« Nehmen Sie sich Zeit, Ihre Gedanken und Gefühle auszudrücken. Nur wenn Sie die ehrliche Kommunikation zurückhalten, kann sich eine liebevolle Zufluchtsstätte in ein bedrückendes Gefängnis verwandeln.

Erdung

Wenn Sie den Eindruck haben, daß Ihr Partner beunruhigt ist, weil die Energie, die Sie miteinander teilen, zu kräftig oder zu subtil wird, ist es im allgemeinen zu empfehlen, Ihre sexuelle Aktivität für eine Weile zu unterbrechen. Die Höhepunkte einer Einheitserfahrung oder die mit spirituellen Erfahrungen einhergehenden und die ganze Persönlichkeit ergreifenden

Veränderungen der Wahrnehmung können dazu führen, daß man sich eine Zeitlang unwohl fühlt, so als habe man den Kontakt zu sich selbst verloren. Dazu sagt Marie:

> Seit ich angefangen habe, mit meinem Partner zusammen meine Sexualität zu erkunden, habe ich Orgasmen, und ich habe beim Verkehr viele spirituelle Erfahrungen gehabt. Ich habe mich wieder als Baby gefühlt und mich an frühere Leben erinnert. Ich habe erlebt, wie neue Energien in mir wach wurden, so daß die Energie ungeteilter durch meinen ganzen Körper floß. Zeitweilig fühlte ich mich von der bloßen Intensität dieser Erlebnisse überwältigt.

Wenn die Intensität zu stark wird, sollten Sie pausieren. Entspannen Sie sich gemeinsam. Sie würden kaum zusammen im Bett sein, wenn Sie sich nicht gern hätten. Reden Sie, machen Sie es sich in den Decken gemütlich – als wären Sie Wikkelkinder – oder halten Sie sich im Arm. Atmen Sie gemeinsam, ganz sanft. Hören sie Musik. Lassen Sie die Energie, die Sie gemeinsam erlebt haben, sich über den ganzen Körper verteilen und konzentrieren Sie sich nicht nur auf Ihre Genitalien, Ihr Herz oder sonst einen Körperteil.

Wenn einer von Ihnen aufgeregt ist, kann es gut sein, daß er oder sie eine Weile allein sein muß, um auf eigenem Territorium wieder die Verbindung zur Erde zu suchen. Wenn das der Fall ist, sollten Sie sich behutsam von Ihrem Partner lösen. Geben Sie ihm zu verstehen, daß Sie eine Weile allein sein müssen. Gehen Sie spazieren. Gehen Sie in die Natur. Drücken Sie Ihre wahren Gefühle im Tanz aus, strecken Sie sich, wie es Ihnen gerade einfällt, oder seien Sie ganz still und klein. Bewegen Sie sich so, wie es zu Ihren echten Gefühlen paßt. Das wird Ihnen helfen, Ihre Angst zu lindern. Wenn Sie Ihre Erfahrung objektivieren, indem Sie darüber sprechen, sie ins Gebet hineinnehmen oder sich dazu bewegen, wird sie viel von ihrem Schrecken verlieren.

Aufklärung

Es wird ein Moment kommen, wo Sie beide das Bedürfnis haben, miteinander über die Erfahrung zu reden und sie zu verstehen. Sie werden Begriffe brauchen, die Ihnen das Sprechen und Nachdenken über das Geschehene ermöglichen. Marie und Ben machten sich gemeinsam auf die Suche nach neuen Haltungen, durch Lesen, durch Diskutieren und durch körperliches Experimentieren.

Da die transpersonalen Aspekte der Sexualität nur sehr wenigen von uns bekannt sind, kann es erforderlich sein, daß wir uns gegenseitig erziehen. Marie konnte sich dem vollen Erleben des Orgasmus erst öffnen, als sie den G-Punkt entdeckt hatte. Der heilige Punkt ist eine Stelle an der Innenwand des Schambeins der Frau, der besonders empfindlich ist und den Schlüssel zu tiefen sexuellen Energien enthält. Viele Frauen ejakulieren, wenn der G-Punkt gereizt wurde und kommen häufiger zum Orgasmus.

> Ich bin der typische Fall eines Menschen, der auf Grund der Konditionierung, der er als junger Mensch unterworfen wurde, körperlich zugemacht hatte. Ich war so richtig verklemmt. Ich spürte kaum die Energie in meinem Körper. Ich legte viel mehr Wert auf mein Aussehen – meine Haare, meinen Gesichtsausdruck, mein Gewicht. Ich schlief gerne mit Männern, aber es war mehr ein körperlicher Vorgang und hatte nichts mit dem Herzen oder mit spirituellen Erlebnissen zu tun.
> Als ich den G-Punkt entdeckte, den man auch den heiligen Punkt nennt, veränderten sich alle meine Vorstellungen darüber, was im Sex möglich ist. Vorher hatte ich kaum je einen Orgasmus – höchstens ganz selten einmal einen klitoralen Orgasmus, aber nie einen uterinen.

Für die Ehe ist es belebend, Techniken zu entdecken, die neue Energien in die Sexualität einbringen. Die Verpflichtung zur Monogamie kann dann zum Fundament einer Beziehung werden, die eine Oase der Ruhe für die Verschmelzung zur Einheit bereithält, einer Beziehung, in der die Seele gesundet, die sexuell immer erregender wird, je weiter sie wächst und die zur spirituellen Erweiterung führt. Der Fülle, die es in einer solchen Ehe zu erfahren gibt, sind keine Grenzen gesetzt. Die Beziehung wächst immer weiter, hinein in das volle Erleben von Liebe und göttlicher Energie. Im gleichen Maße ermöglicht sie es jedem, sich selbst vollständiger zu verwirklichen.

Der folgende Abschnitt gibt Hinweise für all diejenigen, die ihre sexuellen Aktivitäten einsetzen möchten, um ihren spirituellen Aufbruch zu fördern.

Spiritueller Aufbruch und Sex

Gewöhnlich ist der Liebesakt (oder der Sexualverkehr) auf das Ziel hin ausgerichtet, beiden Parteien zum Orgasmus zu verhelfen. Es gibt aber eine andere Art zu lieben, wodurch die Partner dazu geführt werden, sich selbst bewußter wahrzunehmen und in spirituelle Bereiche vorzudringen. Man hat von »ekstatischem Sex« oder »Sex als Prozeß« gesprochen. Das Ziel ist nicht der Orgasmus; das Ziel ist vielmehr, die Erfahrung des gegenwärtigen Moments zu vertiefen, die körperliche Ebene zu überschreiten und zur Vereinigung mit der Höheren Macht zu gelangen. Der Akt gründet sich auf die Hingabe an die spirituelle Dimension unseres Wesens, wobei der Körper als der Tempel Gottes aufgefaßt wird, durch den wir unserem spirituellen Selbst näherkommen können. Für eine sexuelle Betätigung, die bis zur spirituellen Ekstase geht, ist ein aufrichtiges, zur Hingabe bereites Herz von zentraler Bedeutung. Irgendwelche Techniken und besonderen Handlungen, die ein intimes Verhältnis zwischen den Liebenden aufbauen sollen, können erst wirksam werden, wenn diese Herzenseigenschaft erübt ist.

Was hat es mit dieser Herzenseigenschaft auf sich? Sie zeigt sich in einer besonderen, die Form einer dynamischen Absicht annehmenden Sehnsucht nach Einssein mit der Höheren Macht, nach Liebe, nach Gott. Sie zeigt sich als Abenteurergeist, als Bereitschaft, neues Gelände zu erkunden und sich auch Dinge zu eigen zu machen, die bislang hinter gesellschaftlichen Konventionen verborgen lagen. Sie zeigt sich durch das Antlitz der Liebe, durch den Wunsch, die Liebe in ihrer ganzen Fülle kennenzulernen.

Der einzige Weg, diesen Liebeshunger zu befriedigen, ist die Hingabe. Hingabe nicht nur an sich selbst – an das, was Ihre eigene, persönliche Sexualtät ausmacht –, sondern auch bereitwillige Annahme der archetypischen, kollektiven Elemente der Sexualität. Dies ist das Reich des »Sex' als Prozeß« – in dem Sex zu einer Reise der Selbst-Offenbarung wird, einer Übung, bei der Sie in besonderer Wachheit bei sich selbst bleiben, statt sich zu vergessen. Es unterscheidet sich erheblich vom »Sex als Eroberung«, dessen oberstes Ziel der Orgasmus ist, und bei dem die Aufmerksamkeit der Liebenden vollständig davon absorbiert ist, mit geeigneten Techniken erotische Empfindungen hervorzurufen. Sex als Prozeß steht und fällt mit der Qualität des *Seins*, nicht mit der des *Tuns*. Paulina und Michael (deren Erfahrung der kausalen Ebene im ersten Kapitel beschrieben wurde)[66] erzählen, wie sie den Sex als Prozeß entdeckt haben:

Michael: 1984, als ich neunundzwanzig Jahre alt war, traf ich Paulina. Sie war dreiunddreißig. Unser Sexualleben war normal und toll.

Paulina: Wir waren ganz wild aufeinander. Wir wollten die ganze Zeit zusammensein. Dann, nach einigen Monaten, merkten wir beide, daß wir damit aufhören mußten, weil es irgendwie unserer Beziehung schadete. Also schliefen wir tatsächlich ein paar Monate lang nicht mehr miteinander, bis wir dann heirateten. Das war gar nicht so einfach!

Michael Meine letzte Beziehung war sehr körperlich fixiert gewesen. Es ging um »Eroberung« – wir jagten nach dem Orgasmus. Es war berauschend, aber es brachte mich an den Rand der Erschöpfung. Ich wollte immer mehr haben, aber das Erlebnis wurde immer unbefriedigender.
Was Paulina und ich erlebten, war etwas ganz anderes. Unsere Beziehung war zwar auch körperlich gut, aber sie hatte darüber hinaus viele andere Dimensionen.
Nachdem wir geheiratet hatten, kam für mich ein neues Problem. Etwa ein Jahr lang schliefen wir ganz normal miteinander. Dann ließ meine Fähigkeit zum Geschlechtsverkehr nach. Ich fing an, mich erschöpft zu fühlen. Ich spürte es als Schwäche in gewissen Körperregionen. Es war keine richtige körperliche Krankheit. Aber ich wollte einfach weniger Sex. Für Paulina war das sehr schwierig, denn sie fühlte sich sehr offen und liebevoll.

Paulina: Ich fühlte mich zurückgestoßen. Für mich sah es so

aus, als wollte Michael einfach nicht mehr in meiner Nähe sein . . .; als täte es ihm weh, mir nah zu sein. Ich wollte, daß Michael: spürte, daß ich ihn mit meiner Nähe aufbaute und nährte. Ich hatte auch das Gefühl, daß Michael meine Sexualität kontrollierte. Wenn *er* keinen Geschlechtsverkehr wollte, was sollte ich dann tun?
Ich beschloß, unser spirituelles Leben für mich ins Zentrum zu setzen. Wenn ich meine körperlichen Bedürfnisse oder meinen Psychokram zur hauptsächlichen Triebkraft machte, war es furchtbar schwierig.

Michael: Allmählich wurde mir klar, daß ich mit der Art von Sexualität, die auf Konflikt gegründet ist, nichts mehr zu tun haben wollte. Ich wußte nicht, wie es weitergehen würde. Irgendwo im Hinterkopf spukte der Gedanke an Tantra und an metaphysische Systeme herum. Aber was mich jetzt beschäftigte, war eher das, was körperlich mit mir vorging. Ich brauchte ganz konkrete, praktische Informationen, die mir im Körperlichen weiterhelfen konnten.
Da fielen mir zum Glück Informationen über Mantak Chia in die Hände, einen chinesischen Tao-Lehrer. Ich nahm die von ihm vorgeschlagenen Übungen auf. Innerhalb von zwei Wochen hatte sich mein sexueller Ausdruck vollkommen gewandelt. Ich hatte eine Methode gefunden, zu lieben, ohne zu ejakulieren.

Paulina: Unser Liebesleben änderte sich über Nacht. Plötzlich war Michael wieder am Sex interessiert. Er konnte ohne Schwierigkeiten stundenlang weitermachen. Es war erstaunlich.

Michael: Jetzt konnte ich unsere Beziehung erkunden, ohne physisch erschöpft zu werden. Es war herrlich, die ganze Zeit so weiterzumachen! Bei dieser Art von Sex werden viel weniger die körperlichen als die spirituellen Bereiche erkundet. Ich muß sehr auf meine Energien achten, meinen Energien nachspüren. Sonst ejakuliere ich unweigerlich.
Ohne Ejakulation hat der Geschlechtsverkehr kein Ziel . . . wodurch eine Menge zwanghafter Gedanken daran, wann und wie man ejakulieren wird und wie es dann sein wird,

wegfallen. Ohne Ziel gibt es keine zwanghaften Gedanken, und der Geist wird frei und kann sich stärker auf das konzentrieren, was im Moment geschieht. Alles hat mit Bewußtsein und Gewahrsein zu tun, und mit der Qualität der Verbindung zum Partner. Und – man weiß das von Anfang an. Ohne die Konzentration aufs Ejakulieren ist der ganze Prozeß auch langsamer, und der so veränderte Rhythmus fördert die bewußte Wahrnehmung.

Paulina: Ich spürte deutlich den Unterschied. Wenn Michael jetzt »im Prozeß« blieb, schuf er damit einen Raum für uns, der gleichzeitig viel tiefer und viel offener war. Es war wunderbar. Es regte mich auch an, meine Sexualität tiefer zu erforschen.

Michael: All diese Veränderungen haben unsere Beziehung in jeder Hinsicht bereichert. Im Verlauf dieses Prozesses sind wir beide auch in unseren spirituellen Aktivitäten in der Kirche wieder engagierter geworden.

Zur Unterstützung für diese ungewöhnliche Art der Hingabe bedarf es sowohl psychologischer als auch körperlicher Techniken. Sie müssen fähig werden, die aus dem Kino, aus dem Fernsehen, von Eltern und Freunden übernommenen Bilder loszulassen, die Ihre Vorstellungen darüber, worum es beim Sex gehen »sollte« und wie Sie sich beim Sex verhalten »sollten«, konditioniert haben. Dieses Loslassen wird Ihnen den Freiraum geben, den Sie brauchen, um zu entdecken, wer Sie sind und wie Sie sich von dem unterscheiden, was die gesellschaftlichen Konventionen aus Ihnen machen wollen. Sie müssen über die Kommunikationsmittel verfügen, um Ihre Gefühle auszudrücken, entweder durch die Art, wie Sie die Gefühle erleben, oder indem Sie darüber sprechen. Auch körperliche Techniken hängen von der Fähigkeit zum Gefühlsausdruck ab: Sind Sie in der Lage, die Liebe, die Sie empfinden, durch Ihren Körper hindurch in die Qualität Ihrer Berührung, in die Art Ihres Blickes einfließen zu lassen?

Es gibt viele Methoden, diese Art von Sexualität zu erlernen. Manche spirituellen Lehrer können ihre Kenntnisse auch an Paare vermitteln. Es gibt eine Reihe hilfreicher Bücher (am

Ende des Buches sind einige einschlägige Titel aufgeführt). Auch Workshops werden angeboten. Wie wir gesehen haben, ist das ein Rahmen, der bei der Einführung in spirituelle Erfahrungen oft durchschlagende Wirkung hat, und da die Techniken so wirkungsvoll sind, können sie erhebliche Angst und Verwirrung auslösen, wenn sie nicht von beiden Partnern umsichtig und im Geist echter Bereitschaft ausgeübt werden.

Charles und Caroline Muir leiten Workshops, in denen Sexualpartner über das in der Sexualität liegende Potential zum spirituellen Aufbruch unterrichtet werden, also buchstäblich darüber, »wie man« die sexuelle Betätigung mit dem spirituellen Wachstum zur Deckung bringen kann.[67] Die äußere Umgebung des Workshops ist wie eine geheiligte Zufluchtsstätte. Überall stehen schöne Blumenarrangements. Einfache Rituale, wie die Begegnung mit den anderen Teilnehmern mit stillem Gruß zu meditativer Musik, laden zum Öffnen des Herzens ein. Massage und Yoga werden in einer Art unterrichtet, die das Aufkommen von Gefühlen der Liebe zu sich selbst und zum Göttlichen fördert. Es wird viel Wert darauf gelegt, daß Sie sich dem hingeben, was Sie sind und so Ihren Partner ermutigen, desgleichen zu tun.

James, ein Lehrer in den Fünfzigern, hat den Workshop der Muirs vor zehn Jahren besucht. Er faßt zusammen, was Männer und Frauen, die psychologische Techniken des Loslassens erlernen wollen, über körperliche Techniken wissen müssen:

1. Orgasmus und Ejakulation sind nicht unbedingt aneinander gekoppelt. Wenn Sie die körperliche Kontrolle über die Ejakulation bekommen, können Sie, was nur die wenigsten Männer wissen, minuten-, ja stundenlang im orgastischen Zustand verweilen.
2. Die Energie kann in zwei Richtungen verlaufen. Sie kann aus dem Körper heraus- oder in ihn hineinfließen. Wenn der Mann die Energie nach innen strömen läßt, verwandelt das das gesamte sexuelle Erleben. Dann entdeckt er als Gegenstück zum Geben und Sichdurchsetzen die Dimension des Empfangens und der Hingabe. Auch die Frau fügt der Sexualität eine neue Dimension hinzu, wenn sie ihrerseits die Energie nach außen fließen läßt.
3. Der hohen Energieladung beim Geschlechtsverkehr stehen

verschiedene Wege offen – die Energie kann nicht nur in die Genitalien, sondern auch hinten in der Wirbelsäule nach oben fließen und dabei das Gehirn, das Herz oder andere Zentren neu beleben.

4. Es ist ein fundamentaler Unterschied, ob man sich in der Welt der Dualität oder in der Welt der Einheit befindet. Der »große Sprung« besteht darin, von der Zweiheit zum Einssein fortzuschreiten. Das geschieht stufenweise. In dem Maß, in dem Sie erfahren, daß es diese beiden Seinsweisen gibt, wird Ihnen bewußt, daß in der Welt der Dualität das Gesetz der Anziehung der Gegensätze herrscht. In der Welt der Einheit herrscht das Gesetz der Anziehung des Ähnlichen. Beide haben ihre Gültigkeit, das eine in der einen Welt, das andere in der anderen.
5. Ekstatischer Sex wird dadurch möglich, daß Sie buchstäblich mit der Einheit in Ihrem Partner und in sich selbst im Kontakt sind. Sie müssen ganz konkret in der Lage sein, die Einheit zu berühren, sie im Partner durch Berührung herzustellen.
6. Das nächste Problem ist, sich in die Einheit zu begeben, ohne das Bewußtsein zu verlieren. Bei der alten Art, den Orgasmus zu erleben, werden Sie nach dem Orgasmus bewußtlos. Besser ist es, sich der enormen Energieentladung und des Loslassens während und nach dem Orgasmus bewußt zu stellen. Fahren Sie fort zu experimentieren . . ., lenken Sie bewußt den Fluß der Sie durchströmenden Energie, ohne aus der Einheit herauszufallen. Es geht dabei nicht um ein intellektuelles Geschehen, sondern darum, durch Konzentration auf energetische und spirituelle Wesensbereiche zu einer subtilen Regulierung der Energie zu kommen. Das ekstatische Erlebnis beruht zu einem guten Teil auf diesem Vorgang der Regulierung durch Konzentration.

Sexualität als gemeinsame spirituelle Übung

Anders als bei der individuellen spirituellen Praxis der Meditation haben Sie beim Sex einen Partner, mit dem Sie Ihr Erleben teilen, während Sie die Schleier fahren lassen, die Sie von Ihrem tiefsten Selbst getrennt haben. Im Idealfall wird Ihr Partner

Ihnen helfen, sich in tiefere Schichten Ihres Wesens hineinfallen zu lassen. Was kann er oder sie dabei tun?

1. *Seien Sie bereit, die sexuelle Betätigung zu einem Reinigungsprozeß und zur festlichen Zeremonie werden zu lassen.* Gewöhnlich hängen wir der Vorstellung an, Sex müßte Spaß machen, müßte erregend und/oder leidenschaftlich sein. Daran ist an sich gewiß nichts Schlechtes. Aber wenn Sie und Ihr Partner erkennen, daß die sexuelle Betätigung eine Phase im spirituellen Wachstum ist, können Sie auch die unerwarteten Gefühle, die pranischen Wirkungen und spirituellen Erfahrungen in größerer Offenheit begrüßen. Diese offene Haltung verlangt von Ihnen, daß Sie sich weniger an die Vorstellung klammern, Sex sei »nur« zum Vergnügen, zur Erregung der Sinne oder zum Abbau körperlicher Spannungen da. Es wird nötig sein, sich von dieser Auffassung zu lösen und die Sexualität ohne das Ziel des Orgasmus zu erkunden. Lassen Sie sich von Ihren sexuellen Erfahrungen tiefer in sich selbst hineinführen und teilen Sie das, was sie dabei entdecken, mit Ihrem Partner.
2. *Seien Sie bereit, füreinander die Rolle des Helfers zu spielen*, wenn Sie Sexualität als Vorgang der Reinigung oder als Lebensfeier erleben. Wenn Sie die Sexualität mit dieser gewandelten Handlung neu erproben, entdecken Sie vielleicht, daß die Rollen, die Sie bisher bei der Liebe gespielt haben, neuen, natürlicheren sexuellen Ausdrucksformen Platz machen. Seien Sie bereit, gemeinsam auf Entdekkungsfahrt zu gehen und füreinander einzustehen wie zwei Forscher in einem unbekannten Land.
3. *Entwickeln Sie die Kunst, ihre inneren Vorgänge gemeinsam zu bewältigen.* Vielleicht wollen Sie, daß Ihr Partner Ihnen hilft, eventuell auftauchende emotionale und körperliche Spannungen mit tieferem Verständnis durchzuarbeiten und daß Sie sich gegenseitig helfen, den Widerstand gegen das Geschehen aufzugeben. Das setzt voraus, daß Sie sich zunächst einmal in die Erfahrung, und, wenn das geschehen ist, in eine tiefere Wesensschicht hineinbegeben. Ein Beispiel: Es kann vorkommen, daß eine Partnerin panische Angst bekommt, weil sie sich daran erinnert, wie sie früher einmal belästigt wurde und nun Schwierigkeiten hat, sich den sexu-

ellen Empfindungen hinzugeben und sich penetrieren zu lassen. Der Partner könnte jetzt fragen: »Was ist mit dir los? Ich glaube, du hast Angst. Sag mir doch, was in dir vorgeht. Es ist o. k. Laß dich fühlen, was in dir vorgeht. Geh nur in das Gefühl rein, ich bin ja bei dir.« Nun ist es für die Partnerin wichtig, sich in die Erinnerung, die Gedanken und so weiter hineinfallen zu lassen – sie zuzulassen. Wenn die Erinnerung an das Trauma einmal die Möglichkeit gehabt hat, sich auszudrücken, wird sie aufhören, den Betreffenden vom tieferen Eindringen in sein Inneres abzuhalten. Schließlich können die Liebenden den Geschlechtsverkehr wieder aufnehmen und dabei eine tiefere Ebene der Intimität erreichen.

Das ist eine ganz andere Art, an die Liebe heranzugehen, als bei der »Liebe als Trost«, zu der wir häufig erzogen worden sind. Wir sind eher an Äußerungen gewöhnt wie: «Weine doch nicht. Es ist alles in Ordnung« oder »Wenn du weinst, machst du mich traurig. Hör doch auf damit.« Wenn Ihr Partner so reagiert, wenn Sie weinen, werden Sie höchst wahrscheinlich Hemmungen haben, sich ihren Gefühlen hinzugeben und ihrer Bedeutung auf den Grund zu gehen.

4. *Benutzen Sie sich gegenseitig als Körpertherapeuten.* Es ist – besonders wenn einer der beiden Partner auf Muskelverspannungen stößt – eine Wohltat, die Möglichkeit zu haben, sich zur Unterstützung der körperlichen oder seelischen Hingabe massieren oder auf eine andere Art körperlich pflegen zu lassen. Sex verstärkt unser Körperbewußtsein und lenkt stärker als jede andere Tätigkeit die Aufmerksamkeit auf starke oder auch ganz feine körperliche Empfindungen von Anspannung. Wenn Sie während des Verkehrs in der Art eines Körpertherapeuten aneinander arbeiten oder muskuläre Verspannungen lösen, erleichtern Sie damit die Hingabe an die Fülle Ihrer körperlichen Beziehungen und üben einen wohltuenden Einfluß aus, der sich auf alle anderen Aktivitäten überträgt.
5. *Suchen Sie nach Methoden, den Einsatz der Sexualität als Hinführung zur Erfahrung der kausalen Ebene zu beschleunigen.* Charles und Caroline Muir regen an, der Mann solle die Frau als weibliche Manifestation der heiligen universalen Energie (der Göttin) und die Frau ihren Partner als männli-

che Manifestation der heiligsten universalen Energie betrachten. Die Konzentration auf diese Vorstellung wirkt sich auf die Bewußtheit aus, mit der Sie die göttliche Energie wahrnehmen. Sie kann auch dazu führen, daß Ihnen Ihre Widerstände gegen das Eindringen kausaler Erfahrungen bewußt werden. Vielleicht taucht in Ihnen der Gedanke auf: »Ich kann keine Göttin in ihr sehen. Ich weiß nicht, wie ich das machen soll« oder »Das tut man einfach nicht« oder »Das ist Gotteslästerung« oder »Wenn ich die Göttin in ihr sähe, könnte ich vergessen, was mich an ihr so nervt. Dann würde ich mich sehr offen und verletzlich fühlen. Ich trau mich nicht recht.«
Für die positiven Empfindungen Ihrem Liebhaber gegenüber und für Ihr Gefühl der Verbundenheit mit ihm ist es sicherlich gut, wenn Sie ihm Ihre Dankbarkeit ausdrücken. Schauen Sie doch mal, was geschieht, wenn Sie ihm ganz einfach dafür danken, er selbst zu sein! Wenn wir Anerkennung ernten, gilt sie allzuoft nur dem, was wir tun, nicht aber dem, was wir sind.

6. *Tun Sie Dinge, die Ihre Fähigkeit verbessern, allein und gemeinsam an Ihrer Energie zu arbeiten.* Das *Weiße Tantra* enthält Formen des Yoga, die Sie für sich ausführen, um Ihren Körper zu reinigen, eine bessere Kontrolle über Ihre Energie zu bekommen und Ihre Selbstwahrnehmung zu verbessern. Die Hatha-Yoga-Stellungen sind eine Form des Weißen Tantra. Das *Rote Tantra* hat mit Yoga-Praktiken zu tun, die die Liebenden gemeinsam ausführen. Dazu gehören gelenkte Meditationen und besondere Stellungen, die häufig geübt werden, während beide Partner einander gegenüber sitzen. (Die Muirs lehren in ihren Workshops viele Formen des Roten Tantra. Im Quellenteil zu diesem Kapitel habe ich weiterführende Literatur angeführt.) Gemeinsames Anstimmen gewisser Laute oder gemeinsames Singen verstärkt oft die Wirkung der Praktiken des Roten Tantra. Diese Praktiken bewirken eine ungeheure Steigerung der zwischen Ihnen wirkenden Energie, schärft all Ihre Sinne und läßt Sie die positiven Gefühle, die Sie füreinander hegen, stärker empfinden. Aus einem solchen Energieaustausch zwischen Liebenden ergibt sich eine Empfindung der Fülle: »Mein Becher ist übervoll.«[68] Der Überschuß drängt

nach Ausdruck in schöpferischer Arbeit, im Dienst am Nächsten, in dem Wunsch, auch anderen dazu zu verhelfen, diese Freude in sich zu spüren. Und obwohl diese Liebeserfahrungen oft auf einer ausschließlich monogamen Beziehung gründen, verstärken sie den Wunsch beider Partner, anderen Menschen Liebe zu schenken.

In alle Richtungen erstreckt sich der heilige Raum
und macht die ganze Welt zum Altar der Anbetung.
Entzünde den Weihrauch der Hingabe an alles, was lebt,
und sieh, wie sich die heilenden Düfte
über die Grenzen des Verstandes kräuseln.

Judith Whitman Small, Flutzeit

Im Liebesakt kann es geschehen, daß Sie spontan in ein »high«, ein ekstatisches Hochgefühl, geraten. Vielleicht gelingt es Ihnen auch, durch besondere spirituelle Übungen, eine spirituelle Erfahrung auszulösen. In jedem Fall werden Sie wahrscheinlich in die Lage kommen, sich emotionalen Höhe- und Tiefpunkten hingeben zu müssen, die Sie zu neuer Selbst-Wahrnehmung und neuen Einsichten führen. Wenn Ihre Beziehung stark genug ist und Sie bereit sind, sich den Belastungen durch Reinigungs- und Selbstverwirklichungsprozesse zu stellen, werden Sie in dem Maße, in dem Sie sich den spirituellen Aspekten der Sexualität öffnen, mit klarer Energie und einer tiefen Vertrautheit mit Ihrem Partner belohnt werden. Dann kann Ihre Beziehung sich zu einer Zuflucht entwickeln, die in einer Welt, in der Verletzlichkeit oft gefährlich ist, Sicherheit und Wahrheit bietet.

In diesem Kapitel haben wir die Höhepunkte betrachtet, die das sexuelle Erleben vermitteln kann. Im nächsten Kapitel sollen die »Highs« beschrieben werden, die durch Drogen erzeugt werden. Beide Bereiche umspannen ein Erfahrungsspektrum, das von der Chance zu Selbst-Erkenntnis und göttlicher Inspiration auf der einen Seite bis zur moralischen Entartung und zum Gefühlsbankrott auf der anderen Seite reicht.

Neuntes Kapitel

Spiritueller Zusammenbruch und Drogen

Ich war bei meinem Verlobten. Es war das erste Mal, daß ich eine psychedelische Droge nahm. Zunächst ging ich durch mehrere Schichten des Loslassens. Dann, nach etwa anderthalb Stunden - ich saß still auf einem Stuhl - setzte ein glückseliges Erlebnis ein. Plötzlich kannte ich Gott, ich fühlte Gott, ich war Gott! Ich stand mit allen Dingen in Verbindung! In mir war ein unglaubliches Gefühl der Liebe! Es war atemberaubend! Ich spürte es tief in jeder einzelnen Körperzelle! Um mich herum war alles von weißlichem Licht erfüllt. Es war das erste Mal in meinem Leben, daß ich eine echte Gotteserfahrung hatte.

Flora, eine dreißigjährige Lehrerin

Die Pflege im Krankenhaus war sehr einfühlsam. Die Ärzte waren sich nicht sicher, was mit mir passiert war, weil die Psychose so plötzlich ausgebrochen war. Das entsprach nicht dem normalen Erscheinungsbild einer manisch-depressiven Erkrankung. Ich bekam das Antipsychotikum Stelazin. Davon hörte das Rasen der Gedanken auf. Dann beruhigten sich die Gefühle, die mich bis dahin überwältigt hatten. Auch Visionen hatte ich keine mehr. Alles wurde viel langsamer. Endlich konnte ich mich ein wenig ausruhen.

Richard, ein Buchhalter in mittleren Jahren

Ich mußte mir alle vier Weisheitszähne ziehen lassen. Der Zahnarzt machte eine Lachgasnarkose. Ich verlor jedes Bewußtsein von der Zahnarztpraxis und von meinem Körper und wurde weggetragen. Ich sah und fühlte, daß ich wie ein Vogel im Universum herumflog. Ich war frei. Es war schön.

Caroline, eine zwanzigjährige Studentin

Die drei Beispiele zeigen verschiedene Umstände, unter denen Menschen mit Drogen in Berührung kommen: Flora nahm privat eine Entspannungsdroge; Richard bekam vom Arzt ein Psychopharmakon verschrieben; Caroline bekam ein Betäubungsmittel, das Ärzte häufig bei kieferchirurgischen Eingriffen verwenden. Alle drei empfanden ihr Drogenerlebnis für kurze Zeit als befreiend. Caroline und Richard wurden von körperlichem und emotionalem Leiden erlöst. Flora fand Zugang zur spirituellen Dimension ihres Wesens. Es ist eben diese Eigenschaft als schmerzstillende und den Weg in die Transzendenz öffnende Substanz, die den Wert und Reiz der Drogen ausmacht. Drogen können, als Heilmittel unter angemessenen Umständen verwendet, tiefgreifende positive Wirkungen ausüben, und das ist auch zu allen Zeiten und in allen Kulturen ihr Zweck gewesen. Unsere eigene Kultur verwendet Morphium als Schmerzmittel und Amphetamine als Antidepressiva. Aber leider führt die mißbräuchliche Verwendung dieser Mittel häufig zu moralischer Entartung, Krankheit, destruktivem Verhalten und manchmal zum Tod. Drogen sind für sich betrachtet weder gut noch schlecht. Die Frage ist nur, wie wir sie verwenden.

Dieses Kapitel beschäftigt sich mit dem Wechselspiel zwischen diesen drei Arten von Drogen – Entspannungsdrogen, Psychodrogen und Betäubungsmittel – und dem spirituellen Aufbruch. Führen Drogen aus einer dieser Gruppen zu spirituellem Aufbruch oder Zusammenbruch? Welche von ihnen sind für das spirituelle Wachstum schädlich? Welche können Ihnen bei einer spirituellen Krise helfen, Ihre Erfahrungen zu integrieren? (Wir beschäftigen uns hier nicht mit der tiefen Krise, der sich unsere Gesellschaft durch den Gebrauch von schädlichen »Straßendrogen« ausgesetzt sieht.) Die Wirkung einer bestimmten Droge hängt wesentlich damit zusammen, von welcher Art von *Leuten* man sie bekommen hat, von der *Umgebung*, in der man sie einnimmt und von der *Absicht*, die man mit der Einnahme verfolgt – kurz, von dem Rahmen, in dem sie genommen wird. Am Schluß dieses Kapitels finden sich Vorschläge, wie sich bei der Einnahme von Drogen zu therapeutischen Zwecken der Rahmen so einrichten läßt, daß das spirituelle Wachstum möglichst beschleunigt wird. (Diese Vorschläge können auch weiterhelfen, wenn Sie, ohne daß Drogen im Spiel sind, die Umgebung so einrichten wollen, daß sie spirituellen Erlebnissen förderlich ist.)

Entspannungsdrogen

> An allen Orten und zu allen Zeiten haben die Menschen Methoden gesucht – und prompt gefunden –, der Wirklichkeit ihrer Existenz zu entfliehen, die sie im allgemeinen als langweilig und zuweilen als unerträglich empfanden. Zu entfliehen in ein Reich außerhalb von Raum und Zeit, in die Ewigkeit von Schlaf oder Ekstase, im Himmel oder der Vorhölle visionärer Phantasien. A. Huxley[69]

Wir alle sind gern »high«, und die gesellschaftlichen Konventionen gestatten uns, uns täglich an Zucker, Koffein, Alkohol und rezeptpflichtigen Medikamenten zu berauschen. Wir haben das Gefühl, daß unser gesellschaftliches Leben ohne die gewohnte »Kaffeepause«, das Bierchen am Feierabend oder das Glas Wein zum Essen fad und langweilig wäre. Wir glauben, daß jeder gelegentlich eine kleine Hilfe braucht, um sich zu entspannen – vielleicht mal eine Schlaftablette oder ein Valium. All diese »Trips« sind ein Bestandteil des täglichen Lebens und werden von jedermann akzeptiert.

Jede dieser Substanzen verändert auch unseren Bewußtseinszustand und verschafft uns eine Abwechslung in unserem täglichen geistigen Trott. Mit Kaffee, Tee und Zucker bringen wir uns auf Touren. Mit Alkohol oder angstlösenden Mitteln bremsen wir uns wieder ab. Wir alle sind zu Gemüts-Technikern geworden, die gelernt haben, ihr Bewußtsein nach Belieben zu manipulieren. Das ist gesellschaftlich akzeptabel. Die Katholiken und viele andere Christen versuchen, ihrem Gott näherzukommen, indem sie Wein zur Kommunion trinken. Das Sakrament der Angehörigen der Native American Church[70] ist Mescalin.

Aber es gibt auch jene, die über den Gebrauch der konventionellen Drogen hinausgehen. Es sind nicht wenige in unserer Gesellschaft, die Marihuana nehmen – zur Entspannung, zum Zeitvertreib oder um die Sinne anzuregen. Eine riesige Untergrundkultur, die sich bis in die Chefetagen ausgedehnt hat, greift zu Kokain, »Designer«-Drogen[71], psychedelischen Drogen, Narkotika und Opiaten, um den Grenzen der gewöhnlichen Realität zu entkommen, um, wie Huxley es ausdrückte, einmal »Urlaub außerhalb von Raum und Zeit zu machen«.

Im Jahre 1986 litten schätzungsweise 4,6 Millionen Jugendliche zwischen vierzehn und siebzehn Jahren – das ist jeder Dritte –, an den negativen Auswirkungen des Alkoholkonsums, als da sind schlechte Leistungen in der Schule, Ärger mit den Eltern oder Probleme mit der Justiz.[72] Beim illegalen Drogengenuß liegen die amerikanischen Jugendlichen im Vergleich mit den anderen Industrienationen an erster Stelle.[73] Dabei ist der Alkohol bei amerikanischen Jugendlichen nach wie vor am weitesten verbreitet. Der Beliebtheitsgrad des Alkohols unter College-Studenten liegt über doppelt so hoch wie der der nächsthäufigen Droge, Marihuana, und mehr als fünfmal so hoch wie der von Kokain. Zweiundneunzig Prozent der College-Studenten haben nach eigenen Angaben in einem Zeitraum von zwölf Monaten zum Alkohol gegriffen, gegenüber 42 Prozent, die Marihuana und 17 Prozent, die Kokain genommen haben.[74] Diese Ferien außerhalb von »Raum und Zeit« können verheerende Folgen haben. Schauen wir uns zum Beispiel die Droge mit der größten Verbreitung, den Alkohol, an:

> Etwa 97 500 Todesfälle sind in den Vereinigten Staaten jährlich auf die Wirkungen des Alkohols zurückzuführen. Dazu gehören Leberzirrhose und andere Krankheiten, alkoholbedingte Unfälle mit Motorfahrzeugen und alkoholbedingte Tötungsdelikte, Selbstmorde und Unfälle mit nichtmotorisierten Fahrzeugen. Der Staat Kalifornien nennt folgende Zahlen für Delikte, bei denen Alkohol im Spiel ist: vorsätzliche Tötung 50 Prozent, Vergewaltigung 30 Prozent, Raubüberfälle 40 Prozent. Natürlich sind Vergewaltigungen in der Ehe und der Mißbrauch von Kindern viel häufiger in Familien, in denen »Entspannungs«-Drogen genommen werden.[75]

Aber die Folgen des Alkoholmißbrauchs lassen sich ja nicht nur aus Statistiken ablesen. Die Schlagzeilen der Zeitungen werfen oft ein grelles Licht auf das verrückte Verhalten von Menschen, die unter der Einwirkung von Drogen den letzten Rest von moralischer Zügelung verlieren und sogar gegen ihre tiefsten Instinkte unempfindlich werden.

April 1989: Die Schlagzeilen aller Zeitungen berichten über

Raymond Salcido. Er hat fünf Familienmitglieder, darunter seine Frau und seine beiden Kinder, ermordet. Er hat seine beiden Töchter vergewaltigt und ihnen dann die Kehle durchgeschnitten. Was hat ihn so in Raserei versetzt? Die Eifersucht. Er dachte, seine Frau hätte eine Affäre mit seinem Vorgesetzten. Bevor er die Morde beging, hatte Raymond sich mit Alkohol, Kokain und möglicherweise auch mit Amphetaminen vollgestopft.[76]

In der therapeutischen Praxis und in therapiebegleitenden Gruppen sind oft grauenhafte Geschichten von Menschen zu hören, deren Leben durch den Mißbrauch von »Entspannungs«-Drogen zerstört wurde:

> Beth verlor mit sechs Jahren ihre Mutter. Ihr Vater, der Alkoholiker war, mißbrauchte sie emotional und körperlich, und Beth trat in die Fußstapfen ihrer Mutter und ging schließlich mit fünfzehn von zu Hause weg. Die einzige Möglichkeit zu überleben war, daß sie auf der Straße ihre sexuellen Dienste oder Drogen anbot. Ihre Kunden verlangten oft von ihr, daß sie ihren »Trip« mitmachten. Das war ihr Leben, bis sie Mitte zwanzig war. Schließlich landete sie schwer krank und völlig mittellos im Krankenhaus. Heute, mit fünfunddreißig, ist sie auf dem Wege der Besserung. Endlich tut sie die Dinge, die sie ihr ganzes Leben lang schon machen wollte: sie führt ein gesundes Leben, hat Freunde gefunden, die nicht süchtig sind; und wenn sie sich um andere Menschen kümmert, dann jetzt so, daß es ihnen und ihr zuträglich ist.

Die Liste der Geschichten, die die Schrecken der Drogensucht beleuchten – wo Leben vergeudet werden, Familien zerbrechen und am Ende ein früher Tod lauert – ist schier unendlich. Und trotz alledem können die Menschen nicht von den Entspannungsdrogen lassen. Die Aussicht, in Erfahrungsbereiche vorzudringen, die über das gewöhnliche Selbstbild hinausgehen, diese Ferien außerhalb von Raum und Zeit zu erleben, ist enorm verführerisch. Wenn das Leben langweilig oder unerträglich schmerzhaft ist, können Entspannungsdrogen uns zuweilen eine gewisse Erleichterung verschaffen. Manche Drogenerfahrungen führen uns auch in transpersonale Bereiche, indem sie den Zugang zu Elementen der Psyche freilegen, die sich durch spontane spirituelle Erfahrungen vielleicht nie geöffnet hätten. Solche Drogenerlebnisse können einen spirituellen Zusammenbruch auslösen oder sich in eines der sechs Muster des spirituellen Aufbruchs einfügen. So kann ein Drogenerlebnis, wie bei Flora, die Einweihung in den spirituellen Aufbruch darstellen, oder, wie es in der ersten Lebenshälfte bei Beth geschah, in einem Strudel abwärts führen und mit der Zeit körperliche und geistige Krankheit im Gefolge haben.

Ob ein Drogenerlebnis zu einer den spirituellen Aufbruch fördernden positiven spirituellen Öffnung führt oder Fluchtverhalten und Krankheit begünstigt, hängt von dem Rahmen ab, in dem die Droge – und dazu gehört auch Alkohol – genommen wird. Es ist etwas grundsätzlich anderes, ob man Wein bei der Kommunion in der das Spirituelle fördernden Umgebung einer Kirche trinkt – oder in einer Bar. Und es liegen Welten zwischen der sakramentalen Einnahme von Mescalin in einem durch ein Ritual verbundenen Kreis von Eingeweihten und einer Orgie, bei der maßloses Vergnügen das einzige Ziel ist. Floras psychedelisches Erlebnis spielte sich in einer Atmosphäre der Liebe und der Annahme ab, und sie ließ sich darauf ein mit dem Ziel, Neues zu entdecken, sich selbst zu erfahren und in intimere Bereiche vorzustoßen. Ihre Reisegefährten waren Therapeuten, die in den Bereichen des Unbewußten nicht unerfahren waren. Ihre Erfahrung wurde so zu einer Initiation in ein reicheres Bewußtsein ihrer Selbst, einer Öffnung für das in ihr liegende Potential als Einzelmensch und als soziales Wesen:

> Ich versuchte, meinem Verlobten und meinem Freund noch während des Geschehens von meiner Gotteserfahrung zu erzählen. Ich berichtete, wie ich mich fühlte, und was ich sah. Und es kam durch meine Beschreibung wirklich rüber. Es war ansteckend.
>
> Das ekstatische Gefühl hielt eine Stunde lang an. Und während des ganzen Trips fühlte ich mich weiter high und positiv, noch fünf Stunden lang. Bis zum heutigen Tag sehne ich mich danach, dieses Gefühl wieder zu empfinden, aber ich will es nicht durch Drogen erreichen. Ich möchte, daß es einfach zu meinem täglichen Leben dazugehört. Das ist der

eigentliche Grund, weshalb ich wieder in die Kirche eingetreten bin.

Flora hat aus ihrer Drogenerfahrung Nutzen gezogen. Sie hat nicht nur ihre Ängste und ihre Fähigkeit zum Loslassen freigelegt, darüber hinaus wurde ihr auch eine Begegnung mit der Höheren Macht geschenkt. Ihre Intuition hat ihr auch einen Weg gezeigt, die Erfahrung in ihr Leben zu integrieren: auf dem Höhepunkt ihrer Offenbarung versuchte sie, diese den Menschen um sich herum und ihren Freunden mitzuteilen. Auch durch den Beitritt zu einer spirituellen Gemeinschaft – ihrer Kirche – bemühte sie sich, den integrierenden Umgang mit ihren Erfahrungen fortzusetzen. Sie mißbrauchte ihr ekstatisches Erlebnis – ihr »High« – nicht als Rechtfertigung für Drogenexzesse, und da sie nur geringe Dosen zu sich nahm, trug sie keinerlei gesundheitliche Schäden davon.

Es gibt keine statistischen Angaben darüber, wieviele Menschen auf diese Weise durch Drogen in kausale Bereiche eingeführt worden sind. Wir wissen aber, daß die meisten Trips, die mit den uns zur Verfügung stehenden synthetischen Drogen und psychedelischen Pflanzen unternommen werden, gewöhnlich eine spirituelle Komponente haben. Da es eine Tatsache ist, daß spirituelle Erlebnisse als Komponente von Drogentrips vorkommen, sollten wir auf den Umgang mit den in solchen Situationen vorkommenden spirituellen Fragen und psychischen Krisen ebenso vorbereitet sein wie auf die Frage der körperlichen Aspekte von Drogengebrauch und Drogenabhängigkeit oder der durch andere, weniger radikale Mittel hervorgerufenen spirituellen Notlagen.

Einige dieser natürlichen psychoaktiven Pflanzen sind in alten Kulturen seit urdenklichen Zeiten für den gleichen sakramentalen Zweck verwendet worden.[77] Man nimmt an, daß unsere griechischen Ahnen von Mutterkorn befallenen Wein verwendeten, um ekstatische religiöse Zustände herbeizuführen. Das Korn hatte, wenn es alt genug war, psychedelische Wirkung. In Ostindien verwendete man für den gleichen Zweck einen Abkömmling des Hanfs und einen bewußtseinsverändernden Pilz. Von Sibirien bis Mexiko waren »magische Pilze« im Gebrauch. Der Peyotl-Kaktus wurde in alter Zeit ebenso verwendet wie heute. Es ist mehr als wahrscheinlich, daß unsere frühen Vorfahren – und dazu gehören auch Plato und Sokrates, die verehrten Gründerväter unserer Kultur und Weltanschauung – psychedelische Substanzen in rituellen Zusammenhängen benutzten.

Man hat die psychedelischen, das heißt psychoaktiven Drogen mit Rausch- oder Betäubungsmitteln (Narkotika) und Aufputschmitteln verwechselt. Wegen des weitverbreiteten Medikamentenmißbrauchs wurde alles in einen Topf geworfen und als schädlich angesehen. Der Besitz, Verkauf und Gebrauch von Entspannungsdrogen gilt als illegal – außer bei den gesellschaftlich sanktionierten Drogen Alkohol, Kaffee und Tabak. Die einzige Ausnahme ist Mescalin (Peyotl), das in der rituellen Praxis der Native American Church nach wie vor benutzt werden darf. Allerdings wird auch hier die Genehmigung gegenwärtig von den Bundesbehörden in Frage gestellt. Vielleicht ist dieser globale Angriff auf alle Entspannungsdrogen das einzig praktikable Mittel gegen den verheerenden Drogenmißbrauch. (Der Mißbrauch beginnt dort, wo die Verwendung von Drogen einen Menschen in seinem Leben vor erhebliche Probleme stellt und der Betreffende nicht mehr in der Lage ist, seinen Drogenkonsum unter Kontrolle zu halten.)

Leider nimmt das Verbot von Entspannungsdrogen gleichzeitig Menschen wie Flora die Möglichkeit, mit legalen Mitteln ihren Glauben an die Höhere Macht zu erneuern, die spirituelle Dimension ihres Lebens zu entdecken oder zu erneuern. Trotz des Versuchs der FDA[78], zu beweisen, daß alle Entspannungsdrogen schädlich seien, ist bis heute bei manchen dieser Drogen nicht wissenschaftlich nachgewiesen, daß sie, in kleinen Dosen eingenommen, wirklich gefährlich sind. Große Mengen LSD führen, wie große Mengen der allgemein akzeptierten Drogen (Kaffee, tetrazyklische Antibiotika, Aspirin) zu Chromosomenveränderungen in menschlichen Zellen.[79] Mäßige Dosen LSD führen dagegen nicht zu Schäden an DNS oder Chromosomen.[80] Außerdem ist klinisch nachgewiesen, daß kleine Mengen gewisser Entspannungsdrogen, wenn sie in einem geeigneten Rahmen eingenommen werden, enorme Heilwirkung haben.[81]

Welche Drogen eignen sich zur therapeutischen Verwendung, und welche sind schädlich? Alle Drogen, die gebräuchlichen wie die ungebräuchlichen, haben die Fähigkeit, uns neue

Informationen über unser eigenes Wesen zu vermitteln, von der anregenden Wirkung des Kaffees über LSD, das uns auf dramatische Weise über die Grenzen des normalen Bewußtseins hinausführt, bis zum Alkohol, der uns die Hemmungen nimmt. All diese Drogen können – in der richtigen Dosierung und im entsprechenden Rahmen eingenommen – positive Wirkungen haben. Bei mißbräuchlicher Verwendung können sie alle gefährlich sein. Die gebräuchlichen Entspannungsdrogen, die am leichtesten zur Abhängigkeit führen – Alkohol, Betäubungsmittel, Nikotin, Kokain und Crack – haben auch die stärkste degenerative Wirkung. Die psychedelischen Drogen führen am ehesten zur Geisteskrankheit. Alle Drogen sind körperlich belastend.

In der folgenden Liste findet sich eine Übersicht über die gebräuchlichsten Entspannungsdrogen. Ich habe schon erwähnt, daß die Gründe für die Einnahme dieser Drogen verschieden sind. Der eine sucht das tolle Erlebnis, das aufregende Gefühl oder Befreiung von Angst und Alltagssorgen. Der andere ist mehr auf ein psychologisches Abenteuer oder eine intellektuelle Einsicht aus. Wieder andere, vielleicht jeder zehnte, ist auf der Suche nach einer spirituellen Erfahrung. Das Motiv bei der Einnahme der Droge hat einen direkten Einfluß auf die zu erwartende Erfahrung. Ich beschreibe nun jeden Drogentyp im Hinblick auf seine möglichen Auswirkungen auf das spirituelle Erwachen.

Farbverdünner, *Klebstoffe* (die einzigen Drogen, die der ärmsten Bevölkerungsschicht zur Verfügung stehen): Das Schnüffeln dieser Stoffe führt zu einem schnellen sensorischen Hochgefühl, gleichzeitig aber zur sofortigen Zerstörung von Fettzellen im Gehirn, die zur Übertragung von Nervenimpulsen benötigt werden. Das Ergebnis ist also ein organischer Gehirnschaden.

Marihuana: Marihuana wirkt als Beruhigungs- und Schmerzmittel. Durch Inhalation von Marihuana werden Sinneskanäle geöffnet, so daß die Gefühls-, Geschmacks-, Gehörs-, Gesichts- und Geruchswahrnehmungen verstärkt werden. Soziale Hemmungen werden gelockert. Schmerzreize werden dadurch gelindert, daß der Schmerz breiter gestreut wird. Marihuana wirkt auf den Körper weniger toxisch als Alkohol und Nikotin.[82] Es kann eine Erschließung weiterer Bewußtseinsdimensionen bewirken. Marihuana hat starke Wirkungen im Zusammenhang mit den subtilen Bereichen. Über längere Zeit genommen, kann es dazu führen, daß die Bereitschaft und Fähigkeit, transpersonale Erfahrungen ins tägliche Leben zu integrieren, nachläßt. Auf emotional labile Menschen, die schon eine Neigung zu süchtigen Verhaltensweisen haben, wirkt es suchterzeugend.

Alkohol, Barbiturate und Rausch- oder Betäubungsmittel (Narkotika): Der Genuß dieser Substanzen führt zu Entspannungszuständen und zum Nachlassen sozialer Hemmungen. Je nach Verträglichkeit können mäßige bis große Mengen die Fähigkeit zum Gefühlsausdruck erleichtern, wobei das Spektrum von feindlichen Gefühlen bis zu Gefühlen des Einsseins mit anderen reichen kann. Der Gebrauch dieser Drogen in beschränkten Dosen kann dazu führen, daß spirituelle Erfahrungen aus dem subtilen Bereich zugänglich werden, wie zum Beispiel Telepathie, Hellsehen, Hellfühlen, Hellhören, Visionen und schöpferische Inspirationen. Sowohl Alkohol als auch Rauschmittel (wie Heroin) führen zur Sucht. Im Lauf der Zeit wirken sie auf Körper und Geist zunehmend degenerativ.

Aufputschmittel (auch Amphetamine), MDA (Methylendioxyamphetamin), Kokain und Crack: Die stärksten und beliebtesten Aufputschmittel, Kokain und Crack, führen zu einer durch keine andere Droge erreichbaren Euphorie. Aufputschmittel vermitteln die Erfahrung persönlicher Macht, die sich oft als Gefühl sexueller Macht äußert. Der Verstand rast. Das Denken oder die sexuelle Betätigung wird wichtiger als die Kommunikation. Diese Drogen können »die Seele stehlen« – also jedes Einfühlungsvermögen sowie den Wunsch, sich um andere zu kümmern oder ihnen behilflich zu sein, zerstören und in einem langsamen Sog vom spirituellen Weg abführen. Sie sind stark suchterzeugend.

Empathogene (MDMA, auch Adam oder Ecstasy genannt): Es handelt sich um starke Drogen, deren Wirkungen eng von der Absicht bei der Einnahme abhängen. Synthetische Drogen dieses Typs können Körper und Geist harmonisieren, indem sie das Herz öffnen, soziale Hemmungen und gefühlsmäßige Abwehrmechanismen abbauen sowie Einsichten und tiefe persönliche Selbst-Erfahrung vermitteln. Sie ermöglichen in therapeutischer oder sakraler Umgebung den Zugang zu Erfahrungen der subtilen und kausalen Ebene. In anderem Zusammenhang werden sie als Aphrodisiaka oder zur Reduzierung sozialer Hemmungen zu anderen Zwecken verwendet. Diese Drogen sind nicht suchterzeugend. Da sie anregende Bestandteile enthalten, können sie für Herzkranke schädlich sein. Eine körperliche Gefährdung durch diese Mittel ist bisher wissenschaftlich nicht schlüssig erwiesen.

Pschychedelische Drogen (LSD, Psilocybin, Mescalin, verschiedene Pflanzen aus alten schamanischen Kulturen):[83] Diese Drogen vermitteln starke sensorische, emotionale und/oder transpersonale Erfahrungen, die jede für sich überwältigend sein können. Typisch hierfür sind Halluzinationen. Weil es sich um so starke Erlebnisse handelt, ist ihre Integration eine dringende Notwendigkeit, aber auch eine reizvolle Aufgabe. Ohne diese Integration können die starken Erfahrungen von der übrigen Persönlichkeit abgespalten werden und somit für das persönliche Wachstum nutzlos oder hinderlich sein. Während der Erfahrung kommt es auf eine beschützende Umgebung und einen erfahrenen Führer an. Wenn psychedelische Drogen in eine laufende Therapie eingebaut werden, können sie den persönlichen Wachstumsprozeß beschleunigen.[84]

Emphatogene und psychedelische Drogen erleichtern besonders die Öffnung für den Lebensmythos, die parapsychische Öffnung, die Erfahrung karmischer Muster, schamanische Reisen und das Erwachen der Kundalini. Bei den psychedelischen Substanzen scheinen die Inhalte des Unbewußten besonders stark aus ihrer unterschwelligen Heimat hervorzubrechen.

Transpersonale Erfahrungen durch Drogentrips

> Ich wußte, ich brauchte sofort einen Menschen, an dem ich mich festhalten konnte. Ich rief Frank an, einen alten Freund. Zum Glück war er gleich am Apparat und sagte, ich könnte zu ihm und seiner Freundin kommen. Als ich bei seinem Haus aus dem Auto stieg, fiel ich auf den Boden. Auf der Suche nach einer festen Verbindung mit der Erde krallte ich mich mit den Händen im Gras fest, um nicht aus dem Körper herausgezogen zu werden. Die ganze Welt war in Bewegung, alles Leben und alle tote Materie war vom Leben kosmischer Energie durchpulst. Es gab nichts Festes.

> Als Frank herauskam, um mich zu begrüßen, sah ich ihm bloß in die Augen. Das half mir, auf dem Boden zu bleiben, nicht von meinem Erlebnis verschlungen zu werden und das Erlebnis mit einem Teil meines Wesens als Zeuge zu beobachten.
>
> Julia, eine College-Studentin, auf ihrem ersten Trip (mit Mescalin)

Jede der oben angeführten Drogen kann jedes der fünf Muster des spirituellen Aufbruchs auslösen. Zum Beispiel können psychedelische Drogen den Menschen dazu bringen, das kleine egohafte Ich loszulassen und sich der Transzendenz zu öffnen; sie stellen aber auch eine psychische Situation her, in der er die Kontrolle über sich verliert. Julia wurde von dem Gefühl des Beschränktseins, des Eingegrenztseins befreit. Eine solche Befreiung kann belebend oder bedrohlich sein. Für sie war dieser Kontrollverlust ohne einen kompetenten Führer oder einen vertrauten Freund erschreckend.

Jede persönliche Angst wird noch durch die ständige Wahnvorstellung verstärkt, der illegale Drogenkonsum könne entdeckt werden. Die Angst und die Unfähigkeit, den Zuwachs an Einsicht zu integrieren, erhöhen die Gefahr eines drohenden spirituellen Zusammenbruchs. Diese Gefahr wird mit Sicherheit gemindert, wenn Drogen unter fachmännischer Anleitung und in einer vom Gesetz gedeckten Umgebung mit der Absicht genommen werden, das spirituelle Wachstum zu fördern.

Die fünfunddreißigjährige Eva nahm unter Anleitung eines Fachmanns zu einem Zeitpunkt, als dies noch gestattet war, das Emphatogen MDMA. Da sie seit fünfzehn Jahren Yoga und Meditation geübt hatte, war sie mit ihrem inneren Leben vertraut und hatte viele spirituelle Erlebnisse gehabt. Sie hatte sich auch mit der buddhistischen Psychologie als einem Weg zum Verständnis des Geistes beschäftigt. Im Haus war es vollkommen ruhig, und es waren keine Störungen zu erwarten. Das Telefon war abgeschaltet. Im Hintergrund lief Meditationsmusik, das Feuer im Kamin brannte. Überall im Raum waren orientalische Kunstwerke aufgestellt, die eine Atmosphäre des Friedens verströmten. Der Duft von Weihrauch zog durch das Haus. Es war eine rechte Zufluchtsstätte, die dafür geschaffen war, Eva die Öffnung für größere Bereiche ihres Wesens zu ermöglichen:

Unter MDMA kam ich in eine subtil-geistige Ekstase, wie ich sie bisher nur bei Einkehrtagen nach mehreren Tagen stiller Meditation erlebt hatte. Ich erfuhr die Öffnung für die Liebe. Die Liebe war kein Gefühl mehr – es war ein Seinszustand. Meine Freunde und Angehörigen erschienen in einer Vision vor meinem inneren Auge. Ich spürte meine absolute, unbedingte Liebe für sie; ich sah unsere gemeinsame Geschichte vom Standpunkt archetypischer Wahrheit aus; ich wußte ohne jeden Zweifel, daß wir durch alle Zeiten miteinander verbunden sein würden; ich fürchtete den Tod nicht. Ich wußte, warum mein Vater, als ich noch ein Kind war, manchmal grausam zu mir gewesen war. Jetzt spürte ich, wie ich ihm vollkommen vergeben konnte. Das war neu für mich. Welche Erleichterung nach dem verbissenen Groll, den ich gegen ihn gehegt hatte!

Evas Führer ermunterte sie, die Liebe als Seinszustand zu erleben. Er war darauf gefaßt, daß Eva jetzt, wo sie sich der Drogenerfahrung hingab, Begleitung und Rückhalt brauchte.

Bei Eva – und bei anderen Menschen, die zur Arbeit an ihrem Inneren bereit sind – kann die Einnahme einer emphatogenen oder psychedelischen Droge unter Aufsicht und in therapeutischer Umgebung neue Fähigkeiten des Geistes freilegen. Im Gefühlsbereich kann das zu Vergebung führen, wo Vergebung unmöglich schien. Auf geistiger Ebene kann es neue Horizonte von Konzentration und Intuition eröffnen.

Ein paar Tage nach dem Drogentrip nahm ich an einem Meditationswochenende teil. Ich wollte prüfen, ob meine Konzentration unter dem Drogenexperiment gelitten hatte. Erstaunlicherweise konnte ich mich besser konzentrieren als je zuvor. Ich konnte viel länger dabeibleiben, ohne mich zu bewegen. Ich konnte mich auf viel subtilere Ebenen konzentrieren, ja ich konnte mich sogar auf mehrere Schichten meines Geistes gleichzeitig konzentrieren: meine Gefühle, meine Gedanken, Sinneseindrücke von anderen Menschen, hellseherische Wahrnehmungen – alles lief gleichzeitig ab. Meine Konzentrationsfähigkeit war enorm gestiegen.

Der MDMA-Trip brachte mich aber nicht nur mit meinem Herzen in Verbindung. Er verankerte mich auch tiefer in meinem Körper. Seit ich die Droge genommen habe, behandle ich meinen Körper respektvoller, und ich spüre deutlicher, was ich brauche, um gesund zu bleiben.

Da das Erlebnis so schön war – führte es da nicht dazu, daß Eva die Droge öfter nehmen wollte? Keineswegs.

Die umwandelnde Kraft des Drogenerlebnisses war so mächtig, daß ich zwei Monate brauchte, um es zu verarbeiten. Im Grunde glaube ich, daß ich den Rest meines Lebens brauchen werde, um all die Weisheit zu verwirklichen, die ich bei diesem »Trip« erahnte. Ich glaube nicht, daß weitere Trips mir helfen würden, diese Brücke ins Alltagsleben zu bauen. Meine Intuition sagt mir, daß sie nur dazu führen würden, daß ich mich zerrissen und abgehoben fühle. Ich brauche mir nur die Wucht des Erlebnisses beim ersten Mal vorzustellen. Mein Führer teilte meine Ansicht.

Drogen und Alkohol, die wir zur Entspannung einnehmen – um aus der Welt der täglichen Routine auszubrechen und in ein erweitertes Bewußtseinsfeld einzutreten – dienen vielen Zwekken. Zwischen dem Gebrauch von Drogen zum Zweck einer besseren Selbstverwirklichung und ihrem Mißbrauch, der im Grunde nur dazu dient, die Selbst-Erfahrung zu vermeiden, liegt ein breites Spektrum von Erfahrungsmöglichkeiten. Vom »Gebrauch« zum »Mißbrauch« ist oft nur ein winziger Schritt. Besonders die Tatsache, daß bei Entspannungsdrogen die Gefahr der Inflation durch die eigene Macht besteht, macht die Anleitung durch einen objektiven, fachmännischen Berater und die Berücksichtigung des gesetzlichen Rahmens unabdingbar.

Psychopharmaka

Anders als Entspannungsdrogen dienen Psychopharmaka nicht der Selbst-Erfahrung, sondern werden eingesetzt, um psychischen Schmerz zu stillen und zu verhindern, daß die Betreffenden für sich und andere gefährlich werden. Bei der Verabreichung von Psychopharmaka wird gewöhnlich nur insoweit auf den Rahmen geachtet, als man verhindern will, daß der Patient in Gefahr gerät. Auch das »Verhalten am Bett«, das der behandelnde Psychiater – also der ärztliche »Führer« – zeigt, wird für die Art der auf den Patienten zukommenden Erfahrung nicht für wesentlich erachtet. Die Schulpsychiatrie ist der Ansicht, daß die Wirkung der Psychopharmaka selbst jeglichen Einfluß von Umweltfaktoren ausschließt. Das Psychopharmakon gilt als chemische Lösung eines chemischen Problems.

Die Feinheiten der akustischen und optischen Umgebung, der spirituelle Entwicklungsgrad des Führers, die soziale Umgebung, all das kann aber verlorengehen, wenn die medizinischen Faktoren der Dosierung und der Symptomkontrolle eine zu starke Bedeutung bekommen. Wie wir bei den Entspannungsdrogen gezeigt haben, hat der Rahmen, in dem Drogen genommen werden, auf den Verlauf des Erlebnisses einen großen Einfluß. Die Begegnung mit dem Unbewußten kann je nach der geistigen Verfassung und dem Geschick des Führers zu einer erschreckenden oder zu einer öffnenden Erfahrung werden. Es wäre möglich, daß dies in gleichem Maße für die Einnahme von Psychopharmaka wie von Entspannungsdrogen gilt.

Richard bekam Psychopharmaka, die ihm helfen sollten, die psychotischen Symptome im Zusammenhang mit der Öffnung für den Lebensmythos zu überwinden.

> 29. Februar, die Nacht des Schaltjahres. Ich war auf der »Reise durch die Nacht«, wie ich es nannte. Ich konnte nicht schlafen. Ich hatte Visionen. Alles nahm mythische Ausmaße an. Ich erfuhr mich als den auferstandenen Christus, meine Freundin war meine »Jüngerin«. Ich hatte unglaublich viel Energie – und war mir kaum meiner Grenzen bewußt. Um ein Uhr nachts ging ich ganz allein auf die Straße, im Schlafanzug. Ich ließ die Haustür weit aufstehen, schlenderte durch den Park und nahm einen Bus. Der Fahrer nahm mich einen halben Block weit mit, dann ließ er mich aussteigen, als er merkte, daß ich nicht bei Sinnen war. Zum Glück fand ich wieder nach Hause.
>
> Am nächsten Morgen übernahmen meine Zimmergenossen und meine Freundin meine Pflege und saßen 24 Stunden am Tag bei mir. Mein Gefühl sagte mir, daß es das beste für mich war, wenn ich einfach im Bett blieb. Ich raste wie mit Sieben-

meilenstiefeln durch die Zeit. Mein Kopf arbeitete auf vollen Touren. Meine Freunde hörten abwechselnd zu. Sie hielten mich für manisch, weil sie wußten, daß es in meiner Familie Fälle von manisch-depressiver Veranlagung gegeben hatte. Sie gaben mir zu essen und sorgten dafür, daß ich genügend Flüssigkeit zu mir nahm. Ich hatte immer das Gefühl, daß sie mich respektierten und sich niemals über mich lustig machten, obwohl ich mich wie ein Kind benahm. Sie benachrichtigten auch meine Arbeitsstelle. Dann überzeugten sie mich davon, daß es das beste wäre, wenn ich eine Zeitlang ins Krankenhaus ginge. Ich vertraute ihnen, weil sie alle so hilfreich und liebevoll waren. Es war ein gutes Gefühl.

Während er sich im Krankenhaus erholte, wurde Richard von freundlichen, verständnisvollen Ärzten und Krankenschwestern betreut. Die Psychopharmaka, die er bekam, hatten den Zweck, seine Symptome für eine gewisse Zeit zu lindern, so daß er sich ausruhen und wieder zu Kräften kommen konnte.

Ich blieb zehn Tage im Krankenhaus. Ich schlief viel und ging zur Gymnastik. Die liebevolle Behandlung durch Ärzte und Schwestern half mir sehr. Danach ging ich wieder nach Hause. Während des ganzen Schubs war ich nur zwei Wochen der Arbeit ferngeblieben. Ich nahm noch zwei Monate lang Medikamente. Die Nebenwirkungen waren lästig. Solange ich *Stelazine* nahm, war zum Beispiel die Sehschärfe beeinträchtigt, so daß ich sehr kurzsichtig war. Auch Verdauung und Stuhlgang waren gestört. Aber das Medikament half mir doch, meine Gedanken und Gefühle wieder in ruhige Bahnen zu bekommen.

Als Richard sich richtig ausgeruht und genügend Kräfte gesammelt hatte, um der Arbeit an der sich in ihm entfaltenden Schicht des Unbewußten gewachsen zu sein, setzte er unter ärztlicher Aufsicht die Medikamente ab. Indem er sich für den Lebensmythos öffnete, der ursprünglich gedroht hatte, ihn zu überwältigen, wurden ihm weite Bereiche seines Geistes zugänglich. Jetzt konnte er daran gehen, diese neuen Teile seines Wesens in gemächlicherem Tempo zu integrieren.

Die Umstände, unter denen Richard den Psychopharmaka

begegnete, waren ideal. Während er die Medikamente nahm, war er unter ärztlicher Aufsicht, und er bekam nie den Eindruck, daß er sein Unbewußtes in Zukunft nur noch mit Hilfe von Psychopharmaka in den Griff bekommen würde. Seine Ärzte setzten die Medikamente vernünftig und sparsam ein – als eine wichtige Krücke, die zu einem bestimmten Zeitpunkt gebraucht wurde. Man riet ihm nicht, sie nach der anfänglichen Krise weiter zu nehmen, sondern ermutigte ihn, nach Wegen zu suchen, die geistigen Bereiche, die sich in seinem »psychotischen Schub« gezeigt hatten, zu integrieren.

Richards Freunde zweifelten keinen Moment an ihm. Sie behandelten ihn von Anfang bis Ende so, daß vollkommen klar war, daß alles, was er sagte, wichtig war. Zum Glück wurde diese Betreuung im Krankenhaus fortgesetzt. Dadurch fühlte sich Richard weniger ängstlich, und er verlor nie die Achtung vor sich selbst. Richards Freundeskreis sowie seine Kollegen gaben ihm starken Rückhalt. Niemand lehnte ihn ab, weil er eine Psychose gehabt hatte, und auch das war für die schnelle Integration der positiven Seiten seiner Reise in sein eigenes Leben wichtig. Er fühlte sich nie von seinen Freunden gedrängt, das Geschehene als schlecht oder verfehlt zu bewerten.

Obwohl Richard überzeugt ist, daß das Psychopharmakon, das er bekommen hat, *Stelazine*, für ihn insgesamt eine große Hilfe war, verkennt er nicht die Gefahren, die mit der Einnahme verbunden sind. Alle antipsychotischen Medikamente wirken sich stark auf Körper, Geist und Gefühle aus. Patienten haben berichtet, daß *Stelazine* so wirkt, als prallte man nach dem Fliegen gegen eine Mauer. Die Wirkung ist unvermittelt und hart. Nervenimpulse, die bis dahin in den Schläfenlappen und im limbischen System sehr schnell gefeuert haben, feuern plötzlich sehr langsam. Das führt zu einer dramatischen Verschiebung im Gefühlsleben und in der Selbstwahrnehmung. Man fühlt sich träge und schwer. Gefühle, die früher spontan und lebhaft empfunden wurden, laufen jetzt in weiter Entfernung ab. Die Denkprozesse sind verlangsamt. Die Zeit scheint langsamer zu verstreichen. Der Raum hat Dichte, und die Schwerkraft wird greifbarer. Andererseits kommt der Körper in diesem Zustand leichter zur Ruhe.

Manche Psychopharmaka können, in zu starker Dosierung oder über zu lange Zeiträume verabreicht, dazu führen, daß der

Patient daran gehindert wird, die »Reise«, die in ihm zum Leben erweckt worden ist, zu beenden. Das kann geschehen, wenn ein Mensch in einer spirituellen Krise als chronisch schizophren fehldiagnostiziert wird und lebenslang auf Psychopharmaka gesetzt wird. Es ist wie beim Mißbrauch von Entspannungsdrogen: die übermäßige Verwendung von Psychopharmaka (insbesondere Antidepressiva, angstlösende Medikamente und Antipsychotika) kann die Tür zum spirituellen Erwachen schließen und fest versiegeln. Dann werden die Erfahrungen, die zu der überwältigenden Öffnung geführt haben, unzugänglich, weil dadurch, daß das Bewußtsein dauerhaft von authentischen Gefühlen abgeschottet wird, der tiefgreifende psychologische Verarbeitungsprozeß verhindert wird, der notwendig durchlaufen werden muß, damit ein Mensch in sich zur Ganzheit findet. Nicht alle Psychopharmaka haben diese Wirkung. Lithium, das bei manisch-depressiver Erkrankung gegeben wird, gleicht zum Beispiel eine physiologisch bedingte Chromosomenstörung aus und bringt den Körper ins Gleichgewicht, so daß ein ausgewogenes Gefühlsleben möglich wird. (Allerdings kann Lithium, wie viele Psychopharmaka, bei manchen Menschen unangenehme Nebenwirkungen haben.) Es ist daher für die Festlegung der geeigneten Medikation ausschlaggebend, spirituelle Krisen von schizophrenen Psychosen, manisch-depressiver Erkrankung oder Krankheiten zu unterscheiden, die zu chronischen Persönlichkeitsstörungen führen, die den Betreffenden lebensuntüchtig machen. (Wer sich genauer über die Differentialdiagnose dieser Krankheiten informieren will, den verweise ich auf das *Sourcebook for Helping People in Spiritual Emergency.)*

Für Psychiater und Psychologen, die sich nicht in der transpersonalen Psychologie auskennen, sind die Feinheiten dieser besonderen Art von Differentialdiagnose besonders schwierig. Die einfühlsame und sachkundige Betreuung, die Richard zu Hause und im Krankenhaus zuteil wurde, ist nicht immer die Norm; auch sind die Patienten, die ins Krankenhaus eingeliefert werden, nicht immer so stabil wie Richard. Es sind schon vielen Menschen falsche Diagnosen gestellt worden, so daß sie mit dem Stigma der psychischen Krankheit und unter Umständen mit den schädlichen Nebenwirkungen der Psychopharmaka leben mußten. Man hat oft Menschen ins Krankenhaus gesteckt, die in Wirklichkeit für die Zeit der spirituellen Krise und der Integration nach der kritischsten Phase nur die Betreuung in einer Zufluchtsstätte gebraucht hätten, in der sie ganz ohne Medikamente oder mit ganz schwachen Dosen ausgekommen wären.

Eine Professorin der transpersonalen Psychologie hat erzählt, daß sie in Kalifornien einmal gebeten wurde, sich die Patienten in den psychiatrischen Abteilungen eines städtischen Krankenhauses anzusehen und festzustellen, wer von ihnen für eine Behandlung wegen eines spirituellen Zusammenbruchs in Frage kam, und wer wirklich auf Grund eines psychoorganischen Hirnsyndroms oder einer psychischen Erkrankung behandelt werden mußte. Die Tatsache, daß sie für diese Aufgabe herangezogen wurde, zeigt, daß man sich in manchen Krankenhäusern der Tatsache bewußt ist, daß es Fehldiagnosen gegeben hat und daß das medizinische Personal manchmal Hilfe braucht, wenn es gilt, zwischen Verhaltensstörungen bei einem »Zusammenbruch« auf Grund echter psychotischer Erkrankungen und dem Verhalten, wie es für einen »Durchbruch« zu neuen Funktionsebenen typisch ist, zu unterscheiden. Der Psychiater Lee Sannella hat in seinem Buch *Kundalini: Psychosis or Transcendence* die Verbesserung der Diagnostik auf diesem Gebiet gefordert.

Die Schulpsychiatrie hat sich zum gegenwärtigen Zeitpunkt noch nicht auf eine einheitlich positive Bewertung der transpersonalen Bewußtseinszustände einigen können. Die medizinische Fachwelt hat die diagnostischen Kriterien zur Unterscheidung krankhafter Zusammenbrüche von spirituellen Zusammenbrüchen bisher noch nicht akzeptiert. Oft werden Menschen in spirituellen Krisen mit Psychopharmaka behandelt, so als hätten sie eine deutlicher ausgeprägte Psychose oder Manie.

Die mangelnde Anerkennung der spirituellen Dynamik in der Psychiatrie hat Folgen nicht nur für unser Gesundheitsversorgungssystem, sondern auch auf juristischer Ebene. Kitty war verheiratet. Sie hatten einen zweijährigen Sohn. Kitty war parapsychisch veranlagt und berichtete Freunden und Angehörigen, was sie in der Zukunft sah. Ihr Bruder war von dieser Fähigkeit und von der offenen Art, wie sie damit umging, äußerst beunruhigt. Oft sagte sie mit nachtwandlerischer Sicherheit Unfälle in der Familie voraus. Hinter ihrem Rücken legte ihr Bruder ihre Briefe einem Psychiater vor. Da Kitty in diesen Briefen erzählte, daß sie »mit Gott persönlich sprechen« könne, schloß der Psychiater auf eine Geisteskrankheit. Er ließ sie gegen ihren Willen in die Psychiatrie einliefern, wo man ihr paranoide Schizophrenie bescheinigte und ihr riet, täglich Medikamente zu schlucken. Sie mußte drei Monate im Krankenhaus bleiben, von ihrem Kind und ihrem Mann getrennt, bevor es ihren Anwälten gelang, sie nach mehreren psychiatrischen Untersuchungen durch stärker transpersonal orientierte Fachleute freizubekommen.

Die Geschichten von Richard und Kitty zeigen, wie stark die Diagnose und Behandlung von Menschen in spirituellen Notlagen innerhalb des medizinischen Establishments voneinander abweichen. Die Beratung und medikamentöse Behandlung im Krankenhaus kann hervorragend sein; aber ebensoleicht kann es geschehen, daß ein Mensch in einer spirituellen Krise in ein Krankenhaus kommt, wo man ihn fälschlicherweise als »krank« einstuft und infolgedessen mit den falschen Medikamenten behandelt.

Was können Sie über die übliche Krankenhausbehandlung hinaus tun?

Nehmen wir an, ein Angehöriger oder Freund ist im Krankenhaus, und Sie haben das Gefühl, daß die Diagnose, die Behandlung oder die Medikamente nicht angemessen sind, daß es sich aber nach Ihrer Einschätzung um eine spirituelle Krise handeln könnte? Was können Sie tun?

1. Weisen Sie den behandelnden Arzt darauf hin, daß der Zustand Ihres Freundes auch ganz anders eingeschätzt werden kann. Fragen Sie ihn möglichst taktvoll, ob er *außer* der traditionelleren medizinischen Betrachtungsweise bei der Bewertung der Lage auch den Gesichtspunkt des transpersonalen Wachstums berücksichtigt hat. Es kann unter Umständen hilfreich sein, dem Arzt ein Exemplar dieses Buchs und/oder das *Sourcebook for Helping People in Spiritual Emergency* zur Verfügung zu stellen.
2. Wenn keiner der zuständigen Betreuer für diese alternative

Betrachtungsweise empfänglich ist, machen Sie es sich nicht zur Lebensaufgabe, sie zu überzeugen. Dadurch würden Sie die Kluft wahrscheinlich nur vertiefen. Das Krankenhauspersonal hat eine schwere ethische und juristische Verantwortung zu tragen. Wenn der Arzt den Eindruck gewonnen hat, daß ein Patient für sich oder andere eine Gefahr darstellt, ist er verpflichtet, ihn im Krankenhaus unterzubringen und unter Kontrolle zu halten. Das wird häufig mit Medikamenten gemacht.

Es bedeutet eine ungeheure Verantwortung, sich um einen Menschen in einer Krise zu kümmern. Selbst wenn Sie als Angehöriger oder als Freund den starken Eindruck haben, daß der/die Ihnen Nahestehende unnötig im Krankenhaus festgehalten und unter Medikamente gesetzt wird – und selbst, wenn Sie juristisch das Recht haben, ihn/sie aus dem Krankenhaus herauszuholen, überlegen Sie es sich gut, ehe Sie die Verantwortung für seine/ihre Pflege übernehmen. Es ist eine höchst anspruchsvolle Aufgabe und kann Sie rund um die Uhr beschäftigen. Es kann körperlich und emotional das Letzte von Ihnen verlangen.

In einer schwierigen Lage kann es das Beste sein, wenn Sie mit Ihrem Freund arbeiten. Sie können ihn zum Beispiel ermutigen, die Visionen, die inneren Erfahrungen, die ihm zuteil werden, aufzuschreiben. Setzen Sie sich einfach zu Ihrem Schützling, während er/sie schreibt, malt oder Ihnen seine Geschichte erzählt. Sie sollten das, was Sie hören und sehen, nicht bewerten, analysieren oder kritisieren. Verstehen Sie sich vielmehr als einen wohlwollenden Zeugen des Geschehens. Das Notieren oder Erzählen der persönlichen Erlebnisse hilft dem Betreffenden, seine Erfahrungen zu integrieren und liefert Informationen, die ihm später bei seinen Überlegungen zustatten kommen können.

3. Wenn Sie im Krankenhaus kein Verständnis für die transpersonale Seite der Krankheit Ihres Freundes finden, können Sie vielleicht einen fachmännischen Helfer finden, der in Ergänzung zu der Pflege im Krankenhaus mit ihm arbeitet. Sie können sich an das Spiritual Emergence Network in Menlo Park in Kalifornien wenden, das Ihnen geeignete Personen in Ihrer Nähe nennen wird. Geben Sie dabei an, ob Ihr Freund über die finanziellen Mittel verfügt, um einen

Fachmann zum normalen Tarif zu bezahlen, oder ob er auf besondere finanzielle Vereinbarungen angewiesen ist.

4. Machen Sie Ihrem Freund Mut, sich auf eine längere Zusammenarbeit mit einem Helfer einzulassen, der eine Ausbildung in transpersonaler Psychologie hat.

Für den von der Krise Betroffenen: Die Tatsache, daß Sie von den Dingen überwältigt wurden, weist darauf hin, daß in Ihrem Leben innere psychologische Fragen aufgebrochen sind, die nach einer Lösung verlangen. Sie müssen jetzt herausfinden, um welche Fragen es sich handelt, müssen sie auf der inneren Ebene, der sie angehören, bearbeiten und müssen Ihr Leben in einigen Punkten so verändern, daß die Ergebnisse dieser inneren Arbeit dabei berücksichtigt werden. Es wäre ein Segen, wenn Sie jemanden finden könnten, dem Sie trauen, und der Sie auf dieser Reise begleitet und trägt, aber das kann schwierig werden. Wenn Sie keinen Führer oder Helfer in Ihrer Gegend finden, müssen sie sich vielleicht auf die Anleitung durch Bücher und Artikel verlassen. (Siehe Quellenteil am Ende des Buches.)

Es gibt Zeiten, in denen Psychopharmaka für Menschen in spirituellen Krisen (ohne Beteiligung von anderen psychischen oder körperlichen Krankheiten) sich als nützlich erweisen können:

Wenn Sie von dem, was aus der inneren Welt auf Sie einstürzt, derart überwältigt sind, daß Sie befürchten müssen, sich oder andere zu verletzen, sind Psychopharmaka eine große Hilfe, weil sie die Gewalt der Erlebnisse lindern. Benutzen Sie sie, um die Intensität des inneren Geschehens so weit abzuschwächen, daß Sie mit Ihrer inneren Welt in einem Tempo umgehen können, das Sie verkraften. Wenn das geschehen ist, können Sie daran denken, die Medikamente langsam abzusetzen.

Wenn Sie auf einem Drogentrip (oder durch starke Medikamente oder spirituelle Übungen stark erregt) sind und überwältigt zu werden drohen, können Sie zunächst versuchen, sich durch harmonische, sanfte Musik wieder zu beruhigen. Denken Sie daran – oder lassen Sie sich von irgend jemandem daran erinnern –, daß Sie auf einem Drogentrip sind. Sanfte körperliche Betätigung wie ein Spaziergang in der Natur oder gemäßigte Streckübungen können Ihre Angst lindern. Es ist auch trostreich, mit einem Freund zu sprechen oder einfach nur mit ihm zusammen zu sein. Auch Vitamin C – in reiner Form oder in Säften – kann helfen. (Von alkoholischen Getränken ist abzuraten, weil sie zusätzlich zu der Wirkung der Droge zu einer weiteren toxischen Reaktion führen könnten.) Wenn das alles noch nicht ausreicht oder überhaupt nicht anschlägt, konsultieren Sie einen Arzt, damit er Ihnen ein schwaches angstlösendes Mittel wie Valium verschreibt. Wenn auch das nicht ausreicht, lassen Sie sich ein stärkeres Mittel verschreiben. Suchen Sie die Betreuung eines Psychiaters, der sich mit transpersonaler Psychologie auskennt.

Betäubungsmittel

Verschiedene Betäubungsmittel, wie sie bei Zahnbehandlungen, ambulanten Krankenhausbehandlungen und chirurgischen Operationen verwendet werden, können Phänomene des spirituellen Aufbruchs hervorrufen. Die Anästhesisten, die diese Mittel verwenden, und die zuständigen Krankenschwestern sind jedoch im Umgang mit den psychologischen oder spirituellen Erfahrungen, die im Umfeld der Betäubungsmittel auftreten, nicht systematisch ausgebildet. Daher werden Sie, wenn Sie unter der Einwirkung dieser Medikamente eine spirituelle Erfahrung machen, bei ihrer Integration vermutlich auf Ihre eigenen Hilfsmittel angewiesen sein.

Caroline bekam, als sie zwanzig war, bei einer Zahnbehandlung soviel Stickoxydul (volkstümlich als »Lachgas« bezeichnet), daß sie den bei der Extraktion aller vier Weisheitszähne zu erwartenden Schmerz nicht spüren würde.

> In dem Moment, wo die Operation beendet war und die Wirkung des Lachgases nachließ, war mir, als landete ich in einem kleinen Vogelkäfig, kaum groß genug, um mein wahres Selbst aufzunehmen. »Ich« (meine Seele) wurde in den Käfig (meinen Körper) gezwängt. Das Bewußtsein dessen, was mit mir geschah, machte mich sehr traurig. Ich wachte auf und wurde von Schluchzen geschüttelt. Nicht etwa, weil ich Schmerzen hatte. Ich war mir keines körperlichen

Schmerzes bewußt. Mich beschäftigte nur der Gedanke, daß ich so frei gewesen war und mich nun in meinem Körper gefangen fühlte wie in einer Falle. Ich hatte mich wie ein Vogel gefühlt, der durch das Universum fliegt – in völliger Freiheit.

Wie die meisten Menschen, die beim Zahnarzt transpersonale Erfahrungen machen, bekam Caroline keinerlei Hinweis, der ihr geholfen hätte, die überwältigende Trauer und die Vision, die sie gehabt hatte, zu verstehen. Im Grunde war sie damit ganz allein. Während Caroline mit den Tränen kämpfte, saß die Arzthelferin bei ihr und versorgte sie mit Papiertaschentüchern. Ihr Freund Ray legte den Arm um sie und versuchte sie zu trösten. Es dauerte Jahre, bis Caroline den Sinn ihres inneren Erlebnisses verstand. Als es damals passierte, war es zutiefst erschütternd, und es gab ihrem Leben eine ganz neue Richtung.

Ich wußte nicht, wie ich mit meiner Familie darüber reden sollte. Ich hatte Angst, sie würden mich für verrückt halten, wenn ich ihnen sagte, wie sehr die Vision mich beeindruckt hatte. Aber sie hatte eine tiefe Auswirkung auf meine Lebensanschauung. Mein größter Wunsch war jetzt, einen Weg zu finden, meinen »Käfig« zu vergrößern und die Tür zu öffnen, so daß ich wieder »fliegen« konnte. Ich machte Hatha-Yoga und meditierte viel. Am Ende des Semesters verließ ich das College. Ich wußte, daß ich den Schlüssel zur Fähigkeit des »Fliegens« nicht im akademischen Leben, sondern nur in meinem Inneren finden konnte.

Das war für Caroline ein spirituelles Erwachen. Durch das Lachgas hatte sie ihre erste außerkörperliche Erfahrung gehabt; sie wußte jetzt mit absoluter Gewißheit, daß ihre Seele nicht mit ihrem Körper identisch war. Sie hatte einen neuen Sinn entdeckt und ging mit neuer Entschlossenheit an die Suche nach der Freiheit. Sie sagte, die Freiheit sei im Grunde eine Sehnsucht nach Einheit mit Gott.

Als ich – unter der Wirkung des Medikaments – frei gewesen war, fühlte ich die Einheit mit Gott. Ich wußte, daß ich diese

Freiheit erreichen konnte. Ich wußte einfach, daß ich sie mehr als irgend etwas anderes begehrte.

Ganz ähnliche Erfahrungen lassen sich auch durch andere Betäubungsmittel hervorrufen. Durch die Wirkung von *Pentothal* (»Wahrheitsserum«), das noch stärker ist als Lachgas, löst sich das Bewußtsein vollständig vom Körper, so daß Visionen und innere Erfahrungen zustande kommen, wie sie Caroline erlebte. Ketamin, ein häufig bei Erwachsenen zur Vorbereitung der Herzchirurgie und bei Kindern verwendetes Betäubungsmittel, scheint besonders häufig zu spirituellen Erfahrungen zu führen. Die Forschungen von D. Rogo zeigen, daß 12 Prozent der Personen, die Ketamin nehmen, Erlebnisse haben, die den Nahtoderfahrungen ähnlich sind.[85]

Der folgende Bericht stammt von einem Arzt, der mit Ketamin-Narkose operiert wurde.

> Ich hörte ein merkwürdiges Summen in den Ohren. Dann verlor ich das Bewußtsein. Dann wurde mir allmählich klar, daß mein Geist noch existierte; und ich konnte denken. Mein Bewußtsein war nicht an den Körper gebunden. Ich war reiner, im Raum ausgespannter Geist. Es war, als schwebte ich im leeren Raum. Ich hatte keine Angst. Ich war eher neugierig. Ich dachte: »Das ist der Tod. Ich bin eine Seele, und ich gehe dahin, wo ich hingehen muß.«[86]

Der Arzt erzählt, daß er nach diesem Erlebnis viel mehr Mitgefühl mit seinen Patienten hatte. Wie viele, die außerkörperliche Erfahrungen gemacht haben, stellte auch er fest, daß er nicht mehr soviel Angst vor dem Tod hatte wie früher. Er wußte jetzt auch, daß der Körper die Wohnstatt der Seele ist und kam in engeren Kontakt mit den Menschen, in denen er jetzt nicht mehr nur den Körper, sondern auch die Seele sah.

Auch Kinder, die bei der Narkose solche Erlebnisse haben, müssen tiefgreifende Veränderungen durchmachen. Vielleicht halten sie sich für leicht verrückt, weil sie außerkörperliche Erfahrungen gehabt haben? Wird dem Erwachen für diese Art von transpersonaler Erfahrung ein angemessener Platz in ihrem Leben eingeräumt? Die meisten Kinder behalten ihre bei chirurgischen Operationen gemachten spirituellen Erfahrungen als privates Geheimnis für sich, allerdings oft um den Preis der Verlegenheit und Scham wegen des Erlebten. Für diese Kinder wäre es wichtig, wenn sie das, was ihnen geschehen ist, positiv ansehen könnten.

Ich habe oft Gelegenheit gehabt, mit erwachsenen Klienten die inneren Erlebnisse zu bearbeiten, die sie als Kinder beim Aufwachen aus der Narkose hatten. Die Folge ihres Erlebnisses im Krankenhaus war, daß sie jahrzehntelang die Angst mit sich herumgeschleppt haben, verrückt zu sein. Vielleicht läßt sich ein Weg finden, wie das Krankenhauspersonal und die medizinisch-therapeutischen Berater den Kindern nach Operationen bei der Verarbeitung der inneren Erfahrungen im Krankenhaus helfen können, so daß sie diese psychische Last nicht bis ins Erwachsenenalter mit sich herumtragen müssen.

Auch für Erwachsene, die von inneren Erfahrungen unter Narkose stark angerührt sind, kann es eine echte Hilfe sein, wenn sie vor oder nach der Operation in irgendeiner Form aufgeklärt werden. Wie beruhigend wäre es für Caroline gewesen zu verstehen, daß auch andere Menschen auf Grund von Betäubungsmitteln außerkörperliche Erfahrungen machen, und einen begrifflichen Rahmen zu haben, der ihr geholfen hätte, die Natur ihrer Erlebnisse zu begreifen, zu wissen, daß sie damit nicht allein und daß sie nicht verrückt war. Es wäre gut gewesen zu wissen, daß sie durch spirituelle Übungen und mit Hilfe einer spirituellen Gemeinschaft einen Weg finden könnte, an ihren Erlebnissen zu arbeiten. Dadurch hätte sie vielleicht auch die geeigneten Worte gefunden, um mit ihrer Familie und ihren Freunden über das Erlebte zu sprechen.

Der Rahmen

Drogen gleich welcher Art sollten nur in Gegenwart eines geschulten Fachmanns, eines Führers, genommen werden, auf dessen Rat und Hilfe man jederzeit zurückgreifen kann, der gewährleistet, daß die Einnahme mit der Absicht geschieht, die körperliche, emotionale und geistige Gesundheit zu verbessern, und der sich gewissenhaft um eine Umgebung bemüht, die diesem Ziel förderlich ist. Der Führer, die positive Absicht und eine angemessene Umgebung gehören zu dem Rahmen, der dazu beitragen kann, daß eine Drogenerfahrung dem spirituellen Wachstum dient. Wenn eines dieser Elemente fehlt, kann der Prozeß des spirituellen Aufbruchs leicht einen spirituellen Zusammenbruch mit sich bringen.

Schlechte Drogentrips – auf der Straße oder in der Wohnung – sind oft darauf zurückzuführen, daß die Drogen von minderwertiger Qualität sind. Die Leute, die Entspannungsdrogen (»Straßendrogen«) verkaufen, versetzen eine teure Droge oft mit einer billigeren. Die Folge ist: mehr Geld für den Dealer und ein schlechter Drogentrip für den Benutzer. Wenn dann Patienten mit akuter Drogenvergiftung ins Krankenhaus eingeliefert werden, hat die Notaufnahme die undankbare Aufgabe, herauszufinden, welche Droge sie genommen haben und was dieser möglicherweise als Zusatz beigemischt war, weil es ohne diese Informationen unmöglich ist, das geeignete Gegenmittel zu finden. Dabei geht es oft genug um Leben und Tod. Die Schuld an diesem Dilemma liegt bei den Straßendrogen. In Krankenhäusern, in denen die Food and Drug Administration[87] die Qualitätskontrolle über die Herstellungs- und Verteilungsmethoden der Arzneimittelfirmen ausübt, tritt das Problem nicht auf.

Auch ein unangemessener Rahmen bei der Einnahme von Drogen, auf der Straße, zu Hause oder auch im Krankenhaus, kann die Ursache für schlechte Drogentrips mit überwältigenden Angstzuständen sein. Alle in diesem Kapitel erwähnten Drogen können zum Verlassen des Bewußtseins und zum Eintritt in die Requisitenkammer des Unbewußten führen. Dort erwartet den Drogenkonsumenten entweder eine erfreuliche, befreiende spirituelle Offenbarung (wie bei Flora, die auf einem gelenkten Drogentrip Gott begegnete) oder eine die Grundfesten erschütternde und das ganze Wesen umwandelnde Erfahrung (wie bei Carolines Erlebnis beim Zahnarzt). Wer Drogen einnimmt, kann erleben, daß er sich einem überwältigenden emotionalen Geschehen öffnet und frei wird, sich in Gefühlen zu verlieren, die er früher nicht ausdrücken konnte (so war es bei Louise – im dritten Kapitel –, als die Inhalte ihres Unbewußten explosionsartig losbrachen); oder er bekommt erfrischende neue Einblicke in die Liebe (wie Eva nach der Einnahme von Ecstasy). Je chaotischer der Rahmen, desto größer ist die Wahrscheinlichkeit, daß auch das Erlebnis chaotisch sein wird. Je weniger der Rahmen auf die Integration neuer Aspekte des emotionalen und spirituellen Lebens angelegt ist, desto größer die Gefahr, daß der Drogentrip in Angst und Schrecken endet. Der Rahmen, in dem Drogen eingenommen werden, wirkt sich unmittelbar darauf aus, welche Art von Erfahrung der Patient unter dem Einfluß der Droge macht.

Zum Rahmen gehört aber nicht nur die äußere Umgebung; ebenso wichtig ist die innere Umgebung des Unbewußten. Entspannungsdrogen, Psychopharmaka und Betäubungsmittel haben die Eigenschaft, all das, was im Unbewußten ohnehin vorhanden ist, verstärken zu können, und zwar so weit, daß es überlebensgroße Dimensionen annimmt.

Welchem Teil des Unbewußten jemand vermutlich begegnen wird, hängt natürlich davon ab, welche Seite in ihm von der sozialen und physikalischen Umgebung angesprochen wird. Wenn Sie Drogen einsetzen wollen, um Gefühlskomplexe zu klären, sollten Sie eine Umgebung wählen, die für diese Aufgabe auch wirklich förderlich ist. Wollen Sie durch die Droge zu einer Erfahrung der Höheren Macht kommen, sollten Sie sich an einen Ort begeben, der von der Atmosphäre der Höheren Macht getränkt ist (zum Beispiel eine Kirche oder auch die freie Natur), und wo sich Menschen befinden, die die Begabung haben, diese Seite des Lebens besonders anzusprechen. Wenn Sie im Behandlungsstuhl eines Zahnarztes sitzen und eigentlich nur an der schmerzstillenden Wirkung der Medikamente interessiert sind, sollten Sie wissen, daß Sie sich gleichzeitig mit der Vermeidung körperlicher Schmerzen möglicherweise auf eine außerkörperliche Erfahrung einlassen, die Wirkung also stärker ist, als Sie eigentlich erwartet haben. Wenn Sie sich wegen einer bevorstehenden Operation mit Todesangst herumschlagen, kann es geschehen, daß Sie sich in Gedanken über Ihre Sterblichkeit hineinsteigern, die Sie in Abgründe Ihres Wesens führen, die Sie nie für möglich gehalten hätten.

Wir wissen also, daß bei der Einnahme von Drogen und Medikamenten die Umgebung und Atmosphäre eine entscheidende Rolle für die Qualität des Erlebnisses spielen. Dieses Wissen sollten wir uns immer dann zunutze machen, wenn Drogen genommen werden. Wir wissen, daß transpersonale Erfahrungen als Bestandteil von Drogenerlebnissen vorkommen. Wir wissen auch, daß die integrative Verarbeitung dieser

Erlebnisse dazu führt, daß der Betreffende kreativer, mitfühlender und innerlich ruhiger wird und das Bedürfnis entwickelt, in der Welt eine sinnvolle Aufgabe zu erfüllen. Würde es sich da nicht anbieten, die Orte, wo Drogen genommen werden, ganz bewußt so umzugestalten, daß sie transpersonale Erfahrungen fördern? Dazu bedarf es keines besonderen Aufwands. Als Wendy fünfundzwanzig war, mußte sie zu einer kleinen Operation in die Klinik.

> Ich lag zitternd vor Angst auf dem Tisch. Ich zittere immer, wenn ich Angst habe – so als schüttelte ich mich vor Kälte. Man spritzte mir ein krampflösendes Mittel. Während ich mich allmählich entspannte, sah ich mich in dem Raum um. An der Decke über mir war ein Mandala – ein schönes rundes Bild mit Mammutbäumen. Die symmetrische Anordnung war schön anzusehen. Wie ich so das Bild betrachtete, konnte ich mir gut vorstellen, ich befände mich am Fuß einer Gruppe von zum Himmel aufragenden Mammutbäumen. Die riesigen Stämme zeigten, wie stark und widerstandsfähig die Bäume waren, und als ich die Zweige oben anschaute, merkte ich, wie weit der Mammutbaum in den Himmel hinaufragte. Das Bild erinnerte mich daran, daß auch ich kräftig war und daß auch ich mich mit der Höheren Macht in Verbindung setzen konnte.
>
> Während der ganzen Operation sah ich nur das Bild an, und es gab mir die ganze Zeit über Kraft. Es hatte so etwas Freundliches – es war viel menschlicher als die sterilen Wände und die maskierten Gesichter der Ärzte und Schwestern. Ich wußte, daß derjenige, der das Bild aufgehängt hatte, dabei an meine Gefühle gedacht hatte und nicht nur an meine körperliche Gesundheit. Als mir das bewußt wurde, fühlte ich mich gleich weniger zerrissen und empfand, daß ich in den Händen der Menschen, die sich hier um mich kümmerten, gut aufgehoben war. Es erleichterte mir auch die Verbindung mit der Höheren Macht, denn durch Bäume fühle ich mich oft besonders inspiriert.

Eine kleine Veränderung in der Ausgestaltung des Behandlungszimmers – ein Deckenbild – reichte aus, um Wendy zu helfen, mit ihrem ganzen Wesen stärker anwesend zu sein. Sie konnte ihr Bewußtsein von der Angst, die sie beherrscht hatte, abziehen und wurde dadurch fähig, sich ihrer eigenen Kraft und der Fürsorge der sie behandelnden Menschen stärker bewußt zu werden.

Bei uns gibt es einen Zahnarzt, der bei Patienten, die vor der Behandlung Angst haben, Lachgas einsetzt. Er hat eine exzellente Stereoanlage mit Kopfhörern in jedem Sprechzimmer. Der Patient kann seine Lieblingskassette mitbringen, die ihm dann, während er unter der Einwirkung des Lachgases steht, über Kopfhörer eingespielt wird. Martha, eine fünfundfünfzigjährige berufstätige Frau, die seit zwanzig Jahren aktiv in ihrer Kirchengemeinde mitarbeitet, nutzt die Zeit im Zahnarztstuhl aus, um sich im Empfinden der Gegenwart Gottes zu üben. Sie bringt Bänder mit, die sie als besonders inspirierend empfindet. Sie sagte mir, daß sie bei diesen musikalischen Sitzungen mit Lachgas oft Lösungen für praktische Alltagsprobleme findet.

Inspirierende Musik und Bilder sind dynamische Methoden zur Schaffung einer Umgebung, die für transpersonale Erfahrungen förderlich ist. Auch die verständnisvolle Haltung des medizinischen Personals, von Freunden und/oder Beratern kann dazu beitragen, daß ein Medikament das Tor zu einer religiösen Erfahrung öffnet.

Es ist zu hoffen, daß mit der Zeit überall dort, wo bewußtseinsverändernde Drogen eingesetzt werden, die Umgebung so gestaltet wird, daß der Friede und die Kraft einer transpersonalen Erfahrung leichter erlebt werden können. Die Drogengeber werden die emotionalen und spirituellen Bedürfnisse der Drogennehmer ebenso berücksichtigen wie ihre körperlichen Bedürfnisse. Wer in einer solchen Umgebung transformative Erfahrungen macht, wird nicht auf die Beratung und Begleitung verzichten müssen, die er braucht, um das, was er erlebt hat, zu verarbeiten. Dann kann die Technik bewußtseinsverändernder Mittel wirklich zu dem Zweck eingesetzt werden, die menschliche Entwicklung möglichst positiv zu beeinflussen. Der unbewußte Gebrauch und Mißbrauch von Drogen, der sich auf unsere Kultur so verheerend auswirkt, könnte dann zu einem Alptraum aus längst vergangenen Tagen werden.

Einstweilen müssen wir allerdings den Kampf gegen den Mißbrauch von Entspannungsdrogen weiterführen. Es gibt wohl vereinzelte Fälle von Menschen, die das Schlachtfeld der

Drogeneinnahme heil verlassen. Weit größer ist aber die Zahl derer, die von schlimmen Erlebnissen für immer gezeichnet sind. Manche sterben. Manche müssen mit dem Bewußtsein weiterleben, unter der Einwirkung von Drogen andere verletzt zu haben. Es ist ein ernstes Problem. Jeder von uns hat in der einen oder anderen Form schon einmal mit einem Menschen zu tun gehabt, der dem Drogenmißbrauch verfallen ist. Die meisten von uns begegnen dem Mißbrauch von Drogen – meist in der Form von Alkohol – sogar in der eigenen Familie. Die meisten von uns kommen auch irgendwann im Lauf ihres Lebens einmal mit bewußtseinsverändernden Drogen in Berührung. Die Frage, wie man solche Erfahrungen verarbeiten kann, geht uns alle an – ob wir die Drogen nun selbst nehmen oder mit jemandem zu tun haben, der unter ihrem Bann steht.

Das nächste Kapitel beschäftigt sich mit globalen kulturellen Veränderungen, die Auswirkungen auf das spirituelle Erwachen haben. Denken Sie beim Lesen des nächsten Kapitels daran, wie sehr unsere Lebensqualität schon durch Drogen beeinflußt worden ist. Menschen, die sonst vielleicht nie mit derartigen Dingen in Berührung gekommen wären, haben die heiligste Macht des Universums erfahren können. Durch den verstärkten Handel mit Drogen ist die Anzahl der Menschen, die transpersonale Erfahrungen gemacht haben, gestiegen. Vergessen Sie auch nicht, daß viele Menschen dem – eigenen oder fremden – Drogenmißbrauch Jahre ihres Lebens geopfert haben. Diese Opfer und die damit verbundenen Gefühle von Reue, Schuld und Scham, die geplatzten Träume, die gescheiterten Ehen und die auseinandergerissenen Familien sind es, die die Menschen manchmal in eine Öffnung für spirituelle Erlebnisse hineinkatapultieren. Bill Wilson brachte sich durch Alkoholmißbrauch in den finanziellen Ruin, er bekam Probleme in der Ehe, sein Gefühlsleben versank im Chaos, und es fehlte nicht viel, dann hätte er sich zu Tode getrunken. Aber dann erlebte er ein neues Leben als Gründer einer weltweiten Bewegung zur Förderung der Nüchternheit, der Anonymen Alkoholiker (Alcoholics Anonymous). Wilsons Wandlung wurde durch ein kausales Erlebnis ausgelöst, das er hatte, während er sich im Krankenhaus vom Delirium tremens erholte. Eine positive Wirkung des unser modernes Leben vergiftenden Drogenmißbrauchs könnte darin bestehen, daß auch andere

Menschen, wie Wilson, der Welt die Segnungen ihres spirituellen Aufbruchs bescheren. Aber vergessen wir nicht die Warnung, die Aldous Huxley ausgesprochen hat:

> . . ., und es gibt wahrscheinlich im Verlauf fast jedes durch eine Droge hervorgerufenen Rausches Augenblicke, in denen ein Bewußtsein von einem dem zerfallenden Ich überlegenen Nicht-Selbst für kurze Zeit möglich wird. Aber diese gelegentlichen blitzartigen Enthüllungen werden mit einem ungeheuer hohen Preis bezahlt. Denn für den Rauschmittel Genießenden weicht der Augenblick spiritualen Bewußtseins (wenn er überhaupt kommt) sehr bald einer kaum menschlichen Benommenheit, der Raserei oder der Halluzination, und auf diese folgen ein trübseliger Katzenjammer und nach längerer Zeit eine dauernde und verhängnisvolle Beeinträchtigung der körperlichen Gesundheit und der geistigen Kräfte. Nur selten einmal wirkt eine einzelne »anästhetische Offenbarung« wie irgendeine andere Theophanie dahin, ihren Empfänger anzuspornen, eine Anstrengung zur Selbstumwandlung und zu aufwärtsgerichteter Selbstüberschreitung zu machen.[88]

Zehntes Kapitel

Die globale Krise und das spirituelle Erwachen

Im Jahre 1945 explodierte die erste Atombombe auf unserem Planeten. Etwa um die gleiche Zeit ging auch die erste Ladung LSD auf die Vereinigten Staaten nieder. Ich kam keine zwei Monate nach diesen beiden Explosionen zur Welt. Als ich erwachsen wurde, fand ich eine Welt vor, in der die Frauen die Pille hatten, in der Schwarze und Frauen um die Gleichberechtigung kämpften, die Homosexuellen sich aus ihren Verstecken wagten und der neue Schlachtruf »flower power« hieß. Die Vereinigten Staaten führten Krieg mit Vietnam, und darüber führten die Bürger der Vereinigten Staaten Krieg miteinander. Die menschliche Bevölkerung wuchs mit ungeheurer Geschwindigkeit. Berechnungen ergaben in den 1960er Jahren, daß sie sich innerhalb von fünfunddreißig Jahren verdoppeln würde.[89] Präsident John F. Kennedy wurde ermordet. Ebenso Martin Luther King. Die Technik machte Riesensprünge vorwärts – 1969 gelang uns sogar der Sprung zum Mond. Allerdings sah es nicht so aus, als brächte das irgendeinen Nutzen für das soziale Chaos, die Unruhen, die Gefahr eines Atomkrieges, die wachsende Verschmutzung von Luft und Wasser und die steigende Scheidungsrate.

Mit sechzehn sah ich die Welt mit Entsetzen an. Wollte ich in so einer Welt leben? Die spirituelle Übung war für mich die einzige Oase der Ruhe. Durch Meditation und transpersonale Psychologie überwand ich allmählich meine Angst vor dem sozialen Chaos. Keine politische, keine soziale Bewegung, keine Technologie hatte die Kraft, uns aus unserer mißlichen Lage zu befreien. Es waren unsere sozialen und politischen Traditionen, die den Karren in den Dreck gefahren hatten, und ich war überzeugt, daß sie ihn nicht wieder herausziehen konnten. Ich wußte, daß wir die einzige Hoffnung in uns selbst suchen mußten, an einem Ort jenseits unserer sozialen Konventionen, und ich war entschlossen, diesen Ort zu finden. Ich hatte das Gefühl, wenn ich ihn nicht fände, müßte ich sterben. Zum Glück stieß ich auf Menschen von ungewöhnlicher Weisheit, die mir helfen konnten. Von ihnen lernte ich, die »ewige« Weisheit anzuzapfen, die seit unvordenklichen Zeiten in vielen Kulturen weiterlebt.

Die meisten meiner Altersgenossen teilten nicht meine persönliche Reaktion auf die soziale Krise der Zeit, aber die Welt, in der wir lebten, war dieselbe. Wir standen in Amerika alle dem sozialen Chaos gegenüber. Irgendwie mußten wir alle es schaffen, der Herausforderung zu begegnen, die das Leben in dieser unsicheren, sich schnell verändernden Welt darstellte.

Welche Lösungen bietet der traditionelle amerikanische »way of life« angesichts der Probleme des Terrorismus, der drohenden atomaren Vernichtung, der Übervölkerung, der Informationsschwemme, des Zusammenbruchs der überkommenen Geschlechterrollen? Im Lauf der letzten zwanzig Jahre sind alle diese Probleme des modernen Lebens noch drängender geworden. Können wir sie überwinden, indem wir uns auf die traditionellen Werte besinnen, auf die Kernfamilie, auf überschaubare Gemeinden, auf eine gesunde Lebensweise in einer stabilen Volkswirtschaft, und indem wir das Tempo unseres Lebens an den Bedürfnissen der Familie ausrichten?

Nein. Dieser Weg steht uns nicht mehr offen. Die Familien zerbrechen. Die kleinen Gemeinden sterben aus, weil die jungen Leute nach besseren Jobs in den Städten streben.[90] Die Kleinbauern können sich von ihrer Landwirtschaft nicht mehr ernähren. An ihre Stelle sind moderne landwirtschaftliche Großbetriebe getreten, so daß nur noch wenige Menschen sich ein Leben im engen Kontakt mit der Natur leisten können. Der Lebenskampf im Umkreis der Städte ist so hektisch geworden, daß viele Eltern neben ihrer Berufstätigkeit kaum noch Zeit für ihre Kinder finden. Amerika hetzt sich die Seele aus dem Leib in dem Versuch, mit der Unmenge an neuen Informationen Schritt zu halten, die es zu verarbeiten gilt.[91] Die Entfremdung von der Natur und die Auflösung der familiären Bindungen führen in der Psyche des einzelnen sowie in der Kollektivpsyche zu Zersplitterung. Hinzu kommt, daß unser Verteidigungssystem uns nicht mehr vor der Möglichkeit einer nuklearen Katastrophe schützen kann und daß das System der Staatsfinanzen auf einem unvorstellbar hohen, mit den Finanzen der aufstrebenden Volkswirtschaften der Dritten Welt verflochtenen Schuldenberg aufgebaut ist.

Dieser Zusammenbruch der sozialen Traditionen hat alle hochtechnisierten Kulturen in Ost und West erfaßt. Der technische Fortschritt bringt es mit sich, daß uns heute die Verantwortung für unglaublich viele neue Bereiche zufällt. Fernseh-Satellitennetze sorgen für weltweite Kommunikation. Radio, Fernseh- und Telefonsysteme lassen einen jeden hautnah die Wirklichkeit des Lebens in jedem Teil der Welt erleben. Der Austausch von Informationen ist explosionsartig angewachsen. Rund um die Uhr werden quer über alle Zeitzonen hinweg geschäftliche Operationen abgewickelt. Nukleare Sprengköpfe und chemische Gifte haben uns die Macht gegeben, alles Leben auf der Erde viele Male zu zerstören. Durch die Augen unserer Raumfahrer reisen wir mit über 40 000 Stundenkilometern durch den Weltraum und beobachten von unserem neuen Standort auf dem Mond aus die Erde, Gaia, als einen Teil des Universums. In unseren Labors greifen wir aktiv in die Evolution der Erde ein. Die Biologen haben gelernt, die Gene in der Zelle zu verändern und haben damit die Möglichkeit eröffnet, ganz neue Arten zu schaffen. Neue Lebensformen lassen sich heute bewußt planen und schnell produzieren. Die Wissenschaftler haben gelernt, mit Teilchenbeschleunigern einzelne Elemente in andere umzuwandeln oder sogar völlig neue Elemente zu schaffen. Mit der Solarzelle haben wir eine neue Methode gefunden, uns die Sonnenenergie zunutze zu machen. Durch verbesserte Methoden in der Landschaft und im Transportwesen sind wir heute in der Lage, alle Völker der Erde zu ernähren. Damit ist es theoretisch und praktisch möglich geworden, alle Völker zu einer einzigen planetarischen Familie werden zu lassen. Aber werden wir es auch tun? *Können* wir überhaupt, trotz der nationalen Grenz- und Verteidigungsanlagen, die uns seit Jahrhunderten trennen, ein sicheres, funktionsfähiges Leben schaffen? Entscheiden wir uns *wirklich* dafür, als eine einzige Familie zu leben, in der der eine für den anderen da ist? Wie großartig und einzigartig könnte unsere Zukunft dann aussehen!

Immer weiter vervollkommnen wir die Technik, immer mehr Informationen saugen wir auf, immer mehr Veränderungen lassen wir über uns ergehen, und schließlich sind wir allen sozialen Traditionen entfremdet, die unserem Leben früher Sinn gaben. Und mit der zerbrechenden sozialen Struktur wächst der Schatten, den die High-Tech auf das Leben wirft, um sich schließlich in den Augen der Heimatlosen, der Gequälten, der Süchtigen, der Armen und der Einsamen zu zeigen, also in den Augen all derer, die nicht über die Mittel verfügen, mit diesem Tempo Schritt zu halten. Welcher sichere Hafen rettet uns vor all der Betriebsamkeit? Welchen Wert hat der materielle Überfluß für die wenigen, die von der Betriebsamkeit profitieren? Die technologisch fortschrittlichen Gesellschaften sind auf der kollektiven Suche nach Geborgenheit und nach der Wiederherstellung der Verbindung mit jenen tiefen Wurzeln, die uns den Sinn des Lebens wieder erahnen lassen.

Fester Grund im rasenden Wechsel der Zeit

Viele esoterische religiöse Gruppen prophezeien, daß die schnellen Veränderungen und die Entfremdung von den sozialen Traditionen in dem Maße, in dem die Menschen ihre tiefe Verunsicherung erkennen, zu aufgeregter Hektik auf psychischem und spirituellem Gebiet führen werden. Von den 1990er Jahren ab wird diese Aufregung sich immer weiter ausbreiten und schließlich 75 Prozent der Menschen in den technisch hochentwickelten Gesellschaften erfassen. John White, der Autor des Buches *Pole Shift*[92], führt zum Beleg die Ansicht moderner Forscher an, die glauben, daß Naturkatastrophen und geophysikalische Verschiebungen (Erdbeben und so weiter) eine bedeutende Rolle bei der Auslösung dieser Hektik spielen werden. Die Jahre zwischen 1990 und 2010 sollen viele ungewöhnliche und bedeutende Veränderungen auf der Erde mit sich bringen.[93]

Die gegenwärtig zu beobachtende Zunahme der Erdbebenaktivität, die häufigen Wirbelstürme, Dürreperioden und ungewöhnlichen Wetterlagen stützen diese Vorhersage. Im Oktober 1989 erlebte ich, wie alle meine Klienten und Freunde, das Erdbeben in Kalifornien. Wir wohnen ganz nah an dem Epizentrum des Bebens bei Santa Cruz. In den drei Wochen, die auf das Hauptbeben folgten, erlebten wir Hunderte kleiner Nachbeben, von denen zwanzig über 4,0 Punkte auf der Richterskala erreichten. Die unberechenbare Natur des 7,1-Punkte-Bebens und seiner Nachbeben, ihre erschreckende Gewalt, der von ihnen ausgehende Verlust des Gefühls der Geborgenheit und der Verbindung mit der Erde sowie die Zerstörung von Haus, Hab und Gut führte bei der gesamten Bevölkerung zu immensen psychischen Belastungen. Es wurde zu einer biologischen Notwendigkeit, sich nach innen zu wenden, sich mit Angst, Leid und Wut auseinanderzusetzen und sich auf die Höhere Macht einzustimmen. Wir alle haben gelernt, daß unser Überleben – durch die Bewältigung des riesigen äußeren Chaos' – davon abhängt, daß jeder einzelne sein inneres Chaos bewältigt und seinen Frieden findet.

Die Störungen, die unsere Gemeinschaft im Gefolge des Erdbebens betroffen haben, können als Illustration der Hektik dienen, die von esoterischen Lehren vorausgesagt wurde. Angesichts einer Katastrophe stehen uns zwei Wege offen: Der eine läßt den Menschen durch den völligen psychischen Zusammenbruch auf eine niedrigere Stufe degenerieren, der andere führt zum Durchbruch, zur Stärkung unserer Ausrichtung auf die Höhere Macht und zur Auseinandersetzung mit den Inhalten unserer Psyche. Die Katastrophen sprengen den Weg frei, der zu den unbewußten Mächten führt – zu den hellen wie zu den dunklen.

Die Rettung vor dem inneren Chaos liegt einzig in der Suche nach der unerschütterlichen Stimme der Höheren Macht und in der Schaffung sozialer Gruppen, die uns wirksam bei der Bewältigung unseres inneren Aufruhrs helfen können. Viele unserer alten sozialen Traditionen bieten eine trügerische Sicherheit, weil die Wege, die sie weisen, nicht mehr gangbar sind. Sie erinnern uns nur noch an etwas, was früher einmal verläßlich war.

Wir müssen unterscheiden lernen zwischen »echter Geborgenheit« und »trügerischer Sicherheit«. Der Lehrer und Gelehrte William Lonsdale sagt:

> Trügerische Sicherheit entspringt aus dem tief verwurzelten Bedürfnis, etwas in der Welt zu besitzen, das so lange unverrückbar fest bleibt, daß es einem ein Gefühl des Wohlbefindens verleiht. Wertvoll ist, was dauerhaft, festgelegt, endgültig und vorhersagbar ist. (Und so war eben die Welt der

Erwachsenen in den zwanzig Jahren nach dem Zweiten Weltkrieg, denn alles, Volkswirtschaft, Verteidigung, Religion, Gesellschaft und Familie, schien unveränderlich festzustehen.) Das wird als verläßlicher Gegenpol gegen all die unzähligen Dinge rund um uns empfunden, die sich unaufhörlich verändern.

Echte Geborgenheit liegt in der Verwirklichung unserer Beziehung zu der Welt über uns und der Welt unter uns – also nicht nur dessen, was sich auf der horizontalen, sozialen Ebene abspielt. So müssen wir uns bemühen zu erkennen, daß wir ständig von innen heraus, von der Höheren Macht, geformt und gelenkt werden. Ebenso müssen wir aber auch erkennen, daß wir mit unseren Instinkten der Welt unter uns angehören: der Welt der ursprünglichen, fühlenden Intelligenz unseres Planeten. Diese vertikale Beziehung muß das Zentrum für eine Stabilität und Geborgenheit sein, die vom sozialen Chaos der Zeit nicht zerstört werden kann. Aus ihr entspringt ein umfassenderes Bewußtsein der Verbundenheit.

Die Geborgenheit hängt davon ab, daß wir die Beziehung nicht nur als Tatsache anerkennen, sondern unsere Handlungen mit ihr synchronisieren. Das Leben in echter Geborgenheit setzt eine *aktive* Beziehung voraus, während uns die trügerische Sicherheit gar nichts abverlangt. In dem alten System brauchen Sie nichts zu tun, nichts zu sein. Das einzige, was Sie in Systemen der trügerischen Sicherheit machen müssen, ist, sich Leute zu schnappen, die für Sie das tun, was Sie wollen. Das ist der Grund für die Wertschätzung von Geld und Besitz. Sie stellen keine Ansprüche. Sie müssen uns dienen. Bei der echten Geborgenheit müssen wir uns mit unserem Wesen auf die Dinge einstellen, die jenseits von uns sind und auf die, welche uns von unten her tragen, wenn wir wollen, daß sie uns zu Diensten sind. Es reicht nicht, immer nur sein Bierchen zu kippen und den lieben Gott einen guten Mann sein zu lassen. Sie müssen präsent sein. Es fällt Ihnen nichts in den Schoß.[94]

In der echten Geborgenheit finden wir in der unmittelbaren lebendigen Beziehung zur Höheren Macht und zur Erde als einem fühlenden Wesen zurück zu der Quelle des Sinnes.

Durch diese Beziehungen gewinnen wir unsere Moral zurück, die Wurzeln echter Führerschaft und die Vision vom Sinn unseres Lebens.

Wo sollen wir nach echter Geborgenheit suchen? Die herkömmlichen gesellschaftlichen und politischen Institutionen haben keine Anleitung zu bieten. Kein »Experte« kann uns unsere Aufgabe abnehmen. Nur wenige Fachleute sind der Aufgabe gewachsen, den Umwandlungsprozeß als sichere Führer zu begleiten. Es gibt ein paar Bücher, die weiterhelfen. (Vergleiche im Quellenteil zu diesem Kapitel die Liste von Quellenangaben zum Wandlungsprozeß.) Aber die eigentliche Arbeit muß in Ihnen selbst geleistet werden.

Wer nach »echter Geborgenheit« sucht, wird bei denen Rat finden, die im Verlauf ihres eigenen spirituellen Aufbruchs zu einer gewissen Weisheit gefunden haben. Diese Menschen trotzen dem Zusammenbruch der sozialen Traditionen durch die Schaffung neuer Formen im privaten und beruflichen Bereich. Sie machen sich die wechselseitige Befruchtung religiöser und medizinischer Praktiken aktiv zunutze. Sie begegnen der Beschleunigung des Informationsaustauschs in der heutigen Zeit dadurch, daß sie die Errungenschaften vieler Kulturen zur Förderung ihres eigenen Wohlbefindens nutzen. Echte Geborgenheit wird immer voraussetzen, daß wir flexibel und durchlässig sind und daß wir den Wert erkennen, der in anderen Methoden der Suche nach Sinn und Wohlbefinden liegt. Wenn wir uns aber starr an unsere eigenen sozialen Traditionen und unsere eigene Sicht der Realität klammern, wenn wir den Kontakt mit dem untergründigen Fluß der Lebensenergie verlieren, dann verfallen wir einer trügerischen Sicherheit.

Die wechselseitige Befruchtung von Ost und West

In den traditionellen buddhistischen Kulturen entspringt »echte Geborgenheit« daraus, daß der Mensch sich über den ständigen Fluß von Wechsel, Geburt und Tod erhebt. Besondere, manchmal an einem Totenbett abgehaltene Meditationen über den Tod sollen den Übenden auf seinem Weg in die Tiefe leiten. Bei der Konzentration auf diesen Meditationsgegenstand wird der ständige Wandel und Fluß des Lebens zu einer unleugbaren Realität. Mehr noch, es wird hierbei ganz klar, daß unser eigenes Leben sich in einem ständigen Wandlungsprozeß befindet, der zu der letzten Wandlung, dem Tod, führt. Das wurde mir in dem – im zweiten Kapitel geschilderten – Jahr unauslöschlich eingeprägt, als viele meiner Angehörigen starben, und dann noch einmal während des Erdbebens im Oktober 1989. In diesen Zeiten verhalf mir meine buddhistische Meditation zu einer gewissen inneren Stabilität. Was ich auch tat, immer bewegte mich innerlich die Frage: »Was bleibt übrig, wenn der Körper vergangen ist?« Die Frage trug mich auf eine transpersonale Ebene des Gewahrseins und des Wissens um die Gegenwart der Höheren Macht. Von diesem Standpunkt aus wurde es für mich wesentlich, mein Leben auf etwas anderes zu gründen als auf die launischen Wünsche des Egos oder auch die sozialen Strukturen (die ebenso leicht zusammenbrechen). Die Einsicht, daß »nur der Wandel Bestand hat«, weckte in mir, wie in vielen buddhistischen Übenden, den immer tieferen Wunsch, zu transpersonalen Bewußtseinsebenen vorzudringen.

Thich Nhat Hanh, ein vietnamesischer buddhistischer Mönch, Dichter und Erzieher, vermittelt dem Westen durch seine Bücher und Besinnungstage diese Weisheit. Er erzählt von der Zeit, da er als Neunzehnjähriger von einem älteren Mönch aufgefordert wurde, auf dem Friedhof über das Bild eines Toten zu meditieren. Er meinte damals, eine solche Meditation sollte älteren Mönchen vorbehalten bleiben. Aber heute versteht er, wie wichtig diese für die moderne Welt ist:

> »Seither habe ich viele Soldaten bewegungslos nebeneinander liegen sehen, einige von ihnen erst dreizehn, vierzehn oder fünfzehn Jahre alt. Sie waren auf den Tod nicht vorbereitet und nicht bereit dafür. Jetzt sehe ich, daß, wenn man nicht zu sterben weiß, auch kaum weiß, wie zu leben – denn der Tod ist ein Teil des Lebens . . .«
> »Nur jetzt können wir uns über Geburt und Tod erheben, nur jetzt lernen, wie wir leben und wie wir sterben können.«
> »(Die buddhistische Sutra der Achtsamkeit) sagt, daß die Bodhisattvas, die die Wirklichkeit von gegenseitiger Abhängigkeit erkannt haben, alle engen Sichtweisen durchbrochen

haben und in der Lage sind, Leben und Tod so zu nehmen wie jemand, der eine Fahrt in einem kleinen Boot unternimmt, ohne unterzugehen und ohne in den Wogen von Geburt und Tod zu ertrinken.«[95]

Immer mehr Menschen aus westlichen Kulturen finden spontan eigene Methoden, die schnellen Veränderungen zu verarbeiten, indem sie eine neue Lebensweise entwickeln, die dem Osten und dem Westen verpflichtet ist. Der sechzigjährige Isaac hat sein Leben in den letzten zwanzig Jahren durch Rückgriff auf östliche Techniken umgestaltet. Er hatte eine Ausbildung im Sinne des westlichen Wissenschaftsmodells genossen und wirkte jahrelang als praktischer Arzt auf dem Lande. Dann sah er durch Zufall einem bekannten Arzt bei einer Akupunkturbehandlung zu. Er wurde Zeuge, wie eine Hand, die zehn Jahre lang verkrampft und funktionsunfähig gewesen war, durch die Behandlung eines Akupunkturpunktes am gegenüberliegenden Bein wieder gebrauchstüchtig wurde. Diese und ähnliche Demonstrationen stellten sein Weltbild weitgehend in Frage und ließen ihn im persönlichen und beruflichen Bereich unsicher werden. Alles, was er für fest und unveränderlich gehalten hatte, war in Wirklichkeit in einem ständigen Prozeß des fließenden Wandels begriffen. Es war, als schwanke der Boden selbst, auf dem er stand.

Isaac war gezwungen, die Bedeutung der pranischen Energie im Körper zu akzeptieren – und anzuerkennen, daß wir bei direkter Einwirkung auf diese Energie wirksamer heilen können als mit vielen westlichen medizinischen Verfahren. Er änderte seine berufliche Ausrichtung und erwarb eine Lizenz als Akupunkteur. Isaac wollte auch mit seinem eigenen inneren Energiefluß in Beziehung treten, an den er früher keinen Gedanken verschwendet hatte. Zu diesem Zweck beschäftigte er sich mit Yoga und begann zu meditieren. Je tiefer er in seiner spirituellen Praxis kam, desto sensibler wurde er für sich und andere. Seine Lebensauffassung wurde umfassender, und er konnte sich besser in seine Patienten hineinfühlen. Obwohl es keinerlei Vorbilder gab, entwickelte er bei der Behandlung seiner Patienten einen Arbeitsstil, der sich auf Akupunktur, auf die westliche Medizin und seine eigene Empfindungsfähigkeit im Umgang mit dem Energiefluß im Körper stützte. Er ist jetzt ein gesuchter Lehrer. Persönlich fühlt er sich außergewöhnlich wohl.

Der Zusammenbruch der traditionellen Kulturen

Je mehr Elemente wir aus anderen Kulturen übernehmen, um so weniger identifizieren wir uns mit unseren eigenen Traditionen. So tragen wir zum Zusammenbruch unserer traditionellen Kultur bei. Dieser Zusammenbruch und das Bedürfnis »zu wissen, wie man lebt« wirkt sich am stärksten bei jungen Menschen aus, die eben erst anfangen, ein eigenes Selbstgefühl und ein Verbundenheitsgefühl mit ihrer Kultur zu entwickeln. Yukio ist ein achtundzwanzigjähriger Japaner. Er ist in einer Zeit zum Mann gereift, als in Japan große Veränderungen vor sich gingen. Sein Leben zeigt beispielhaft den Zusammenbruch der alten japanischen Tradition und die Schwierigkeit, sich von der trügerischen Sicherheit zu lösen und echte Geborgenheit zu finden.

> Vor 1979 war es selbstverständlich, daß man nach dem College-Abschluß in eine Firma eintrat. Es war unmöglich, diese Firma später zu verlassen oder eine andere Stelle anzunehmen. Für die Männer war der soziale Druck besonders stark; er verlangte, daß sie an ihrem Platz blieben. Seit 1979 sind die Japaner reicher geworden – wie die Amerikaner in den 1950er Jahren. Viele Leute können sich ein großes Auto und allen möglichen Luxus leisten. Sie haben es geschafft: ihr Lebensstil kann sich sehen lassen. Die Japaner waren auch gezwungen, sich dem Einfluß anderer Länder, anderer Kulturen zu öffnen. Die Frauen wagen sich mehr heraus als früher, drängen auf Veränderungen und wollen mehr Verantwortung für ihr Leben übernehmen.

Japan war das erste östliche Land, das sich nicht nur die postindustrielle Technologie zu eigen gemacht, sondern auch den Weg ins Computerzeitalter beschritten hat; damit hat es die ganze Komplexität einer modernen, schnellebigen, wettbewerbsorientierten, reichen Kultur übernommen, die weltweit mit den anderen Ländern um wirtschaftliche Vorherrschaft kämpft. Die traditionellen Formen verlieren an Bedeutung in einem Land, das anfängt, sich voll und ganz an den Prozessen der Weltwirtschaft zu beteiligen; ein unvermeidlicher Vorgang. Dieser Wandel wirkt sich unweigerlich auch auf die jüngere Generation und ihre Lebenseinstellung aus. Yukio fährt fort:

> 1983 war ich zweiundzwanzig. Wie meine Freunde besuchte ich das College. Dann verließ ich die vorgezeichnete Bahn. Ich trat nicht in eine Firma ein. Ich arbeitete halbtags in einer Cafeteria. Die übrige Zeit dachte ich über mein Leben nach. Ich war voller Ängste. Ich besaß keine Identität. Nirgendwo paßte ich hinein.
>
> Es gab niemanden, der mir damals wirklich weitergeholfen hätte. Zur Therapie konnte ich nicht gehen, um Hilfe bei der Suche nach einer Lebensaufgabe zu finden. In Japan gibt es keine Therapeuten. Es gibt wohl Psychiater, aber wenn man zum Psychiater geht, denken die Leute, man wäre verrückt. Meine Eltern unterstützten mich, hielten mich aber gleichzeitig für faul. Ich hatte keine Verbindung zu einer Religion oder einem spirituellen Lehrer. Ich wollte weg von Japan – um nach einer neuen Orientierung für mein Leben zu suchen.

Die traditionellen Formen hatten für Yukio keine Bedeutung mehr. Das gilt in zunehmendem Maße für junge Leute in postindustriellen Gesellschaften. Diese Menschen machen sich allmählich klar, daß es in ihrem Leben nicht um das schiere Überleben oder um die Fortführung von Traditionen geht, sondern darum, in einer sich schnell wandelnden Welt, in der viele alte Konventionen überholt sind, einen Sinn zu suchen. Unweigerlich taucht die Frage auf: »Was gibt meinem Leben Sinn und Halt?« Yukio sagte:

> Schließlich ging ich in die Vereinigten Staaten und studierte Religionsanthropologie. Ich war sehr fleißig und bekam die besten Noten. Ich fing auch an, nach dem Sinn des Lebens und des Todes zu fragen. Ich wollte Antworten auf diese wichtigen Fragen finden; die wissenschaftliche Arbeit oder die Arbeit in einer Firma genügten mir nicht.
>
> Als ich zwei Jahre später nach Japan zurückkehrte, brach ich

körperlich und seelisch zusammen. Medizinisch ließ sich nichts feststellen; ich brauchte einfach Schlaf und noch einmal Schlaf – etwa ein Jahr lang. Für Beziehungen, für Studium und Arbeit war einfach keine Energie da. In meinem Kopf schien nichts als Dunkelheit zu sein.

Yukio überwand seinen Zustand erst, als er Shin kennenlernte, einen Japaner, dem es gelungen war, sich von den starren Erwartungen des traditionellen japanischen Gesellschaftssystems zu lösen. Yukio war von Shin, der seinen eigenen Weg weitab vom Üblichen gefunden hatte, beeindruckt. Shin schien sein wahres Selbst gefunden und so den ganzen Kontext seines Lebens verändert zu haben. In der Folge entdeckte Yukio Methoden, sich durch verschiedene Arten von Meditation und durch aus vielen Kulturen stammende Bewegungsübungen mit seinem innersten Selbst in Verbindung zu setzen. Das half ihm, seine Beziehung zur Höheren Macht zu pflegen.

Heute hat Yukio die starren Grenzen der nationalen Identität hinter sich gelassen. Er hat seinen inneren Frieden gefunden als ein Mensch im Wandel auf einem sich wandelnden Planeten. Er hat Mittel gefunden, mit seinen dunklen Seiten so umzugehen, daß sie ihn nicht mehr überwältigen. Er genießt gleichermaßen die japanische und die amerikanische Kultur. Besonders inspiriert ihn die taoistische Philosophie. Er lebt in Amerika und macht eine Ausbildung als transpersonaler Berater in einer Klinik. Er will sein Wissen an andere weitergeben, die nach dem spirituellen Erwachen streben.

Wie steht es um die Jugendlichen und die jungen Erwachsenen in Amerika? Alle, die nach 1965 geboren sind, wurden ebenfalls in eine sich schnell verändernde Welt hineingestellt. Welche Fähigkeiten brauchen diese jungen Menschen, um in dem Land, wie es heute ist, zurechtzukommen?

Welchen Rollenvorbildern eifert unsere Jugend nach? Die politischen Führer der Welt verdienen sicherlich nicht unbedingt ihr Vertrauen. Der Terrorismus trieb und treibt noch immer grausige Blüten und ist zum Mittel internationaler Politik geworden: Man erinnere sich nur an die Morde bei den Olympischen Spielen von 1972 in München, an Flugzeugentführungen und Geiselnahmen. Auch der Drogenhandel eskaliert weiter, nicht nur an den Schulen, und unterminiert, alle

Bereiche der Kultur erfassend, die Autorität der gesellschaftlichen Traditionen. Durch den zunehmenden Zusammenbruch der Familie (vergleiche das siebte Kapitel) haben immer weniger Kinder dauerhafte Beziehungen zu ihren Eltern und erst recht nicht zu weitläufigeren Verwandten, an denen sie sich normalerweise orientieren könnten.

Die Ordnung wurde bisher gewöhnlich durch unsere finanzielle oder religiöse Autorität garantiert. Können wir uns noch auf sie verlassen? Wir sind nicht mehr die finanzielle Weltmacht von früher. In der Weltwirtschaft sind wir nur noch ein Land unter vielen. Unsere finanzielle Lebensfähigkeit ist mit dem Schicksal anderer Länder verflochten. Unsere Wirtschaft wird entscheidend beeinflußt von den Preissteigerungen des Ölkartells, den Schulden der Länder der Dritten Welt und dem Entstehen neuer Industriemächte in den Anrainerstaaten des Pazifik. Auch die religiösen Autoritäten werden immer mehr in Frage gestellt. Der Papst und die katholische Geistlichkeit sind wegen ihrer Haltung zur Abtreibung, zur Geburtenkontrolle, zur Homosexualität und zur Frauenordination lautstarker Kritik ausgesetzt. Aber auch die Haltung der evangelischen Kirchen bietet häufig genug Anlaß zu Diskussionen.

Wo findet der junge Mensch echte Geborgenheit? Wo moralische Werte? Wo und wie soll er seine Fähigkeit entwickeln, sein eigenes Leben in die Hand zu nehmen und seinen Platz in der Welt zu finden? Die Beliebtheit anderer religiöser Gemeinschaften erklärt sich daraus, daß sie einen Ausgleich für die mangelnde Führungsfähigkeit und den unklaren Kurs der politischen und religiösen Führer sowie die finanzielle Unsicherheit versprechen. Die offizielle Kultur ist weitgehend vom Fernsehen geprägt. Der Niedergang der protestantischen Kirchen alten Stils, die einst das moralische und geistige Ethos des Landes definiert hatten, begann in den 1960er Jahren und führte bis heute zu einem Mitgliederschwund von 25 Prozent.[96] »Wir erleben im Augenblick eine Reaktion gegen die Modernität,« sagt Richard Mouw vom Fuller Theological Seminary. »Statt dessen haben wir Magie, Okkultismus und New Age.« Das ist das Milieu, dem Galen, die Sechzehnjährige aus dem dritten Kapitel, ausgesetzt war, die zur Beratung kam, weil sie mit Besessenheit und mit unheimlichen parapsychischen Phänomenen zu kämpfen hatte.

Diese jungen Menschen suchen mehr. Sie suchen wie Yukio nach Rollenvorbildern, die ihnen unabhängig von den gesellschaftlichen Konventionen, die in ihrer gesamten Struktur veraltet sein können, zu ihrer eigenen Authentizität, ihrer eigenen Stärke verhelfen können. Hier werden sie eine von innen begründete Autorität und schließlich auch ihren Platz in der Welt finden.

Es kann schwierig sein, mit Erwachsenen, die als Rollenvorbilder für junge Menschen in Frage kommen, in Kontakt zu treten. Sie gehören im allgemeinen nicht der vorherrschenden kulturellen Strömung an. Bücher und Artikel können Anhaltspunkte geben. Der Schriftsteller und Lehrer John White schlägt in seinem Artikel »Liberation Literature« (Literatur zur Befreiung) ein Seminar für junge Menschen über die Literatur des spirituellen Aufbruchs vor. [97] Auch die Literaturangaben zu den einschlägigen Kapiteln dieses Buches können weiterhelfen. Zwei Organisationen, die landesweit an vielen Orten Schulungen anbieten, die jungen Menschen helfen sollen, ihre Beziehung zur Erde und zu ihren eigenen inneren Quellen durch Überlebenstraining zu vertiefen, sind National Outdoor Leadership School und Outward Bond. Innovative Einrichtungen wie die Nizhoni School for Global Consciousness in Galisteo, New Mexico, haben Schulungsprogramme für junge Menschen entwickelt, die ihnen Methoden zum spirituellen Aufbruch und zum hegenden Umgang mit der Natur an die Hand geben. Kontaktadressen für diese Programme finden sich im Quellenteil am Ende des Buches.

Wenn es auch schwierig sein mag, Rollenvorbilder zu finden, so gibt es doch Menschen, die ein gewisses Maß an echter Geborgenheit erreicht haben, und die unserer Jugend wohl von Zeit zu Zeit zur Verfügung stehen werden. Solche Menschen sind eine Quelle echter Inspiration, wie es Shin für Yukio war. Durch ihre lebendige Demonstration eines aus dem wahren Selbst, jenseits des Egos, schöpfenden Lebens regen sie das Denken an. Solche Menschen gehören zu der »Kultur der Weisheit«, auf die weiter unten in diesem Kapitel näher eingegangen wird.

Die einzigen Autoritäten, die Menschen aller Altersstufen in der heutigen Welt ständig zur Verfügung stehen, weil sie immer präsent sind, sind die Energie der Höheren Macht und der

Erde selbst. Dem Zusammenbruch nationaler und familiärer Grenzen läßt sich am besten begegnen, indem man die Beziehung zu diesen höheren Mächten pflegt. Die beste Methode, Standfestigkeit zu erreichen, ist das Streben nach Verwurzelung in einer tiefen Verpflichtung für die Erde, die in dem Gefühl der Zugehörigkeit zur Erde gründet. Der einzige Weg zu Geborgenheit und Weisheit liegt letztlich in der Bemühung, in einem globalen Bewußtsein zwischen diesen beiden Polen der Welten des Oben und Unten den Ausgleich zu finden. Der Übergang zu diesem Bewußtsein ist für alle Menschen auf dieser Erde eine wesentliche Etappe im Prozeß des spirituellen Aufbruchs.

Globales Bewußtsein

> Seit meiner Geburt liebe ich den Himmel. Als ich fliegen konnte, wollte ich immer höher hinauf, wollte in den Weltraum fliegen und ein »Mann der Höhe« werden. Während der acht Tage, die ich im Weltraum war, wurde mir klar, daß die Menschheit die Höhe vor allem braucht, um unsere geschundene Erde besser kennenzulernen, um zu sehen, was man aus der Nähe nicht wahrnimmt. Nicht nur, um ihre Schönheit zu lieben, sondern auch um dafür zu sorgen, daß wir der Welt der Natur auch nicht den geringsten Schaden zufügen.
>
> Pham Tuan,
> ein Vietnamese, der 1980 im Weltraum war[98]

Globales Bewußtsein besteht darin, anzuerkennen, daß jeder Mensch ein lebendiger Teil von einem größeren fühlenden Wesen – der Erde – ist, das sich ständig von innen heraus wandelt. Es besteht darin, sich bewußt zu werden, daß diese Erde eine winzige Perle in der Kette des Universums ist, eines sich ständig wandelnden, nicht vorausberechenbaren, mit universaler Energie geladenen Weltalls. Unser gedankenloses Konsumverhalten setzt die Erde ständigen Belastungen aus, so daß sie im Begriff ist, ihre Hülle aus sauerstoffspendenden Bäumen und die Schutzschicht, die sie vor den sengenden ultravioletten Strahlen bewahrt, zu verlieren.

»Auf der subtilen Ebene«, sagt Reverend Joseph Martines,

ein bekannter philippinischer Heiler, »wirft die Erde heute die Schleier ab, die sie vom direkten Kontakt mit kosmischen Energien abgeschirmt haben.«[99] Aus esoterischer Sicht betrachtet, besteht globales Bewußtsein darin, zu erkennen, daß alles Leben auf der Erde im Begriff ist, mit universalen Energien aufgeladen zu werden, die das spirituelle Wachstum des gesamten Globus und all seiner menschlichen Bewohner beschleunigt. Das könnte der Grund für das wachsende Interesse am spirituellen Aufbruch sein. Es ist denkbar, daß auch die Erde in einem Entwicklungsprozeß begriffen ist – also selbst einen spirituellen Aufbruch erlebt – und die Grenzen aufhebt, die sie bisher von der Verschmelzung mit den höchsten spirituellen Energien des Universums getrennt haben.

Neue wissenschaftliche Erkenntnisse lassen den Gedanken plausibel erscheinen, daß »der Planet Erde ein eigenständiger lebender Organismus ist und daß wir als Glied dieses Planeten nur Leben *innerhalb* des Lebens sind. Sowie die Erde all ihre Glieder hervorbringt und erneuert, so auch die dichte atmosphärische Grenzschicht, durch die sie mit ihrer Umgebung in energetischem Austausch steht«.[100] Das ist die sogenannte *Gaia-Hypothese* (nach dem griechischen Wort für die Erde als Mutter aller Dinge). Näheres zum Ursprung dieser Hypothese kann in den Werken von Sahtouris, Lovelock und Margulis nachgelesen werden, die im Quellenteil am Ende des Buches genannt werden.

Und jetzt denken Sie einmal an all das, was wir dieser Mutter antun, deren Teil wir sind. Wir bohren Löcher hinein, um aus ihrem Inneren Mineralien, Gas und Erdöl zu gewinnen – als seien ihre Vorräte unerschöpflich. Wir vergiften ihre Gewässer und ihre Luft mit Giftstoffen. Sogar ihre Atmosphäre wird immer stärker verunreinigt. Wir plündern ihre Bäume und Dschungel und untergraben so zunehmend ihre Fähigkeit, uns mit frischer Luft zu versorgen. Wir amputieren Ökosysteme, die ganze Lebensgattungen erhalten. Wir reißen Löcher in die Ozonschicht, die alles Leben vor ultravioletter Strahlung schützt.

Sind die ungewöhnlichen Dürre- und Flutkatastrophen, die Erdbeben, die Vulkanausbrüche, die klimatischen Veränderungen und die übrigen Naturkatastrophen die Sprache, in der Gaia ihren Kindern bedeuten will, von der Verschmutzung und wahllosen Plünderung ihres Körpers abzulassen? Ist es der Schrei, der sich ihr in höchster körperlicher Qual entringt: »Wacht auf, wacht auf«? Wird ihre körperliche Not (und das seelische und geistige Elend, das wir als Zellen ihres Körpers erdulden) für uns zum Weckruf?

Früher verehrte man die Erde als Göttin, als eine Macht, die dem sterblichen Menschen an Intelligenz überlegen war. Heute ist es an der Zeit, uns wieder auf diese Verehrung zu besinnen. Es ist für uns wichtig, daß wir sie aktiv als das behandeln, was sie ist: unsere Mutter. Und es ist wichtig, die Tatsache zu respektieren, daß ihre Ressourcen nicht unerschöpflich sind. Angesichts all der Dinge, die wir ihr antun, ist sie nicht in der Lage, ihr Gleichgewicht und ihre Gesundheit auf die Dauer aufrechtzuerhalten. Der Wissenschaftler und Theoretiker James Lovelock schreibt:

> Durch den Kreislauf der Elemente und die Kontrolle des Klimas interagiert das Individuum mit Gaia, so wie die Zelle mit dem Körper interagiert. Eine eher spirituelle Wechselwirkung entsteht durch unser Staunen über die Welt der Natur und durch das Bewußtsein, dem Ganzen als ein Teil anzugehören. In mancher Hinsicht ähnelt diese Wechselwirkung der engen Verquickung zwischen dem körperlichen und dem geistigen Zustand des Menschen. Eine weitere Verbindung besteht durch die gewaltigen Infrastrukturen der menschlichen Kommunikation und des Güter- und Warenverkehrs. Bevor der Mensch auftrat, haben alle Lebewesen zusammengenommen nicht so große Mengen gewisser Materialien auf der Erde hin- und hergeschoben wie wir heute. Unser Geplapper ist so laut, daß es bis in die Tiefen des Universums hinein vernehmbar ist.[101]

Der Raubbau an der Regenerationsfähigkeit der Erde und an ihren nicht nachwachsenden Ressourcen läßt sich auf keine Weise rechtfertigen. Es ist einfach Selbstmord. Wir müssen einen Weg finden, uns auf unsere Liebe zur Erde und unsere enge gegenseitige Verbindung mit ihr zu besinnen und sie mit Leben zu erfüllen. Das kann nur gelingen, wenn wir uns nach innen wenden.

Viele indianische Kulturen bedienen sich der Reinigungszeremonie, um ihre verwandtschaftliche Verbindung mit »Der großen Mutter«, der Erde, zu erneuern. Sie errichten eine kleine Hütte, die mit Decken und Zeltplanen so dicht verschlossen wird, daß kein Licht eindringt. In der Mitte befindet sich eine Mulde für im Feuer erhitzte Steine. Wenn die Teilnehmer der Zeremonie sich in der Hütte versammelt haben, werden die Steine hereingebracht, und die Tür wird geschlossen. Die Hitze und Dunkelheit verlangen, daß man sich dem Geschehen vollkommen hingibt. In dieser »Schwitzhütte« befinden wir uns symbolisch wieder im Schoß unserer Mutter Erde, wo wir mit unseren Brüdern und Schwestern in Sicherheit sind. Zusammen mit Angst, Wut und verdrängten Gefühlen lockt die Hitze das Bewußtsein hervor, daß wir diesen Körper und diese Gefühle nur für kurze Zeit besitzen. Nacheinander läßt jeder der Teilnehmer los und betet um die Hilfe, die er auf der spirituellen Ebene braucht, um seinem innersten Seelenzweck gerecht zu werden. Wir spüren, wie sehr wir auf die »Göttin Erde« angewiesen sind. Wir spüren, wie sehr wir uns danach sehnen, das Ziel zu verwirklichen, das Gott im Auge hatte, als er uns auf die Erde schickte: zu herrlichen, schönen Menschen zu werden. Wir beleben unseren Wunsch neu, die Erde und alles fühlende Leben zu hegen und zu pflegen.

Wie die Hitze und Dunkelheit in der Schwitzhütte löst auch die Krise der Erde einen Bewußtseinswandel aus. Wir sind gezwungen, uns der Kostbarkeit des Lebens und unserer doppelten Verbindung mit der Erde und der Höheren Macht bewußt zu werden. Der Selbsterhaltungstrieb, der uns in unserer biologischen Anlage mitgegeben ist, bedingt tief innen ein direktes Wissen um die Tatsache, daß wir der Krise nur wirksam begegnen können, wenn wir zu transpersonalen Bewußtseinsebenen fortschreiten. Nur in diesen Bereichen kommen wir an die Kraft heran, die uns zur Gesundheit, zum Weltfrieden und zu einer schöpferischen Lösung unserer Probleme verhelfen wird. Dort werden wir uns ein subtileres Glück erschaffen, das nicht mit dem Unglück Gaias erkauft ist. Die Schleier, die uns vor der Kommunikation mit dem übrigen Universum bewahrt haben, sind im Fallen. Langsam dämmert uns, daß wir Bürger einer Welt sind, die weit größer ist als wir uns jemals vorgestellt haben.

Die Kultur der Weisheit

Ist der Geist des Menschen ein anderer,
Oder ist der Fels,
Der sich tief in den Wassern der Seele verbirgt,
Zum Vorschein gekommen?

Robinson Jeffers, »Nacht«

Die Menschen, die auf die Krise der Welt dadurch reagieren, daß sie sich auf den Weg des spirituellen Aufbruchs begeben, schaffen eine neue Kultur, die Kultur der Weisheit. Viele von ihnen stehen wie Isaac in mittleren Jahren und nähern sich dem Alter. Sie haben sich der Selbst-Verwirklichung verschrieben. Sie haben eine feste Identität errungen und übernehmen die Verantwortung für ihr eigenes Leben. Sie leben auf der subtilen Ebene und wachsen der kausalen und der Atman-Ebene entgegen; dadurch haben sie die »immerwährende Weisheit« verwirklicht. Diese Menschen sind in ihrem Sein und Bewußtsein »globaler«, kosmopolitischer, weniger auf lokale, staatliche oder nationale Grenzen beschränkt, und identifizieren sich mehr mit der Aufgabe der Erhaltung dieses Planeten als Ganzes. Ihr Motto ist »Global denken, lokal handeln«. Solche Leute realisieren – im doppelten Sinne des Wortes – ihre seelische Verbindung mit anderen und ihren eigenen Seelenzweck. Es sind Seelen, die die Identifizierung mit persönlichen Wünschen hinter sich gelassen haben. Sie arbeiten an der Evolution und stellen daher Weisheit über Hab und Gut. Sie treibt das Mitgefühl und der Wunsch, anderen Menschen zu dienen – wie wir an den Beispielen in diesem Buch gesehen haben. Das sind die Menschen, die jenen, die noch mit ihrer persönlichen Dunkelheit zu kämpfen haben, Beistand, Perspektive und Lebensmut geben können. Sie hören den Schrei aus der Seele der Menschen, die nach echter Orientierung suchen und sich für die Aufgaben in der sich wandelnden Welt rüsten wollen, und sind bereit zu helfen.

Die Angehörigen dessen, was ich die Kultur der Weisheit nenne, haben ihren Frieden mit der oberen und der unteren Welt gemacht. Sie besitzen die Mittel, um ihr Erwachen fortzusetzen und können sich jetzt besser auf jene einstellen, die eben erst aufwachen. Sie gründen Schulen mit neuen Lehrplänen, richten Schulungsseminare, mit alternativen Heilmethoden arbeitende Krankenhäuser und Gemeinschaftsprojekte zur Förderung von Gemeinsamkeit und Wohlbefinden ein. Ihre Arbeit macht sich von Tag zu Tag immer mehr bemerkbar.

Während diese Kultur der Weisheit anbricht, wird Amerika immer älter. Die Amerikaner leben länger, und die ältere Generation ist gesünder, vitaler und einflußreicher als es je eine alte Generation in der amerikanischen Geschichte gewesen ist. Vor zehn Jahren sank die Geburtenrate in den Vereinigten Staaten auf einen absoluten Tiefpunkt. Seitdem hält sie sich in etwa auf dem gleichen Niveau, und eine Änderung ist nicht wahrscheinlich.[102] Die große Zunahme bei den Senioren hat keine Entsprechung durch eine ähnliche Explosion bei den Kindern. Das Population Reference Bureau, eine nicht kommerzielle demographische Arbeitsgruppe in Washington, hat errechnet, daß in Amerika die über Fünfundsechzigjährigen die Teenager im Jahre 2025 im Verhältnis von mehr als zwei zu eins eingeholt haben werden. Nach den Berechnungen des Statistischen Bundesamtes wird das Durchschnittsalter im Jahre 2030 bei einundvierzig Jahren liegen.[103] Infolge der Fortschritte in der Wiederbelebungstechnik werden immer mehr von diesen Menschen Nahtoderfahrungen und das mit diesen einhergehende spirituelle Erwachen erleben.

Monsignore Charles Fahey, ein bekannter religiöser Führer und Gerontologe, hat die Vermutung geäußert, daß die fortgeschrittenen Lebensjahre die Chance für gesteigerte Achtsamkeit und persönliches Wachstum in sich tragen. »Wir wissen, daß der allgemeine Gesundheitszustand mit den Jahren auch bei größter Anstrengung und Pflege nachläßt. Könnte es nicht sein, daß, während die Sinne schwächer werden, die Kraft des Verstandes, des Herzens und des Geistes zunimmt?«[104] Erik Erikson (ein Psychologe, der durch seine Begriffsdefinition für die verschiedenen Lebensstadien bekannt geworden ist) spricht auch davon, daß das fortgeschrittene Alter die Zeit ist, in der es von Natur aus darum geht, die losen Enden des Lebens zusammenzufügen und persönliche Ganzheit und Weisheit zu erlangen. Dieser spätere Lebensabschnitt mit seinem Weniger an Hast und seinem Mehr an Reflexion erlaubt die Pflege des inneren Lebens des Intellekts, des Gedächtnisses und der Phantasie, die Entwicklung emotionaler Reife und des persönlichen Gefühls der spirituellen Identität. Es ist die Zeit, in der das Individuum der Gesellschaft die Lehren, die Schätze und Erfahrungen zurückgibt, die es über ein ganzes Leben hinweg angesammelt hat.[105] In dem Maße, in dem ein immer größerer Anteil unserer Bevölkerung sich auf diese Suche nach Ganzheit konzentriert, müßte auch mehr Weisheit in Umlauf sein, die denen zur Verfügung steht, deren Erwachen eben erst anhebt. Während mehr Menschen älter werden und länger älter bleiben, könnte eine auf Weisheit gegründete Kultur entstehen und die jugendorientierte Gesellschaft der fünfziger und sechziger Jahre ersetzen.

Während die nach dem Zweiten Weltkrieg geborene Generation die Vierziger erreicht, kommt mit Diät und Gymnastik eine modische Gesundheitskultur daher. Der Moment ist gekommen, in dem die Kultur der Weisheit eine bedeutendere Stellung einnehmen könnte - denn immer mehr Menschen verwenden ihre gesteigerte Energie darauf, ihr Wohlbefinden im mittleren und hohen Alter zu erhalten.

Was hat die Kultur der Weisheit mit dem spirituellen Erwachen zu tun? Die Angehörigen der Kultur der Weisheit sind von Natur aus dazu ausersehen, Menschen in spirituellen Notlagen zu helfen. Sie können als Rollenvorbilder dienen. Sie sind persönlich mit der Reiseroute vertraut und kennen die Landschaft des spirituellen Aufbruchs. Im Gegensatz zu denen, die sich nicht auf den Prozeß des Erwachens eingelassen haben, haben sie keine Angst vor den dabei auftretenden Phänomenen. Besonders jene Angehörigen der Kultur der Weisheit, die schon im Rentenalter sind, haben Zeit, sich um Menschen zu kümmern, die rund um die Uhr betreut werden müssen.

24-Stunden-Betreuung für Menschen in spirituellen Notlagen: Modelle zur weltweiten Anwendung

Die regionalen Beauftragten des *Spiritual Emergence Network* unterhalten Büros an vierzig Orten rund um die Welt. (Ihre aktuellen Adressen und Telefonnummern sind über das Hauptbüro des *Spiritual Emergence Network* in Menlo Park erhältlich.) Wie das Hauptbüro bieten sie keine telefonische Krisenberatung an, sondern dienen als Kontaktstelle zur Weitervermittlung an Fachkräfte in der jeweiligen Gegend. Manche Beauftragte bieten auch Ausbildungsvorträge, -seminare und -tagungen zur Thematik des spirituellen Zusammenbruchs an. Die Regionalbeauftragten erhalten vom Hauptbüro des SEN in Menlo Park auch Lehrmaterialien und Verhaltensmaßregeln, sind aber nicht verpflichtet, sich nach ihnen zu richten. In manchen Fällen bemühen sich die Beauftragten intensiv um die Organisation eines Vierundzwanzig-Stunden-Dienstes für Menschen in spirituellen Krisen, für die die konventionelle Krankenhausbehandlung unzulänglich ist. Derartige ambulante Programme sind inzwischen auch in einigen europäischen Staaten eingerichtet worden. (Adressen von deutschsprachigen Ansprechpartnern finden Sie ab Seite 334.)

Im folgenden werden einige Modelle zur Betreuung von Menschen in spirituellen Krisen geschildert, die rund um die Uhr betreut werden müssen. Am günstigsten ist es, wenn Menschen in spirituellen Krisen in einem familienähnlichen Rahmen von qualifizierten Helfern betreut werden. Für eine solche Betreuung werden gegenwärtig drei Modelle angewandt, die auf verschiedenartige Gemeinschaften hin abgewandelt werden können. Das erste ist ein großes familiäres Heim, in dem Menschen in der Krise so betreut werden, als wären sie ein Mitglied der Familie. Nach dem zweiten Modell bleibt der von der Krise Betroffene zu Hause, während eine Gruppe von Helfern sich nach dem Rotationsprinzip in der Betreuung abwechselt. Nach dem dritten Modell geschieht die Betreuung in einem Krankenhaus, in dem eine Station eigens für Menschen in spirituellen Krisen eingerichtet ist.

In meinem *Sourcebook for Helping People in Spiritual Emergency* sind die Voraussetzungen, die ein Helfer mitbringen sollte, definiert. Dazu gehören im wesentlichen: ein offenes Herz, die Erfahrung mit der Integration spiritueller Erfahrungen in den Alltag, Vertrautheit mit dem eigenen Unbewußten, Erdverbundenheit, emotionale Stabilität und Wendigkeit. Auch klinische Qualifikationen sind wichtig: die Fähigkeit, eine Psychose als solche zu erkennen und sich von Menschen in extremen psychischen Zuständen nicht aus dem Konzept bringen zu lassen sowie Erfahrung mit psychotherapeutischen Methoden im Umgang mit Menschen in außergewöhnlichen Zuständen.

Das Spiritual Emergence Network in Menlo Park in Kalifornien bietet eine Ausbildung zum Umgang mit Menschen in spirituellen Notlagen an (vgl. den Quellenteil am Ende des Buches).

Die wesentliche Aufgabe des Helfers besteht darin, einen bestimmten *Seinszustand* aufrechtzuerhalten. Es ist ein Zustand jenseits der herkömmlichen Modelle, bei denen der Mensch, der Hilfe braucht, als schwächer gilt als der Helfer. Richard Gorman und Ram Dass haben das so ausgedrückt:

> Die gängigsten Vorstellungen, die wir von der eigenen Rolle haben – Vater und Tochter, Arzt und Patient, »Helfer« und »Hilfsbedürftiger« – erweisen sich oft als schweres Hindernis, wenn es gilt, unserem angeborenen Instinkt in der Sorge um einen anderen Menschen Ausdruck zu geben; sie verhindern, daß wir einander die Fülle dessen zuteil werden lassen, was wir eigentlich geben könnten. Aber wenn wir den Durchbruch schaffen und uns im Geiste jenseits allen Getrenntseins begegnen, erleben wir tiefe Momente der Gemeinsamkeit. Diese wiederum öffnen uns den Zugang zu immer tieferen Schichten der Hochherzigkeit und der liebevollen Zuwendung. Wahres Mitgefühl erwächst aus der Einheit.[106]

Das Modell der Familiengruppe: Dieses Modell stammt aus traditionellen Kulturen, denen das Phänomen des spirituellen Zusammenbruchs bekannt war. Viele alte Kulturen haben eigene Methoden zum Umgang mit dem Prozeß des spirituellen Aufbruchs entwickelt. In Tibet zum Beispiel ließ man den Betreffenden zu Hause. Er oder sie wurde von den Haushaltspflichten entbunden, durfte sich zurückziehen und nach Belieben am Familienleben teilnehmen oder nicht. Die für eine spirituelle Krise typische Desorientierung wurde als Teil der Erfahrung angesehen und galt nicht als pathologisches Symptom. Als Begleiter in der Familie und der örtlichen Gemeinschaft standen Menschen zur Verfügung, die den gleichen Prozeß durchgemacht und das Erlebnis integriert hatten. An ihnen konnte sich der in der Krise nach Orientierung Suchende festhalten. Die Krise wurde als der Versuch anerkannt, eine Brücke zu einer tieferen Schicht der Weisheit und des Mitgefühls zu schlagen.

Dieses Modell lag mehreren Versuchen unter unseren kulturellen Bedingungen unter der Supervision von Dr. John Weir Perry, Dr. Lauren Mosher und der Sozialarbeiterin Alma Menn zugrunde. Ein solcher Versuch mit Psychotikern im ersten Schub war Soteria House. Ein großes älteres Haus in San Francisco wurde als Heim zur Betreuung von sechs Personen eingerichtet. Zwei Betreuer waren ständig anwesend, dazu normalerweise ein oder zwei freiwillige Helfer. Insgesamt gab es neben dem Projektleiter und einem mit einem Viertel seiner Arbeitszeit für das Projekt zuständigen Psychiater sechs bezahlte Mitarbeiter. Diese intime Gruppenatmosphäre war eine gute Voraussetzung dafür, daß die Bewohner mit der neuen Umgebung vertraut wurden, sich in ihr wohl fühlten und sie als eine Art Ersatzfamilie annahmen. Da die Gruppe so klein war, konnten die Organisation und die Regeln zum Umgang mit ausagierenden Bewohnern flexibler gehalten werden. Mitarbeiter und Bewohner waren gemeinsam für den Haushalt, fürs Kochen und Saubermachen zuständig. Das Hauptaugenmerk lag auf Wachstum, Entwicklung und Lernen – im Unterschied zur »Behandlung« oder »Heilung«. Medikamente standen zur Verfügung, wurden aber nicht routinemäßig verwendet.[107]

Soteria House arbeitete mit beachtlichem Erfolg als alternative Behandlungsstätte für Schizophrene im ersten Schub, erhielt aber nicht genügend staatliche Unterstützung, um die Arbeit fortsetzen zu können. Psychopharmaka wurden kaum je einmal verwendet. Nach der Betreuung in Soteria House gelang es den Bewohnern leichter, sich in die Bedingungen einer Arbeit, einer Wohnung oder einer Freundschaft hineinzufinden als anderen, die in der üblichen Krankenhausumgebung mit Medikamenten behandelt worden waren. Die Kosten für diese »Betreuung« in der Mitte der 1970er Jahre hielten sich mit den Behandlungskosten bei Psychotikern in der normalen Krankenhausumgebung die Waage.

Ein ähnlicher am Modell der Familie orientierter therapeutischer Rahmen ist auf der Pocket Ranch bei Headsburg in Kalifornien eingerichtet worden. Unter der Supervision der Ehe-, Familien- und Kindertherapeutin Barbara Findeisen werden hier Menschen in der Krise ganztägig von mit im Haus wohnenden Beratern betreut, wozu auch intensive Psychotherapie gehört. Die Betreuer auf der Pocket Ranch sind auf die

Möglichkeit eingestellt, daß es sich bei psychischen Krisen um Entwicklungsschübe handeln könnte und arbeiten mit ihren Klienten im Rahmen des transpersonalen Modells. Körperarbeit und naturgemäße Ernährung sind eine für das Wohlbefinden wichtige Ergänzung der übrigen Betreuung.

Betreuung nach dem Rotationsprinzip: Nach diesem Modell wird gegenwärtig im Rahmen von Wohn- und Lebensgemeinschaften in den Vereinigten Staaten sowie von den Helfern des Spiritual Emergence Network in Dänemark gearbeitet. Als ich in den frühen 1970er Jahren in Gemeinschaft des Zen-Zentrums in San Francisco lebte, kam es einige Male vor, daß ein Mitglied der Gemeinschaft an schwerer psychischer Verwirrung litt. Dann setzten sich die anderen Mitglieder abwechselnd zu dem Leidenden, um ihm Gelegenheit zu geben, das ihn beunruhigende psychische Material durchzuarbeiten. Alle Helfer glaubten an das gleiche wachstumsorientierte Entwicklungsmodell und waren in diesem Zusammenhang auf spirituelle Zusammenbrüche gefaßt; und wir alle waren durch die Meditationspraxis mit unserem Unbewußten vertraut. Allerdings waren wir nicht alle gleichermaßen in psychotherapeutischen Techniken versiert, und infolgedessen fühlten wir uns angesichts extremer Zustände nicht alle gleich wohl. Auch hatten wir nur selten Gelegenheit, die Supervision durch einen Psychiater in Anspruch zu nehmen. Das hatte natürlich zur Folge, daß die Betreuung weniger wirkungsvoll war. In letzter Zeit plant man am Esalen Institute, einem Einkehrzentrum in Kalifornien, das Seminare zum menschlichen Wachstum anbietet, und in Findhorn, einem ähnlichen Zentrum in Schottland, eine Gruppe von sechs bis acht Helfern mit grundlegenden therapeutischen Fertigkeiten so auszubilden, daß sie für Fälle von spirituellem Zusammenbruch in der Gemeinschaft »auf Abruf« zur Verfügung stehen. Es ist vorgesehen, daß diese Helfer ihre Arbeitspläne so koordinieren, daß sie eine Person rund um die Uhr zu Hause betreuen können. Jeder Helfer nimmt dabei auf die besonderen Fähigkeiten der anderen Rücksicht, so daß sie sich in ihrer Arbeit mit dem »Klienten« ergänzen. Ein supervisierender Psychiater steht zur Beratung zur Verfügung. Die Ersatz-»Familie« sollte zu dem Kienten ins Haus kommen.

Krankenhausstation: Eine weitere Möglichkeit ist eine speziell für die Bedürfnisse von Menschen in psychospirituellen Krisen eingerichtete Krankenhausstation. Ich habe eine solche 1988 in Boulder in Colorado besichtigt. Sie befindet sich in einem abgetrennten Flügel des kommunalen Krankenhauses.

Die lockere Atmosphäre in der kleinen, selbständig arbeitenden Station soll gemeinschaftsbildend wirken. Um sich nicht von den Klienten abzuheben oder ihnen überlegen zu scheinen, tragen Ärzte und Schwestern Zivilkleidung. Es ist Platz für etwa zwanzig Betten. Zur Entspannung steht in einem besonderen Raum ein Heißwasserbecken bereit. Jeder Klient geht einmal täglich zur Körpertherapie. Die Station verfügt über Fitnessgeräte sowie über einen schallisolierten Raum, in den man sich zurückziehen kann, um allein zu sein und/oder an der emotionalen Katharsis zu arbeiten. Es besteht auch die Möglichkeit der Gruppen- oder Einzeltherapie.

Viele Klienten gehen auch zu Meetings, um Zwölf-Schritte-Programme wie Adult Children of Alcoholics[108] oder AA[109] zu besuchen. Auf diese Weise lernen sie, sich von falschen Familienmustern zu lösen, alte Ängste, Schmerz und Wut loszulassen und zur gemeinsamen Schaffung einer positiveren Ersatzfamilie auf der Station beizutragen. Die an dieser Station beschäftigten Krankenhausangestellten sind in ihrer Ausbildung alle transpersonal orientiert. Anfragen über dieses Krankenhaus sind an den lokalen Beauftragten des SEN in Boulder in Kalifornien zu richten.

Im kalifornischen Santa Cruz wird gegenwärtig ein unabhängiges, in einem eigenen Gebäude untergebrachtes Krankenhaus mit dem Namen Sanctuary (Zuflucht) gegründet. Es ist als Alternative zu dem örtlichen kommunalen Krankenhaussystem gedacht. Im Sanctuary werden die Mitarbeiter sich an dem Modell des »Wohlbefindens« orientieren, so daß Zeiten psychischer Not als mögliche Schritte zu einer höheren Ebene des Lebensvollzugs betrachtet werden. Wenn alles gutgeht, wird Sanctuary 1992 eröffnet.

Fassen wir zusammen: Die gegenwärtige globale Krisensituation hat zu einer Sehnsucht nach wahrer Geborgenheit geführt und die Notwendigkeit persönlicher Wandlung deutlich werden lassen. Als Reaktion auf die Belastungen unserer Zeit sind die Menschen in spirituelle Krisen hineingestolpert, die sie zu spirituellem Erwachen führen. Dort finden wir echte Geborgenheit, neue Kraft, Inspiration, die Bereitschaft und den Wunsch zu helfen und ein tieferes Bewußtsein unseres spirituellen Wesens. Ohne diese echte Geborgenheit klammern wir uns an soziale und politische Systeme, die längst begonnen haben zu zerfallen. Während die Erde, auf der wir stehen, unter den Veränderungen der Zeit wankt und die kosmischen Energien allmählich zugänglicher werden und so unser Erwachen beschleunigen, besteht unsere einzige Chance, Geborgenheit zu finden, im spirituellen Aufbruch jedes einzelnen.

Das Schlußkapitel dieses Buches bietet Richtlinien für Freunde und Angehörige von Menschen in spirituellen Notlagen. Diese gelten selbstverständlich für jeden, der sich in einer persönlichen Krise befindet.

Elftes Kapitel

Wie man in spirituellen Krisen helfen kann

Wir haben in den bisherigen Kapiteln immer wieder gesehen, wie man den spirituellen Aufbruch fördern und woran man einen spirituellen Zusammenbruch erkennen kann. In diesem Schlußkapitel sollen noch einmal die Hauptpunkte zusammengestellt werden, an die man denken muß, wenn man in die Lage kommt, einem Menschen in einer spirituellen Krise zu helfen. Ich gebe auch einen Überblick über die Bedeutung der *Erdung* und den Wert, den Körperarbeit und transpersonale Psychotherapie bei dem Prozeß haben. Zum Schluß werden die Fragen beantwortet, die im Zusammenhang mit spirituellen Krisen am häufigsten gestellt werden.

Die Vorschläge und Anweisungen in diesem Kapitel können keine eigentliche Ausbildung ersetzen. Die Arbeit mit Menschen in der Krise setzt nicht nur den Wunsch voraus, anderen zu helfen, sondern auch Geschick und durch Erfahrung gereiftes Verständnis. Obwohl jede psychische Störung einen spirituellen Anteil haben kann, liegt nicht unbedingt in jedem Fall ein spiritueller Zusammenbruch vor. Es kann unter Umständen von entscheidender Bedeutung sein, eine Differentialdiagnose durch einen geschulten medizinischen Fachmann einzuholen. In einem echten Notfall sollte ein zugelassener Arzt, Psychologe oder Psychiater – am besten transpersonaler Ausrichtung – zu Rate gezogen werden. Wenn das nicht möglich ist, können die in diesem Buch gegebenen Hinweise eine nützliche Ergänzung zu der konventionellen Behandlung durch das medizinische Fachpersonal liefern.

Eine Checkliste für den Helfer

1. Fragen Sie Ihren Schützling zunächst, was er oder sie braucht und was ihm helfen würde. Ist es erforderlich, daß der von der Krise Betroffene einen medizinisch-psychologi-

schen Fachmann aufsucht, um festzustellen, ob eine Therapie und/oder eine medikamentöse Behandlung notwendig ist? Sollte er von einem Arzt auf seinen körperlichen Zustand hin untersucht werden? Braucht er eine Zufluchtsstätte oder einen Ort, an dem er rund um die Uhr betreut werden kann?

Wenn die Antwort auf eine dieser Fragen ja ist, helfen Sie Ihrem Freund, einen Termin bei einem geeigneten medizinisch-psychologischen Fachmann auszumachen. Suchen Sie im Branchenverzeichnis nach einem transpersonalen oder humanistischen Berater oder Psychologen. Bieten Sie an, Ihren Freund in die Sprechstunde, in eine Zufluchtsstätte oder in ein Krankenhaus und wieder nach Hause zu bringen.

2. Seien Sie Ihrem Freund oder Ihrer Freundin in der Krise ein spiritueller Begleiter. Schenken Sie Mitgefühl und Annahme. Versichern Sie mit Worten oder auch stumm, daß es ganz in Ordnung ist, spirituelle Erfahrungen zu haben. Erzählen Sie eine Geschichte, die zeigt, daß spirituelle Erfahrungen für Sie etwas ganz Normales sind. Geben Sie aber auch zu, daß sie verwirrend sein können.

   Bleiben Sie selbst in der Gegenwart – lassen Sie sich nicht von Zukunftsängsten oder Grübeleien über die Vergangenheit einfangen. Halten Sie Ihre Verbindung mit der Höheren Macht aufrecht. Holen Sie sich besonders viel Kraft aus Ihrem spirituellen Freundeskreis. Wenn Ihr Schützling mit einer religiösen Gemeinschaft in Verbindung steht, helfen Sie ihm, mit einem Geistlichen oder einem erfahrenen Gemeindemitglied in Verbindung zu treten, der ihn stützen kann.

3. Helfen Sie dem Betroffenen, sich zu erden. Das kann zum Beispiel darin bestehen, daß Sie ihm den Prozeß des spirituellen Aufbruchs beschreiben, so daß er eine »Landkarte« für seine Reise besitzt und nicht völlig die Orientierung verliert. Helfen Sie ihm, die Verbindung mit dem Körper und mit der Erde stärker zu spüren. Helfen Sie ihm, sich von der Intensität und Einsamkeit seines inneren Erlebens zu erholen. Essen Sie gemeinsam, machen Sie eine Wanderung, holen Sie ihn aus einer allzu lauten Umgebung heraus, massieren Sie seinen Hals, seine Schultern, seine Füße, hören Sie zu, wenn er seine Geschichte erzählen will,

fordern Sie ihn auf, seine Gefühle auszudrücken. Wenn es in Ihrer Gegend Körpertherapeuten oder transpersonale Psychotherapeuten gibt, könnten Sie ihren Schützling über die von ihnen angebotene innere Arbeit aufklären. Das fördert gleichzeitig die Erdung.

4. Sprechen Sie mit dem Betroffenen über seine Beziehung zur Höheren Macht. Schon indem Sie davon sprechen, beschwören Sie in gewisser Weise die Gegenwart dieser Macht herauf. Was ist die Höhere Macht? Wie erlebt er sie? Gibt es ein Gebet oder eine rituelle Übung, die für die Einstimmung auf die Höhere Macht besonders hilfreich ist? Dabei kann es sich um ein Zwölf-Schritte-Meeting, um Meditation, um das Sprechen einer Affirmation, um spirituelle Lektüre, um das Anhören von Meditationsmusik oder das Betrachten eines bestimmten Bildes handeln.
5. Wenn das, was mit der übernommenen Aufgabe auf Sie einstürzt, Sie überfordert oder erschreckt, verschaffen Sie sich die notwendige Unterstützung. Fast in jeder größeren Stadt gibt es ein rund um die Uhr besetztes Selbstmord-Nottelefon oder eine Art »Telefonseelsorge« zur Krisenberatung. Auch der Krankenhausnotdienst arbeitet vierundzwanzig Stunden am Tag. Niemand braucht in der Krise allein zu sein – weder derjenige, der die Krise durchmacht, noch derjenige, der versucht, ihm zu helfen.

Wie der Helfer sich erden kann

Die Aufgabe des Helfers kann Angst machen! Es kann sein, daß Ihr Freund in der Krise Sie mit ungewöhnlichem Verhalten, merkwürdigen und neuen Vorstellungen, außergewöhnlichen Interessen, unglaublichen Geschichten und überwältigenden Gefühlen überschüttet. Vielleicht fürchten Sie, daß Ihr Freund »übergeschnappt« ist und für den Rest seines Lebens verrückt bleibt. Vielleicht haben Sie auch Angst, daß Sie selbst verrückt werden, wenn Sie sich während der Krise bei Ihrem Freund aufhalten. Vielleicht erinnert Sie das, was Sie bei Ihrem Freund sehen oder hören, auch an eigene Wesensanteile, denen Sie sich schon immer nur mit Mühe stellen konnten.

Es ist ganz natürlich, wenn einem Helfer ein bißchen mulmig ist. Die transpersonalen Dimensionen sind äußerst mächtig und ehrfurchtgebietend. Sie bringen uns mit den tiefsten, verborgensten Lebensgeheimnissen in Verbindung. Es ist ganz unvermeidlich, daß Sie selbst sich durch das Zusammensein mit einem Menschen, der eine spirituelle Krise durchmacht, verändern. Die Erregung seines Inneren regt auch Ihr Inneres an. So wie Lachen und Leidenschaft ansteckend sind, so ist es auch mit der spirituellen Öffnung. Je mehr ich auf diesem Gebiet mit anderen Menschen arbeite, desto dringender bin ich darauf angewiesen, an meiner eigenen Erdung, an den in meinem eigenen Inneren ablaufenden Prozessen und meiner spirituellen Öffnung zu arbeiten.

Es gibt mehrere Möglichkeiten, mit Ihren Ängsten umzugehen. Die eine ist, darüber zu sprechen. Sagen Sie: »Was mit dir passiert, macht mir Angst.« Dieses ehrliche Selbstbekenntnis kann durchaus dazu beitragen, daß sowohl Sie als auch Ihr Schützling gemeinsam einen festen Stand in der Wahrheit finden, in der Wahrheit »geerdet« sind, daß Sie gemeinsam einer schwierigen Situation gegenüberstehen. Ein anderer Weg, Ihre Ängste zu überwinden, besteht darin, sich die nötige Hilfe zu holen. Wenn mir die Arbeit mit einem Menschen in der Krise Angst macht, versichere ich mich der zusätzlichen Unterstützung und Einsicht eines Kollegen. Eine weitere Methode ist, auf Ihren Atem zu achten; spüren Sie die Angst, während sie fortfahren zu atmen. Wenn Sie gepreßt atmen, verstärken Sie Ihre Angst. Dagegen können Sie die Angst möglicherweise lindern, indem Sie normal weiteratmen und sich auf den gleichmäßigen Rhythmus des Atems konzentrieren. Die Aufrechterhaltung Ihrer Erdung kann für Ihre Fähigkeit zu helfen wesentlich sein. Schließlich ist es erforderlich, daß Sie rational bleiben und sich um viele einzelne Details kümmern können. Es gibt einige Grundprobleme, die immer zur Behandlung anstehen.

Denken Sie daran, daß körperliche Störungen Phänomene hervorrufen können, die spirituellen Erfahrungen ähneln. Was wie die »Besessenheit« durch eine böse Macht aussieht, kann in Wirklichkeit das Ergebnis einer Nahrungsmittelallergie sein. Ein »veränderter Bewußtseinszustand« kann auf einer organischen Störung, auf Fasten, Drogengenuß, unausgewogener Ernährung, übertriebener Sonneneinwirkung oder sogar auf sexuellen Erlebnissen beruhen. Es ist wichtig zu prüfen, ob der

Betreffende sich körperlich wohl fühlt. Noch bevor Sie mit ihm zum Arzt gehen, sollten Sie darauf achten, ob die Grundfunktionen in Ordnung sind: Hat Ihr Freund ausreichend Flüssigkeit/feste Speisen zu sich genommen? Hat er in letzter Zeit genug geschlafen? Ist ihm warm oder kalt? Hat er Fieber?

Sie müssen genau wissen, wie weit Ihre eigenen Mittel zur Betreuung eines Freundes während einer Krise ausreichen. Sie müssen wissen, wieviel emotionale Energie Sie einem Menschen geben können, der möglicherweise sehr viel Zuspruch und Gesellschaft braucht. Wenn Sie selbst nicht alles geben können, was er braucht, gibt es vielleicht einen anderen gemeinsamen Freund oder einen Angehörigen, der Sie ablösen kann? Am besten ist es, wenn Sie ein durchgängiges Hilfsnetz knüpfen können.

Sie müssen sich auch um Ihre eigenen Bedürfnisse kümmern, selbst wenn es Sie drängt, Ihrem Freund oder Angehörigen zu helfen. Kein Mensch kann immer nur geben, ohne selbst auch einmal Kraft zu tanken. Sorgen Sie unbedingt dafür, daß Sie geerdet bleiben, indem Sie sich der Unterstützung und seelischen Nahrung versichern, die Sie als ganzer Mensch brauchen. Ich arbeite zwar ständig über längere Zeit mit einzelnen Menschen in Krisen zusammen, aber ich bin nie länger als ein paar Stunden lang mit ihnen allein. Ich sorge immer dafür, daß ich ein Netz von Helfern für mich und für meine Schützlinge habe. Wenn ich einen Patienten habe, der eine schwere Krise durchmacht, verständige ich einen Psychiater im Krankenhaus, da jederzeit der Fall eintreten kann, daß ich seine Hilfe für eine stationäre Behandlung brauche.

Dieses Netz von Helfern ist besonders dann unabdingbar, wenn der von der Krise Betroffene schon früher einmal – oder mehrmals – versucht hat, sich das Leben zu nehmen oder sich zu verstümmeln, oder wenn er im Augenblick von solchen Tendenzen spricht. Es ist ganz wichtig, herauszubekommen, ob Ihr Freund an Selbstmord denkt. Fragen Sie ihn ganz direkt: »Hast du schon einmal an Selbstmord gedacht? Hast du dir überlegt, wie du es machen würdest? Hast du die Tabletten dazu, eine Pistole oder andere Werkzeuge? Hat es in deiner Familie Selbstmorde gegeben?« Die Antworten auf diese Fragen geben einen Hinweis darauf, wie ernst die Lage ist. Selbstmordgedanken können zwar manchmal als bloßer Hilferuf verstanden werden, als Versuch, die Aufmerksamkeit zu erregen oder als Ausdruck eines unterschwelligen Bedürfnisses nach Ruhe und Frieden; andererseits kann das Kreisen der Gedanken um Selbstmord aber auch wirklich zum Selbstmord führen. Wenn echte Selbstmordgefahr besteht, sollten Sie den örtlichen Selbstmord-Notruf oder die Polizei zu Hilfe rufen.

Wie man einen Menschen in der Krise erden kann

Menschen in spirituellen Krisen sind oft nicht in Kontakt mit ihrem Körper, ihren Gefühlen, mit der Erde, ihren Freunden oder mit den Menschen überhaupt. Die Herstellung dieses Kontakts kann für die nötige Erdung sorgen. Allerdings ist es möglich, daß all diese Dinge während der Krise von jedem Kontakt abgeschnitten bleiben.

Der Helfer muß dazu beitragen, daß der von der Krise Betroffene in einem gewissen Maß geerdet bleibt, ohne ihm jedoch das Gefühl zu nehmen, daß seine spirituellen Erlebnisse in ihrer ganzen Bedeutung ernst genommen werden. Eine Möglichkeit, einen anderen Menschen zu erden, liegt darin, ihm gegenüber offen und aufrichtig zu sein. Sagen Sie ihm die Wahrheit, lügen Sie nicht, tun Sie nicht so, als sei keine Krise vorhanden, und bleiben Sie Ihren eigenen Vorsätzen treu. Zum Beispiel so: »Ja, das sieht wirklich nach einer Krise aus. Ich möchte, daß du Hilfe bekommst. Ich glaube, ich kann das nicht allein schaffen. Aber was ich machen kann, ist, daß ich heute morgen mit dir zu einem Therapeuten gehe. Mir wäre nicht wohl bei dem Gedanken, daß du den ganzen Tag allein zu Hause bist.«

Man kann einen anderen Menschen auch durch Körperkontakt erden. Erinnern wir uns noch einmal, was Jessica empfiehlt, die Lehrerin für Kampfkünste aus dem siebten Kapitel:

> Halt sie fest. Atme mit ihnen. Halt sie so, daß es nicht das sexuelle Empfinden anspricht, aber halt sie auf eine liebevolle Art, die Annahme und Vertrauen signalisiert. Wenn man mitten in einer emotionalen Notlage eine spirituelle Öffnung erfährt, gehört mit zum Schlimmsten das Bewußtsein, daß man allein ist und mit all den verschiedenen im Körper

auftretenden Gefühlen nicht umgehen kann. Es ist, als sei man voll von Dingen, die man allein gar nicht fassen kann. Da ist es eine große Erleichterung, wenn einen jemand im Arm hält. Es hilft einem, wieder zu sich selbst zurückzufinden. Es gibt einem das Gefühl, daß man mit all dem fertig werden kann.

Wenn der Mensch in der Krise klarstellt, daß er keinen körperlichen Kontakt wünscht, sollten Sie ihm keine Berührungen aufzwingen. Die Wünsche Ihres Freundes haben Vorrang.

Eine dritte Möglichkeit, Ihren Schützling zu erden, ist die, mit ihm in der Natur zu wandern oder zu sitzen. Die frische Luft, das Gezwitscher der Vögel, der Geruch von Bäumen und Blumen, die Berührung der Erde zu Ihren Füßen, all das wirkt immer erdend. Als Galen sich besessen fühlte, kam sie wieder ganz in ihren Körper hinein, als ihre Freundinnen sie mit nach draußen nahmen und sie Freiübungen machen ließen.

Die Nahrung, die wir zu uns nehmen, wirkt sich ganz erheblich auf unsere Erdung aus. Schwerere Nahrungsmittel, die nicht so leicht zu verdauen sind – Fleisch, Fisch, Milchprodukte und Brot – wirken erdend. Leichter verdauliche Nahrungsmittel – Obst und Gemüse, Getreide, Suppen, Früchte, Tofu – tragen weniger zur Erdung bei. Aber schon der Vorgang des Essens selbst wirkt erdend, weil er dem Betreffenden hilft, auf seinen Körper zu achten.

Weitere Hilfen, die dazu beitragen, einen Menschen in einer spirituellen Krise wieder besser mit sich selbst in Kontakt zu bringen, sind *Katharsis, Zuflucht und Aufklärung*.

Katharsis

In einer spirituellen Krise besteht oft das Bedürfnis, den Gefühlen Luft zu machen. Wer in einer solchen Lage von starken Gefühlen übermannt zu werden droht, wird es dankbar begrüßen, wenn ihm ein sicherer Rahmen für die Gefühlsabfuhr geboten wird. Es hilft schon, wenn er sich an Ihrer Schulter ausweinen kann oder Sie ihm im rechten Moment ein Kissen geben, auf das er einschlagen kann. Helfen Sie ihm, seine angestaute Angst oder Wut auszudrücken, etwa indem Sie ihm sagen: »Von mir aus kannst du ruhig weinen. Ich glaube, das würde dir richtig guttun. Du brauchst deine Gefühle doch nicht zurückzuhalten ... Wenn ich wütend bin, lege ich mich einfach aufs Bett und schreie und trete eine Zeitlang drauflos. Das hilft mir, die Wut rauszuwerfen. Wichtig ist nur, daß du dich oder andere nicht verletzt.«

Wenn Ihnen bei dieser Art von Hilfe für den Betroffenen nicht wohl ist, gibt es vielleicht unter Ihren Angehörigen oder Freunden jemanden, der für Sie einspringen kann. Wenn nicht, wäre es vielleicht das beste, einen professionellen Psychotherapeuten hinzuzuziehen (siehe die Abschnitte über transpersonale Psychotherapie und Körperarbeit weiter unten in diesem Kapitel).

Zuflucht

Bei der Hilfe für Menschen in der Krise geht es oft auch darum, ihnen einen sicheren Platz zu verschaffen, an dem sie sich dem Geschehen in ihrem Inneren hingeben können. Eine Zufluchtsstätte ist ein Ort, an dem Menschen in der Krise sich ganz um ihr inneres Leben kümmern können, ohne jemandem zur Last zu fallen. Hier wird nichts von ihnen verlangt, außer sie selbst zu sein.

Richards Freunde (vgl. das neunte Kapitel) schufen ihm zu Hause eine echte Zufluchtsstätte. Sie leisteten ihm rund um die Uhr Gesellschaft und ließen ihm seine Gefühle, seine Visionen, seine inneren Stimmen und seine Gedanken. Sie sorgten dafür, daß er trank und brachten ihm zu essen. Sie respektierten ihn so wie er war, mit allen seinen Eigenschaften. Sie zogen auch einen Psychiater zu Rate, der Richard nötigenfalls mit Medikamenten versorgen und ihn ins Krankenhaus einweisen konnte.

Auch Jackie brauchte eine Zuflucht bei einer Gruppe hilfreicher Menschen, als sie feststellte, daß ihr Sohn im Koma lag und nur noch ein paar Wochen zu leben hatte. Sie war stundenlang so aufgeregt, daß sie nur dalag, kein Wort sprach und sich kaum bewegte.

> Mein Mann ging zum Telefon und rief alle meine Freundinnen an. Er erzählte ihnen, was passiert war, und in welcher Not ich war. In den nächsten drei Monaten betreuten mich diese Frauen auf jede nur erdenkliche Art. Manche brachten

Blumen und Essen, gaben mir spezielle Badezusätze und massierten mich. Andere brachten besondere religiöse Symbole und erzählten von dem Leid, das sie einmal erlebt hatten. Wir sprachen über Leben und Tod, und ich konnte den Schmerz und die Angst ausdrücken, die mich tief bewegten. Die Liebe und besondere Unterstützung, die mir zuteil wurden, halfen mir, die lähmende Verzweiflung zu überwinden und meine Energie wieder zu sammeln.

Zu einer Zuflucht, einem Sanktuarium, gehört auch das Gefühl der Nähe zur Höheren Macht. Ein Sanktuarium, eine heilige Stätte, ist ursprünglich ein Ort der Gottesanbetung. Als Helfer können Sie zum Beispiel vorschlagen, daß Sie mit Ihrem Freund oder Angehörigen gemeinsam beten oder Choräle singen. Sitzen sie still zusammen. In dieses Schweigen hinein können Sie auch ein Gebet sprechen: »Möge Jesus Christus dir helfen, zu Frieden und Wohlbefinden zurückzufinden.« Oder Sie wenden sich an den weiblichen Aspekt Gottes: »Göttin« – oder »Göttliche Mutter« oder »Mutter Erde« – »bitte beschütze mich, damit ich wieder zum völligen Wohlbefinden zurückfinde.« Einer Frau, die den Männern gegenüber mißtrauisch ist, fällt es unter Umständen leichter, sich an eine weibliche Personifikation der göttlichen Energie zu wenden wie zum Beispiel Kuan Yin, die Göttin des Mitleids, als an Jesus Christus oder eine andere männliche Gottheit. Wenn eine Personifikation der göttlichen Energie Ihrem Schützling nichts bedeutet, könnten Sie die Göttliche Anrufung verwenden, die wir im vierten Kapitel kennengelernt haben:

Ich bin geschaffen vom Göttlichen Licht.
Ich werde erhalten vom Göttlichen Licht.
Ich werde beschützt vom Göttlichen Licht.
Ich bin umgeben vom Göttlichen Licht.
Ich wachse allzeit ins Göttliche Licht.

Es gibt noch andere Arten, die Höhere Macht anzurufen, die profaner und daher für Menschen geeignet sind, die mit spirituellen Formen des Gebets nicht vertraut oder ihnen entfremdet sind. Hierbei kommt es sehr darauf an, daß die Formulierung für den Menschen in der Krise persönlich von Bedeutung ist. Geeignete Affirmationen sind zum Beispiel: »Glaube und Mut führen mich weiter«, »Ich wähle den Weg der Liebe«, »Ich ruhe ganz sicher in einer Macht, die größer ist als ich selbst«, »Alle Dinge wirken zum Guten zusammen«, »Durch Vergebung werde ich frei«. Auch Musik, insbesondere klassische Musik, wirkt beruhigend und harmonisierend.

Aufklärung

Wenn Ihr Schützling nicht zu stark von den Phänomenen seiner eigenen spirituellen Krise absorbiert ist, könnte es nützlich sein, ihm Geschichten anzubieten, die zur begrifflichen Klärung der Ereignisse beim spirituellen Aufbruch und Zusammenbruch beitragen. Solche Geschichten von anderen Menschen, die spirituelle Phänomene durchlebt haben, können ungeheuer beruhigend wirken. Sie können auch dazu beitragen, den Betreffenden für eine bestimmte Erscheinungsform der göttlichen Energie, die mit ihm zu tun hat, zu sensibilisieren. Im Quellenteil zum fünften Kapitel sind einige Lebensbeschreibungen spiritueller Meister angeführt, auf die Sie Ihren Schützling hinweisen können. Auch eine Kartographie des spirituellen Aufbruchs, wie sie im ersten Kapitel skizziert wurde, kann hilfreich sein.

Integration: Zurück ins Leben

Wer die kritische Phase eines spirituellen Zusammenbruchs überstanden hat, steht nunmehr vor der Aufgabe, seine neugewonnene Sicht in sein Leben zu integrieren. Er wird zwangsläufig seinen Beziehungen zu seiner Familie, seinen Freunden und den Menschen, mit denen er zu tun hat, einen anderen Stellenwert einräumen. Vielleicht beschäftigt es ihn jetzt viel mehr als früher, wie er seine Beziehung zur Erde und zu seinem Körper pflegen kann. Vielleicht hat er den Wunsch, verschiedene spirituelle Wege zu erkunden oder sich beruflich zu verändern. Mit anderen Worten, er tut den wichtigen Schritt, sich in seiner Einmaligkeit ganz neu selbst zu achten und seiner Fähigkeit zu vertrauen, sein Leben so einzurichten, wie es für ihn richtig ist.

Dieser Integrationsprozeß kann äußerst schwierig sein. Er ist nicht so dramatisch und nicht so romantisch wie die bei den verschiedenen Mustern des spirituellen Zusammenbruchs auftretenden Phänomene. Im Hinblick auf den Prozeß der Wandlung hin zu höheren Bewußtseinsebenen ist er aber nicht weniger bedeutungsvoll. Die Betroffenen müssen zu einem den Erfordernissen des praktischen Lebens genügenden, tragfähigen Lebensstil finden, der für den Fortgang des spirituellen Aufbruchs förderlich ist.

Dem Helfer fällt bei diesem Prozeß die Aufgabe zu, dazu beizutragen, daß sein Schützling geerdet bleibt und bei Bedarf fachmännische Hilfe bekommt. Jedem, der sich im Prozeß der Neubewertung und Neuorientierung befindet, kann eine Psychotherapie helfen, sich über seine alten Beziehungsmuster klar zu werden und neue Wege im Umgang mit sich selbst und anderen zu erkunden. In der Körperarbeit kann er lernen, die körperlichen Verspannungen loszulassen, an denen seine frühere Art, sich zu geben, festgemacht war. Mit der Wiederherstellung der natürlichen Elastizität des Körpers werden Körper und Geist frei, sich auf neue, lebensgemäßere Reaktionsmuster einzustellen.

In den folgenden Abschnitten geht es darum, wie transpersonale Psychotherapie und Körperarbeit helfen können, die Phänomene des spirituellen Zusammenbruchs zu integrieren und den einmal begonnenen Prozeß des spirituellen Aufbruchs fortzusetzen. Sie sollen bei der Wahl eines Psychotherapeuten oder eines Körpertherapeuten helfen.

Die Rolle der transpersonalen Psychotherapie

Gewöhnlich sehen wir die Aufgabe von Psychologen und Psychiatern darin, psychische Krankheiten zu heilen und den Ausweg aus schwierigen Beziehungen zu zeigen. Sie sind die Spezialisten für Krankheit und Lebensprobleme. Zum Psychotherapeuten gehen wir nur, wenn wir glauben, daß mit uns etwas »nicht stimmt«. Bedauerlicherweise sind wir nicht gewohnt, den Psychotherapeuten als einen Menschen zu betrachten, der uns helfen kann, eine eben erst in Erscheinung tretende Seite unserer Persönlichkeit zu pflegen oder den personalen und den transpersonalen Aspekt des Lebens in ein ausgewogenes Verhältnis zu bringen. Das sind aber Gebiete, die zum Aufgabenbereich des transpersonalen Psychotherapeuten gehören.

Wer vor die Aufgabe gestellt wird, eine lebensbejahende Beziehung zu seinem spirituellen Erwachen herzustellen, dem kann der Psychotherapeut helfen, sich zu erden, kann einen Beziehungsraum bieten und ihm helfen, mit einer seiner Entwicklung gemäßen Gemeinschaft von Menschen zusammenzukommen. Betrachten wir als Beispiel Ann, die im siebten Kapitel erwähnte Mutter: Sie erkrankte lebensgefährlich, als ihr Kind an einer tödlichen Krankheit zu sterben drohte. Als erstes wird der Therapeut Ann über die Phänomene des spirituellen Erwachens im Kontext der natürlichen menschlichen Entwicklung *aufklären* und ihr zeigen, wie sie *geerdet* bleiben kann. Der begriffliche Rahmen, den er ihr gibt, wird es ihr ermöglichen, konstruktiv über ihre eigenen Erfahrungen nachzudenken und zu verstehen, daß sie damit nicht allein dasteht, sondern daß jeder Mensch irgendeine Beziehung zu seiner spirituellen Seite hat. Das Verhältnis zu ihrem Therapeuten wäre dann der *sichere Beziehungsraum*, in dem Ann ihre Gefühle spüren, ihre Gedanken erkunden und in ihrer Einmaligkeit geschätzt werden könnte, ohne daß etwas anderes von ihr verlangt würde, als sie selbst zu sein. So hätte der Therapeut, indem er ihr zuhörte, an ihrem Werdegang Anteil nähme und sie darin bestärkte, sie selbst zu sein, für Ann die gleiche Funktion wie für Jackie die Gruppe. Der Therapeut wird Ann auch Techniken anbieten, durch die sie die Beziehung zur spirituellen Seite ihres Wesens pflegen kann – zum Beispiel Meditation, gelenktes Bilderleben und Affirmationen.

Die Therapiestunde wird für Ann eine Zeit sein, in der sie sich darüber klarwird, wie sie ihr spirituelles Leben in ihr Alltagsleben einbauen, die beiden *integrieren* kann. Im Idealfall würde der Therapeut Anns Erwachen als etwas Heiliges behandeln und pflegen und ihr so ein Beispiel für den Umgang mit sich selbst geben. Und schließlich wird er Ann helfen zu entscheiden, welcher Gruppe sie sich wann anschließen sollte. So würde Ann durch die *Vermittlung* des Therapeuten den Weg zu einer Gruppe finden, die ihr helfen würde, das begonnene spirituelle Wachstum fortzusetzen.

Dieses Modell der therapeutischen Rolle entspricht übrigens

der Rolle des Schamanen. Wie der Schamane ist der Therapeut ein Lehrer in der Kunst, eine Brücke zwischen der vom Ego definierten gewöhnlichen Welt zu der transpersonalen Welt jenseits des Egos zu schlagen.

Eine solche Therapie hat zum Ziel, das Individuum zu befähigen, ohne Komplikationen zwischen diesen beiden Ebenen hin- und herzupendeln und dabei am Leben beider Welten zur rechten Zeit in geziemender Weise teilzunehmen. Das ist von besonderer Bedeutung bei Menschen, die spirituelle Erlebnisse im Zusammenhang mit dem Tod eines geliebten Menschen haben, weil bei ihnen immer eine erhöhte Bereitschaft besteht, sich in spirituelle Sphären zu verlieren. Es geht darum, ein starkes Gefühl für die eigene Identität zu haben, ohne sich in starrer Weise mit dem Ego zu identifizieren. Und es geht darum, ein starkes Gefühl für das eigene spirituelle Leben zu haben, sich aber nicht so stark mit dem spirituellen Anteil des eigenen Wesens zu identifizieren, daß die volle aktive Beteiligung an den praktischen Aufgaben der Welt abgelehnt wird. Wir müssen in der Lage sein, alle unsere Pflichten in Familie und Gemeinschaft zu erfüllen, aber gleichzeitig immer engagierter in das spirituelle Leben einzutreten. Beides zusammen führt zur Ganzheit.

Transpersonale Therapeuten, wie ich es bin, sind bestrebt, bei ihren Klienten ein größtmögliches Maß an Gesundheit zu erreichen. Dazu gehört immer die Pflege des spirituellen Wachstums sowie der Anstoß zur Heilung persönlicher Problempunkte, die die Ursache emotionaler Störungen sein können. Der transpersonale Psychotherapeut muß psychische Krankheit von den Phänomenen des spirituellen Aufbruchs unterscheiden können – er muß den Unterschied zwischen einem krankhaften, psychotischen Zustand und den Phänomenen eines dramatisch verlaufenden spirituellen Aufbruchs erkennen. Daher ist die Vertrautheit mit der auf das Verstehen und die Behandlung emotionaler Störungen gerichteten westlichen Psychologie ebenso unabdingbar wie die Kenntnis der transpersonalen Bewußtseinszustände. Es ist klar, daß hier mehr gefordert ist als nur die Behandlung eines krankhaften seelischen Zustands; rein quantitativ muß der transpersonale Therapeut mehr über die menschliche Natur wissen. Allerdings – da wir anerkennen, daß der spirituelle Aufbruch wirklich existiert, wie könnten wir da von einem Psychotherapeuten weniger erwarten?

Und weiter: Da wir anerkennen, daß die universale Energie, Prana, auf bestimmten Bahnen durch unseren Körper fließt, die sich zur Erhöhung des Wohlbefindens beeinflussen lassen, wie könnten wir da darauf verzichten, von der Gesundheitsfürsorge auch Körperarbeit in irgendeiner Form zu verlangen? Körperarbeit kann sich auf die Integration spiritueller Erfahrungen, auf die Erdung sowie auf das Ausgreifen in neue Zustände des Gewahrseins äußerst positiv auswirken.

Die Rolle der Körperarbeit

> Die meisten Menschen besuchen meine Hatha-Yoga-Kurse aus praktischen Gründen, um Rückenschmerzen zu lindern, den Kreislauf in Schwung zu bringen oder einfach, weil sie das Gefühl haben wollen, ihre körperliche Gesundheit in den Griff bekommen zu können. Hatha-Yoga eignet sich auch sehr gut dazu, einfach bestimmte körperliche Probleme anzugehen. Die Leute machen Fortschritte. Also lasse ich meine Kurse gerne einfach durch die aktuellen Bedürfnissen an dem jeweiligen Abend bestimmen.
>
> Ich erzähle den Leuten gewöhnlich nichts von den entfernteren Möglichkeiten, die im Yoga verborgen liegen ... zum Beispiel dem Kundalini-Erwachen. Die meisten Leute wollen das gar nicht wissen, wenn auch manche Leute in meinen Kursen wissen, daß Yoga nicht nur für die körperliche Gesundheit gut ist, sondern auch Gelegenheit gibt, sich der subtilen Energie bewußt zu werden. Die Teilnehmer, die irgendein Anzeichen für die Tätigkeit spiritueller Energie spüren, kommen gewöhnlich zu einem privaten Gespräch zu mir.
>
> Lolly Font

Was sich durch Körpertherapie bei einem Menschen erreichen läßt, hängt unmittelbar damit zusammen, was dieser sich davon verspricht. Unter fachmännischer Anleitung kann Körperarbeit eingesetzt werden, um körperliche Heilungsprozesse anzuregen, um an emotionalen Problemen zu arbeiten und/oder den spirituellen Aufbruch zu fördern. Das gilt zumindest für östliche Körpertherapien – wie Hatha-Yoga, Kampfkünste,

Akupunktur und Akupressur – und westliche Formen der Körpertherapie, die neoreichianischen Therapien.

Was haben all diese Therapieformen gemeinsam? Sie alle verstärken den Kontakt mit dem eigenen Körper und stärken das Vertrauen in die Fähigkeit des Körpers, aus dem in ihm liegenden Wissen heraus zu Gleichgewicht und Heilung zu führen. Sowohl bei den passiven Spielarten der Körpertherapie – bei denen der Körper eine Behandlung von außen erfährt – als auch bei den aktiven – wie den Kampfkünsten – wird durch die Art, wie der Körper berührt wird, die Existenz nicht nur des physischen Leibes, sondern auch des subtilen Energiekörpers anerkannt. Die Qualität der Berührung verstärkt das Bewußtsein von den subtilen Energien. Auch trägt die Technik der Körperarbeit als solche – im Gegensatz zu der autoritären Auffassung des Körpers als Diener von Intellekt und Ego – zu der Empfindung bei, mit dem Körper in einem *Bündnis* zu stehen. Und eben diese Kongruenz, dieses Zusammenwirken von *Körper und Geist*, ist der Ausgangspunkt, von dem aus der Weg zu den transpersonalen Ebenen des Bewußtseins möglich wird. Wenn Körper und Geist desjenigen, der Körperarbeit macht, sich in Kongruenz befinden, ist er spontan in der offenen Verfassung, die die Voraussetzung für die Empfindung der pranischen Aktivität ist. Dann sind wir am empfänglichsten für spirituelle Erfahrungen. Je mehr wir uns durch Körperarbeit in uns sammeln, desto wahrscheinlicher ist es, daß sich spirituelle Erfahrungen einstellen. Sarah (aus dem siebten Kapitel) ist zum Beispiel überzeugt, daß ihr Herz sich bei dem Workshop mit Carl Rogers nicht geöffnet hätte, wenn sie nicht vorher ein Jahr lang Hatha-Yoga geübt hätte.

Schon die Art der Berührung durch einen Körpertherapeuten, einen Partner in einer Kampfkunst oder einen Freund als solchen kann auf einen Menschen, der eine spirituelle Krise durchmacht, beruhigend wirken. Das ist auch gemeint, wenn wir sagen, wir seien *zutiefst berührt*. Wir wollen damit nicht sagen, daß eine Berührung tief in unser Fleisch eindringt; vielmehr beziehen wir uns auf einen Kontakt mit den untergründigen emotionalen und spirituellen Anteilen unseres Wesens. Für den Einsamen liegt Trost in der empfindungsstarken Berührung. Sie trägt auch dazu bei, spirituelle Erfahrungen im Körper zu verankern, so daß der Empfänger der Körpertherapie nicht so wirkt, als habe er sich meilenweit von der Realität entfernt.

In den von mir geleiteten Workshops über die Hilfe für Menschen in spirituellen Krisen werden gewöhnlich überall in etwa die gleichen Fragen gestellt. Zur schnellen Orientierung für Angehörige und Freunde eines in einer akuten Krise Befindlichen stelle ich hier einige Fragen und Antworten zusammen. Das hier Gesagte gilt natürlich in gleicher Weise auch für die Betroffenen selbst.

Fragen und Antworten

Woher weiß ich, ob mein Freund/meine Freundin
einen spirituellen Zusammenbruch hat?
Schauen Sie im dritten Kapitel dieses Buches nach. Lesen Sie, was dort über die Arten des spirituellen Zusammenbruchs steht. Vergleichen Sie sie mit den Erlebnissen Ihres Freundes/IhrerFreundin. Lesen Sie die Checkliste für Helfer am Anfang dieses Kapitels. Wenn Sie sich nicht ganz sicher sind, ob es sich um einen spirituellen Zusammenbruch handelt, holen Sie nach den Hinweisen in der Checkliste fachmännischen Rat ein. Höchst wahrscheinlich wird sich durch das Spiritual Emergency Network ein Fachmann für psychische Erkrankungen finden lassen. (Wenden Sie sich an einen der Ansprechpartner, deren Adressen Sie am Ende des Buches finden.)

Meine Freundin versteht nicht, was mit ihr passiert.
Was soll ich ihr sagen?
Wenn Sie sich sicher sind, daß Ihre Freundin einen spirituellen Zusammenbruch hat, verschweigen Sie es ihr nicht. Es ist gewöhnlich sehr beruhigend für einen Menschen in der Krise, wenn das, was er durchmacht, einen Namen hat, vor allem wenn dieser nichts mit Geisteskrankheit zu tun hat.

Sagen Sie Ihrer Freundin, daß es sich um eine Erfahrung handelt, mit der Pfarrer, Ärzte oder Psychologen normalerweise nicht sachgerecht umgehen können. Es kann sein, daß manche von diesen Fachleuten sich in der Behandlung von Krisen nicht auskennen. Sagen Sie ihr aber auch, daß es Stellen gibt, wo sie Hilfe bekommen kann.

Sagen Sie ihr, daß dies die Methode der Psyche (oder der Seele) ist, die Ganzheit herbeizuführen. Dazu gehört, daß Ihre Freundin sich mit Teilen ihres Wesens auseinandersetzt, die bisher außerhalb ihrer Wahrnehmung lagen. Letztlich wird sie dadurch zu einem tieferen spirituellen Verständnis ihres Platzes in der Welt gelangen.

Wie lange dauert ein spiritueller Zusammenbruch?
Das läßt sich so nicht beantworten. Es hängt davon ab, welche Muster des spirituellen Aufbruchs jemand erlebt. Ein Erlebnis, das körperlich sehr intensiv ist, geht zu Ende, wenn dem Körper die Intensität zuviel wird. Und ebenso läßt ein stark gefühlsbetontes Erlebnis nach, wenn der Körper von der Katharsis genug hat. Alles Leben pulsiert im Wechselspiel von Kontraktion und Expansion. Unweigerlich folgt auf Expansion Kontraktion, auf Kontraktion Expansion, in zyklischer Folge.

Es ist allerdings sehr merkwürdig, daß Menschen, die sich dem Lebensmythos öffnen, zum Abschluß des Krisenzyklus, angefangen vom Beginn der Krise bis zu dem Moment, wo sie bereit sind, einen normalen Tagesablauf einschließlich familiärer und beruflicher Pflichten aufzunehmen, oft vierzig Tage brauchen.

Die akuten körperlichen Erscheinungen bei Jills Kundalini-Erwachen (im dritten Kapitel) dauerten keine vierundzwanzig Stunden, aber es vergingen mehrere Monate, bis sie gelernt hatte, mit den eingetretenen Veränderungen zu leben. Während dieser ganzen Zeit mußte Jill sich von der Welt und ihren normalen Verpflichtungen fernhalten. Ähnliches gilt im allgemeinen für jeden spirituellen Zusammenbruch. Die akute Phase dauert unter Umständen nur Minuten oder Stunden, aber die Integration des Erlebten kann Monate in Anspruch nehmen. Während der Integrationsphase sind die Betroffenen dauernd auf eine geduldige und verständnisvolle Pflege angewiesen.

Der Versuch, Ihren Schützling anzutreiben, so daß er den Prozeß schneller durchläuft, wird vermutlich auf Widerstand stoßen, so daß es letztlich noch länger dauert. Es ist hilfreich, den Prozeß als eine Art Geburtsvorgang zu sehen, bei dem Ihr Schützling einen neuen Aspekt seines Wesens zur Welt bringt. Wenn Sie eine schwangere Frau zur Eile antreiben, bekommt sie Angst und fühlt sich allein gelassen, so daß der Prozeß gestört wird. Wenn Sie sich dagegen entspannen, der Natur ihren Lauf lassen und die Tatsache, daß ein neues Leben im Entstehen ist, begrüßen, wird die Schwangerschaft für alle Beteiligten positiv verlaufen.

Wird mein Freund nach der Krise wieder normal?
Ihr Schützling wird sich durch den spirituellen Zusammenbruch verändern. Er oder sie wird wieder arbeiten und an den Familienaktivitäten teilnehmen können und so weiter. Er oder sie wird wieder im Rahmen der von der Uhr und von den durch die gemeinsam empfundene Raum/Zeit gesetzten Zwängen leben können.

Er wird wieder Gefühle unterdrücken und in gesellschaftlichen Zusammenhängen angemessen reagieren können. Es kann allerdings sein, daß er seine Prioritäten im Leben neu bestimmt. Es kann für ihn wichtig werden, die Stelle zu wechseln. Vielleicht hält er eine Änderung der Eheroutine für wünschenswert. Es kann sein, daß jetzt Beziehungsprobleme ans Licht kommen, die jahrelang unter den Teppich gekehrt worden sind. Es ist möglich, daß es für ihn ganz wichtig wird, in allen Beziehungsfragen ehrlicher und liebevoller zu sein. Vielleicht tritt auch die Begeisterung für eine schöpferische Betätigung in den Vordergrund, will er ein Kind haben, wieder zur Schule gehen, sich beruflich anders orientieren oder ein Jahr frei nehmen. Er kann auch plötzlich Wert darauf legen, körperlich besser in Form zu kommen. Vielleicht taucht auch der Wunsch auf, sich in der Kirche oder durch Meditation intensiver spirituell zu betätigen. All diese Veränderungen - oder auch nur eine davon - können eine radikale Veränderung in Ihrer Beziehung erfordern.

Mein Partner ist in einer spirituellen Krise.
Wird meine Ehe nach dem Zusammenbruch Bestand haben?
Es gibt keine statistischen Angaben über den Prozentsatz von Ehen, die nach einem spirituellen Zusammenbruch scheitern oder auch besser werden. Das hängt von der Flexibilität beider Partner ab. Sind sie gemeinsam in der Lage, neues Territorium zu erkunden? Sind sie in der Lage, ihre Verbindung aufrechtzuerhalten, während sie gleichzeitig jeder für sich neue Lebens-

bereiche erkunden (Arbeit, Spiel, kirchliche Aktivitäten)? Sind sie in der Lage, ihre Fähigkeit zur Kommunikation, zur Intimität, zu Liebe und gegenseitigem Respekt zu verstärken? Wenn ja, wird die Ehe mit neuem Schwung belebt werden.

Kann ein spiritueller Zusammenbruch sich wiederholen? Läßt sich der Zeitpunkt voraussagen?
Es gibt keine Möglichkeit, vorauszusagen, ob eine Krise sich wiederholen wird, wenn jemand einmal einen spirituellen Zusammenbruch gehabt hat. Die meisten Menschen, die einmal eine spirituelle Krise erlebt haben, die sie haben integrieren können, sehnen sich später nach der Intensität des Erlebnisses zurück. Sie erinnern sich daran, daß sie sich während der Krise dynamisch und lebendig gefühlt haben und wollen dies zurückholen. Sie haben aber auch nicht vergessen, wie sehr die Krise ihr Leben in Arbeit und Familie durcheinandergebracht hat. Diese Erinnerung ist es meistens, die sie veranlaßt, nach einem Weg zu suchen, mit der gleichen Energie zu leben, die damals in den spirituellen Zusammenbruch eingeflossen ist. Die negativen Erscheinungen aber wollen Sie möglichst vermeiden. Und wie? Durch kreative Tätigkeiten wie Malen, Bildhauerei, Musizieren, Tanzen. In spirituellen Übungen wie Meditation, Hatha-Yoga, Suchen nach dem Gesicht, Einkehrtagen, gemeinsamem Singen oder religiösen Ritualen, die die Präsenz der Höheren Macht beschwören. Bei Gemeinschaftsaktivitäten wie der Arbeit für den Frieden und die Gesundheit der eigenen Person, der Familie, der Gemeinde und des Planeten, auf dem wir leben.

Spirituelle Krisen sind ein Weckruf, eine Aufforderung, sich um Ganzheit zu bemühen – seine Kreativität, seine Liebe, seine Kraft für den Dienst um ein besseres Leben auf dieser Erde einzusetzen. Der eine mag so veranlagt sein, daß er eine solche Zeit nur ein- oder zweimal im Leben hat ein anderer erlebt vielleicht ständige Höhen und Tiefen, die ihm immer neu die Gelegenheit zum spirituellen Aufbruch geben. Vielleicht ist die Vorstellung hilfreich, daß hinter diesem Weckruf eine eigenständige Kraft steht, die ihn immer dann erklingen läßt, wenn die Zeit für einen neuen Energiestoß reif ist.

Mein Bruder soll vor ein paar Jahren einen psychotischen Schub gehabt haben und bekam gegen die Symptome Medikamente. Könnte das nicht in Wirklichkeit ein spiritueller Zusammenbruch gewesen sein?
Diese Frage ist schwer zu beantworten, wenn man nicht weiß, was für Erfahrungen Ihr Bruder gemacht hat. Eine Psychose – ein krankhafter Zusammenbruch – und eine spirituelle Krise, die ein echter Durchbruch ist, können sehr dicht beieinanderliegen, vor allem am Beginn der Krise. Von der Behandlung in diesem Anfangsstadium kann es abhängen, ob für den Betreffenden die Chancen steigen oder sinken, aus der Erfahrung selbst nützliche spirituelle Einsichten abzuleiten (vgl. den Abschnitt »Psychopharmaka« im neunten Kapitel). Vielleicht sprechen Sie einmal mit Ihrem Bruder. Schildern Sie ihm die Vorgänge bei spirituellen Zusammenbrüchen und schauen Sie, wie er darauf reagiert. Fragen Sie ihn, ob er es für möglich hält, daß seine Erfahrung mit der Psychose anders verlaufen wäre, wenn er statt dessen auf einen spirituellen Zusammenbruch hin behandelt worden wäre.

Sollen wir uns durch irgendwelche Maßnahmen
zu Hause auf den Menschen in der Krise einstellen?
Bei der Pflege eines Menschen in einem spirituellen Zusammenbruch ist die Umgebung das Wichtigste. Die rein physische Umgebung muß zunächst einmal sauber sein. Die Nähe zur Natur ist gut für die Erdung und gibt den Gedanken und Gefühlen Auftrieb. Natürliche Geräusche wie das Fließen des Wassers und der Gesang der Vögel sind bedeutungsvoller Musik und Verkehrsgeräuschen vorzuziehen. Schwaches Licht ist besser als grelles Licht. Harmonische, gedeckte Farben sind besser als schreiende Farben und Muster. Weiche Möbel sind besser als harte, eckige Möbel. All diese Elemente der Inneneinrichtung fördern eine Atmosphäre der Wärme und des behaglichen Wohlbefindens.

Ideal ist es, wenn die Familie, die soziale Umgebung, dem in der Krise Befindlichen mit Verständnis begegnen kann. Er hat besondere Bedürfnisse. Er braucht mehr Ruhe, mehr Pflege, muß beruhigt werden und das Gefühl haben, körperlich und emotional in Sicherheit zu sein. Am sichersten fühlt er sich in der beruhigenden Gegenwart von Menschen, die den Prozeß der spirituellen Krise verstehen. Am wenigsten positiv ist der Einfluß von unehrlichen, ängstlichen oder leidenden Menschen oder solchen, die den Menschen in der Krise zu manipulieren versuchen. Flößen Sie ihm Vertrauen ein und verhalten Sie sich so, daß dieses Vertrauen gerechtfertigt ist, nehmen Sie bei allen ihn betreffenden Entscheidungen die Gedanken des Menschen in der Krise ernst. Sorgen Sie dafür, daß er mit Menschen zusammen ist, denen er sich nahe fühlt.

Was die Ernährung angeht, fragen Sie ihn, was er haben möchte und versuchen Sie es zu besorgen. Um für die passende ausgewogene Ernährung zu sorgen, sollten Sie außerdem relativ leicht verdauliche Nahrungsmittel bereitstellen. Erregte Menschen haben oft Verdauungs- und Appetitprobleme. Ein gutes einschlägiges Handbuch zu diesem Thema ist *Spiritual Nutrition* von Gabriel Cousins.

Was soll ich machen, wenn ich ganz allein bin und einen spirituellen Zusammenbruch habe?

Ein spiritueller Zusammenbruch macht am meisten Angst, wenn man allein ist. Dann besteht der starke Wunsch, die Phänomene zum Stillstand zu bringen. Die Vorgänge sind viel leichter zu ertragen, wenn andere Menschen in der Nähe sind – es scheint fast, als lösten diese die intensive Konzentration von Energie auf.

Wenn Sie allein sind, sollten Sie etwas tun, was geeignet ist, Sie zu erden. Laufen Sie herum und konzentrieren sich dabei auf Ihre Füße und den Kontakt mit dem Boden. Sie können sich auch auf den Atem konzentrieren. Atmen Sie langsam und tief und achten Sie darauf, daß Einatmung und Ausatmung gleich lang sind. Wenn Sie ein Bild oder ein Andenken haben, das Sie an einen Menschen erinnert, der Sie liebt, stellen Sie es vor sich auf oder halten Sie es in der Hand. Vielleicht haben Sie auch Lust, etwas zu essen oder Kräutertee zu trinken. Auch dadurch werden Sie besser geerdet. Bringen Sie sich nicht in eine Lage, durch die Sie innerlich angeregt werden, es sei denn, Sie können mit einer Verstärkung der Phänomene umgehen. Meiden Sie Drogen und Medikamente, Zucker, Koffein und jegliche Genuß- und Aufputschmittel. Sehen Sie sich im Kino oder im Fernsehen keine Filme an, die Sie mit aufregenden, gewalttätigen, chaotischen oder sexuellen Bildern konfrontieren. Hören

Sie, wenn überhaupt, nur Musik, die beruhigend wirkt. Halten Sie sich in einer Umgebung auf, in der Sie sich geborgen und den Dingen nahe fühlen, die Sie in Ihrem Leben hoch- und heilighalten.

Es kann sehr helfen, wenn Sie beten. Meditation wirkt meist zu stimulierend. Durch das Gebet fühlen Sie sich als eigenständiges Wesen, das mit den Energien der Höheren Macht *in Beziehung tritt.* So sorgt das Gebet dafür, daß Sie Ihrer Unzulänglichkeiten und Ihrer Grenzen, kurz Ihrer Identität als Person, besser gewahr werden.

Fassen wir noch einmal zusammen: Das spirituelle Erwachen ist ein natürlicher Reifungsprozeß, der immer mehr Menschen zu erfassen scheint. Die Phänomene des spirituellen Erwachens an sich sind kein Hinweis auf eine Krise. Sie sind Anzeichen für einen positiven Wandlungsprozeß. Je mehr wir mit der Landschaft dieser Wandlung vertraut werden, desto eher wird es uns gelingen, die Menschen zu ermutigen, in diese einzutreten und die Früchte der Weisheit, die sie dort ernten, mitzubringen und damit unser soziales Leben und unsere Kultur zu bereichern.

Begriffserklärungen

Archetyp: Die symbolische Verkörperung eines universalen Aspekts menschlicher Erfahrung, wie der Clown, der König, die Hexe. Jeder Archetyp ist Träger einer bestimmten Konstellation von Energie.

Archetypischer Bereich: Die – durch die Sinne wahrgenommene und/oder sich in Phantasien oder Träumen manifestierende – Dimension des Lebens, die mit menschlichen Grundinstinkten (wie dem Macht-, Überlebens- und Fortpflanzungstrieb oder dem Bedürfnis nach Sinn) zusammenhängen. (C. G. Jung)

Atman: Die Bewußtseinsebene, die alle vorhergehenden Ebenen einschließt und transzendiert. Hier ist das vollkommene Einssein mit der Höheren Macht verwirklicht. Der Zeuge und das, was er sieht, das Übernatürliche und das Innerweltliche, sind ein und dasselbe. Es ist ein Zustand, der sich der verbalen Beschreibung entzieht. (Wilber, *Das Atman-Projekt.*)

Aura: Emanationen von Energie, die die pranische Aktivität eines Organs, eines Chakras oder einer Gesamteinheit anzeigen. Bestimmte Farben in der Aura stehen mit bestimmten energetischen oder emotionalen Zuständen im Zusammenhang.

Außerkörperliche Erfahrung (AKE): Das Erlebnis, daß der Körper von der Seele losgelöst ist und das Bewußtsein sich unabhängig vom Funktionieren des Körpers frei bewegen kann.

Außersinnliche Wahrnehmung (ASW): Die Fähigkeit, Ereignisse außerhalb der Grenzen des körperlichen Hörens, Sehens, Fühlens, Schmeckens und Riechens wahrzunehmen. Der Ausdruck bezieht sich oft auf Intuition, direktes Wissen, Hellsehen, Hellfühlen und Hellhören.

Besessenheit: Das Gefühl, von einem verdrängten Teil der eigenen Persönlichkeit oder von einem anderen Wesen beherrscht zu werden.

Bewußtsein: Der Zustand des Gewahrseins. Die persönliche Entwicklungsstufe bestimmt die Qualität dieses Gewahrseins.

Chakra: (Sanskritwort für »Rad«) Ein Energiewirbel im Körper, der das körperliche System mit subtileren sensorischen Aktivitäten verbindet. Die Chakras sollen eine entscheidende Rolle bei der Steuerung des reibungslosen Ablaufs des Energiesystems und des körperlichen Wohlbefindens spielen. Beim Erwachen der Kundalini werden die Chakras zu intensiverer Tätigkeit angeregt.

Channeling: Beim Channeling zieht das Medium alles, was mit seiner persönlichen Identität zusammenhängt, aus dem Körper zurück, so daß seine eigene höhere Intelligenz oder die eines körperlosen Geistes den physischen Körper als Vehikel für seine Mitteilungen benutzen kann.

Channeling-Kanal: Ein Mensch, der seinen physischen Körper einem höheren Wesen zur Verfügung stellt, das auf diese Weise mit den Menschen in Verbindung treten kann.

Déjà-vu:(Französisch »schon gesehen«): Das Gefühl, man habe die gegenwärtige Situation genauso früher schon einmal erlebt, oder sie sei schon einmal aufgetreten.

Deva: Ein körperloses Wesen, das die Essenz der äußerlich erkennbaren Wirklichkeit enthält. So hat zum Beispiel jeder Ort oder jede Pflanzengattung einen Deva, den man als seinen lichtbringenden Geist verstehen kann. Er verströmt höhere Intelligenz. Die Devas sind manchmal für Menschen wahrnehmbar, die für die subtilen Bewußtseinsebenen offen sind.

Ego: Das zentrale organisierende und regulierende Prinzip der Persönlichkeit. Ein Mensch, der die subtile, kausale oder Atman-Ebene erreicht, transzendiert die Einflußsphäre des Egos.

Engel: Ein körperloser Geist, der zwischen der Welt der vollkommenen Einheit mit der Höheren Macht und der gewöhnlichen Versunkenheit in die materielle Wirklichkeit lebt. Er besitzt eine höhere Intelligenz, handelt nur aus Liebe und hat die Fähigkeit, in den Menschen verstärkte Empfindungen von Liebe und Mitgefühl zu wecken. Engel werden von manchen Menschen in transpersonalen Bewußtseinszuständen wahrgenommen.

Exorzismus: Das rituelle Verfahren, bei dem Körper und Geist von negativen körperlosen Einflüssen befreit werden, die störend in das eigenständige Denken und Handeln eingreifen.

Geist (Spirit)[110]: Das wesentliche Glied des Menschen, das mit der Höheren Macht vollkommen eins ist und daher nicht den Beschränkungen der Persönlichkeit und der Samskaras unterliegt.

Grenze: Psychologischer Begriff zur Bezeichnung des klar empfundenen inneren Gefühls der Identität als einmalige, eigenständige und deutlich von anderen getrennte Einheit.

Halluzination: Die Wahrnehmung von Bildern oder Geräuschen, die für andere unsichtbar oder unhörbar sind und daher als bedeutungslos und eingebildet gelten. Das Wort bezeichnet gewöhnlich einen pathologischen Vorgang.

Hellfühlen: Die Fähigkeit, Informationen über andere durch Empfindungen im eigenen Körper zu empfangen. Menschen, die hellfühlen können, »fühlen« manchmal die Gefühle, die dunklen Gedanken oder die Krankheit eines anderen Menschen im eigenen Körper.

Hellhören: Die Fähigkeit, Eindrücke aus der subtilen Ebene durch ein inneres, nicht unbedingt mit dem physiologischen Hören in Beziehung stehendes Hören wahrzunehmen. Menschen, die über die Gabe des Hellhörens verfügen, können das Grollen eines Erdbebens unter Umständen schon Tage vor seinem wirklichen Auftreten »hören«.

Hellsehen: Die Fähigkeit, durch innere Visionen genaue Informationen über Vergangenheit, Gegenwart oder Zukunft zu erhalten. Die Visionen können sich auf körperliche Aktivitäten, die physische Gesundheit, Gefühle, Gedanken oder spirituelle Erfahrungen beziehen. Ein Mensch, der hellsehen kann, »sieht« zuweilen sein eigenes Wesen oder das Wesen eines anderen Menschen auf eine Weise, die der gewöhnlichen Intelligenz verschlossen bleibt.

Höhere Intelligenz: Jener Teil der Intelligenz, der nicht unter der Kontrolle persönlicher Wünsche oder des persönlichen Willens steht. Ihre Triebfedern sind Liebe und Mitgefühl. Sie erlaubt es, sich selbst oder andere mit den Augen liebender Hingabe und Weisheit statt im Geiste von Urteil und Kritik zu betrachten.

Höhere Macht: Synonym für Urgrund und Quelle aller Schöpfung, von dem wir alle als eines seiner Teile herstammen. Die Zwölf-Schritte-Programme verstehen unter Höherer Macht alles, was die Macht des individuellen Egos überschreitet – zum Beispiel die Gemeinschaft.

(Reifes) Ich: Dieses Entwicklungsstadium wird in dem Moment erreicht, wo das Individuum die verschiedenen Teile seiner Persönlichkeit integriert hat. Es kann sich dann vom Ich (Ego) fortentwickeln, um im spirituellen Wachstum eine höhere Stufe der Einheit zu suchen. (Wilber, *Das Atman-Projekt.)*

Karma: (Sanskrit) Bezieht sich auf das Gesetz von Ursache und Wirkung. Wir sind für unsere Gedanken und Handlungen mit all ihren Folgen verantwortlich. Auf diese Weise läuft unser Leben nicht zufällig ab; wir nehmen ganz konkret Einfluß auf unser Schicksal. Die Folgen vergangener Handlungen schaffen die Bedingungen, unter denen wir genau die Lehren ziehen können, die für uns wichtig sind.

Kausal: Die Bewußtseinsebene, in der die Einheit mit der Höheren Macht, oder Gott, erfahren wird. In der Erfahrung der kausalen Ebene fühlt der Mensch vollkommene, von störenden Gedanken, Wünschen oder Stimmungen ungetrübte Ekstase; das Zeitgefühl ist in der Empfindung der Ewigkeit aufgehoben.

Kollektives Unbewußtes: Universell gültige, soziale, menschliche Themen, die sich potentiell in allen Menschen manifestieren. In Nation, Gemeinschaft und Familie finden sie ihren spezifischen Ausdruck. In spirituellen Krisen sind die Inhalte des kollektiven Unbewußten leichter zugänglich als zu anderen Zeiten. Je weiter die Entwicklung eines Menschen voranschreitet, desto differenzierter entwickelt er sich von dem ihm vom kollektiven Unbewußten vorgegebenen Muster weg. (C. G. Jung)

Kriya: (Sanskrit) Ein Ausstoß pranischer Energie, der sich durch Schütteln, Vibrieren und hochemotionale Zustände manifestiert.

Kundalini-Energie: (Sanskrit) Die Lebenskraft, in der die Grundenergie der Schöpfung und das Urbewußtsein des Universums beschlossen liegen. Normalerweise liegt die Kundalini-Energie beim Menschen nach der Geburt schlafend am Fuß der Wirbelsäule. Später aktiviert das Prana die biologischen Funktionen. Man sagt, daß die Kundalini im Verlauf des spirituellen Aufbruchs »erwacht«, wobei sie die Fähigkeit zur Einung mit der Höheren Macht aktiviert und den Wunsch nach voller Selbstverwirklichung weckt.

(Reich der) Mythen: Bereich des persönlichen Erfahrens, der mit archetypischen Erlebnissen im Zusammenhang steht. In spirituellen Krisen taucht der Mensch oft in eine Wirklichkeitsauffassung ein, die von mythischen Vorstellungen durchsetzt ist.

Nahtoderfahrung (NTE): Bezeichnet das Erlebnis bei vorübergehendem klinischem Tod und nachfolgender Wiederbelebung. Die meisten Menschen, die eine Nahtoderfahrung gehabt haben, berichten, daß sie in der Zeit, in der sie klinisch tot waren, von gewissen für die subtile Ebene typischen Erfahrungen wie dem Erscheinen eines weißen Lichts.

Prana: (Sanskrit) Ein elektrizitätsähnlicher Energiestrom im Körper, der durch die Vermittlung des sympathischen und parasympathischen Nervensystems wesentlich zum Funktionieren der geistigen und körperlichen Aktivitäten des Menschen beiträgt. Prana – eine gröbere Form von Energie als die Kundalini – ist immer in Aktion. Prana hängt eng mit dem Atem zusammen und kann durch Atemübungen beeinflußt werden, so daß es zu einem bewußteren Gewahrsein und bewußter Kontrolle des Geistes und der organischen Körperfunktionen kommt. Wenn die Kundalini erwacht, wird die pranische Aktivität verstärkt und kann zu Muskelzuckungen, Vibrationen und dem Gefühl eines durch den Körper strömenden Energieflusses führen.

Psi-Phänomene: Jenseits der physikalischen Welt angesiedelte Kräfte, die durch jenseits des Hörens, Sehens, Fühlens, Schmeckens und Riechens liegende Sinne wahrgenommen werden. Dazu gehören ASW, Präkognition, Hellsehen und so weiter.

Psychedelische Droge: Chemische Substanz, die, im geeigneten Rahmen eingesetzt, ein direktes geistiges Wissen fördert.

Psychokinese: Die Bewegung von Gegenständen ohne äußerlich wahrnehmbare materielle Ursache. Psychokinese ist ein Psi-Phänomen.

Psychose: Ein Zustand des emotionalen Aufruhrs, bei dem mindestens eine der folgenden Erscheinungen auftritt: Verlust der gedanklichen Klarheit bis zur völligen Inkohärenz, Wahnvorstellungen, Halluzinationen, durch schwere Desorganisation oder Katatonie gekennzeichnetes Verhalten. Die Persönlichkeit ist desorganisiert, und das Bewußtsein besitzt kein festes Zentrum mehr. Die Aufmerksamkeit wechselt chaotisch von einem Gegenstand zum anderen.

Samskara: (Sanskrit) Ein Zustand oder ein Verhaltensmuster, das aus einem früheren Leben in dieses Leben mitgebracht oder durch Konditionierung während dieses Lebens erworben worden ist.

Satanismus: Ein Kult, in dem die Dunkelheit und die Mächte der Zerstörung verehrt werden – im bewußten Gegensatz zu den lichten Mächten der Liebe und Schöpferkraft, die sich in den Leitbildern der großen Weltreligionen (Christus, Buddha, Brahma, Allah und so weiter) niedergeschlagen haben.

Schamane: Eine Frau oder ein Mann, die die Techniken zur Erzeugung von Ekstase und außergewöhnlichen Trancezuständen beherrschen. Sie/er kann diese Techniken benutzen, um zu heilen, Wunder zu tun, mit körperlosen Wesen und/oder verkörperten Seelen in telepathische Verbindung zu treten, oder um soziale oder politische Macht auszuüben.

Schatten: Ein Begriff, der in den großen Bereich der analytischen Psychologie gehört. Er bezieht sich auf jene Aspekte der Persönlichkeit, mit denen sich das Bewußtsein noch nicht identifiziert hat. Oft verteidigen wir das Bild, das wir von uns selbst haben, gegen allzu negative oder allzu positive Anteile des Schattens, indem wir diese als einem anderen zugehörig betrachten. Da es zum Beispiel nicht üblich ist, in der Öffentlichkeit seine Wut oder seine Nähe zu einer Höheren Macht zu zeigen, ziehen es viele Menschen vor, zu glauben, ihr eigener Schatten sei zu solchen Gefühlsäußerungen nicht fähig.

Seele: Das zentrale Leitprinzip der gesamten Person; dazu gehören auch die verschiedenen Persönlichkeitsanteile, die aus der Vergangenheit übernommenen Samskaras und der Drang zur Selbstverwirklichung. Die Seele bleibt als fühlbare Einheit unbewußt und wird dem Bewußtsein erst zugänglich, wenn das Individuum anfängt, die subtile Ebene zu erobern. Sie ist vom Körper unabhängig, manifestiert sich aber während des Lebens vorübergehend gleichzeitig mit diesem.

Shakti: (Sanskrit) Es handelt sich bei diesem Begriff um die starke, aktivierende Energie, die die Partnerin des reinen Bewußtseins ist. Beide zusammen bilden die Voraussetzung für jede Manifestation und jede Handlung in der Welt. Shakti ist eine ostindische Göttin, die oft als weibliche Figur in Begleitung von Shiva, dem Symbol des reinen Bewußtseins, dargestellt wird. Sie symbolisiert die universale Natur der Energie und umfaßt insofern sowohl Prana als auch Kundalini.

Siddhis: (Sanskrit) Kräfte, die dem Menchen mit dem Eintritt in die subtile Ebene des Bewußtseins zugänglich werden. Dazu gehören zum Beispiel die Fähigkeit, den Herzschlag zu regulieren, die Gabe der Heilung durch Handauflegen, Hellsehen und so weiter. Je stärker sich der Betreffende vom dualistischen Denken entfernt, um so erstaunlichere Kräfte wachsen ihm zu. Zu den Siddhis gehört auch die in den schamanischen Kulturen verbreitete Gabe, sich nach Belieben in einen Vogel oder ein anderes Tier zu verwandeln.

Spirit: siehe Geist.

Spirituelle Erkrankung: Eine Form der Erkrankung, durch die die Betreffenden sich bereit machen, in den subtilen und den kausalen Bereich einzutreten. Obwohl es sich scheinbar um rein organische Krankheiten handelt, dienen sie dazu, den Menschen zu läutern und ihm den Zugang zu subtilen Erfahrungsebenen zu erleichtern. Spirituelle Erkrankungen treten oft bei Kindern auf, denen die Zukunft eines Schamanen vorherbestimmt ist.

Spiritueller Aufbruch (spiritual emergency): Der Vorgang des Erwachens für die jenseits des Egos liegenden Dimensionen des Bewußtseins.

Spiritueller Zusammenbruch, spirituelle Krise, spirituelle Notlage (spiritual emergency): Kritischer Wendepunkt im Prozeß des spirituellen Aufbruchs, der durch Desorientiertheit und Versinken in der inneren Welt gekennzeichnet ist. Im Verlauf des spirituellen Zusammenbruchs wird die Fähigkeit, die Welt wahrzunehmen und zu erfahren, so erweitert, daß die Dinge nicht mehr ausschließlich vom Standpunkt des Egos, sondern mit einer für das Transpersonale offenen Wahrnehmungsfähigkeit erlebt werden.

Subtile Ebene: Die Bewußtseinsebene jenseits der normalen Fähigkeiten des Körpers/Geistes[111], auf der Psi-Phänomene, okkultes Wissen, Wesen höherer Intelligenz und tiefe Inspirationen auftreten. Mit der Reifung des Bewußtseins und seiner Loslösung von Körper und Geist wird der Zugang zu Wahrnehmungen der subtilen Ebene erleichtert. (Wilber, *Das Atman-Projekt.*)

Suche nach dem Gesicht: Ein fest vorgeschriebener Zeitabschnitt, in dem ein Mann oder eine Frau sich bemüht, seine/ihre persönliche Kraft zu bestimmen und Verbindung mit spirituellen Verbündeten aufzunehmen. Die Suche nach dem Gesicht gehört als wesentlicher Teil zur Ausbildung des Schamanen. In dieser Zeit stirbt der Adept für sein altes, konditioniertes soziales Ich und wird in die tiefere Verwirklichung seiner wesenhaften Natur hinein wiedergeboren.

Unbewußt: Bezieht sich auf Aspekte unseres Wesens, deren wir noch nicht völlig gewahr oder die wir noch nicht bereit sind, als zu uns gehörig zu akzeptieren. Diese Aspekte können zu unserer Eigenschaft als soziales Wesen und Mitglied der menschlichen Rasse oder zu unserer Eigenschaft als Individuen gehören. Sie können ihrer Natur nach positiv oder negativ sein.

(Das) Unbewußte: Der Bereich des menschlichen Wesens, der jene Energien, Wahrnehmungsfähigkeiten und Erinnerungen enthält, mit denen das Ego noch nicht umgehen kann.

Verbündeter: Verkörperter oder in spirituellen Bereichen lebender Freund, der dem Menschen hilft, durch die wachsende Vertrautheit mit den transpersonalen Sphären allmählich sein volles Potential zu verwirklichen. In schamanischen Kulturen ist er oft ein Tier, ein Vogel oder eine Pflanze.

Wahnvorstellung: Eine Vorstellung, die nicht in der gemeinsam empfundenen Wirklichkeit gegründet ist.

Wahres Selbst: Der Teil der Seele, der in direkter Verbindung mit der Höheren Macht, der Erfahrung des Einsseins, oder Gott, steht.

Ansprechpartner

Deutschland

Dr. Ingo Jahrsetz
Im Maierbühl 41
7800 Freiburg-Tiengen
Tel. 07664/598550

Existenzialpsychologische Begegnungsstätte Rütte
Dr. Peter Loomans
Forum Rütte
7865 Todtmoos-Rütte
Tel. 07674/8511

Klinik Heiligenfeld
Dr. Joachim Galuska
8730 Bad Kissingen
Tel. 0971/1277

Theresa Teusen und Hubert Maier
Sielwall 76
2800 Bremen
Tel. 0421/4988842

Dr. Ulrich Lange
Kümperfeld 20
5060 Bergisch-Gladbach 2
Tel. 02202/82710

Alexandra Steinbeiß
Miesbacher Straße 7
8155 Oberlaindern
Tel. 08024/3435

Schweiz

Lic. Phil. Myrtha Pfisterer
Tannenstraße 66
CH-5000 Aarau
Tel. 0041/64/243707

Marc Scotoni
Buchholzstraße 45
CH-8053 Zürich
Tel. 0041/1/3833767

in den USA

National Outdoor Leadership School (NOLS)
P. O. Box AA
Lander, Wyoming 82520

Nizhoni School for Global Consciousness
Route 3, Box 50
Galisteo, New Mexico 87540

Outward Bond
384 Field Point Road
Greenwich, Connecticut 06830

Pocket Ranch
3960 West Sausal Lane
Healdsburg, California 95448

Spiritual Emergence Network (Zentralbüro)
c/o Institute of Transpersonal Psychology
250 Oak Grove Avenue
Menlo Park, California 94025

Spiritual Emergence Network (Rocky Mountain Office)
c/o Rebecca Browning
4301 North Broadway
Boulder, Colorado 80302

»Sanctuary«
150 Felker St., Suite »G«
Santa Cruz, California 95060
Für geschäftliche Anfragen: Gary Haraldsen
Für medizinische Anfragen: Dr. Bob Newport

Anmerkungen

1. Mircea Eliade, *Schamanismus und archaische Ekstasetechnik* (Rascher, Zürich und Stuttgart 1957), S. 447.
2. Der Ausdruck *Spiritual Emergence* meint, daß das Individuum begonnen hat, sich zu seinem spirituellen Urgrund hinzuwenden, so daß der »Geist«, *spirit*, im Bewußtsein »auftaucht« (engl. *emerge*) Um den Übergang zwischen dem Vorgang der *emergency* (»Notlage, Notfall«) und der *emergence* (»Auftauchen, Hervorscheinen«) auch im Deutschen sprachlich anzudeuten, habe ich die beiden Begriffe in diesem Buch meist als *spirituellen Zusammenbruch* bzw. *spirituellen Aufbruch* wiedergegeben. Wo es mir angemessen erschien, habe ich für *emergency* auch *Notlage* o. ä., für *emergence Auftauchen* o. ä. verwendet. *Anmerkung des Übersetzers.*
3. Dante Alighieri, *Die Göttliche Komödie*. Italienisch und Deutsch. Übersetzt von Hans Gmelin, Stuttgart 1975, III. Teil, *Das Paradies*. 33. Gesang 83–87 und 110-120.
4. Ken Wilber, *Das Atman-Projekt.*
5. Und im Deutschen. *Anmerkung des Übersetzers.*
6. Andrew Greeley, »Mysticism Goes Mainstream«, *American Health*, January-February, 1987.
7. Ebenda.
8. Zum Nahtod-Erlebnis vgl. *Kenneth Ring, Heading Toward Omega (New York: William Morrow, 1984)*. Zur Kundalini vgl. Gopi Krishna, *Kundalini. Erweckung der geistigen Kraft im Menschen* (O. W. Barth, München 1990). Zum Schamanismus vgl. Michael Harner, *Der Weg des Schamanen. Ein praktischer Führer zu innerer Heilkraft* (rororo-Transformation, Reinbek 1986). Zur Kreativität vgl. Willis Harman und Howard Rheingold, *Die Kunst, kreativ zu sein. Die Hohe Schule der Kreativität* (O. W. Barth – Scherz, München 1989).
9. Arthur Abell, *Gespräche mit berühmten Komponisten – So entstanden ihre unsterblichen Meisterwerke* (Garmisch-Partenkirchen: G. E. Schröder-Verlag, 1962). S. 159.
10. Ebenda.
11. G. N. M. Tyrell, *The Personality of Man* (London, 1946).
12. Ebenen der Wahrheit.
13. Ken Wilber, *Das Atman-Projekt.*
14. Stanislav und Christina Grof, *Spiritual Emergency: The Understanding and Treatment of Transpersonal Crises*, *ReVision* 8, Nr. 2 (1986).
15. Carl G. Jung, *Der Mensch und seine Symbole* (Olten, 1968).
16. Das englische Wort *realization* enthält die doppelte Bedeutung des Verbs *to realize*, von dem es abgeleitet ist (*verwirklichen* und *sich*

klarwerden), bedeutet also je nach dem Zusammenhang, in dem es gebraucht wird, *Verwirklichung* oder *Vergegenwärtigung*, *Erkenntnis*. Daß das Erlangen einer neuen Erkenntnis gleichzeitig die Verwirklichung eines neuen Seinszustandes mit sich bringt, läßt sich so im Englischen im Gegensatz zum Deutschen mit einem Wort ausdrükken. *Anmerkung des Übersetzers.*

17. The Findhorn Community, *The Findhorn Garden* (New York: Harper & Row, 1975).
18. Die Übersetzung dieser Begriffe wurde aus der deutschen Ausgabe des Buches von Stanislav und Christina Grof übernommen, die unter dem Titel *Spirituelle Krisen – Chancen der Selbstfindung* 1990 in München erschienen ist.
19. Joseph C. Pearce, *The Magical Child: Rediscovering Nature's Plan for Our Children* (New York: E. P. Dutton, 1977).
20. Erik Erikson, *Kindheit und Gesellschaft* (Klett-Cotta, Stuttgart 1984).
21. Erikson, *Kindheit und Gesellschaft* (Stuttgart, Klett 1973), S. 256.
22. Bezugsgruppe eines Individuums, die aus Personen gleichen Alters, gleicher oder ähnlicher Interessenlage und ähnlicher sozialer Herkunft besteht und es in bezug auf Handeln und Urteilen stark beeinflußt. (Duden-Fremdwörterbuch, Mannheim, 5. Aufl. 1990).
23. National Institute on Alcohol Abuse and Alcoholism, »Sixth Special Report to the U. S. Congress on Alcohol and Health from the Secretary of Health and Human Services«, DHHS Publication No. (Alcohol, Drug Abuse, Mental Health Administration) 87-1519, (Washington, D. C.: U. S. Government Printing Office, 1987).
24. American Association for Counseling and Development Foundation, Brief an die Mitglieder der A.A.C.D. (Dezember 1988).
25. Arthur Hastings, »A Counseling Approach to Parapsychological Experience«, *Journal of Transpersonal Psychology* 15, Nr. 2 (1983).
26. Hastings, »A Counseling Approach to Parapsychological Experience«.
27. David Lukoff und Howard Everest, »The Myths of Mental Illness«, *Journal of Transpersonal Psychology* 15, Nr. 2 (1983).
28. Erikson, *Kindheit und Gesellschaft*, S. 258.
29. »Most First Marriages Doomed, New Study Says« (Die meisten Erst-Ehen sind zum Scheitern verurteilt, wie aus einer neuen Untersuchung hervorgeht), *San Francisco Chronicle* (13. März 1989).
30. U. S. Bureau of Census, *Statistical Abstract of the United States: 1988*, 108th ed. (Washington, D. C.: Washington U. S. Government Printing Office, 1988).
31. Andrew Greeley, »Mysticism Goes Mainstream«, *American Health*, January-February, 1987.
32. U. S. Bureau of Census, *Statistical Abstract of the United States: 1988:* 108th ed. (Washington, D. C.: Washington U. S. Government Printing Office, 1988).
33. Eric Neuman, *Amor and Psyche* (Princeton: Princeton University Press, 1956).
34. *Hundert Gedichte Kabirs, herausgegeben von Rabindranath Tagore, deut-*

sche Übersetzung von G. M. Muncker und A. Haas, Hyperion, Freiburg o. J., S. 24 ff.
35. R. Fulop-Miller, *The Saints that Moved the World* (New York: T. Crowell, 1945).
36. R. Fulop-Miller, *The Saints.*
37. Theresia von Avila, *Die innere Burg* (Diogenes, Zürich 1979), S. 143 f. und 86.
38. Gopi Krishna, *Kundalini. Erweckung der geistigen Kraft im Menschen* (O. W. Barth-Scherz, München 1990), S. 10 f.
39. Gopi Krishna, *Kundalini,* S. 39 f.
40. Gopi Krishna, *Kundalini.,* S. 119 f.
41. Außerkörperliche Erfahrung, das Bewußtsein, sich außerhalb des Körpers zu befinden.
42. Matthäus 4, 1–11, übersetzt von Walter Jens (Stuttgart: Kreuz-Verlag, 1972).
43. Johannes vom Kreuz. *Die dunkle Nacht* (Johannes, Einsiedeln 1978), S. 44, 83 und 96.
44. R. Assagioli, »Self-Realization and Psychological Disturbances«, *Mandalama,* August 1981.
45. The Vipassana Community, »Psychotherapy and Meditation«, *Inquiring Mind* 5, no. 1 (Summer 1988).
46. Gopi Krishna, *Kundalini,* S. 133.
47. Gopi Krishna, *Kundalini,* S. 133.
48. Unitarische Kirche in Oak Park, Illinois. *Anmerkung des Übersetzers.*
49. Wunder-Kurs.
50. Erwachsene Kinder von Alkoholikern.
51. M. Murphy and R. White, *The Psychic Side of Sports* (Addison-Wesley: Reading, Mass. 1978).
52. Murphy and White, *The Psychic Side of Sports.*
53. Angriffsspieler im American Football.
54. M. Murphy and J. Brodie, »I Experience a Kind of Clarity«, (Ich fühle mich irgendwie klar), *Intellectual Digest* 3, no. 5 (1973).
55. H. Greenhouse, *The Astral Journey* (Garden City, N. Y.: Doubleday, 1974).
56. C. Lindbergh, *Mein Flug über den Ozean* (S. Fischer, Berlin 1954).
57. K. Ring, *Heading Toward Omega* (New York: William Morrow, 1984).
58. R. Ornstein und D. Sobel, *The Healing Brain* (New York: Simon and Schuster, 1987).
59. T. Clifford, »Anatomy of Ecstasy«, *American Health* Jan./ Feb. 1987
60. Persinger, zitiert in Dennis Stacy, »Transcending Science«, *Omni,* Dezember 1988.
61. W. Harman und H. Rheingold, *Die Kunst, kreativ zu sein.*
62. R. Moody, Jr., *Life After Life* (Atlanta, Ga.: Mockingbird Books, 1975), E. Kübler-Ross, *On Death and Dying* (New York: Macmillan, 1969) und E. Kübler-Ross, *Death – The Final Stage of Growth* (New York: Simon and Schuster, 1986).
63. U. S. Bureau of Census, *Statistical Abstract of the United States: 1988.*

108th ed. (Washington, D. C.: U. S. Government Printing Office, 1988).
64. U.S. Bureau of Census, *Statistical Abstract*, 1988.
65. S. Grof, »New Perspectives in Psychotherapy and Inner Exploration,« *The Adventure of Self Discovery* (Albany, N. Y.: State University of New York Press, 1987).
66. Die Grofs führen diese Arbeit in einem Rahmen durch, bei dem jeder Teilnehmer von einem »Beisitzer« begleitet wird, der jederzeit, wenn er gebraucht wird, zur emotionalen Unterstützung bereit ist. Es handelt sich hier um eine äußerst wirkungsvolle Technik, die nicht ohne die Anleitung eines ausgebildeten Therapeuten durchgeführt werden sollte. Es empfiehlt sich auch, die Erfahrungen anschließend in Zusammenarbeit mit einem Berater der transpersonalen Richtung aufzuarbeiten.
67. Wenn Sie mit Charles und Caroline Muir Kontakt aufnehmen wollen, um sich über ihre Workshops und über die von ihnen produzierten Kassetten zu informieren, wenden Sie sich an: Source Vacation Seminars, P. O. Box 330309, Kahului, Hawaii 96733.
68. Psalm 23.
69. A. Huxley, *Eine Abhandlung über Drogen. Moksha: Auf der Suche nach der Wunderdroge.* (Piper, München 1983) S. 18.
70. Die Native American Church (Peyotism) ist die am weitesten verbreitete religiöse Bewegung unter den nordamerikanischen Indianern.
71. Chemisch »maßgeschneiderte« Drogen. *Anmerkung des Übersetzers.*
72. NIAAA, *Sixth Special Report.*
73. L. D. Hohnstone, P. M. O'Malley und J. G. Bachman, »Illicit Drug Use, Smoking and Drinking by America's High School Students, College Students, and Young Adults, 1977–87«, in Vorbereitung.
74. »Drug Use Among American High School Students and Other Young Adults«, 1985, Institute for Social Research, University of Michigan, Ann Arbor, Michigan.
75. NIAAA, *Sixth Special Report* and California Report to the Legislature, 1984.
76. Roderick und D. Morain, »Death Suspect's Life Was Unraveling«. *Los Angeles Times*, 17. April 1989.
77. R. Yensen, »From Mysteries to Paradigms: Humanity's Journey from Sacred Plants to Psychedelic Drugs«, *ReVision: The Journal of Consciousness and Change*, Spring 1988.
78. Food and Drug Administration, Amerikanische Zulassungsbehörde für Nahrungsmittel und Medikamente. *Anmerkung des Übersetzers.*
79. Yensen, »From Mysteries to Paradigms.«
80. J. Stevens, *Storming Heaven: LSD and the American Dream* (New York: The Atlantic Monthly Press, 1987). Zitiert nach Science, 172 (1971).
81. Yensen, »From Mysteries to Paradigms«.
82. L. Grinspoon und J. Bakalor, »Marijuana: Six Years of Reconsideration«, in L. Grinspoon *Marijuana Reconsidered*, 2. Aufl. (Cambridge, Mass.: Harvard University Press, 1977).

83. R. Schultes und A. Hofmann, *Pflanzen der Götter. Die magischen Kräfte der Rausch- und Giftgewächse* (Hallwag, Ostfildern 1980).
84. S. Grof, *LSD Psychotherapie* (Klett-Cotta, Stuttgart 1983).
85. D. Rogo, »Ketamine and the Near-Death Experience«, *Anabiosis: The Journal of Near-Death Studies 4, Nr. 1 (1984).*
86. R. Johnstone, »A Ketamine Trip«, *Anaesthesiology* Nr. 39 (1973).
87. Vgl. Anm. 78.
88. A. Huxley, »Transzendenz nach unten«, in *Moksha: Auf der Suche nach der Wunderdroge.* (Piper, München und Zürich 1983), S. 41 f.
89. P. Russell, *The Global Brain* (Los Angeles: J. P Tarcher, 1983).
90. R. Hornik, »Small-town Blues«. *Time Magazine,* 27. März 1989.
91. N. Gibbs, »How America Has Run Out Of Time«. *Time Magazine,* 24. April 1989.
92. Umpolung.
93. J. White, *Pole Shift* (New York: Doubleday, 1980).
94. Persönliches Gespräch mit William Lonsdale.
95. Thich Nhat Hanh, *Das Wunder der Achtsamkeit. Einführung in die Meditation.* (Theseus, Küsnacht 1988). Anm. d. Übersetzers: Im zweiten der drei Zitate liegt ein Übersetzungsfehler vor. Es müßte »erst« statt »nur« heißen.
96. R. N. Ostling, »Those Mainline Blues«, *Time Magazine,* 22. Mai 1989.
97. J. White, »Liberation Literature: A Path to Self-Transcendence«, *New Realities* 7, Nr. 4 (1987).
98. K. Kelley (Hrsg.), *The Home Planet* (New York: Addison Wesley, 1988)
99. In einem von der Healing Connection, einer Vereinigung transpersonal orientierter Psychotherapeuten und Körpertherapeuten, geförderten Vortrag von Reverend Joseph Martinez am 11. Oktober 1988 in Santa Cruz, California.
100. E. Sahtouris, *Gaia: The Human Journey From Chaos to Cosmos* (New York: Simon and Schuster, 1989).
101. J. Lovelock, *The Ages of Gaia: A Biography of Our Living Earth* (New York: W. W. Norton, 1988).
102. K. Dychtwald, mit J. Flower, »The Third Age«, *New Age Journal,* Januar/Februar 1989.
103. Dychtwald und Flower, »The Third Age«.
104. Zitiert nach Dychtwald und Flower, »The Third Age«.
105. E. Erikson, *Kindheit und Gesellschaft.*
106. Dass, Ram und Gorman, Paul, *Wie kann ich helfen? Segen und Prüfung menschlicher Zuwendung* (Sadhana, Ort 1988).
107. A. Menn und L. Mosher, »Soteria: Alternative to Acute Hospitalization for Schizophrenics«, in *New Directions for Mental Health Services,* I, H. Richard Lamb, Hrsg. (San Francisco: Jossey-Bass, 1979).
108. Erwachsene Kinder von Alkoholikern.
109. Anonyme Alkoholiker.
110. Das englische Wort *spirit* (»Geist«) bezeichnet in diesem Buch den

ewigen, gottgleichen Wesenskern des Menschen, dem dieser sich im *spirituellen Aufbruch* nähert. *Mind*, das im Deutschen zuweilen ebenfalls als *Geist* wiederzugeben ist, meint dagegen oft mehr den Verstand, der als Teil der manifestierten Welt ein Ausfluß des Geistes (Spirit) ist. Das von *spirit* abgeleitete Adjektiv *spiritual* wurde nur zuweilen mit *geistig*, in den meisten Fällen jedoch mit *spirituell* wiedergegeben, auch um eine Begriffsverwechslung mit *geistig* im Sinne von »verstandesmäßig, intellektuell«, das dem englischen *mind* (zum Beispiel in dem Gegensatzpaar *body/mind)* entspricht, zu vermeiden. *Anmerkung des Übersetzers.*

111. Im Sinne von »Verstand, Intellekt«. *Anmerkung des Übersetzers.*

Quellen

Erstes Kapitel

Bragdon, E., *A Sourcebook for Helping People in Spiritual Emergency* (Lightening Up Press, California 1988)
Grof, S., *Geburt, Tod und Transzendenz* (Kösel, München 1985)
Grof, S. und C., *Spirituelle Krisen – Chancen der Selbstfindung* (Kösel, München 1990)
Wilber, K., *Das Atman-Projekt – Der Mensch in transpersonaler Sicht* (Junfermann, Paderborn 1990)

Zweites Kapitel

Castaneda, Carlos, *Die Lehren des Don Juan. Ein Yaqui-Weg des Wissens* (Fischer, Frankfurt 1989) Castaneda, Carlos, *Eine andere Wirklichkeit. Neue Gespräche mit Don Juan* (Fischer, Frankfurt 1990)
Dürckheim, Karlfried Graf, *Hara – die Erdmitte des Menschen* (O. W. Barth, München 1983)
Eliade, M., *Schamanismus und archaische Ekstasetechnik* (Rascher, Zürich und Stuttgart 1957)
Krishna, G., *Kundalini. Erweckung der geistigen Kraft im Menschen* (O. W. Barth-Scherz, München 1990)
Harman, Willis und Rheingold, Howard, *Die Kunst, kreativ zu sein. Die Hohe Schule der Kreativität* (O. W. Barth Scherz, München 1989)
Harner, M., *Der Weg des Schamanen. Ein praktischer Führer zu innerer Heilkraft* (rororo-Transformation, Reinbek 1986)
Jamal, M., *Shape Shifters: Shaman Women in Contemporary Society* (Routledge and Kegan Paul, New York 1987)
Nicholson, S. (Hrsg.), *Shamanism* (Theosophical Publishing House, Wheaton, Illinois 1987)
Ring, K., *Heading Toward Omega* (William Morrow, New York 1984)

Drittes Kapitel

Armstrong, T., *The Radiant Child* (Quest, Wheaton, Illinois 1985)
Campbell, Joseph, *Der Heros in tausend Gestalten* (Suhrkamp, Frankfurt 1978)
Campbell, Joseph, *Die Kraft der Mythen. Bilder der Seele im Leben des Menschen* (Artemis, München 1989)

Eliade, M., *Schamanismus und archaische Ekstasetechnik* (Rascher, Zürich und Stuttgart 1957)
Grof, S. und C., »Spiritual Emergency: The Understanding and Treatment of Transpersonal Crises«. *ReVision* 8, Nr. 2 (1986)
Grof, S. und C., *The Stormy Search for the Self* (J. P. Tarcher, Los Angeles, in Kürze)
Halifax, J., *Shamanic Voices* (Crossroads, New York 1979)
Harner, M., *Der Weg des Schamanen. Ein praktischer Führer zu innerer Heilkraft* (rororo-Transformation, Reinbek 1986)
Hastings, A., »A Counseling Approach to Parapsychological Experience«, *The Journal of Transpersonal Psychology* 15, Nr. 2 (1983)
Krishna, G., *Kundalini. Erweckung der geistigen Kraft im Menschen* (O. W. Barth-Scherz, München 1990)
Oesterreich, T. K., *Possession and Exorcism* (Causeway Books, New York 1974)
Perry, J. W., *The Far Side of Madness* (Prentice-Hall, New Jersey 1974)
Perry, J. W., »Spiritual Emergence and Renewal«, *ReVision* 8, Nr. 2 (1986)
Sannella, L., *Kundalini: Psychosis or Transcendence* (H. S. Dakin Co., San Francisco 1986)
White, J., *What is Enlightenment?* (J. P. Tarcher, Los Angeles 1984)
Wilber, K., *Das Atman-Projekt – Der Mensch in transpersonaler Sicht* (Junfermann, Paderborn 1990)
Woolger, R., *Other Lives, Other Selves* (Doubleday, New York 1987)

Viertes Kapitel

Armstrong, T., *The Radiant Child* (Quest, Wheaton, Illinois 1985)
Erikson, Erik, *Kindheit und Gesellschaft* (Klett-Cotta, Stuttgart 1984)
Greeley, A. M., *»Mysticism Goes Mainstream«*, *American Health* Jan./Feb. 1987
Grof, S., *Topographie des Unbewußten* (Klett-Cotta, Stuttgart 1988)
Arthur Hastings, »A Counseling Approach to Parapsychological Experience«, *Journal of Transpersonal Psychology* 15, Nr. 2 (1983)
Hine, V., *Last Letter to the Pebble People* (Unity Press, Santa Cruz, California 1977)
Jung, C. G., *Erinnerungen, Träume, Gedanken. Aufgezeichnet und herausgegeben von Aniela Jaffé* (Walter, Olten 1987)
Pearce, J. C., *The Magical Child: Rediscovering Nature's Plan for Our Children* (E. P. Dutton, New York 1977)
Sogyal, R., *»For the Moment of Death«*, *Spiritual Emergence Network Journal* 2 (Fall 1989)
Young, V., *Working with the Dying and Grieving* (International Dialogue Press, Davis, California 1984)

Fünftes Kapitel

Ajaya, Ballentine, R. und Rama, *Yoga and Psychotherapy: The Evolution of Consciousness* (The Himalayan International Institute of Yoga Science and Philosophy, Honesdale, Pennsylvania 1976)
Assagioli, R., »Self-Realization and Psychological Disturbances«, *Mandalama*, August 1981
Bragdon, E., *A Sourcebook for Helping People in Spiritual Emergency* (Lightening Up Press, Los Altos, California 1988)
James, W., *Die Vielfalt religiöser Erfahrung* (Walter, Olten 1979)
Krishna, G., *The Awakening of Kundalini* (Clark, Irwin, Toronto 1974)
Metzner, Ralph, *Opening to Inner Light: The Transformation of Human Nature and Consciousness* (J. P. Tarcher, Los Angeles 1986)
Patanjali, *Die Wurzeln des Yoga* (O. W. Barth – Scherz, München 1982)
Tart, C. T., *Transpersonale Psychologie* (Walter, Olten 1978)
Vaughan, F., *The Inward Arc* (Shambhala, Boston 1986)
Wilber, K., *Wege zum Selbst – Östliche und westliche Ansätze zum persönlichen Wachstum* (Kösel, München 1984)

Quellen zur Körperarbeit

Almaas, A. H., Essence: *The Diamond Approach to Inner Realization* (Samuel Weiser, York Beach, Maine 1986)
Baker, E., *Der Mensch in der Falle. Das Dilemma unserer blockierten Energie. Ursachen und Therapie* (Kösel, München 1980)
Grof, S., *Geburt, Tod und Transzendenz* (Kösel, München 1985)
Grof, S., und C., *The Stormy Search for the Self* (J. P. Tarcher, Los Angeles 1990)
Hendricks, G., *Transpersonal Approaches to Counseling and Psychotherapy* (Love, Denver 1982)
Hendricks, G. und K., *At the Speed of Love* (Selbstverlag, Colorado Springs, Colorado 1988)
Johnson, Stephen, *Charakter Transformation* (Transform, Oldenburg 1990)
Lowen, A., *Der Verrat am Körper* (Scherz, München/Bern 1980)
Pierrakos, J., *Core Energetik* (Synthesis, Essen 1987)
Reich, W., *Charakteranalyse* (Fischer Taschenbuch Verlag, Frankfurt 1973)

Quellen zur Lebensgeschichte spiritueller Meister

Courtois, F., *An Experience of Enlightenment* (Theosophical Publishing House, Wheatin, Illinois 1986)
Donkin, W., *The Wayfarers: Meher Baba with the God-Intoxicated* (Sufism Reoriented, San Francisco 1948)
Furlong, M., *Merton: A Biography* (Harper & Row, New York 1980)

Isherwood, C., *Ramakrishna and His Disciples* (Vedanta Press, Hollywood, California 1965)
Kapleau, P., *Die drei Pfeiler des Zen* (O. W. Barth – Scherz, München 1979)
Merton, T., *Der Berg der sieben Stufen. Autobiographie eines radikalen Christen* (Benziger, Braunschweig 1990)
Radha, Swami, *Radha: Diary of a Woman's Search* (Timeless Books, Porthill, Idaho 1981)
Ramakrishna, *Das Vermächtnis. Die Botschaft eines der größten indischen Heiligen und Lehrer der Neuzeit* (Goldmann, München 1991)
Roberts, B., *The Experience of No-Self* (Shambhala, Boston 1985)
Teresa von Avila, *Die innere Burg* (Diogenes, Zürich 1979)
Tweedie, Irina, *Der Weg durchs Feuer. Tagebuch einer spirituellen Schulung durch einen Sufi-Meister* (Ansata, Interlaken 1988)
White, J. (Hrsg.), *What is Enlightenment?* (J. P. Tarcher, Boston 1984)
Yogananda, P., *Autobiographie eines Yogi* (O. W. Barth-Scherz, München 1988)

Sechstes Kapitel

Gallup, G., *Adventures in Immortality* (McGraw-Hill, New York 1982)
Krieger, D., *Living the Therapeutic Touch* (Dodd, Mead and Co., New York 1987)
Moody, R. Jr., *Life After Life* (Mockingbird Books, Atlanta, Georgia 1975)
Murphy, M. und White, R., *The Psychic Side of Sports* (Addison-Wesley, Reading, Massachusetts 1978)
Ornstein, R. und Sobel, D., *The Healing Brain* (Simon & Schuster, New York 1987)
Ring, K., *Heading Toward Omega* (William Morrow, New York 1984)
Ring, K., *Life at Death* (Coward, McCann & Geoghegan, New York 1980)
Sabom, Michal, *Erinnerungen an den Tod – Eine medizinische Untersuchung* (Goldmann, München 1978)
Wolman, B. (Hrsg.), *Handbook of Parapsychology* (Van Nostrand Reinhold Co., New York 1977)

Siebtes Kapitel

Bass, Ellen und Davis, Laura, *Trotz allem. Wege zur Selbstheilung für sexuell mißbrauchte Frauen* (Orlanda Frauenverlag, Berlin 1990)
Lewis, C. S., *A Grief Observed* (Faber & Faber, Winchester, Massachusetts 1966)
Maslow, A., *The Farther Reaches of Human Nature* (Viking Press, New York 1971)
Maslow, A., *Religions, Values, and Peak Experiences* (Ohio State University Press, Columbus, Ohio 1964)
Rogers, C., *On Becoming a Person* (Houghton Mifflin, Boston 1961)
Wallerstein, J. und Blakeslee, S., *Second Chances: Men, Women & Children a Decade After Divorce* (Ticknor & Fields, New York 1989)
Wilber, K., *Wege zum Selbst – Östliche und westliche Ansätze zum persönlichen Wachstum* (Kösel, München 1984)

Achtes Kapitel

Chang, Jolan, *Das Tao der Liebe – Unterweisungen in altchinesischer Liebeskunst* (Rowohlt, Reinbek 1978)
Chia, Mantak, *Tao Yoga. Praktisches Lehrbuch zur Erweckung der heilenden Urkraft Chi* (Ansata, Interlaken 1985)
John, Da Free, *Love of the Two-Armed Form*. Dawn Horse Press, San Rafael, California 1978)
Gold, E. J. und C., *Tantric Sex* (Peak Skill, Playa del Rey, California 1988)
Leonard, G., *The End of Sex: Erotic Love After the Sexual Revolution* (J. P. Tarcher, Los Angeles, 1983)
Muir, Charles and Caroline, *Tantra. Die Kunst bewußten Liebens* (Ariston, Genf 1990)
Ramsdale, D. A. und Dorfman, E. J., *Sexual Energy Ecstasy*. Peak Skill, Playa del Rey, California 1985)
Singer, J., *Energies of Love* (Doubleday, Garden City, New York 1983)

Bücher zur Sexualerziehung

Brecher, E., *The Sex Researchers* (Little, Brown and Co., Boston 1969)
Katchadourian, H. und Lunde, T., *Fundamentals of Human Sexuality* (Holt, Rinehart and Wiston, New York 1972)

Neuntes Kapitel

Adamson, S. und Metzer, R., »The Nature of the MDMA Experience and Its Role in Healing, Psychotherapy, and Spiritual Practice«. In *ReVision: The Journal of Consciousness and Change* 10, Nr. 4
Grof, S., *LSD Psychotherapie* (Klett-Cotta, Stuttgart 1983).
Hoffer, A., »LSD: A Review of its Present Status.« In *Clinical Pharmacology and Therapeutics*. 183, 1965
Huxley, A., *Moksha: Auf der Suche nach der Wunderdroge* (Piper, München und Zürich 1983). Herausgegeben von Horowitz, M., und Palmer, C. (J. P. Tarcher, Los Angeles 1982)
Mogar, R.W., »Psychedelic Drugs and Human Potentialitis«. In H. Otto (Hrsg.), *Explorations in Human Potentialities* (Charles C. Thomas, Springfield, Illinois 1965)
Rogo, D., »Ketamine and the Near Death Experience«, *Anabiosis: The Journal of Near-Death Studies 4*, Nr. 1, 1984
Sandison, R. und Whitelaw, J., »Further Studies in the Therapeutic Value of LSD in Mental Illness«, *Journal of Mental Science*. 103, 1957
Spencer, A. M., »Permissive Group Therapy with LSD.« In R. Crocket, R. Sandison, & Walk, A. (Hrsg.), *Hallucinogenic Drugs and their Psychotherapeutic Use* (H. K. Lewis and Co., London 1963)
Schultes, Richard E. und Hofmann, Albert, *Pflanzen der Götter. Die magischen Kräfte der Rausch- und Giftgewächse* (Hallwag, Ostfildern 1980)

Tart, C., »Marijuana Intoxication: Common Experiences«, *Nature* 226, 1970
Tart, C., *On Being Stoned: A Psychological Study of Marijuana Intoxication.* (Science and Behavior Books, Palo Alto, California 1971)
Weil, *A.*, *The Natural Mind* (Houghton Mifflin, Boston 1972)
Yensen, R., »From Mysteries to Paradigms: Humanity's Journey from Sacred Plants to Psychedelic Drugs«. In *ReVision: The Journal of Consciousness and Change* 10, Nr. 4, Spring 1988

Zehntes Kapitel
Quellen zum Wandlungsprozeß

Griscom, C., Nizhoni: *The Higher Self in Education* (In Vorbereitung)
Grof, S. und C., *The Stormy Search for the Self* (J. P. Tarcher, Los Angeles 1990)
Hendricks, G. und Weinhold, B., *Transpersonal Approaches to Counseling and Psychotherapy* (Love Publishing Co., Denver 1982)
Leonard, G., *The Silent Pulse* (Bantam Books, New York 1981)
Masters, R.A., *The Way of the Lover* (Xanthyros Foundation, West Vancouver, British Columbia 1988)
Mindell, A., *Working with the Dreaming Body* (Routledge & Kegan Paul, London 1985)
Raheem, A., *Soul Return: A Guide to the Whole Person Through Transformational Integration* (Selbstverlag, Aptos, California 1987)
Small, J., *Transformers: The Therapists of the Future* (De Vorss, Marina Del Rey, California 1982)
Smith, Fritz F., *Innere Brücken. Handbuch der Lebensenergie und Körperstruktur.* (Transform, Oldenburg 1990)

Quellen zur Gaia-Hypothese

Bateson, G., *Geist und Natur. Eine notwendige Einheit* (Suhrkamp, Frankfurt 1987)
Bohm, D., *Wholeness and the Implicate Order* (Routledge & Kegan Paul, London 1980)
Lovelock, J. E., *The Ages of Gaia: A Biography of Our Living Earth* (W. W. Norton, New York 1988)
Lovelock, J.E. und Margulis, L., »Gaia and Geognosy«. In Rambler, M.B., Global Ecology: *Towards a Science of the Biosphere* (Jones and Bartlett, London 1984)
Perry, J. W., *The Heart of History: Individuality in Evolution* (State University of New York Press, Albany, New York 1987)
Sagan, D. und Margulis, L., *Microcosmos* (Simon & Schuster, New York 1989)
Toffler, A., *The Third Wave* (William Morrow, New York 1980)

Elftes Kapitel

Bragdon, E., *A Sourcebook fo Helping People in Spiritual Emergency* (Lightening Up Press, Los Altos, California 1988)
Cousins, G., *Spiritual Nutrition and the Rainbow Diet* (Cassandra Press, San Rafael, California 1986)
Grof, S. und C., *Spirituelle Krisen – Chancen der Selbstfindung* (Kösel, München 1990)

Quellen, die als deutschsprachige Übersetzung erhältlich sind

Almaas, A-Hammed A., *Die Leere*. Transform, Oldenburg 1991
Bohm, David, *Das holographische Weltbild*. (Barth-Scherz, München 1988) / Das neue Weltbild (Goldmann Sachb. '90)
Gallup, George und Proctor, William, *Begegnungen mit der Unsterblichkeit. Erkenntnisse im Grenzbereich zwischen Leben und Tod*. Ullstein Taschenbuch, Berlin-Frankfurt-Wien 1990
Grof. S., *Topographie des Unbewußten. LSD im Dienst der tiefenpsychologischen Forschung*. Klett-Cotta, Stuttgart 1988
Grof., S., *Das Abenteuer der Selbstentdeckung. Heilung durch veränderte Bewußtseinszustände. Ein Leitfaden*. Kösel, München 1987
Halifax, Joan, *Die andere Wirklichkeit der Schamanen. Erfahrungsberichte von Magiern, Medizinmännern und Visionären*. Goldmann-Esoterik, München 1985/Barth, München 1984
Lewis, C. S., *Über den Schmerz*. (ABC team, Brunnen, Stuttgart 1988/ Reihe Doppelpunkt, Kösel, München 1989
Lewis, C. S., *Über die Trauer*. Benzinger, Braunschweig 1990
Maslow, Abraham A., *Motivation und Persönlichkeit*. rororo 7395, 1981
Mindell, Arnold, *The Dreambody. Körpersymptome als Sprache der Seele*. Bonz, Fellbach-Oeffingen 1986
Mindell, Arnold, *Der Leib und die Träume. Prozeßorientierte Psychologie in der Praxis*. Junfermann, Paderborn 1987
Mindell, Arnold, *Der Schlüssel zum Erwachen. Sterbeerlebnisse und Beistand im Koma*. Walter, Olten 1990
Metzner, Ralph, *Hineingehen. Wegmarken für die Transformation*. Bauer, Freiburg 1987
Moody, Raymond A., *Leben nach dem Tod*. Rowohlt, Reinbek 1977
Nicholson, Shirley, *Uralte Weisheit – moderne Erkenntnis*. Adyar-Theosophische V. G., o. J., Kassel
Ring, Kenneth, *Den Tod erfahren – Das Leben gewinnen*. Bastei-Lübbe TB, Bergisch-Gladbach 1988
Rogers, Carl, *Entwicklung der Persönlichkeit. Psychotherapie aus der Sicht eines Therapeuten*. Klett-Cotta, Stuttgart 1989
Singer, June, *Nur Frau – nur Mann? Wir sind auf beides ausgelegt*. Pfeiffer, München 1981
Tart, Charles T., *Das Übersinnliche. Forschungen über einen Grenzbereich psychischen Erlebens*. Klett-Cotta, Stuttgart 1986

Toffler, Alvin, *Der Zukunftsschock. Strategien für die Welt von morgen.* Goldmann Sachbuch, München 1983
Vaughan, Francis E., *Die Reise zur Ganzheit. Psychotherapie und spirituelle Suche*. Kösel, München 1990
Vaughan, Francis E., *Intuitiver leben. Wie wir unser inneres Potential entwikkeln können*. Kösel, München 1988
Wallerstein, Judith und Blakeslee, Sandra, *Gewinner und Verlierer. Frauen, Männer, Kinder nach der Scheidung*. Droemer/Knaur, München 1989
Weil, Andrew, *Heilung und Selbstheilung. Über konventionelle und alternative Medizin*. Beltz, Weinheim 1988